FRANZ LOQUAI (HRSG.)
Das Licht von San Marco

Seit Jahrhunderten sind Künstler aus aller Welt von Venedig fasziniert. Mit ihrem morbiden Charme wurde die Stadt zum Symbol für Sinnlichkeit, Schönheit und Vergänglichkeit. Das Venedig-Lesebuch versammelt literarische Annäherungen von Bewunderern und Kennern dieser einmaligen Stadt und lädt ein zu einer bezaubernden Lesereise in die Lagunenstadt.

Die Textsammlung umfasst eine Zeitspanne von genau 250 Jahren und schlägt einen Bogen von der Aufklärung bis zur Gegenwart. Auf diese Weise entsteht ein Porträt der ›Königin der Adria‹ aus verschiedenen Blickwinkeln. Die einzelnen Kapitel führen in das Venedig der Bildungsreisenden ebenso wie in das Venedig der Venezianer, geben Beispiele für lyrische Venedig-Phantasien und verfolgen die literarische Erfindung der Stadt bis hin zum unsterblichen Mythos Venedig.

Der Band mit Texten klassischer und moderner Autoren – von Goethe und Schiller bis zu Daphne du Maurier, von Casanova und Goldoni bis zu Thomas Mann, von Rainer Maria Rilke und Hugo von Hofmannsthal bis zu Ernest Hemingway und W. G. Sebald – ist der ideale Begleiter und Venedig-Verführer.

*Herausgeber*

Professor Dr. Franz Loquai lehrt Neuere deutsche und Vergleichende Literaturwissenschaft an der Universität Heidelberg. Herausgabe zahlreicher Goldmann Klassiker, darunter Hugo von Hofmannsthals *Die Frau ohne Schatten* (7694), Arthur Schnitzlers *Fräulein Else und andere Erzählungen* (7732) sowie die Anthologien *Die Alpen* (btb 72590) und *Land des Lichts. Ein Provence-Lesebuch* (7736).

# Franz Loquai
## (Hrsg.)

# Das Licht
# von San Marco
## Ein
## Venedig-Lesebuch

### Goldmann

Es war dem Verlag leider nicht möglich,
sämtliche Quellen zu ermitteln.
Eventuelle Rechteinhaber
wenden sich bitte an den Verlag.

*Umwelthinweis*:
Alle bedruckten Materialien dieses Taschenbuches
sind chlorfrei und umweltschonend.


Originalausgabe 7/2002
Copyright © 2002 by Wilhelm Goldmann Verlag, München,
in der Verlagsgruppe Random House GmbH
Umschlaggestaltung: Design Team München
Umschlagfoto: Artothek/Christie's
Satz: IBV Satz- und Datentechnik GmbH, Berlin
Druck: Elsnerdruck, Berlin
Titelnummer: 7740
BH · Herstellung: Sebastian Strohmaier
Made in Germany
ISBN 3-442-07740-0
www.goldmann-verlag.de

1 3 5 7 9 10 8 6 4 2

# Inhalt

## ZWISCHENSPIEL: VENEDIG IM GEDICHT I

## DIE ERFINDUNG VENEDIGS

## Zwischenspiel: Venedig im Gedicht II

## Mythos Venedig

# DAS VENEDIG
# DER REISENDEN

JOHANN CASPAR GOETHE
# Viaggio per l'Italia

## I. Brief

Venedig, am 14. Febr. 1740

*Hochverehrter Herr.*

Um das heilige Vertrauen der unerschütterlichen Freundschaft, mit der mich E. H. seit meiner Jugend beehren, nicht zu zerstören, will ich nun zu meiner Leier greifen, um Ihrem Wunsch gemäß die Sehenswürdigkeiten Italiens und die Ereignisse während meiner Reise zu besingen. Als ich Italien betrat, schienen mir alle Elemente feindlich gesinnt zu sein und alles nur erdenkliche Unglück zu verkünden; jetzt, da diese Mißgeschicke überwunden sind, hat sich der Himmel jedoch wieder aufgeheitert und läßt mich schon seinen göttlichen und nutzbringenden Einfluß verspüren, um mich für das erlittene Ungemach zu entschädigen.

Als ich am 30. Dezember 1739 von Wien nach Italien abreiste, begleitete mich eine unbeschreibliche Kälte bis nach Görz. Kaum hatte ich diesen finsteren Ort verlassen, mußte ich schon wieder dorthin zurückkehren, weil mich Überschwemmungen an der Weiterreise hinderten. Zwei Tage später, als das Wasser noch immer nicht zurückgegangen war, wollte ich mich aber nicht der Schande aussetzen, gänzlich umkehren zu müssen, und entschloß mich deshalb, meine Kutsche von einigen Bauern über einen sehr hohen und un-

wegsamen Berg tragen zu lassen. Man kann sich leicht vorstellen, wie ich diese armen Kerle mit dem schweren Wagen
auf den Schultern anstaunte; sie haben gewiß viel Schweiß
vergießen müssen, bevor sie glücklich auf der anderen Seite
des Berges ankamen.

Als dies bewältigt war, traf mich ein neues und nicht geringeres Unglück, nämlich die schöne vierwöchige Quarantäne,
in die ich mich an der venezianischen Grenze begeben mußte,
weil man mich für pestkrank hielt, obwohl ich doch kernge-
sund war.

Nachdem dann aber auch dieses Hindernis überwunden
war, kam ich schließlich am Abend des 12. Febr. 1740 in Venedig an. Palmanova, diese einzigartige Festung, lasse ich hier
beiseite, und zwischen ihr und Venedig liegen nur unbedeutende Orte. Ich kann nun also mit dem Bericht von den Sehenswürdigkeiten dieser Stadt beginnen, die so viele Vergnügungen bereithält, daß ich vor Freude ganz verwirrt bin und
nicht weiß, womit ich anfangen soll. Ich bin gewiß nicht der
erste, der sagt, daß Venedig schon allein durch seine Lage ein
Wunder ist; diese Stadt ist, wie ich meine, aller Aufmerksamkeit der fremden Reisenden wert, und mein großer Wunsch,
einen solchen Boden zu betreten, ist nun zur Gänze erfüllt.
Anfangs war ich zwar ein wenig in Sorge, denn als ich in die
inneren Kanäle der Stadt kam, bildete ich mir ein, daß es sonst
keine Straßen gäbe, da es ja schon dunkel war; dieser schlim-
me Eindruck verlor sich freilich schon am nächsten Morgen
vollständig. Es war gerade Maskenzeit, deshalb begab ich
mich am folgenden Tag in meiner gewöhnlichen Kleidung auf
den berühmten Markusplatz, um mir ein zutreffendes Bild
von diesem Karneval zu machen, von dem die ganze Welt
spricht.

Dieser Karneval ist wirklich etwas Einzigartiges, und man
wird dergleichen in unserem Deutschland niemals zu sehen
bekommen. Die Zahl der Masken ist so groß, daß nicht nur

der Markusplatz selbst, sondern auch noch die wichtigeren Straßen derart überfüllt sind, daß man sich kaum mehr bewegen kann. Da völlige Maskenfreiheit herrscht, sind alle Förmlichkeiten verpönt, und es gibt auch keine Standesunterschiede mehr. Wer keine Maske trägt, der wird freilich geringgeschätzt und muß auf die Freiheiten der anderen verzichten; er darf dann nicht einmal die Ridotti besuchen. Ich sah mich daher gezwungen, mir ebenfalls eine solche Ausstattung zuzulegen, nämlich einen Tabarro, eine Gesichtsmaske und eine Bautta. In dieser Kleidung der närrischen Venezianer kehrte ich dann als privilegierte Person auf den Markusplatz zurück und trat überall mit einem solchen Stolz auf, als wäre ich unter den Masken aufgewachsen. Als ich dann erfuhr, daß man im Karnevalskleid überall hingehen darf, stieg ich auf den Turm von S. Marco, von wo aus ich den schönsten Anblick genoß, den es nur geben kann. Dieser Turm ist auf den Überresten des alten Turms aus dem Jahre 888 erbaut worden, der nach einigen Jahrhunderten abgebrannt war. Man steigt über 582 Stufen hinauf; das Dach wird von 16 Marmorsäulen getragen, an deren Sockeln ringsherum die folgenden Worte zu lesen stehen: »Venit in pace. Et Deus homo factus est.« Das sind zwar schöne Worte, aber an der Stelle sind sie ungeschickt angebracht. Von diesem hohen und schönen Bauwerk aus kann man nun mit großem Genuß die gesamte Stadt und die verschiedenen umliegenden Inseln betrachten. Was für ein schöner Anblick, wenn man von dort oben hinunterschaut! Wenn E. H. hier wären, dann würden Sie sich gewiß auf diesem Turm ansiedeln wollen.

[...]

## II. Brief

Venedig, am 16. Febr. 1740

[...] Nachdem ich den ganzen Tag lang die Straßen durchstreift hatte, nahte sich der Abend, und ich ging in die Oper
von S. Grisostomo, um dort den Tag zu beschließen. Man
braucht aber keinen Anstoß daran zu nehmen, daß das Theater den Namen eines Heiligen trägt, so als würde dieser die
Oper bei sich zu Hause geben. Vielmehr heißt es so, weil es in
der Nähe der Kirche dieses Namens liegt. Man gab dort
›Adriano in Siria‹. Ich schwöre Ihnen, daß ich ganz starr vor
Staunen war, denn die Musik, die Ausstattung, die Kulissen,
die Größe des Theaters, die Aufführung, das Orchester mit 40
bis 50 guten Musikern, die Kostüme der Hauptpersonen, alles
war herrlich. Besonders prachtvoll war die wohldurchdachte
Theatermaschinerie, mit der nach jedem Akt 14 Tänzer und
Tänzerinnen auf die Bühne herabgelassen wurden. Die Opern
beginnen hier um 8 Uhr nach deutscher Zeit und dauern bis
11 Uhr. Zur selben Zeit gab man in S. Angelo eine andere
Oper mit dem Titel ›Cleonice‹; diese war aber weniger gut besucht, obwohl sie vom selben Wert ist. Jedenfalls hat die Sig$^{ra}$
Fumagallo, die Primadonna, alle anderen ausgestochen. Ihre
Stimme ist nicht weniger schön als ihr Äußeres, und so wäre
es ein Wunder, wenn sie sich nicht auch auf alles andere ver-
stünde. Im Parkett der Theater findet man nur wenige Leute,
weil man dort vor Speichel und anderem Unrat, der aus den
Logen herunterfällt, nie sicher ist; diese abscheuliche Unsitte
ist nur in Venedig üblich, dessen Bewohner meistenteils im
Schmutz ebensogut leben können wie der Salamander im
Feuer. Das ist nun aber noch nicht alles, was es zur Karnevalszeit zu sehen gibt. Ein fremder Reisender kann sich hier auf
tausenderlei Weise unterhalten: ist man der Oper überdrüssig,
so geht man in die Komödie. Auch ich war dort, und um der

Wahrheit die Ehre zu geben: wenn alle vom selben Schlag
sind, dann weiß ich nicht, ob sie auch nur eines einzigen
Blickes wert sind. Es ging um eine Zauberei ohne jeglichen
Zusammenhang, die üblichen Verwandlungen gab es nicht,
und die Szenen waren unmäßig lang. Eine andere Truppe, die
in S. Luca spielt, ist besser. Man zahlt für eine ganze Loge im
zweiten Rang 8–10 Lire und für den Eintritt pro Kopf noch
einmal vier Lire. Fünf Lire machen aber schon einen Kaiser-
dukaten. Da die Logen nicht abgesperrt werden, kann es vorkommen, daß sie bereits von anderen Masken besetzt sind;
wenn diese aber sehen, daß jemand Miene macht, einzutreten,
dann erkennen sie ihn augenblicklich als Herrn an und räumen das Feld. Genau wie in der Oper muß auch in der Komödie niemand vor Hunger oder Durst sterben, weil es dort alles
zu kaufen gibt. Oft sind die Zuschauer sogar gezwungen, etwas zu kaufen, weil die Verkäufer, die mit ihren Körben herumgehen, gar so laut schreien. Da ich nun schon bei den Kar-
nevalsvergnügungen bin, muß ich jetzt auch von denen erzählen, die öffentlich dargeboten werden. Gegen 22 Uhr nach italienischer Zeit beginnen die Gaukler überall auf dem Markusplatz, ihre Waren auszubreiten und sie nach Kräften anzu-
preisen. Sie bedienen sich dabei der unterschiedlichsten Mittel, um ihre Sachen dem in großer Zahl versammelten Volk
anzubieten. Der vermögendste Scharlatan führt eine Komödie auf, in der er selbst und seine Frau oder Tochter die
Hauptpersonen darstellen. Ein anderer lockt seine Zuschauer
mit Hilfe eines Affen an, wieder andere scharen ihre zahlreichen Zuhörer durch Musik und Gesang um sich. Hier lehnt
ein Astrologe in Begleitung seiner Frau an einer Tafel und hält
ein Fernrohr in den Händen, um jedem, der es hören will, sein
vergangenes und künftiges Glück ins Ohr zu flüstern. Dort
singt man von schaurigen Wunderdingen oder läßt seine
Hunde nach dem Takt des Tamburins tanzen; wieder ein anderer stellt sich sogar verrückt, um ein Almosen zu empfan-

gen. Wer könnte all das aufzählen? Bei jedem Schritt stößt
man auf eine neue Art, zu Geld zu kommen. Es ist gar nicht
zu glauben, wieviel Beherrschung diese Leute haben, daß sie
sich nicht gegenseitig in ihrem Handwerk stören, das doch
immer nur eine Lumperei ist. Der Markusplatz wird von der
Kirche S. Geminiano und zwei Palästen begrenzt, welche die
Alte und die Neue Prokuratie heißen. Unter deren Arkaden
befinden sich Läden, in denen Kaffee und andere Getränke
ausgeschenkt werden, so daß dieser Platz ein Zufluchtsort ist,
wo man mancherlei Bedürfnis befriedigen kann. Mit Ein-
bruch der Dunkelheit suchen dort dann, genau wie bei uns zu
Hause, die Nymphen Venedigs ihr Glück – und wehe denen,
die ihnen unvorsichtigerweise in die Netze gehen! Oft versteckt sich unter einer schönen Maske und auf wohlgeputzten
Füßen die gemeinste und häßlichste Fratze der Welt. Mit
ihren Schmeicheleien ziehen sie aber ihre Opfer in ihren
Bann, und wer darauf hereinfällt, der bleibt gefangen. […]


## IV. Brief

Venedig, am 19. Febr. 1740

[…] Dann sah ich elf Schiffe der obersten Klasse. Zwei Galeeren, von denen eine 160 Fuß lang ist. Schließlich kann man
dort auch das prachtvolle und berühmte Schiff sehen, das Bucentaurus heißt und wohl auf der ganzen Welt nicht seinesgleichen hat. Wer über ein wenig Geschmack verfügt, der
wird daran die Schnitzereien und die Goldverzierungen bewundern; dieser Bucentaurus ist so schön, daß ihn bereits ein
Schriftsteller einer eigenen Beschreibung für würdig erachtet
hat. Er ist 160 Fuß lang, 40 Fuß breit und hat 40 Ruder; kurz
und gut: wenn Sie sich einen Begriff davon machen wollen,
dann brauchen Sie nur zu bedenken, daß allein die Ver-

goldungen schon 15 000 Zechinen kosteten. Er scheint deshalb ganz aus massivem Gold zu bestehen und wird alljährlich nur ein einziges Mal benützt, dann nämlich, wenn sich
der Doge dem alten Brauch gemäß am Himmelfahrtstag mit
dem Adriatischen Meer vermählt, um daran zu erinnern, daß
der Papst der Republik die Herrschaft über dieses Meer verliehen hat. Ich hoffe, dieses Fest auch noch sehen zu können,
und werde nicht versäumen, Ihnen davon Bericht zu erstat-
ten. Da jedenfalls alles über die Maßen kostbar ist, so besteht
auch die Bespannung aus 500 Ellen roten Samts, der mit
Goldborten bestickt ist. Nun mögen Sie sich das Große Arsenal der Republik Venedig vorstellen. Tag für Tag arbeiten dort
2500 Mann, und die täglichen Kosten betragen bis zu 7000 venezianische Dukaten. Die Segelwerkstatt, die uns zuletzt gezeigt wurde, mahnt mich aber daran, nun auch selbst die Segel
zu setzen, um meiner langen Erzählung ein Ende zu machen
und Sie noch an andere Orte zu führen; einstweilen bin ich

Euer Hochedelgeboren

ergeb. Diener.

## XXXVI. Brief

Venedig, am 6. Juni 1740

Das prachtvolle Fest der Vermählung mit dem Adriatischen
Meer, die der Durchlauchtigste Doge der Republik alljährlich
am Tag der Himmelfahrt Jesu Christi vollzieht und die kürzlich stattgefunden hat, war hauptsächlich der Grund dafür,
daß ich so lange nicht mehr geschrieben habe. Ich kann Ihnen
nur soviel sagen, daß dieser prunkvolle Auftritt meine Seele
derart aufgewühlt hat, daß ich der Einzigartigkeit und Pracht
wegen bislang gezögert habe, den Bericht über meine Reise
wie gewohnt fortzuführen. [...]

Die Absicht, die ich schon bei meiner Ankunft in Italien faßte, nämlich mich zum Himmelfahrtstag wieder in Venedig einzufinden, ließ mich den Aufenthalt in Florenz abkürzen; ich verabschiedete mich daher von meiner Reisegesellschaft und reiste allein weiter, um das so berühmte Schauspiel nicht zu versäumen.

[...]

[...] Über Chioggia, Pellestrina und andere Inseln erreichten wir am 25. Venedig, gerade noch rechtzeitig also, um jenem Fest beiwohnen zu können, das am darauffolgenden Tag mit großer Pracht und Ausgelassenheit gefeiert wurde. Hier nun die Beschreibung: am Morgen des 26. war die ganze Stadt in Aufruhr, und die Boote versammelten sich in ungewöhnlich prächtigem Schmuck am Lido, die meisten davon mit Musik. Sie warten dort auf den Bucentaurus, wobei, sobald dieser mit dem Dogen an Bord ankommt, das Freudengeschrei und das Getöse der Trompeten, Pauken und vieler anderer Instrumente alles erzittern lassen. Falsch ist das Gerücht, daß der Kapitän des besagten Bucentaurus schwören müsse, das Schiff an diesem Tag unbeschädigt zurückzubringen, auch wenn das Meer stürmisch ist, oder daß man einen klaren Tag bei ruhiger See wähle, um jegliche Gefahr auszuschließen. Der Bucentaurus fährt nämlich niemals so weit aufs offene Meer hinaus, daß er nicht jederzeit umkehren könnte. Man verschiebt die Feierlichkeit vielmehr aus dem Grund gern auf einen schönen Tag, weil man sonst auf die Begleitung der vielen Gondeln und Barken verzichten müßte, die zum prächtigen und herrlichen Anblick das meiste beitragen. Obwohl das Meer dieses Mal sehr unruhig war und die Wolken die Sonne verdeckten, wurde die Vermählung dennoch vollzogen und zu einem glücklichen Ende gebracht. Anstelle des kranken Dogen bestieg zwischen der 14. und 15. Stunde das älteste Ratsmitglied gemeinsam mit den zwei Gesandten des Kaisers und Frankreichs sowie mit der gesamten Signoria bei den beiden Säulen das prunkvolle Schiff, das von 40 Ruderern wie gewöhnlich zu einem Ort nahe der Insel S. Erasmo gebracht wurde, den man Lido nennt. Dort waren die Kriegsschiffe, Galeeren und Handelsschiffe in zwei Reihen angeordnet; sie begrüßten den von abertausend Gondeln und Barken umgebenen Bucentaurus mit Schüssen aus Kanonen und Musketen. Nachdem man ein wenig auf die freie See hinausgefahren war, wurde auf dem Achterdeck ein kleines Gerüst geöffnet, von dem aus der Vizedoge mit den bekannten Worten »Desponsamus nobis te mare in signum veri perpetuique dominii« einen Ring ins Meer warf. Auf die Bedeutung dieser Worte will ich später noch eingehen. Zuvor hatte der Patriarch, der allein in einem Boot stand, das Meer gesegnet. Angeblich wird bei dieser Feier ein kostbarer Ring verwendet, den man an einem Bindfaden befestigt, damit er nicht verlorengeht. Aber um die Wahrheit zu sagen: ich stand zwar ziemlich nahe bei der Stelle, wo er versenkt wurde, aber ich konnte weder einen solchen Ring noch den Faden sehen; man wirft nämlich einen Ring ins Meer, der lediglich vier oder fünf Gulden wert ist und es nicht lohnt, daß wie früher einmal kühne Taucher unter Lebensgefahr nach ihm suchen.

Dann begab man sich zur Kirche S. Nicolò, wo der Vizedoge mit seinem ganzen Gefolge die Andacht verrichtete. Inzwischen findet unter den Gondeln und Barken ein Wettrennen statt, das so lange dauert, bis die Andacht beendet ist, was durch zahlreiche Kanonenschüsse angezeigt wird. Man schifft sich dann von neuem auf dem Bucentaurus ein, der auf der Rückfahrt aber sein großes Gefolge allmählich verliert, weil sich jedermann auf eigene Faust entfernt. Eigentlich ist es der Brauch, daß der Fürst anschließend gemeinsam mit den Botschaftern und der Signoria in der Öffentlichkeit speist, aber in diesem Jahr fand dies aufgrund der Unpäßlichkeit des Dogen nicht statt. Nach Tisch versammelten sich beinahe alle Gon-

deln und Barken, die schon am Vormittag dabeigewesen waren, in Murano, um auf dem Canal Grande ein neuerliches
Wettrennen abzuhalten, bei dem das ganze Volk vor Jubel wie
trunken war. Soweit der eingehende Bericht von diesem Tag.
Wenn ich mich recht entsinne, dann habe ich in einem meiner
ersten Briefe schon einiges über das Aussehen des Bucentaurus und seine Ausmaße mitgeteilt; es bleibt mir daher nur zu
ergänzen, daß es sich um eine Art Galeasse handelt. Nun will
ich Ihnen aber berichten, wie das Schiff und die Feierlichkeit
entstanden sind, und daran einige unbedeutende Gedanken
über den mutmaßlichen Sinn anschließen. Was die Herkunft
des Wortes angeht, so sagt man, daß das erste Schiff, das man
zu diesem Zweck benützte, einem Kentauren ähnlich gesehen
habe und daß »Bu« in schlechter Sprache »groß« heiße. Obwohl die Verzierungen des gegenwärtigen Schiffes lediglich
verschiedene Götter und Göttinnen sowie Apoll in Gesellschaft der neun Musen darstellen, hat es den alten Namen
dennoch behalten. Den Ursprung der Feierlichkeit führt man
gewöhnlich auf Papst Alexander III. zurück, der die Herrschaft über den Golf, deren sich die Venezianer schon vorher
rühmten, bestätigte und die Stadt auf diese Weise für die
Dienste belohnte, die sie ihm in einem Krieg gegen Otto, den
Sohn Kaiser Friedrichs I., erwiesen hatte. Da nun aber der
Papst nicht gut verschenken konnte, was ihm gar nicht gehörte, so erhellt daraus, daß es sich bei der Feierlichkeit um nichts
anderes als um ein prunkvolles Fest handelt, das sonst keine
Bedeutung hat. Die Republik scheint sich trotzdem einzubil-
den, die oberste Beherrscherin des Adriatischen Golfs zu sein,
und zum Zeichen dafür feiert sie mit derartigem Gepränge
jene sinnbildliche Vermählung mit dem Meer. Man erlaubt
deshalb auch keinem ausländischen Schiff, sobald es eine bestimmte Größe überschreitet, in die Adria einzufahren, zumal
sich dem keine europäische Macht unmittelbar widersetzt; die
Venezianer wiederum halten sich viel auf ihr abgeriegeltes

Meer zugute. Selbst Österreich hat sich bislang nie darum bekümmert, und merkwürdigerweise hat nicht einmal der Kaiserliche Gesandte, der selbst auf dem Bucentaurus mitfährt, dagegen Einspruch erhoben. Sollten Sie hierüber Genaueres erfahren wollen, so können Sie alles im ›Dubbio chiarito intorno al dominio del mare adriatico‹ von August Berger nachlesen, das im Jahre 1725 erschienen ist. Damit aber genug vom Himmelfahrtstag und allem, was damit zusammenhängt.

[...]

Unter den schönen und reizvollen Dingen Venedigs ist die Rialto-Brücke respektive die Königliche Brücke in ihrer Art gewiß das vornehmste, wenngleich sie es meines Erachtens nicht verdient, daß man sie zu den sieben Weltwundern rechnet. Die Bürger der Stadt sind hierüber allerdings anderer Ansicht, aber ihnen erscheint ja beinahe alles außerordentlich, wunderbar und einzigartig, auch wenn es diese Beiwörter nicht immer verdient. Ich will freilich nicht leugnen, daß diese Brücke, die der Baumeister Antonio da Ponte auf halber Höhe des Canal Grande errichtet hat, ein prächtiges Bauwerk ist. Dieser Kanal hat die Gestalt eines spiegelverkehrten S und trennt die Stadt in zwei, allerdings ziemlich ungleiche Hälften. Die Brücke ist 30 Schritt breit und 80 Schritt lang; sie hat nur einen einzigen Bogen, der den dritten Teil eines Kreises ausmachen dürfte. Auf ihr stehen in zwei Reihen insgesamt 24 Buden, wodurch drei Gassen gebildet werden: eine breite in der Mitte und zwei schmälere zu beiden Seiten. Alles ist aus weißem Marmor oder einem ähnlichen Stein. Diese Brücke wurde im Jahre 1591 errichtet, wie aus der bereits erwähnten Inschrift zu beiden Seiten der Brücke hervorgeht; was die Kosten angeht, so heißt es, daß sie sich auf mehr als 250000 Dukaten belaufen haben. Über den Ursprung des Namens Rialto gibt es unterschiedliche Auffassungen: die einen reden vom Ponte Reale, so als würde es sich um die Königin aller Brük-

ken handeln, und diese Herleitung könnte der Wahrheit
ziemlich nahe kommen; andere führen den Namen auf das
Stadtviertel zurück, das Rialto heißt, und diese Ansicht
scheint sogar noch begründeter zu sein. Zu der Zeit nämlich,
als Attila viele Städte Italiens zerstörte und auch die Bewohner der Insel Torcello vertrieb, die älter als Venedig ist, haben
sich einige Leute aus Torcello auf eine Insel geflüchtet, die sie
Rialto oder vielmehr Rio Alto nannten. Dort scheint der al-
lererste Grundstein zur Stadt Venedig gelegt worden zu sein,
die dann allmählich derart anwuchs, daß sie heute aus über
hundert Inseln besteht, die durch 400 Brücken miteinander
verbunden sind, und zahllose schöne Gebäude, sowohl weltliche als auch geistliche, besitzt. Die Gewohnheit der Venezianer, manche ganz alltäglichen Dinge als »außerordentlich«
oder »wunderbar« zu bezeichnen, obwohl sie dies gewiß
nicht sind, habe ich bereits erwähnt. Dies gilt auch für die geräumigen Häuser, die in ihrer Sprache alle Paläste heißen; um
aber den Palast des Dogen besonders auszuzeichnen, nennen
sie diesen »Palazzo Pubblico«. Nun stimmt es zwar, daß
ebenso wie in Rom oder Neapel auch in Venedig viele Privat-
häuser den Namen »Palast« verdienen, aber daraus folgt doch
nicht, daß jegliches Haus aus Stein bereits ein Palast wäre. Es
ist dies freilich eine Eigenart aller Italiener, daß sie sich mit
dem Gewöhnlichen nicht zufriedengeben wollen; ihre Zungen sind solche Ausdrücke von Kindheit an gewöhnt, aber ein
wenig merkwürdig klingt es schon, wenn ein Gondelführer
einen fremden Reisenden fragt: »Wie gefällt Ihnen denn Venedig mit all seinen Herrlichkeiten?«

[...]

## XXXVII. Brief

Venedig, am 8. Juli 1740

[...] Nachdem ich alles, was ich in dieser ruhmreichen Stadt an Merkwürdigem und Ergötzlichem finden konnte, zusammengetragen und so gut als möglich beschrieben habe, komme ich mit den vielen Dingen nun allmählich zu einem Ende; diese dürften dabei freilich viel von ihrem eigentlichen Wert eingebüßt haben, da eine voller tönende Leier als die meine vonnöten gewesen wäre, um Ihnen alles in angemessener Weise zu berichten. Gewiß hätte es eines Stils bedurft, der ebenso fein und erlesen wäre wie die beschriebenen Dinge selbst, aber zwischen dem Anschauen und dem Lesen einer Beschreibung bestünde selbst dann noch ein großer Unterschied, wenn letztere die allerdeutlichsten Eindrücke vermitteln könnte. Eines bleibt mir allerdings noch zu sagen, und ich bekenne es freimütig: ein fremder Reisender von guten Sitten, der sich eine gewisse Vertrautheit mit der Wesensart der venezianischen Signori erworben hat, wird zwar in ihrer Gesellschaft große Freuden genießen; wenn er sich aber nicht ins Unglück stürzen will, dann sei ihm geraten, sich nicht überall gar zu genau nach ihrer Regierung zu erkundigen und sich auch beim Umgang mit Frauen zurückzuhalten. Diese Umsicht ist für ganz Italien anzuraten, und die Regel leidet nur dann eine Ausnahme, wenn man weiß, mit wem man es zu tun hat und mit wem man spricht. Dann kann man es sich erlauben, mit größerer Freiheit zu reden und sich zu unterhalten, vorausgesetzt man läßt es nicht am Anstand fehlen, der die Begierde verurteilt, sich in fremde Angelegenheiten einzumischen und von den Tellern vornehmer Schlemmer zu naschen. Damit will ich meinen Überlegungen, die ich ohne weiteres noch lange fortsetzen könnte, ein Ende machen; schließlich ist nicht alles des Berichtens wert, auch wenn andere Reisende in ihren Erinnerungen, die sie dem Publikum gedruckt anbieten, berufsmäßig davon reden. Ich will Sie nur bitten, daß Sie mein Geschwätz Ihrer gnädigen Aufmerksamkeit würdigen und mich auf diese Weise dazu ermutigen, Ihnen auch künftig von meinen Geschicken zu berichten. Ich habe nämlich beschlossen, von dem wundervollen Venedig Abschied zu nehmen, ganz so wie ich nun auch von Ihnen Abschied nehme und unterzeichne als

E.H.

untert. Diener.

# Venedig

So stand es denn im Buche des Schicksals auf meinem Blatte geschrieben, daß ich 1786 den achtundzwanzigsten September, abends, nach unserer Uhr um fünfe, Venedig zum erstenmal, aus der Brenta in die Lagunen einfahrend, erblicken und bald darauf diese wunderbare Inselstadt, diese Biberrepublik betreten und besuchen sollte. So ist denn auch, Gott sei Dank, Venedig mir kein bloßes Wort mehr, kein hohler Name, der mich so oft, mich, den Todfeind von Wortschällen, geängstiget hat.

Als die erste Gondel an das Schiff anfuhr (es geschieht, um Passagiere, welche Eil' haben, geschwinder nach Venedig zu bringen), erinnerte ich mich eines frühen Kinderspielzeuges, an das ich vielleicht seit zwanzig Jahren nicht mehr gedacht hatte. Mein Vater besaß ein schönes mitgebrachtes Gondelmodell; er hielt es sehr wert, und mir ward es hoch angerechnet, wenn ich einmal damit spielen durfte. Die ersten Schnäbel von blankem Eisenblech, die schwarzen Gondelkäfige, alles grüßte mich wie eine alte Bekanntschaft, ich genoß einen langentbehrten freundlichen Jugendeindruck.

Ich bin gut logiert in der »Königin von England«, nicht weit vom Markusplatze, und dies ist der größte Vorzug des Quartiers; meine Fenster gehen auf einen schmalen Kanal zwischen hohen Häusern, gleich unter mir eine einbogige Brücke und gegenüber ein schmales, belebtes Gäßchen. So wohne ich, und so werde ich eine Zeitlang bleiben, bis mein

Paket für Deutschland fertig ist und bis ich mich am Bilde
dieser Stadt satt gesehen habe. Die Einsamkeit, nach der ich
oft so sehnsuchtsvoll geseufzt, kann ich nun recht genießen;
denn nirgends fühlt man sich einsamer als im Gewimmel,
wo man sich allen ganz unbekannt durchdrängt. In Venedig
kennt mich vielleicht nur ein Mensch, und der wird mir nicht
gleich begegnen.

Venedig, den 28. September 1786.
Wie es mir von Padua hierher gegangen, nur mit wenig Worten: Die Fahrt auf der Brenta, mit dem öffentlichen Schiffe in
gesitteter Gesellschaft, da die Italiener sich voreinander in
acht nehmen, ist anständig und angenehm. Die Ufer sind mit
Gärten und Lusthäusern geschmückt, kleine Ortschaften treten bis ans Wasser, teilweise geht die belebte Landstraße daran
hin. Da man schleusenweis den Fluß hinabsteigt, gibt es öfters
einen kleinen Aufhalt, den man benutzen kann, sich auf dem
Lande umzusehen und die reichlich angebotenen Früchte zu
genießen. Nun steigt man wieder ein und bewegt sich durch
eine bewegte Welt voll Fruchtbarkeit und Leben.

[...]

So unterhalten, waren wir die schöne Brenta herunter gekommen, manchen herrlichen Garten, manchen herrlichen Palast
hinter uns lassend, wohlhabende, belebte Ortschaften an der
Küste mit flüchtigem Blick beschauend. Als wir nun in die
Lagunen einfuhren, umschwärmten mehrere Gondeln sogleich das Schiff. Ein Lombard, in Venedig wohl bekannt, forderte mich auf, ihm Gesellschaft zu leisten, damit wir geschwinder drinne wären und der Doganenqual entgingen. Einige, die uns abhalten wollten, wußte er mit einem mäßigen
Trinkgeld zu beseitigen, und so schwammen wir bei einem
heitern Sonnenuntergang schnell unserm Ziel entgegen.

Den 29sten, Michaelistag, abends.
Von Venedig ist schon viel erzählt und gedruckt, daß ich mit Beschreibung nicht umständlich sein will, ich sage nur, wie es mir entgegenkömmt. Was sich mir aber vor allem andern aufdringt, ist abermals das Volk, eine große Masse, ein notwendiges, unwillkürliches Dasein.

Dies Geschlecht hat sich nicht zum Spaß auf diese Inseln geflüchtet, es war keine Willkür, welche die Folgenden trieb, sich mit ihnen zu vereinigen; die Not lehrte sie ihre Sicherheit in der unvorteilhaftesten Lage suchen, die ihnen nachher so vorteilhaft ward und sie klug machte, als noch die ganze nördliche Welt im Düstern gefangen lag; ihre Vermehrung, ihr Reichtum war notwendige Folge. Nun drängten sich die Wohnungen enger und enger, Sand und Sumpf wurden durch Felsen ersetzt, die Häuser suchten die Luft, wie Bäume, die geschlossen stehen, sie mußten an Höhe zu gewinnen suchen, was ihnen an Breite abging. Auf jede Spanne des Bodens geizig und gleich anfangs in enge Räume gedrängt, ließen sie zu Gassen nicht mehr Breite, als nötig war, eine Hausreihe von der gegenüberstehenden zu trennen und dem Bürger notdürftige Durchgänge zu erhalten. Übrigens war ihnen das Wasser statt Straße, Platz und Spaziergang. Der Venezianer mußte eine neue Art von Geschöpf werden, wie man denn auch Venedig nur mit sich selbst vergleichen kann. Der große, schlangenförmig gewundene Kanal weicht keiner Straße in der Welt, dem Raum vor dem Markusplatze kann wohl nichts an die Seite gesetzt werden. Ich meine den großen Wasserspiegel, der diesseits von dem eigentlichen Venedig im halben Mond umfaßt wird. Über der Wasserfläche sieht man links die Insel St. Giorgio Maggiore, etwas weiter rechts die Giudecca und ihren Kanal, noch weiter rechts die Dogane und die Einfahrt in den Canal Grande, wo uns gleich ein paar ungeheure Marmortempel entgegenleuchten. Dies sind mit wenigen Zügen die Hauptgegenstände, die uns in die Augen fallen, wenn wir zwischen den zwei Säulen des Markusplatzes hervortreten. Die sämtlichen Aus- und Ansichten sind so oft in Kupfer gestochen, daß die Freunde davon sich gar leicht einen anschaulichen Begriff machen können.

Nach Tische eilte ich, mir erst einen Eindruck des Ganzen zu versichern, und warf mich ohne Begleiter, nur die Himmelsgegenden merkend, ins Labyrinth der Stadt, welche, obgleich durchaus von Kanälen und Kanälchen durchschnitten, durch Brücken und Brückchen wieder zusammenhängt. Die Enge und Gedrängtheit des Ganzen denkt man nicht, ohne es gesehen zu haben. Gewöhnlich kann man die Breite der Gasse mit ausgestreckten Armen entweder ganz oder beinahe messen, in den engsten stößt man schon mit den Ellbogen an, wenn man die Hände in die Seite stemmt; es gibt wohl breitere, auch hie und da ein Plätzchen, verhältnismäßig aber kann alles enge genannt werden.

Ich fand leicht den großen Kanal und die Hauptbrücke Rialto; sie besteht aus einem einzigen Bogen von weißem Marmor. Von oben herunter ist es eine große Ansicht, der Kanal gesäet voll Schiffe, die alles Bedürfnis vom festen Lande herbeiführen und hier hauptsächlich anlegen und ausladen, dazwischen wimmelt es von Gondeln. Besonders heute, als am Michaelisfeste, gab es einen Anblick wunderschön lebendig; doch um diesen einigermaßen darzustellen, muß ich etwas weiter ausholen.

Die beiden Hauptteile von Venedig, welche der große Kanal trennt, werden durch die einzige Brücke Rialto miteinander verbunden, doch ist auch für mehrere Kommunikation gesorgt, welche in offenen Barken an bestimmten Überfahrtspunkten geschieht. Nun sah es heute sehr gut aus, als die wohlgekleideten, doch mit einem schwarzen Schleier bedeckten Frauen sich viele zusammen übersetzen ließen, um zu der Kirche des gefeierten Erzengels zu gelangen. Ich verließ die Brücke und begab mich an einen solchen Überfahrtspunkt, die Aussteigenden genau zu betrachten. Ich habe sehr schöne Gesichter und Gestalten darunter gefunden.

Nachdem ich müde geworden, setzte ich mich in eine Gondel, die engen Gassen verlassend, und fuhr, mir das entgegengesetzte Schauspiel zu bereiten, den nördlichen Teil des großen Kanals durch, um die Insel der heiligen Klara, in die Lagunen, den Kanal der Giudecca herein, bis gegen den Markusplatz, und war nun auf einmal ein Mitherr des Adriatischen Meeres, wie jeder Venezianer sich fühlt, wenn er sich in seine Gondel legt. Ich gedachte dabei meines guten Vaters in Ehren, der nichts Besseres wußte, als von diesen Dingen zu erzählen. Wird mir's nicht auch so gehen? Alles, was mich umgibt, ist würdig, ein großes respektables Werk versammelter Menschenkraft, ein herrliches Monument, nicht eines Gebieters, sondern eines Volks. Und wenn auch ihre Lagunen sich nach und nach ausfüllen, böse Dünste über dem Sumpfe schweben, ihr Handel geschwächt, ihre Macht gesunken ist, so wird die ganze Anlage der Republik und ihr Wesen nicht einen Augenblick dem Beobachter weniger ehrwürdig sein. Sie unterliegt der Zeit, wie alles, was ein erscheinendes Dasein hat.

Den 30. September.

Gegen Abend verlief ich mich wieder ohne Führer in die entferntesten Quartiere der Stadt. Die hiesigen Brücken sind alle mit Treppen angelegt, damit Gondeln und auch wohl größere Schiffe bequem unter den Bogen hinfahren. Ich suchte mich in und aus diesem Labyrinthe zu finden, ohne irgend jemand zu fragen, mich abermals nur nach der Himmelsgegend richtend. Man entwirrt sich wohl endlich, aber es ist ein unglaubliches Gehecke ineinander und meine Manier, sich recht sinnlich davon zu überzeugen, die beste. Auch habe ich mir bis an die letzte bewohnte Spitze der Einwohner Betragen, Lebensart, Sitte und Wesen gemerkt; in jedem Quartiere sind sie anders beschaffen. Du lieber Gott! was doch der Mensch für ein armes, gutes Tier ist!

Sehr viele Häuserchen stehen unmittelbar in den Kanälen, doch gibt es hie und da schön gepflasterte Steindämme, auf denen man zwischen Wasser, Kirchen und Palästen gar angenehm hin und wider spaziert. Lustig und erfreulich ist der lange Steindamm an der nördlichen Seite, von welchem die Inseln, besonders Murano, das Venedig im kleinen, geschaut werden. Die Lagunen dazwischen sind von vielen Gondeln belebt.

Den 30. September, abends.

Heute habe ich abermals meinen Begriff von Venedig erweitert, indem ich mir den Plan verschaffte. Als ich ihn einigermaßen studiert, bestieg ich den Markusturm, wo sich dem Auge ein einziges Schauspiel darstellt. Es war um Mittag und heller Sonnenschein, daß ich ohne Perspektiv Nähen und Fernen genau erkennen konnte. Die Flut bedeckte die Lagunen, und als ich den Blick nach dem sogenannten Lido wandte (es ist ein schmaler Erdstreif, der die Lagunen schließt), sah ich zum erstenmal das Meer und einige Segel darauf. In den Lagunen selbst liegen Galeeren und Fregatten, die zum Ritter Emo stoßen sollten, der den Algierern den Krieg macht, die aber wegen ungünstiger Winde liegen bleiben. Die paduanischen und vicentinischen Berge und das Tiroler Gebirge schließen zwischen Abend und Mitternacht das Bild ganz trefflich schön.

Den 1. Oktober.

Ich ging und besah mir die Stadt in mancherlei Rücksichten, und da es eben Sonntag war, fiel mir die große Unreinlichkeit der Straßen auf, worüber ich meine Betrachtungen anstellen mußte. Es ist wohl eine Art von Polizei in diesem Artikel, die Leute schieben den Kehrig in die Ecken, auch sehe ich große Schiffe hin und wider fahren, die an manchen Orten stille liegen und das Kehrig mitnehmen, Leute von den Inseln umher, welche des Düngers bedürfen; aber es ist in diesen Anstalten weder Folge noch Strenge und desto unverzeihlicher die Unreinlichkeit der Stadt, da sie ganz zur Reinlichkeit angelegt worden, so gut als irgendeine holländische.

Alle Straßen sind geplattet, selbst die entferntesten Quartiere wenigstens mit Backsteinen auf der hohen Kante ausgesetzt, wo es nötig, in der Mitte ein wenig erhaben, an der Seite Vertiefungen, das Wasser aufzufassen und in bedeckte Kanäle zu leiten. Noch andere architektonische Vorrichtungen der ersten wohlüberdachten Anlage zeugen von der Absicht trefflicher Baumeister, Venedig zu der reinsten Stadt zu machen, wie sie die sonderbarste ist. Ich konnte nicht unterlassen, gleich im Spazierengehen eine Anordnung deshalb zu entwerfen und einem Polizeivorsteher, dem es Ernst wäre, in Gedanken vorzuarbeiten. So hat man immer Trieb und Lust, vor fremden Türen zu kehren.

[...]

Den 5. Oktober.
Um mit *einem* Worte den Begriff des Bucentaur auszusprechen, nenne ich ihn eine Prachtgaleere. Der ältere, von dem wir noch Abbildungen haben, rechtfertigt diese Benennung noch mehr als der gegenwärtige, der uns durch seinen Glanz über seinen Ursprung verblendet.

Ich komme immer auf mein Altes zurück. Wenn dem Künstler ein echter Gegenstand gegeben ist, so kann er etwas Echtes leisten. Hier war ihm aufgetragen, eine Galeere zu bilden, die wert wäre, die Häupter der Republik am feierlichsten Tage zum Sakrament ihrer hergebrachten Meerherrschaft zu tragen, und diese Aufgabe ist fürtrefflich ausgeführt. Das Schiff ist ganz Zierat, also darf man nicht sagen: mit Zierat überladen, ganz verguldetes Schnitzwerk, sonst zu keinem Gebrauch, eine wahre Monstranz, um dem Volke seine Häupter recht herrlich zu zeigen. Wissen wir doch: das Volk, wie es gern seine Hüte schmückt, will auch seine Obern prächtig und geputzt sehen. Dieses Prunkschiff ist ein rechtes Inventarienstück, woran man sehen kann, was die Venezianer waren und sich zu sein dünkten.

[...]

Den 6. Oktober.

Auf heute abend hatte ich mir den famosen Gesang der Schiffer bestellt, die den Tasso und Ariost auf ihre eignen Melodien singen. Dieses muß wirklich bestellt werden, es kommt nicht gewöhnlich vor, es gehört vielmehr zu den halb verklungenen Sagen der Vorzeit. Bei Mondenschein bestieg ich eine Gondel, den einen Sänger vorn, den andern hinten; sie fingen ihr Lied an und sangen abwechselnd Vers für Vers. Die Melodie, welche wir durch Rousseau kennen, ist eine Mittelart zwischen Choral und Rezitativ, sie behält immer denselbigen Gang, ohne Takt zu haben; die Modulation ist auch dieselbige, nur verändern sie nach dem Inhalt des Verses mit einer Art von Deklamation sowohl Ton als Maß; der Geist aber, das Leben davon, läßt sich begreifen, wie folgt.

Auf welchem Wege sich die Melodie gemacht hat, will ich nicht untersuchen, genug, sie paßt gar trefflich für einen müßigen Menschen, der sich etwas vormoduliert und Gedichte, die er auswendig kann, solchem Gesang unterschiebt.

Mit einer durchdringenden Stimme – das Volk schätzt Stärke vor allem – sitzt er am Ufer einer Insel, eines Kanals auf einer Barke und läßt sein Lied schallen, so weit er kann. Über den stillen Spiegel verbreitet sich's. In der Ferne vernimmt es ein anderer, der die Melodie kennt, die Worte versteht und mit dem folgenden Verse antwortet; hierauf erwidert der erste, und so ist einer immer das Echo des andern. Der Gesang währt Nächte durch, unterhält sie, ohne zu ermüden. Je ferner sie also voneinander sind, desto reizender kann das Lied werden: wenn der Hörer alsdann zwischen beiden steht, so ist er am rechten Flecke.

Um dieses mich vernehmen zu lassen, stiegen sie am Ufer der Giudecca aus, sie teilten sich am Kanal hin, ich ging zwischen ihnen auf und ab, so daß ich immer den verließ, der zu singen anfangen sollte, und mich demjenigen wieder näherte, der aufgehört hatte. Da ward mir der Sinn des Gesangs erst aufgeschlossen. Als Stimme aus der Ferne klingt es höchst sonderbar, wie eine Klage ohne Trauer; es ist darin etwas unglaublich, bis zu Tränen Rührendes. Ich schrieb es meiner Stimmung zu; aber mein Alter sagte: »È singolare, come quel canto intenerisce, e molto più, quando è più ben cantato.« Er wünschte, daß ich die Weiber vom Lido, besonders die von Malamocco und Pelestrina hören möchte, auch diese sängen den Tasso auf gleiche und ähnliche Melodien. Er sagte ferner: »Sie haben die Gewohnheit, wenn ihre Männer aufs Fischen ins Meer sind, sich ans Ufer zu setzen und mit durchdringender Stimme abends diese Gesänge erschallen zu lassen, bis sie auch von ferne die Stimme der Ihrigen vernehmen und sich so mit ihnen unterhalten.« Ist das nicht sehr schön? Und doch läßt sich wohl denken, daß ein Zuhörer in der Nähe wenig Freude an solchen Stimmen haben möchte, die mit den Wellen des Meeres kämpfen. Menschlich aber und wahr wird der Begriff dieses Gesanges, lebendig wird die Melodie, über deren tote Buchstaben wir uns sonst den Kopf zerbrochen haben. Gesang ist es eines Einsamen in die Ferne und Weite, damit ein anderer, Gleichgestimmter höre und antworte.

[...]

Den 8. Oktober.

Ich fuhr heute früh mit meinem Schutzgeiste aufs Lido, auf die Erdzunge, welche die Lagunen schließt und sie vom Meere absondert. Wir stiegen aus und gingen quer über die Zunge. Ich hörte ein starkes Geräusch, es war das Meer, und ich sah es bald, es ging hoch gegen das Ufer, indem es sich zurückzog, es war um Mittag, Zeit der Ebbe. So habe ich denn

auch das Meer mit Augen gesehen und bin auf der schönen
Tenne, die es weichend zurückläßt, ihm nachgegangen. Da
hätte ich mir die Kinder gewünscht, um der Muscheln willen;
ich habe, selbst kindisch, ihrer genug aufgelesen, doch widme
ich sie zu einigem Gebrauch, ich möchte von der Feuchtigkeit
des Tintenfisches, die hier so häufig wegfließt, etwas eintrock-
nen.

Auf dem Lido, nicht weit vom Meer, liegen Engländer begraben und weiterhin Juden, die beiderseits in geweihtem Boden nicht ruhen sollten. Ich fand das Grab des edlen Konsul
Smith und seiner ersten Frauen; ich bin ihm mein Exemplar
des Palladio schuldig und dankte ihm auf seinem ungeweihten
Grabe dafür.

Und nicht allein ungeweiht, sondern halbverschüttet ist das
Grab. Das Lido ist immer nur wie eine Düne anzusehen; der
Sand wird dorthin geführt, vom Winde hin und her getrieben,
aufgehäuft, überall angedrängt. In weniger Zeit wird man das
ziemlich erhöhte Monument kaum wiederfinden können.

Das Meer ist doch ein großer Anblick! Ich will sehen, in einem Fischerkahn eine Fahrt zu tun; die Gondeln wagen sich
nicht hinaus.

[...]

Den 9. Oktober:
Ein köstlicher Tag, vom Morgen bis in die Nacht! Ich fuhr bis
Pelestrina gegen Chiozza über, wo die großen Baue sind, Murazzi genannt, welche die Republik gegen das Meer aufführen
läßt. Sie sind von gehauenen Steinen und sollen eigentlich die
lange Erdzunge, Lido genannt, welche die Lagunen von dem
Meere trennt, vor diesem wilden Elemente schützen.

Die Lagunen sind eine Wirkung der alten Natur. Erst Ebbe,
Flut und Erde gegeneinander arbeitend, dann das allmähliche
Sinken des Urgewässers waren Ursache, daß am obern Ende
des adriatischen Meeres sich eine ansehnliche Sumpfstrecke

befindet, welche, von der Flut besucht, von der Ebbe zum Teil verlassen wird. Die Kunst hat sich der höchsten Stellen bemächtigt, und so liegt Venedig, von hundert Inseln zusammengruppiert und von hunderten umgeben. Zugleich hat man mit unglaublicher Anstrengung und Kosten tiefe Kanäle in den Sumpf gefurcht, damit man auch zur Zeit der Ebbe mit Kriegsschiffen an die Hauptstellen gelangen könne. Was Menschenwitz und Fleiß vor alters ersonnen und ausgeführt, muß Klugheit und Fleiß nun erhalten. Das Lido, ein langer Erdstreif, trennt die Lagunen von dem Meere, welches nur an zwei Orten hereintreten kann, bei dem Kastell nämlich und am entgegengesetzten Ende, bei Chiozza. Die Flut tritt gewöhnlich des Tages zweimal herein, und die Ebbe bringt das Wasser zweimal hinaus, immer durch denselben Weg in denselben Richtungen. Die Flut bedeckt die innern morastigen Stellen und läßt die erhöhteren, wo nicht trocken, doch sichtbar.

Ganz anders wäre es, wenn das Meer sich neue Wege suchte, die Erdzunge angriffe und nach Willkür hinein und heraus flutete. Nicht gerechnet, daß die Örtchen auf dem Lido, Pelestrina, St. Peter und andere, untergehen müßten, so würden auch jene Kommunikationskanäle ausgefüllt und, indem das Wasser alles durcheinander schlemmte, das Lido zu Inseln, die Inseln, die jetzt dahinter liegen, zu Erdzungen verwandelt werden. Dieses zu verhüten, müssen sie das Lido verwahren, was sie können, damit das Element nicht dasjenige willkürlich angreifen, hinüber und herüber werfen möge, was die Menschen schon in Besitz genommen, dem sie schon zu einem gewissen Zweck Gestalt und Richtung gegeben haben.

Bei außerordentlichen Fällen, wenn das Meer übermäßig wächst, ist es besonders gut, daß es nur an zwei Orten herein darf und das Übrige geschlossen bleibt, es kann also doch nicht mit der größten Gewalt eindringen und muß sich in einigen Stunden dem Gesetz der Ebbe unterwerfen und seine Wut mindern.

Übrigens hat Venedig nichts zu besorgen; die Langsamkeit, mit der das Meer abnimmt, gibt ihr Jahrtausende Zeit, und sie werden schon, den Kanälen klug nachhelfend, sich im Besitz zu erhalten suchen.

Wenn sie ihre Stadt nur reinlicher hielten, welches so notwendig als leicht ist und wirklich auf die Folge von Jahrhunderten von großer Konsequenz. Nun ist zwar bei großer Strafe verboten, nichts in die Kanäle zu schütten noch Kehrig hineinzuwerfen; einem schnell einfallenden Regenguß aber ist's nicht untersagt, allen den in die Ecken geschobnen Kehrig aufzurühren, in die Kanäle zu schleppen, ja, was noch schlimmer ist, in die Abzüge zu führen, die nur zum Abfluß des Wassers bestimmt sind, und sie dergestalt zu verschlemmen, daß die Hauptplätze in Gefahr sind, unter Wasser zu stehen. Selbst einige Abzüge auf dem kleinen Markusplatze, die, wie auf dem großen, gar klug angelegt sind, habe ich verstopft und voll Wasser gesehen.

Wenn ein Tag Regenwetter einfällt, ist ein unleidlicher Kot, alles flucht und schimpft, man besudelt beim Auf- und Absteigen der Brücken die Mäntel, die Tabarros, womit man sich ja das ganze Jahr schleppt, und da alles in Schuh und Strümpfen läuft, bespritzt man sich und schilt, denn man hat sich nicht mit gemeinem, sondern beizendem Kot besudelt. Das Wetter wird wieder schön, und kein Mensch denkt an Reinlichkeit. Wie wahr ist es gesagt: das Publikum beklagt sich immer, daß es schlecht bedient sei, und weiß es nicht anzufangen, besser bedient zu werden. Hier, wenn der Souverän wollte, könnte alles gleich getan sein.

Den 9. Oktober.

Heute abend ging ich auf den Markusturm; denn da ich neulich die Lagunen in ihrer Herrlichkeit zur Zeit der Flut von oben gesehen, wollt' ich sie auch zur Zeit der Ebbe in ihrer Demut schauen, und es ist notwendig, diese beiden Bilder zu verbinden, wenn man einen richtigen Begriff haben will. Es sieht sonderbar aus, ringsum überall Land erscheinen zu sehen, wo vorher Wasserspiegel war. Die Inseln sind nicht mehr Inseln, nur höher bebaute Flecke eines großen graugrünlichen Morastes, den schöne Kanäle durchschneiden. Der sumpfige Teil ist mit Wasserpflanzen bewachsen und muß sich auch dadurch nach und nach erheben, obgleich Ebbe und Flut beständig daran rupfen und wühlen und der Vegetation keine Ruhe lassen.

Ich wende mich mit meiner Erzählung nochmals ans Meer, dort habe ich heute die Wirtschaft der Seeschnecken, Patellen und Taschenkrebse gesehen und mich herzlich darüber gefreut. Was ist doch ein Lebendiges für ein köstliches, herrliches Ding! Wie abgemessen zu seinem Zustande, wie wahr, wie seiend! Wieviel nützt mir nicht mein bißchen Studium der Natur, und wie freue ich mich, es fortzusetzen! Doch ich will, da es sich mitteilen läßt, die Freunde nicht mit bloßen Ausrufungen anreizen.

Die dem Meere entgegengebauten Mauerwerke bestehen erst aus einigen steilen Stufen, dann kommt eine sacht ansteigende Fläche, sodann wieder eine Stufe, abermals eine sanft ansteigende Fläche, dann eine steile Mauer mit einem oben überhängenden Kopfe. Diese Stufen, diese Flächen hinan steigt nun das flutende Meer, bis es in außerordentlichen Fällen endlich oben an der Mauer und deren Vorsprung zerschellt.

Dem Meere folgen seine Bewohner, kleine eßbare Schnecken, einschalige Patellen, und was sonst noch beweglich ist, besonders die Taschenkrebse. Kaum aber haben diese Tiere an den glatten Mauern Besitz genommen, so zieht sich schon das Meer weichend und schwellend, wie es gekommen, wieder zurück. Anfangs weiß das Gewimmel nicht, woran es ist, und hofft immer, die salzige Flut soll wiederkehren; allein sie bleibt aus, die Sonne sticht und trocknet schnell, und nun geht

der Rückzug an. Bei dieser Gelegenheit suchen die Taschenkrebse ihren Raub. Wunderlicher und komischer kann man
nichts sehen als die Gebärden dieser aus einem runden Körper und zwei langen Scheren bestehenden Geschöpfe; denn
die übrigen Spinnenfüße sind nicht bemerklich. Wie auf stel-
zenartigen Armen schreiten sie einher, und sobald eine Patelle
sich unter ihrem Schild vom Flecke bewegt, fahren sie zu, um
die Schere in den schmalen Raum zwischen der Schale und
dem Boden zu stecken, das Dach umzukehren und die Auster
zu verschmausen. Die Patelle zieht sachte ihren Weg hin,
saugt sich aber gleich fest an den Stein, sobald sie die Nähe des
Feindes merkt. Dieser gebärdet sich nun wunderlich um das
Dächelchen herum, gar zierlich und affenhaft; aber ihm fehlt
die Kraft, den mächtigen Muskel des weichen Tierchens zu
überwältigen, er tut auf diese Beute Verzicht, eilt auf eine andere wandernde los, und die erste setzt ihren Zug sachte fort.
Ich habe nicht gesehen, daß irgendein Taschenkrebs zu seinem Zweck gelangt wäre, ob ich gleich den Rückzug dieses
Gewimmels stundenlang, wie sie die beiden Flächen und die
dazwischen liegenden Stufen hinabschlichen, beobachtet habe.

[...]

Den 12. Oktober.
[...] Nachdem ich zum Schluß mein Tagebuch durchgegan-
gen, kleine Schreibtafelbemerkungen eingeschaltet, so sollen
die Akten inrotuliert und den Freunden zum Urteilsspruch
zugeschickt werden. Schon jetzt finde ich manches in diesen
Blättern, das ich näher bestimmen, erweitern und verbessern
könnte; es mag stehen als Denkmal des ersten Eindrucks, der,
wenn er auch nicht immer wahr wäre, uns doch köstlich und
wert bleibt. Könnte ich nur den Freunden einen Hauch dieser
leichtern Existenz hinübersenden! Jawohl ist dem Italiener
das Ultramontane eine dunkle Vorstellung, auch mir kommt

das Jenseits der Alpen nun düster vor; doch winken freundliche Gestalten immer aus dem Nebel. Nur das Klima würde mich reizen, diese Gegenden jenen vorzuziehen; denn Geburt und Gewohnheit sind mächtige Fesseln. Ich möchte hier nicht leben, wie überall an keinem Orte, wo ich unbeschäftigt wäre; jetzt macht mir das Neue unendlich viel zu schaffen. Die Baukunst steigt wie ein alter Geist aus dem Grabe hervor, sie heißt mich ihre Lehren wie die Regeln einer ausgestorbenen Sprache studieren, nicht um sie auszuüben oder mich in ihr lebendig zu erfreuen, sondern nur um die ehrwürdige, für ewig abgeschiedene Existenz der vergangenen Zeitalter in einem stillen Gemüte zu verehren. [...]

Hätte ich nicht den Entschluß gefaßt, den ich jetzt ausführe, so wär' ich rein zugrunde gegangen: zu einer solchen Reife war die Begierde, diese Gegenstände mit Augen zu sehen, in meinem Gemüt gestiegen. Die historische Kenntnis förderte mich nicht, die Dinge standen nur eine Hand breit von mir ab; aber durch eine undurchdringliche Mauer geschieden. Es ist mir wirklich auch jetzt nicht etwa zumute, als wenn ich die Sachen zum erstenmal sähe, sondern als ob ich sie wiedersähe. Ich bin nur kurze Zeit in Venedig und habe mir die hiesige Existenz genugsam zugeeignet und weiß, daß ich, wenn auch einen unvollständigen, doch einen ganz klaren und wahren Begriff mit wegnehme.

Venedig, den 14. Oktober, 2 Stunden in der Nacht. In den letzten Augenblicken meines Hierseins: denn es geht sogleich mit dem Kurierschiffe nach Ferrara. Ich verlasse Venedig gern; denn um mit Vergnügen und Nutzen zu bleiben, müßte ich andere Schritte tun, die außer meinem Plan liegen; auch verläßt jedermann nun diese Stadt und sucht seine Gärten und Besitzungen auf dem festen Lande. Ich habe indes gut aufgeladen und trage das reiche, sonderbare, einzige Bild mit mir fort.

# JOHANN GOTTFRIED HERDER
## Briefe aus Venedig

*An Caroline Herder*

Venezia, den 6. Jun. [1789]

Seit gestern Nachmittag bin ich hier; sehr gesund, u. ich habe abermals das Erfrischende des See-Elements gefühlet, das mich in meiner Jugend, da mich vorher der Wind umwerfen wollte, neu stärkte. Den 3. Pfingstfeiertag Abend ging ich mit dem Courier von Bologna zu Schiff nach Venedig: es war ein schöner Mondabend; in der Nacht schlief alles, wie u. so gut es konnte. Ich gar schön; gegen Mittag waren wir in Ferrara. Ich begrüßte Ariosts Grab, nachmittag gings weiter u. gestern zwischen 2–3. waren wir in Venedig. Nachdem ich mich erholt u. die Sachen abgemacht hatte, die eine Last der Reise sind, sahe ich den Markusplatz u. alle Gebäude desselben von außen, die Brücke Rialto etc. Kaufte mir den Ariost, sahe den Markusplatz nachher erleuchtet, u. ging Abend zwischen 10. u. 11. in die Oper, die gegen 2. aus war. Heut morgen bei den Banquier, auf die Post, (wo ich leider nichts von Dir fand, so wenig die poste restante vorigen Tags etwas unter meinem Namen kennen wollte), sahe drauf St. Markus u. seine Gebäude, die Bibliothek etc. inwendig, hörte die Advokaten, aß u. sitze jetzt hier den Vetturino über meine weitere Reise zu erwarten, die, wills Gott übermorgen weiter fortgesetzt werden soll: über Padua, Vicenza p Dein Br. soll mir nachkommen; in

Parma u. Mailand werde ich die andern finden. Es geht brav über das Geld her; aber man kann nicht anders. Heut Nachmittag will ich einen giro um Venedig in einer Gondel machen u. wenn Zeit ist, den Kindern noch etwas von dieser Seestadt schreiben. Das ist keine Parthenope wie Neapel mit sanften lockenden Armen, sondern ein Seeungeheuer mit 10 000 Händen, das in jedem Gliede lebt, u. auf Nutzen bedacht ist. Es reut mich indessen nicht, daß ich auch diese Nymphe der Lagunen hinter Rohr u. Schilf gesehen habe. Es ist ein ganz eignes Universum in ihr; in allem das Gegenteil von Rom u. von allen Landstädten. Selbst Amsterdam ist an Seltenheit nichts gegen sie; es ist eine Seespinne mit hundert Füßen u. Millionen Gelenken. Die Luft bekommt mir sehr wohl; u. die Unruhe, in der Alles ist, teilt sich mit, wie auch dieser Brief zeigt. Lebe wohl, liebes Herz, in Parma, u. nachher in Mailand finde ich gewiß Deine Briefe. Nachher gehts in die Alpen, für die Schweiz habe ich keinen Raum mehr, weder im Hirn, noch im Beutel. An Heine habe ich aus Bologna geschrieben. Hier ist der Brief. Nochmals das beste Lebewohl Dir u. den Unsern. Vale, Valete

H.

*An seine Kinder*

*Venedig, 6.6.1789*

Lieben Kinder,
Nun bin ich in solch einem kleinen schwarzen Hause geschwommen, das man eine Gondel nennt. Es ist lang u. schmal, vorn u. hinten spitz, u. sieht wie ein Frauenpantoffel aus; das viereckigte Kämmerchen darauf, mit 4. Sitzen, ist mit schwarzem Tuch beschlagen, so wie auch die Gondel schwarz ist. Der Gondelier steht hinten drauf u. lenkt die Gondel mit seinem Ruder so geschickt, daß man es sich kaum denken

kann, wenn mans nicht gesehen hat. Man schwimmt dicht auf den Wellen so sanft, wie in einer Wiege, u. sieht an beiden Seiten große hohe Paläste Einer dicht am andern; unter den Brücken fährt man durch; zwischen Gondeln, Schiffen, Barken fährt man wie auf einem Pfeil hin, daß im größten Gedränge Eine Gondel die andre kaum berühret. In manchen ziemlich engen Kanälen gehen 3. Gondeln neben einander so schnell vorbei, als ob man einander vorüberflöge. Die Damen sitzen mit ihren Herren drin, u. sie haben es zehnmal bequemer, als wenn sie in den Kutschen gerüttelt würden. In Venedig sind keine Kutschen, alles wiegt sich in Gondeln, was nicht über die Brücken Trepp auf u. ab laufen will. Es ist eine sonderbare Stadt, die gleichsam aus der See emporsteigt, voll Gedränges von Menschen, voll Fleiß u. Betrügerei. Es ist mir lieb, daß ich sie gesehen habe. Übermorgen oder vielleicht schon morgen gehts nach Padua, auch zu Wasser, fort: denn weiter hin zu Lande u. endlich 2. mal über die Berge, bis ich bei Euch bin u. Euch wiedersehe. Lebt wohl, Ihr Lieben, lebt wohl; ich sehe Euch bald, behaltet mich lieb, wie ich Euch lieb habe. Gebt alle 6. der Mutter einen Kuß in meinem Namen, u. seid hübsch artig u. ihr gehorsam. Lebt wohl, Ihr Lieben.

# Johann Gottfried Seume
## Promenade nach Venedig

Die Leute meinten hier wieder, ich sei nicht gescheit, als sie hörten, ich wolle zu Fuße von Triest über die Berge nach Venedig gehen und sagten, da würde ich nun wohl ein Bißchen totgeschlagen werden: aber ich ließ mich nicht irre machen und wandelte wieder den Berg herauf; zwar nicht den nämlichen großen Fahrweg, kam aber doch, nach ungefähr zwei Stunden Herumkreuzen am Ufer und durch die Weinberge, wieder auf die Heerstraße. Ich besuchte die Höhlen von Korneale nicht, weil die ganze Gegend verdammt verdächtig aussah, und ich mich in der Wildnis doch nicht so ganz allein und wildfremd den Leuten in die Hände geben wollte. Die Berge, welche von Natur sehr rauh und etwas öde sind, waren sonst deswegen so unsicher, weil sie, wie die Genuesischen, der Zufluchtsort alles Gesindels der benachbarten Staaten waren. Da ganz Venedig aber jetzt in Östreichischen Händen ist, wird es nun der wachsamen Polizei leichter, Ordnung und Sicherheit zu erhalten. Man spürt in dieser Rücksicht schon den Vorteil der Veränderungen. An dem Zwickel der Berge kommt hier ein schöner Fluß aus der Erde hervor, der vermutlich auch Höhlen bildet. Hier sind nach aller Lokalität, gewiß Virgils Felsen des Timavus; und ich sah stolz umher, daß ich nun ausgemacht den klassischen Boden betrat. Der Einschnitt zwischen den Bergen, oder das Tal zwischen Santa Croce und Montefalkone macht noch jetzt der Beschreibung der Alten Ehre. Unten rechts am Meere stand vermutlich der Heroentempel im Haine, und links etwas weiter herauf am Ausflusse des Timavus war der Hafen. Ich schlug mich hier rechts von der geraden Straße nach Venedig ab über die Berge hinüber nach Görz, welches sechs ziemlich starke Meilen von Triest liegt. Wenn man einmal über die Berge hinüber ist, welche freilich etwas kahl sind, hat man die schönsten Weintäler. Der Wein wird hier schon nach italienischer Weise behandelt, hängt an Ulmen oder Weiden, und macht, wo die Gegend etwas nachhilft, schöne Gruppierungen.

Von Görz nach Gradiska sind die Berge links ziemlich sanft und man hat die großen Höhen in beträchtlicher Entfernung rechts: und wenn man über Gradiska nach Palma Nuova herauskommt, ist man ganz in der schönen Fläche des ehemaligen venezianischen Friaul, hat links fast lauter Ebene bis zur See und nur rechts die ziemlich hohen Friauler Alpen. Von Görz nach Udine stehen im Kalender fünf Meilen; aber Östreichische Offiziere versicherten mich, es seien gute sieben Meilen; und ich fand Ursache der Versicherung zu glauben. Palma Nuova war eine venezianische Grenzfestung, und nun hausen die Kaiserlichen hier. Sie exerzierten eben auf dem großen Platze vor dem Tore. Der Ort ist militärisch nicht ganz zu verachten, wenn er gut verteidigt wird. Man kann nach allen Seiten vortrefflich rasieren, und er kann von keiner nahen Anhöhe bestrichen werden.

[...]

Der Weg zwischen Triest und Venedig ist außerordentlich wasserreich; sehr viele große und kleine Flüsse kommen rechts von den Bergen herab, unter denen der Tagliamento und die Piave die vorzüglichsten sind. Zwischen Codroipo und Valvasone ging ich über den Tagliamento in vier Stationen, auf dem Rücken eines großen, ehrenfesten Charons, der seine langen Fischerstiefeln bis an die Taille hinaufzog. Der Fluß war jetzt ziemlich klein; und dieses ist zu solcher Zeit die

Methode Fußgänger überzusetzen. Sein Bett ist über eine Viertelstunde breit und zeigt, wie wild er sein muß, wenn er das Bergwasser herabwälzt. Wenn die Bäche groß sind, mag die Reise hier immer bedenklich sein; denn kann durchaus an den Betten sehen, welche ungeheuere Wassermenge dann überall herabströmt. Jetzt sind alle Wasser so schön und hell, daß ich überall trinke: denn für mich geht nichts über schönes Wasser. Die Wohltat und den Wert davon zu empfinden, mußt Du Dich von den Engländern einmal nach Amerika transportieren lassen, wo man in dem stinkenden Wasser fingerlange Fasern von Unrat findet, die Nase zuhalten muß, wenn man es durch ein Tuch geschlagen trinken will, und doch noch froh ist, wenn man die kocytische Tunke zur Stillung des brennenden Durstes nur noch erhält. So ging es uns, als wir in den amerikanischen Krieg zogen, wo ich die Ehre hatte dem König die dreizehn Provinzen mit verlieren zu helfen.

[...]

Von Conegliano bis Treviso hatte ich mir auf einem eingefallenen Steinchen die Ferse blutig getreten, und gab daher zum ersten Mal den Zudringlichkeiten eines Vetturino nach, der mich für sechs Liren nach Mestre bringen wollte. Mit der Bedingung, daß ich gleich abginge, ließ ich mir die Sache gefallen: denn ich wollte noch gern diesen Abend in Mestre sein, um den folgenden Morgen zeitig nach Venedig überzusetzen. Sechs Liren war mir ein unbegreiflich niedriger Preis für einen vollen Wagen mit zwei guten Pferden, den er mir vor dem Wirtshause als mein Fuhrwerk zeigte; so daß ich nicht wußte was ich denken sollte. Aber vor der Stadt hielt er an und packte noch einen venezianischen Kaufmann und eine Tirolerin ein, die als Kammerjungfer ihrer Gräfin nachreis'te; und nun begriff ich freilich. Von Conegliano aus ist der Weg schon sehr frequent, und die Landhäuser werden häufiger und schö-

ner; und von Treviso ist es fast lauter schöner, mit Villen be-
setzter Garten. Die Tirolerin sentimentalisierte darüber un-
unterbrochen deutsch und italienisch; der Italiener war ein
gar artiger Kerl, und da kamen denn die beiden Leutchen bald
in einen Ton allerliebster Zweideutigkeiten, zu dem die deutsche Sprache, wenigstens die meinige, gar nicht geeignet ist:
und doch kann ich nicht sagen, daß sie geradezu in Unanstän-
digkeit ausgeartet wären. Bloß der unreine Nasenton der Tirolerin mißfiel mir; und da ich bei einer zufälligen Lüftung
des Halstuches in der untern Gegend des Kinnbackens einige
beträchtliche Narben erblickte, war ich sehr froh, daß ich mit
exzessiver Artigkeit dem Venezianer die Ehrenstelle neben ihr
im Fond überlassen hatte. Ich erhielt meinen Teil Witz von ihnen für meine überstoische Laune und Taziturnität, und rettete mich von dem Prädikat eines Gimpels vermutlich nur
durch meine Unkunde in der italienischen Sprache und einige
Sarkasmen, die ich ganz trocken hinwarf. In Mestre wollte
mich die Dame aus Artigkeit mit in ihr Hotel nehmen und
meinte, ich könnte morgen mit der Gräfin und ihr zusammen die Überfahrt nach dem schönen Venedig machen: aber
ich fand eine Gesellschaft von Venezianern, die noch diesen
Abend übersetzen wollte und schloß mich an. Wir ruderten
den Kanal hinunter. Die Andern waren alle Einheimische,
und hatten weiter nichts nötig als dieses zu sagen; aber ich
Fremdling mußte einige Zeit auf der Wache warten, bis der
Offiziant meinen Paß gehörig registriert hatte. Er behielt ihn,
und gab mir einen Passierzettel, nach östreichischer Sitte, mit
der Weisung, mich damit in Venedig auf der Polizei zu mel-
den. Das forderte etwas Zeit, da der Herr etwas Myops und
kein Tachygraph war; und meine Gesellschafter waren über
den Aufenthalt etwas übellaunig. Doch das gab sich bald.
Man fragte mich, als ich zurückkam, mit vieler Artigkeit und
Teilnahme wer ich sei? wohin ich wolle? und dergleichen; und
wunderte sich höchlich als man hörte, daß ich zu Fuße allein

einen Spaziergang von Leipzig nach Syrakus machen wollte. Der Abend war schön, und ehe wir es uns versahen, kamen wir am Rialto an, wovon ich aber jetzt natürlich weiter nichts als die magische Erscheinung sah. Ein junger Mann von Conegliano, mit dem ich während der ganzen Überfahrt viel geplaudert hatte, begleitete mich durch eine große Menge enge Gäßchen in den Gasthof *The Queen of England;* und da hier alles besetzt war, zum goldnen Stern, nicht weit vom Markusplatze, wo ich für billige Bezahlung ziemlich gutes Quartier und artige Bewirtung fand.

Den dritten Februar, wenn ich mich nicht irre, kam ich in Venedig an, und lief sogleich den Morgen darauf mit einem alten, abgedankten Bootsmann, der von Lissabon bis Konstantinopel und auf der afrikanischen Seite zurück die ganze Küste kannte, und jetzt den Lohnbedienten machen mußte, in der Stadt herum; sah mehr als zwanzig Kirchen in einigen Stunden, von der Kathedrale des heiligen Markus herab bis auf das kleinste Kapellchen der ehemaligen Beherrscherin des Adria. Wenn ich Künstler oder nur Kenner wäre, könnte ich Dir viel erzählen von dem was da ist und was da war. Aber das alles ist Dir wahrscheinlich schon aus Büchern bekannt; und ich würde mir vielleicht weder mit der Aufzählung noch mit dem Urteil große Ehre erwerben. Der Palast der Republik sieht jetzt sehr öde aus, und der Rialto ist mit Kanonen besetzt. Auch am Ende des Markusplatzes, nach dem Hafen zu, haben die Östreicher sechs Kanonen stehen, und gegenüber auf Sankt George hatten schon die Franzosen eine Batterie angelegt, welche die Kaiserlichen natürlich unterhalten und erweitern. Die Partie des Rialto hat meine Erwartung nicht befriedigt; aber der Markusplatz hat sie, auch so wie er noch jetzt ist, übertroffen.

Es mögen jetzt ungefähr drei Regimenter hier liegen, eine sehr kleine Anzahl für ernsthafte Vorfälle. So wie die Stimmung jetzt ist, nähme und behauptete man mit zehntausend

Mann Venedig; wenn man nämlich im Anfange energisch und
sodann klug und human zu Werke ginge. Das Militär und
überhaupt die Bevölkerung zeigt sich meistens nur auf dem
Markusplatze, am Hafen, am Rialto und am Zeughause; die
übrigen Gegenden der Stadt sind ziemlich leer. Wenn man
diese Partien gesehen hat und einige Mal den großen Kanal
auf und ab gefahren ist, hat Venedig vielleicht auch nicht viel
Merkwürdiges mehr; man müßte denn gern Kirchen besuchen, die hier wirklich sehr schön sind.

Das Traurigste ist in Venedig die Armut und Bettelei. Man
kann nicht zehn Schritte gehen, ohne in den schneidendsten
Ausdrücken um Mitleid angefleht zu werden; und der An-
blick des Elends unterstützt das Notgeschrei des Jammers.
Um alles in der Welt möchte ich jetzt nicht Beherrscher von
Venedig sein; ich würde unter der Last meiner Gefühle erlie-
gen. Schon Küttner hat viele Beispiele erzählt, und ich habe die
Bestätigung davon stündlich gesehen. Die niederschlagendste
Empfindung ist mir gewesen, Frauen von guter Familie in tie-
fen, schwarzen, undurchdringlichen Schleiern kniend vor den
Kirchentüren zu finden, wie sie, die Hände gefaltet auf die
Brust gelegt, ein kleines hölzernes Gefäß vor sich stehen ha-
ben; in welches die Vorübergehenden einige Soldi werfen.
Wenn ich länger in Venedig bliebe, müßte ich notwendig mit
meiner Börse oder mit meiner Empfindung Bankerott ma-
chen.

Drollig genug sind die gewöhnlichen Improvisatoren und
Deklamatoren auf dem Markusplatze und am Hafen, die einen Kreis um sich her schließen lassen und für eine Kleinigkeit über irgend eine berühmte Stelle sprechen, oder auch aus
dem Stegreife über ein gegebenes Thema teils in Prose teils in
Versen sogleich mit solchem Feuer reden, daß man sie wirklich einige Mal mit großem Vergnügen hört. Du kannst Dir
vorstellen, wie geringe die Summe und wie erniedrigend das
Handwerk sein muß. Eine Menge Leute von allen Kalibern,

Lumpige und Wohlgekleidete, saßen auf Stühlen und auf der Erde rundherum und warteten auf den Anfang, und eine Art von buntscheckigem Bedienten, der seinem Prinzipal das Geld sammelte, rief und wiederholte mit lauter Stimme: *Manca ancora cinque soldi; ancora cinque soldi!* Jeder warf seinen Soldo hin, und man machte gewaltige Augen, als ich einige Mal mit einem schlechten Zwölfkreuzerstück der Forderung ein Ende machte und die Arbeit beschleunigte. Welch ein Abstand von diesen Improvisatoren bis zu den römischen, von denen wir zuweilen in unsern deutschen Blättern lesen!

Auf der Giudekka ist es, wo möglich, noch ärmlicher als in der Stadt; aber eben deswegen sind dort nicht so viele Bettler, weil vielleicht niemand hoffen darf, dort nur eine leidliche Ernte zu halten. Die Erlöserskirche ist daselbst die beste, und ihre Kapuziner sind die Einzigen, die in Venedig noch etwas schöne Natur genießen. Die Kirche ist mit Orangerie besetzt, und sie haben bei ihrem Kloster, nach der See hinaus, einen sehr schönen Weingarten. Diese, nebst einigen Oleastern in der Gegend des Zeughauses, sind die einzigen Bäume, die ich in Venedig gesehen habe. Die Insel Sankt George hält bekanntlich die Kirche und das Kapitel, wo der jetzige Papst gewählt wurde, und wo auch noch sein Bildnis ist, das bei den Venezianern von gemeinem Schlage in außerordentlicher Verehrung steht. Der Maler hat sein Mögliches getan, die Draperie recht schön zu machen. Die Kirche selbst ist ein gar stattliches Gebäude, und wie ich schon oben gesagt habe, mit Batterien umgeben.

Die Venezianer sind übrigens im Allgemeinen höfliche, billige, freundschaftliche Leute, und ich habe von Vielen Artigkeiten genossen, die ich in meinem Vaterlande nicht herzlicher hätte erwarten können. Einen etwas schnurrigen Auftritt hatte ich vor einigen Tagen auf dem Markusplatze. Man hatte mich beständig in dem nämlichen Reiserocke, (die Ursache war, weil ich keinen andern hatte, da ich keinen andern im

Tornister tragen wollte,) an den öffentlichen Orten der Stadt herumlaufen sehen, und doch gesehen, daß ich mit einem Lohnbedienten lief und Liren verzehrte. Ich zahlte dem Bedienten jeden Abend sein Geld, wenn ich ihn nicht mehr brauchte; dieses geschah diesen Abend, da es noch ganz hell war, auf dem Markusplatze. Einige Mädchen der Aphrodite Pandemos mochten bemerkt haben, daß ich bei der Abzahlung des Menschen eine ziemliche Handvoll silberner Liren aus der Tasche gezogen hatte, und legten sich, als der Bediente fort war und ich allein gemächlich nach Hause schlenderte, ganz freundlich und gefällig an meinen Arm. Ich blieb stehen und sie taten das nämliche. Man gruppierte sich um uns herum, und ich bat sie höflich, sich nicht die Mühe zu geben mich zu inkommodieren. Sie fuhren mit ihrer artigen Vertraulichkeit fort, und ich ward ernst. Sie waren beide ganz hübsche Sünderinnen, und trugen sich ganz niedlich und anständig mit der feineren Klasse. Ich demonstrierte in meinem gebrochenen Italienisch so gut ich konnte, sie möchten mich in Ruhe lassen. Es half nichts; die Gesellschaft in einiger Entfernung lächelte, und Einige lachten sogar. Die Gruppe mochte allerdings possierlich genug sein. Eine von den beiden Nymphchen schmiegte sich endlich so schmeichelnd als möglich an mich an. Da ward ich heiß und fing an in meinem stärksten Baßtone auf gut Russisch zu fluchen, mischte so etwas von *Impudenza* und *senza vergogna* dazu, und stampfte mit meinem Knotenstocke so emphatisch auf das Pflaster, daß die Gesellschaft sich schüchtern zerstreute und die erschrockenen Geschöpfchen ihren Weg gingen.

Ein anderer, etwas ernsthafterer Vorfall beschäftigte mich fast eine halbe Stunde. Ich verschließe den Abend mein Zimmer und lege mich zu Bett. Als ich den Morgen aufstehe, finde ich meine Kleider, die neben mir auf einem andern Bette lagen, ziemlich in Unordnung und meinen Hut herabgeworfen. Ich wußte ganz gewiß, in welche Ordnung ich sie gelegt hatte. Das Schloß war unberührt und mir fehlte übrigens nichts. Ich dachte hin und her und konnte nichts herausgrübeln, und mir schwebten schon mancherlei sonderbare Gedanken von der alten venezianischen Polizei vor dem Gehirne; so daß ich sogleich, als ich mich angezogen hatte, zu dem Kellner ging und ihm den Vorfall erzählte. Das Haus war groß und voll. Da erhielt ich denn zu meiner Beruhigung den Aufschluß, es seien die Nacht noch Fremde angekommen, und man habe noch eine Matratze gebraucht, und sie aus dem Bett neben mir mit dem Hauptschlüssel abgeholt. Hätte ich nun die Sache nicht gründlich erfahren, wer weiß, was ich mir noch für Einbildungen gemacht hätte.

Jetzt ist meine Seele voll von einem einzigen Gegenstande, von Canovas Hebe. Ich weiß nicht, ob Du die liebenswürdige Göttin dieses Künstlers schon kennst; mich wird sie lange, vielleicht immer beherrschen. Fast glaube ich nun, daß die Neuen die Alten erreicht haben. Sie soll eins der jüngsten Werke des Mannes sein, die ewige Jugend. Sie steht in dem Hause Alberici, und der Besitzer scheint den ganzen Wert des Schatzes zu fühlen. Er hat der Göttin einen der besten Plätze, ein schönes, helles Zimmer nach dem großen Kanal, angewiesen. Ich will, ich darf keine Beschreibung wagen; aber ich möchte weissagen, daß sie die Angebetete der Künstler und ihre Wallfahrt werden wird. Noch habe ich die Mediceerin nicht gesehen; aber nach allen guten Abgüssen von ihr zu urteilen, ist hier für mich mehr als alle *veneres cupidinesque*.

[...]

Du denkst wohl, daß ich bei dem marmornen Mädchen etwas außer mir bin; und so mag es allerdings sein. Der Italiener betrachtete meine Andacht ebenso aufmerksam, wie ich seine Göttin. Diese einzige Viertelstunde hat mir meine Reise bezahlt; so ein sonderbar enthusiastischer Mensch bin ich nun zuweilen. Es ist die reinste Schönheit, die ich bis jetzt in der

Natur und in der Kunst gesehen habe; und ich verzweifle
selbst mit meinem Ideale höhersteigen zu können. Ich muß
Canovas Hände küssen, wenn ich nach Rom komme, wo er,
wie ich höre, jetzt lebt. Das goldene Gefäß, die goldene Schale
und das goldene Stirnband haben mich gewiß nicht besto-
chen; ich habe bloß die Göttin angebetet, auf deren Antlitz alles, was der weibliche Himmel Liebenswürdiges hat, ausge-
gossen ist. In das Lob der Gestalt und Glieder und des Gewandes will ich nicht eingehen; das mögen die Geweihten
tun. Alles scheint mir des Ganzen würdig.

In dem nämlichen Hause steht auch noch ein schöner Gips-
abguß von des Künstlers Psyche. Sie ist auch ein schönes
Werk; aber meine Seele ist zu voll von Hebe, um sich zu diesem Seelchen zu wenden. In dem Zimmer, wo der Abguß der
Psyche steht, sind rund an den Wänden Reliefs in Gips von
Canova's übrigen Arbeiten. Eine Grablegung des Sokrates
durch seine Freunde. Die Szene, wo der Verurteilte den Becher nimmt. Der Abschied von seiner Familie. Der Tod des
Priamus nach Virgil. Der Tanz der Phäacier in Gegenwart
des Ulysses, wo die beiden tanzenden Figuren vortrefflich
sind: und die opfernden Trojanerinnen vor der Minerva, unter
Anführung der Hekuba. Alles ist eines großen und weisen
Künstlers würdig; aber Hebe hat sich nun einmal meines Geistes bemächtiget und für das Übrige nichts mehr übrig gelassen. Wenn der Künstler, wie man glaubt, nach einem Modell gearbeitet hat, so möchte ich für meine Ruhe das Original
nicht sehen. Doch, wenn dieses auch ist, so wird seine Seele
gewiß es erst zu diesem Ideal erhoben haben, das jetzt alle
Anschauer begeistert.

Da meine Wohnung hier nahe am Markusplatze ist, habe
ich fast stündlich Gelegenheit die Stellen zu sehen, auf welchen die berühmten Pferde standen, die nun, wie ich höre,
den konsularischen Palast der Gallier bewachen sollen. Sonderbar; wenn ich nicht irre, erbeuteten die Venezianer, in Ge-

sellschaft mit den Franzosen, diese Pferde nebst vielen andern gewöhnlichen Schätzen. Die Venezianer ließen ihren Verbündeten die Schätze und behielten die Pferde; und jetzt kommen die Herren und holen die Pferde nach. Wo ist der Bräutigam der Braut, der jährlich sein Fest auf dem adriatischen Meere feierte? Die Briten gingen seit ziemlich langer Zeit schon etwas willkürlich und ungebührlich mit seiner geliebten Schönen um; und nun ist er selbst an der Apoplexie gestorben, und ein Fremder nimmt sich kaum mehr Mühe seinen Bucentaur zu besehen. Venedig wird nun nach und nach von der Kapitale eines eigenen Staats zur Gouvernementsstadt eines fremden Reichs sich modifizieren müssen; und desto besser für den Ort, wenn dieses sanft, von der einen Seite mit Schonung und von der andern mit gehöriger Resignation geschieht.

# FRANZ GRILLPARZER
## Auf der Durchreise

Die, wenigstens für mich, gräßlichen Umstände bei dem Tode meiner Mutter, griffen meine Gesundheit aufs feindseligste an. Die Ärzte rieten zu einer augenblicklichen Entfernung von Wien. Die frühe Jahreszeit, es war im Monat März, erlaubte einen Landaufenthalt nicht; also eine Reise; aber wohin? Italien stand mir zwar von jeher lockend da, aber die Reise eines Beamten ins Ausland brauchte damals so viele Vorbereitungen. Es mußte ein Vortrag an den Kaiser oder dessen Stellvertreter erstattet werden, und erst nach erlangter höchster Genehmigung wurde der erforderliche Paß ausgefertigt. Auch waren die Reisegelegenheiten damals nicht so organisiert wie gegenwärtig. Extrapost zu nehmen erlaubten meine Geldmittel nicht, selbst Eilwägen gab es nicht, alle übrigen Transportmittel waren eher Gesundheit-zerstörend als heilend. Da erscheint mein Vetter und Freund Paumgartten und sagt mir: ein Graf Deym wolle mit eigenem Wagen und Extrapost nach Italien reisen und suche einen Gefährten auf halbe Kosten.

Es war nämlich in demselben Jahre (1819) der Kaiser von Österreich mit Frau und einem beträchtlichen Gefolge nach Rom und Neapel gereist, auch schon an ersterem Orte angelangt. Graf Deym war kaiserlicher Kämmerer und hielt für seine Pflicht seinem Herrn in der Fremde aufzuwarten, wohl auch seine Dienste anzubieten. Man beschrieb mir den Mann als wunderlich aber gutmütig; so war er auch. Die fehlende kaiserliche Genehmigung zu meiner Reise erbot sich der Finanz-Minister Graf Stadion dadurch zu ersetzen, daß er mir auf eigene Verantwortung die Erlaubnis erteilte, mit dieser sollte ich einen Passierschein der Wiener Polizei erheben, der förmliche Paß würde mir später nachgesendet werden. Der Wiener Polizeidirektor gab mir auf Grundlage der Erlaubnis des Grafen Stadion einen Passierschein für das Inland und einen versiegelten Brief, in Folge dessen man mir in jeder Provinzial-Hauptstadt einen Reisepaß ins Ausland ausfertigen würde. Mein Entschluß war gefaßt, ich begab mich mit Graf Deym auf den Weg. In Graz übergab ich meinen versiegelten Brief der dortigen Polizeidirektion, man erbrach ihn, las ihn und gab mir ihn neu versiegelt wieder, indem man mir sagte, in Laibach würde ich sicher einen Reisepaß bekommen. In Laibach dasselbe Manöver. In Triest begnügte man sich nicht einmal damit, sondern die Polizei war sogar so gefällig, uns zur Mietung eines Handels-Trabaccolo zur Reise nach Venedig behilflich zu sein, dessen Gouverneur, wie man sagte, die Macht hätte, mir einen Paß fürs Ausland auszufertigen. Ich war also noch immer in Gefahr an der Grenze wieder umkehren zu müssen.

Befanden sich die Kommunikations-Mittel zu Lande für einen Reisenden, der Eile hatte, damals in einem übeln Zustande, so war es mit den Gelegenheiten zur See noch schlimmer. Man hatte gerade in jenem Jahre ein Dampfboot in Triest eingerichtet, das aber nur ein- oder zweimal die Woche nach Venedig abging, und gerade am Tage unserer Ankunft dahin abgegangen war. Wir mußten uns daher in das kleine Handels-Trabaccolo einpferchen lassen, das von Käse und Tran stank, um schon am Lande Übelkeiten zu erregen. Ein Beamter der Polizei begleitete uns auf das Fahrzeug, ich weiß nicht ob aus Gefälligkeit oder zur Überwachung. Ich möchte wohl wissen was in dem versiegelten Briefe des Wiener Polizei-Direktors gestanden hat.

Unsere Überfahrt war teils durch die Unbequemlichkeit unserer Barke, teils durch abwechselnde Windstillen und widrige Winde beinahe unleidlich. Wir brauchten von Triest nach Venedig, ein Zwischenraum, den man mit dem Dampfboote in wenigen Stunden zurücklegt, zwei volle Tage. Zugleich quälten mich die Anfänge der Seekrankheit, ein Leiden, das mir immer um so unerträglicher war, da meiner Körperbeschaffenheit die natürliche Erleichterung als Heilmittel versagt ist.

Ich kam halb krank in Venedig an, was mich aber nicht hinderte, die wundervolle Stadt, diese versteinerte Geschichte, mit all ihrem Zauber in mich aufzunehmen. Auch für den Rest meiner Reise sollte hier gesorgt werden, da der Gouverneur von Venedig, Graf Goes, ein liebenswürdiger, menschenfreundlicher Mann, sich bereit erklärte mir meinen Paß auszufertigen, was auch geschah. Er lud uns wiederholt zu Tische, ja er erbot sich sogar mir die Bekanntschaft von Lord Byron zu verschaffen, der sich damals eben in Venedig befand. Er wollte ihn über den dritten Tag zu sich laden, da die andern Tage mit offiziosen Dinés besetzt waren. Unter allen andern Umständen, sagte er, würde Lord Byron die Einladung ausschlagen, aber eben jetzt ist er mir großen Dank schuldig, weil ich ihn in der Entführungsgeschichte mit jener Bäckersfrau vor der Wut des Pöbels geschützt habe. Er wird kommen, freilich so wenig als möglich sprechen, aber Sie werden ihn wenigstens sehen und wer weiß ob Sie ihm nicht denn doch Rede abgewinnen. Nun hatte ich Lord Byron gewissermaßen schon gesehen, im Theater nämlich. Da setzte er sich geflissentlich in den Schatten der Logewand, so daß mein schlechtes, obgleich bewaffnetes Auge von ihm nichts unterscheiden konnte, als daß er beleibter war, als ich mir ihn vorgestellt hatte. Das Anerbieten des Grafen Goes setzte mich in große Verlegenheit. Einerseits hätte ich alles darum gegeben mit Lord Byron beisammen zu sein, andererseits rückte die

Osterwoche heran, und die kirchlichen Feierlichkeiten in Rom ließen sich nicht nachtragen. Da nun zugleich mein Reisegefährte wenig Lust hatte um Lord Byrons willen die Osterzeremonieen zu versäumen, so mußte ich auf die interessante Bekanntschaft Verzicht leisten und wir reisten desselben Abends ab. Noch erinnere ich mich des zauberischen Eindrucks, als bei Rovigo die Sonne aufging und, indes wir uns auf dem Wege durch Kärnten und Krain mit Schnee und Eis herumgeschlagen, in Venedig aber nichts als zeitlose Steine und Mauern gesehen hatten, mit einemmale der Frühling mit Blättern und Blüten vor uns stand.

[...]

[Tgb. 363, Montag, 29. – Mittwoch 31. März]
Montags abends schifften wir uns um 8 Uhr während eines leichten Landwindes ein, der, wenn er anhielt uns eine leidliche Reise versprach. Es war ein kleines Trabaccolo, einem Römer gehörig, das uns aufnahm. Wir betraten die Kajüte. Gott im Himmel, welch ein Ort. Höchstens 6 Fuß Länge und etwa 5 Fuß Höhe und Breite, dabei ein Teergestank zum ersticken und 2 Betten oder vielmehr Hundepolster, auf denen wir 2 Nächte zubringen sollten, denn der Wind, der bei unserer Abreise uns zu begünstigen schien, hörte bald ganz auf, und beschränkte uns bloß auf den Gebrauch der Ruder, mit denen wir uns kaum von der Stelle bewegten. Wie unerträglich die Nacht in unserer Kajüte war, läßt sich mit Worten nicht beschreiben. Endlich brach der Morgen an. Taumelnd, schlaftrunken, die Eingeweide umgekehrt von dem unabläßlichen Schaukeln des Schiffes trat ich aufs Verdeck, und sah die majestätische Sonne hinter den Bergen von Istrien hervorsteigen, aber beinahe ohne Seelenerhebung, so sehr wird das Innere durch den Körper bestimmt. So ging es fort einen langweiligen Vormittag. Mein ganzes Leben wird es mir gegenwärtig bleiben wie wir zur Mittagszeit uns alle auf Matten aufs Ver-

deck lagerten und nun, den Himmel über und die spielende
See unter uns das frugale Schiffermahl verzehrten in recht pa-
triarchalischer Einfachheit. Endlich erhob sich ein Lüftchen.
Alle Segel werden aufgespannt und jetzt ist die Spitze von
Friaul erreicht und mit ihr die Hälfte des Weges. Gegen
Abend erblickten wir den Glockenturm von St. Markus in
neblichter Ferne, aber eine neue Windstille ließ uns nicht hoffen, ihn so bald zu erreichen. Noch einmal mußten wir hinab
in unser Gefängnis und schlafend trug uns die Barke, wie den
Ulyß in die Heimat, nach Venedig. Als wir erwachten und aufs
Verdeck traten, lagen wir schon in den Lagunen, der Dogana gegenüber. Man hat oft den ersten Anblick von Venedig
als so wunderbar beschrieben, ich habe es kaum so gefunden.
Es hat zwar allerdings etwas Befremdendes, Häuser und Paläste gerade aus dem Meere heraufsteigen sehen, aber die Phantasie ersetzt leicht das fehlende Erdreich und man glaubt eben
einen breiten Fluß mit vielen Inseln vor sich zu sehen. Auch
fehlt es in solcher Nähe als ich beim Anbruch des Tages die
Stadt bereits sah, dem Anblick an Einheit und Umfang, in einer größeren Entfernung mag das anders sein. Der erste Eindruck den Venedig auf mich machte, war befremdend, einen-
gend, unangenehm. Diese morastigen Lagunen, diese stinkenden Kanäle, der Schmutz und das Geschrei des unverschämten, betrügerischen Volkes geben einen verdrießlichen Kontrast mit dem kaum verlassenen, heitern Triest. Wenn man
sich aber erst ein wenig erholt hat und den Totaleindruck dieser schwarzen Steinmassen gesondert auf sich einwirken läßt,
dann wird man ebenso ergriffen als man vorher verstimmt
war. Es ist vielleicht kein Ort in der Welt, wo das Altertum
(das des Mittelalters nämlich) mit solcher Lebendigkeit den
Menschen ansprächе. Rom ist tot, ein herrlicher Leichnam,
aber Venedig regt sich noch und dehnt seine Riesenglieder
zum unfreiwilligen Abschied aus dem Leben. Wer nicht sein
Herz stärker klopfen fühlt wenn er auf dem Markusplatze

steht, der lasse sich begraben, denn er ist tot, unwiederbringlich tot. Dieser Palast des Doge, ein Bild der Republik und der Stadt, mit seinem unförmlichen Körper auf den Stützen wunderlicher Säulen und Bögen ruhend, vereinend die Starrheit in seinen ungefügen unbeworfenen Wänden mit aller Zierlichkeit der Kunst in seinen Arkaden und Zinnen. Ich weiß nicht warum, aber mir fiel ein Krokodil ein, als ich ihn sah, obschon seine Form nicht die geringste Ähnlichkeit mit diesem Tiere hat. Was da beschlossen wird, denkt man muß geheimnisvoll sein und klug und unerschütterlich und hart. Wie ein Rätsel sieht er aus dieser Palast und scheint Rätsel zu beherbergen. Auf der andern Seite die Prokuratien, schön, herrlich, aber sie gleichen andern Gebäuden, und andere Gebäude gleichen ihnen: hier wohnt das Sichtbare, in jener Höhle brütete das unsichtbare Prinzip, das sich nur bemerkbar machte durch seine Wirkungen. Als ich in der Nacht beim Mondschein in der Gondel diesen Palast hinum fuhr, bei den Staatsgefängnissen vorbei und nun in den durch Streiflichter manchmal unterbrochenen Schatten, welche diese Riesengebäude einander geheimnisvoll zuwerfen, der Ponte di sospiri über mir schwebte, über den die Staatsverbrecher einst aus dem Gefängnis zum Tod geführt wurden, da überfiel es mich mit Fieberschauer. Alle die Gewesenen, und all die Verblichenen, all die Verfolger und Verfolgten, Mörder und Gemordete schienen aufzusteigen vor mir mit verhüllten Häuptern. Auf dieser Brücke ging Marin Falieri, ging vor ihm und nach ihm so mancher dem Tode entgegen und dort erwarteten sie Henker und Richter, die Menschenleiden nicht beben machten und ein Mord nicht zittern –. Schaut hin Unbeugsame, Starre, Unmenschliche! Das wofür ihr gemordet habt und gerichtet, es ist nicht mehr. In Schutt liegt eure Größe, euren Abgott hat die Zeit verschlungen, eure Taten sind zur Fabel geworden und euer Streben zum Märchen. Über euren Gräbern wandelt eine entartete Menge, die bald den Namen vergessen wird, für den ihr starbt.

[Tgb. 364]

Noch einmal: Wer am Markusplatz sein Herz nicht schlagen fühlt, hat keines. Hier die 3 Säulen mit den 3 Kronen der 3 Königreiche, die sich dienstbar nannten der stolzen Republik, dort die Pferde, Siegeszeichen aus dem eroberten Konstantinopel und außer jenen 2 Säulen im Kanal grande das Meer, das gebändigt, statt zu grollen, schmeichelnd die Füße leckt der es beherrschenden Stadt. Steh auf aus dem Grabe, entschlafener Doge, und wirf deinen Ring hinab. Deine Braut hat andere Bräutigame gefunden seit du schläfst.

[Tgb. 365]

Man durchwandelt die Stadt; überall Größe, Stolz, Reichtum, Weltherrschaft. Palast an Palast, fast alle gleich gebaut. Zwei Eingänge, einer auf den Kanal, der andere ans Land. Im ersten Geschoße ein großer mit Marmor gepflasterter Saal, dessen eine Wand ganz aus Fenstern besteht, von außen mit Säulen geziert, wert breitere Straßen zu zieren, alles düster, ernst, streng. Diese Massen tragen den Charakter der Republik. Man möchte weinen wenn man die Namen hört und die Reste sieht. Das hôtel all' Europe, wo ich wohnte, war einst das Haus der uralten Giustiniani, und in dem Saale, wo der alte Badoar seine Siegesfeste feierte, putzt der Bediente meine Schuhe, und hängt meinen Rock dahin, wo sonst eroberte Fahnen hingen. Als ich in den Laden des Buchhändlers Fuchs trat, um nach etwas zu fragen, stand ich in dem Zimmer, wo Bianka Capello geboren ist, kurz für einen, der ein Gemüt hat, gibts keinen zweiten Ort wie Venedig.

[Tgb. 366]

Abends im Theater S. Simone wo Oper war: der $1^{te}$ Akt von Barbiere di Seviglia und der $2^{te}$ der Capriciosa. Die Gesellschaft ist äußerst mittelmäßig, es sang jedoch eine Madam Fodor, die im Begriff stand, nach Paris zu gehen und die wirklich beinahe alles übertraf, was ich bis daher gehört hatte.

[Tgb. 367]

Wir haben Pässe erhalten und werden morgen nach Rom ab-
gehen, drum schnell noch im Fluge kosten, da es zum Genießen zu kurz ist.

[Tgb. 368, Donnerstag, 1. April]

*Donnerstag am 31.*

Ich war auf der torre di S. Marco. Ein herrlicher Überblick.
Die Stadt liegt vor dem Blicke wie ein geöffneter Bienenstock
voll summender Bienen (Drohnen?) und voll Zellen, aber der
Honig ist ausgenommen.

[Tgb. 369]

Ponte Rialto. Schön ist die Brücke nicht, wenn gleich von
Marmor, aber grandios, wie alles in Venedig.

[Tgb. 370)

Meine Gedanken drehten sich, solange ich in dieser Stadt bin,
immer um den Palast S. Marko; ich ging daher hin, ihn von innen zu besehen. Gerichtsbehörden und Stellen haben darin
ihren Wohnsitz aufgeschlagen und treiben darin ihr Wesen,
als ob es so sein müßte. Die Leute müssen sich offenbar nicht
vor Gespenstern fürchten, sonst könnten sie nicht in diesen
Sälen ihr Handwerk ausüben. In der Sala de' dieci hält der
Appellationshof seine Sitzungen und die toten Doges sehn
von den Wänden herab, lebendiger als die lebenden Appella-
tionsräte. Der Ratssaal des Doge ernst und würdig, die Sitze
mit rotem am Rande vergoldetem Leder beschlagen. Die Sala
dei Pregadi macht eine außerordentliche Wirkung mit ihren
schwarzen Tribunen und Sitzen. Hier ward der Untergang
der Republik entschieden, zwischen entarteten Nobilis und
ein paar Adjutanten Bonapartes. Alle diese Zimmer sind mit
unaussprechlich schönen Gemälden, vorzüglich von Paul Ve-

ronese, Tizian und Tintoret verziert, die Gegenstände teils aus
der heiligen, teils aus der Venezianischen Geschichte genommen. Vorzüglich schön fand ich eine Verlobung der h. Katharina und eine Europa, beide, glaube ich, vom Veronese.

[Tgb. 371]

Der Saal der Bibliothek von S. Marko zeichnet sich vorzüglich
durch seine Gemälde aus der Venezianischen Geschichte von
den berühmtesten Meistern, durch das Paradies von Tintoret
und durch eine Suite von Porträts aller Venezianischen Doges
aus. Erschütternd ist die schwarze Decke, die an der Stelle des
Porträt von Marin Falieri hingemalt ist, mit den Worten: hic
locus Marini Falieri, occisi propter peccata. Das Paradies von
Tintoret kann mir nicht recht gefallen. Es wimmelt von Figuren, die kaum ein Ganzes ausmachen, auch kam mir die Ver-
teilung der dunkeln und lichten Tinten widerlich vor. Die historischen Gemälde sind größtenteils vortrefflich. Ich danke
Gott, daß ich kein Venezianer bin, der Anblick dieses Saales
und dieses Palastes könnte einen wahnsinnig machen. Von
den Antiken, unter denen eine Danae und ein Ganymed die
berühmtesten sind, konnte ich dem letztern keinen Geschmack abgewinnen. Gewiß ist er aus keiner guten Zeit der
Kunst; denn abgesehen von der geringen Reinheit der Form
und der Ausdrucklosigkeit des Gesichts, ist auch die Idee, einen fliegenden Adler mit einem Jungen in den Klauen darzustellen, der also, als fliegend, nicht aufgestellt, sondern aufge-
hangen werden muß, der guten Zeit der Kunst unwürdig und
vielleicht ohne Beispiel im Altertum. Die Leda hat einen außerordentlichen, beinahe malerischen Ausdruck –. Ob Cor-
reggio diese Statue gekannt hat, da er seine Leda malte? Stellung und Ausdruck haben viel Ähnliches.

[Tgb. 372]

Endlich die Stunde der Abreise. Nicht als ob Venedig mich nicht festgehalten hätte mit seinen Herrlichkeiten, im Gegenteile zweifle ich, ob ich je etwas sehen werde, was ich ihnen an die Seite stellen könnte, aber der Zweck meiner Reise war denn doch Rom, und die nächste Absicht noch in der Osterwoche dort zu sein, daher war mir jede Stunde der Verzögerung eine Marter.

[Tgb. 373]

Endlich eingepackt, die Gondel bestiegen und verlassen die Meeresbraut mit all ihrem Schmucke.

# Das Venedig der Venezianer

## Carlo Goldoni

# Rückkehr in die Vaterstadt

Venedig war meine Vaterstadt; aber ich war zu klein gewesen, als ich sie verlassen hatte, und ich kannte sie daher nicht.

Venedig ist eine so ungewöhnliche Stadt, daß man sich kein richtiges Bild von ihr machen kann, wenn man sie nicht gesehen hat. Karten, Pläne, Modelle, Beschreibungen genügen nicht – man muß sie sehen. Alle Städte der Welt gleichen einander mehr oder weniger: diese eine gleicht keiner anderen; jedesmal, wenn ich sie nach langer Abwesenheit wiedergesehen habe, war es eine neue Überraschung für mich. Je älter ich wurde, je mehr sich meine Kenntnisse erweiterten und je mehr Vergleiche ich ziehen konnte, um so mehr neue Eigentümlichkeiten und neue Schönheiten entdeckte ich.

Für diesmal sah ich Venedig wie ein junger Mann von fünfzehn Jahren, der ohne tieferes Verständnis beobachtete, was es da an Bemerkenswertem gab, und der es nur mit den kleinen Städten vergleichen konnte, wo er bisher gewohnt hatte. Ein überraschender Anblick bei der ersten Annäherung: weit hingedehnt eine große Anzahl kleiner Inseln, die so eng aneinanderliegen und so vielfältig durch Brücken verbunden sind, daß man glaubt, über einer Ebene erhebe sich ein Festland, von allen Seiten vom endlosen Meer umspült.

Es ist jedoch nicht das Meer, sondern ein weites, mehr oder weniger mit Wasser bedecktes Sumpfgelände mit tiefen Kanälen, auf dem große und kleine Schiffe in die Stadt und ihre Umgebung fahren.

Kommt man von der Seite von San Marco her durch das erstaunliche Gewimmel von Schiffen aller Art – Kriegsschiffen, Handelsschiffen, Fregatten, Galeeren, Barken, Booten, Gondeln –, so geht man an einer Uferstelle an Land, die »Piazetta« heißt (der kleine Platz); auf der einen Seite künden Dogenpalast und Markuskirche vom Reichtum der Republik, auf der anderen Seite liegt der Markusplatz, umgeben von Bogengängen nach den Entwürfen Palladios und Sansovinis.

Durch die Via della merceria gelangt man an die Rialto-Brücke; man geht auf viereckigen Platten aus istrischem Marmor, der durch Meißelschläge gerauht ist, damit man nicht ausgleitet; es wirkt dort alles wie ein ewiger Jahrmarkt; besagte Brücke überspannt in einem einzigen Bogen von neunzig Fuß Breite den Großen Kanal und erlaubt infolge ihrer Höhe den Barken und Schiffen auch bei höchster Flut die Durchfahrt; der Brückenbogen trägt achtzig Läden samt Wohnungen mit Dächern aus Blei.

Ich gestehe, daß dieser Anblick mich überraschte; in den Reisebeschreibungen, die ich gelesen hatte, war er nicht richtig geschildert. Ich bitte den Leser um Verzeihung, wenn ich mich daran ein wenig begeistert habe.

Fürs nächste will ich nichts weiter darüber sagen; ich behalte mir vor, von den Sitten und Gebräuchen Venedigs, von seinen Gesetzen und seiner Verfassung Näheres zu berichten, wenn es die Gelegenheit ergibt und ich genauere und gefestigtere Kenntnisse erlangt habe. Dieses Kapitel möchte ich mit einem kurzen Bericht über seine Theater beschließen.

Es gibt deren sieben in Venedig, und sie heißen nach den Heiligen, die dem jeweiligen Kirchspiel den Namen geben.

Das Theater von San Gian Crisostomo war damals das erste der Stadt, wo große Opern gegeben wurden; hier kam Metastasio mit seinen Dramen zum erstenmal auf die Bühne und Farinello, Faustina und die Cozzoni mit ihrem Gesang.

Heute hat das Theater von San Benedetto die erste Stelle eingenommen.

Die fünf anderen heißen San Samuele, San Luca, Sant'
Angelo, San Cassiano und San Moisé.

Von diesen sieben Theatern geben in der Regel zwei große
Opern, zwei komische Opern und drei Lustspiele.

Ich werde von allen im besonderen berichten, wenn ich der
Modedichter von Venedig geworden sein werde; denn es ist
kein einziges unter ihnen, das nicht meine Werke gespielt und
so zu meinem Gewinn und zu meiner Ehre beigetragen hätte.

[…]

Bis Ende September blieb ich ruhig in Verona. Dann fuhr ich
im Postwagen mit Imer nach Venedig, wo wir am selben Tage
abends um acht ankamen. Imer bestand darauf, daß ich bei
ihm wohnte, und zeigte mir das Zimmer, das er mir zugedacht
hatte; er stellte mich seiner Frau und seinen Töchtern vor;
aber da ich sehr gern meine Tante besuchen wollte, bat ich sie,
mich zum Abendessen zu entschuldigen.

Ich war sehr begierig, etwas über Frau St. und ihre Tochter
zu hören, ob sie etwa noch Ansprüche an mich stellten. Meine
Tante versicherte mir, ich könne ganz beruhigt sein; die hoch-
mütigen Damen hätten erfahren, daß ich eine Verbindung mit
Schauspielern eingegangen sei, sie hielten mich ihres Umgangs für unwürdig und hätten nur Entrüstung und Verachtung für mich übrig.

»Um so besser«, sagte ich, »um so besser; das ist ein weiterer Vorteil, den ich meiner Begabung verdanke. Ich bin mit
den Schauspielern wie ein Künstler in seinem Atelier. Es sind
ehrbare Leute, viel achtenswerter als die Sklaven des Hoch-
muts und des Ehrgeizes.«

Dann sprachen wir von Familienangelegenheiten. Meine
Mutter lebte noch immer in Modena, es ging ihr gut; meine
Schulden waren fast alle bezahlt. Ich aß mit meiner Tante und
meinen Verwandten zu Abend.

Nachdem ich mich von ihnen verabschiedet hatte, um meine Gastgeber aufzusuchen, schlug ich den längsten Weg ein, ich ging nämlich über den Rialto und den Markusplatz und erfreute mich am schönen Anblick dieser Stadt, die bei Nacht noch herrlicher ist als am Tage.

Paris kannte ich noch nicht; doch hatte ich verschiedene Städte gesehen, wo man abends im Dunkeln umhergeht. Nun fand ich, daß die Laternen Venedigs eine nützliche und erfreuliche Verschönerung bildeten, um so mehr, als sie nicht den Einwohnern zur Last liegt. Die Kosten werden nämlich aus einer alljährlichen besonderen Ziehung der Lotterie bestritten.

Zu dieser allgemeinen Illumination kommt noch die Beleuchtung der Läden, die jederzeit bis abends um zehn offenhalten; eine große Anzahl schließt erst um Mitternacht, und einige schließen überhaupt nicht.

In Venedig findet man um Mitternacht wie am hellen Mittag ausgestellte Eßwaren, offene Wirtschaften und fertige Abendmahlzeiten in Gasthäusern und Hotels, denn dort sind Gesellschaften im Hause mit Mittag- oder Abendessen nicht üblich, vielmehr kommt man zu Lustpartien und Picknicks in größerer Freiheit und Lustigkeit zusammen.

Im Sommer ist der Markusplatz und seine Umgebung nachts eben so belebt wie am Tage. Die Kaffeehäuser sind voll von geputzten Menschen, Männern und Frauen aller Stände.

Auf Plätzen und Straßen und Kanälen, überall wird gesungen: die Kaufleute singen und stellen ihre Waren aus, die Arbeiter singen auf dem Heimweg von der Arbeit, die Gondelführer singen, während sie auf ihre Herrschaften warten. Der hervorstechendste Wesenszug der Bevölkerung ist Frohsinn, der hervorstechendste Wesenszug der venezianischen Sprache ist Scherzhaftigkeit.

Voll Freude über meine Vaterstadt, die mir bei jedem Wiedersehen ungewöhnlicher und fesselnder erschien, kehrte ich in meine neue Wohnung zurück; Imer hatte mich noch erwar-

tet und teilte mir mit, daß er am nächsten Tag zu Herrn Grimani gehen werde, dem Eigentümer des Theaters; er wolle
mich mitnehmen und Seiner Exzellenz vorstellen, wenn ich
nichts anderes vorhätte.

Da ich noch frei war, nahm ich seinen Vorschlag an, und
wir gingen zusammen fort. Herr Grimani war der höflichste
Mensch, den man sich denken kann; ihm eignete nicht jener unleidliche Hochmut, der den Großen schadet und die
Kleinen demütigt. Hochgestellt durch seine Geburt, hochge-
schätzt infolge seiner Fähigkeiten, bedurfte er nichts weiter,
als geliebt zu werden, und seine Güte gewann ihm alle Herzen.

Er empfing mich sehr liebenswürdig und verpflichtete
mich, für die Truppe, die er unterhielt, zu schreiben; um mich
noch mehr zu ermutigen, ließ er mich hoffen, daß er als
gleichzeitiger Besitzer des Theaters von San Giovan Crisostomo und als Unternehmer der Großen Oper versuchen
würde, mich auch da zu verwenden und diesen Theatern zu
verbinden.

Ich war sehr befriedigt von Seiner Exzellenz und von der
Art, wie Imer bei ihm für mich eingetreten war; nun dachte
ich nur noch daran, den Beifall des Publikums zu verdienen.

Die erste Aufführung meines »Belisar« war für den Tag der
heiligen Katharina vorgesehen; um diese Zeit enden die Ferien
des Justizpalastes, und die gute Gesellschaft kehrt vom Lande
in die Stadt zurück; unterdessen hielten wir Proben ab, bald
für meine Tragikomödie, bald für mein Intermezzo, und da
ich dabei nicht viel zu tun hatte, bereitete ich Neues für den
Karneval vor.

Ich ging an die Abfassung eines Trauerspiels, betitelt »Rosimonda«, und eines zweiten Intermezzos, betitelt »La Bir-
ba« (Der Schelm). Die Handlung des großen Stücks stammt
aus der »Rosimonda« von Muti, einem schlechten Roman aus
dem vorigen Jahrhundert, das kleinere war durch die Gaukler

vom Markusplatz angeregt, deren Sprache, Witze, Schwänke und Kunststücke ich eifrig studiert hatte. Die Komik, die ich in meinen Intermezzi verwendete, war wie Samenkörner, die ich auf meinem Felde auswarf, um eines Tages die reifen, schönen Früchte zu ernten.

CARLO GOZZI

# Das Gespenst der Not

Der Ursprung meiner Familie reicht bis ins 14. Jahrhundert und beginnt bei einem gewissen Pezolo von Gozzi. Das bestätigt ein, wie sich's gehört, mit Spinngewebe überzogener, staubbedeckter, wurmzerfressener, nicht eingerahmter, aber zweifellos echter Stammbaum. Da ich kein Spanier bin, habe ich mich nie an einen Genealogen gewendet, um einen noch älteren Ursprung nachweisen zu können. Es gibt – ich weiß aber nicht wo – historische Dokumente, die meine Familie durchaus von den Gozzi aus Ragusa, den Gründern dieser alten Republik, abstammen lassen wollen. In der Geschichte von Pergamont liest man, daß Pezolo von Gozzi vom Senat Venedigs beglückwünscht wurde, weil er Gut und Blut im Kriege gegen Mailand aufs Spiel gesetzt, um die Provinz unter der Regierung der unbesiegbaren, allmilden venezianischen Republik zu erhalten. Die Gozzi wurden Bürger von Venedig und errichteten in dieser Stadt Wohnstätten für die Lebenden, Grabstätten für die Toten, wie man das in der Kirche und Straße San Cassiano sieht. Einem Zweige unseres Hauses wurde die Ehre zuteil, sich im 17. Jahrhundert mit einer Patrizierfamilie zu vereinen, worauf er sofort erlosch. Der andere Zweig, von dem ich abstamme, blieb bei seiner Bürgerlichkeit, der er nie Schande gemacht hat. Keiner meiner Vorfahren hatte eine jener einträglichen Stellen inne, auf die der venezianische Staatsbürger Anspruch machen darf, woraus ich schließe, daß die Gozzi sehr anständige, friedliebende, der Intrige abholde Leute gewesen sein müssen.

Vor zweihundert Jahren kaufte der Urgroßvater meines Vaters 600 Joch Grund mit Gebäuden im Friaulischen, fünf Meilen von Pordenone. Der größte Teil dieser Güter war staatliches Lehen, darum mußte bei jedem Todesfall der Erbe die Belehnung durch Bezahlung einiger Dukaten an den Staat erneuern. Die Herren von der Lehenskammer in Udine sind von bewunderungswürdiger Wachsamkeit. Wenn ein Erbe die Dukaten zu bringen und der Regierung den Treuschwur zu leisten vergißt, dann legen sie so pünktlich wie möglich Sequestration auf sein Erbgut. Das geschah beim Tode meines Großvaters infolge eines Versehens der Familie. Wir mußten einen großen Geldbetrag erlegen, um dieses sehr bedeutende Lehen wiederzubekommen.

Der Grafentitel wurde mir sicher durch irgendein Pergament verliehen. Bestreitet mir jemand diesen Rang, dann beleidigt er mich nicht. Es wäre mir sogar lieber, als wenn mir jemand das bißchen Vermögen, das mir mein Vater hinterlassen hat, ernstlich streitig machen wollte. Ich bin Sohn des Jakob Anton Gozzi, der einen durchdringenden Geist, ein sehr zartes Ehrgefühl, ein jähzorniges Temperament und einen entschlossenen, manchmal schrecklichen Charakter hatte. Er war von einer zärtlichen Mutter erzogen worden, die ihm von frühester Kindheit an alles hingehen ließ. Infolge seiner guten Erziehung nahm er bald die Gewohnheit an, sich durch Pferde, Hunde, Jagdwagen, prächtige Feste usw. zu ruinieren. Auch seine Heirat war unüberlegt und nur erfolgt, weil er seinen Neigungen stets blind nachzugeben pflegte. Sein Erbe hätte ihm gestattet, in der Welt gute Figur zu machen, aber er wollte gar zu hoch hinaus. Meine Mutter Angela Tiepolo stammte aus einer berühmten Patrizierfamilie Venedigs, die mit meinem Onkel Cäsar Tiepolo, der als berühmter Senator um 1749 starb, erlosch. Die Vorteile edler Geburt sind nur Spiele des Zufalls. Ich selbst schaue nicht, woher mein Leben kommt, sondern wohin es geht. Ich weiß nicht, ob ehrlose

Handlungen die Toten betrüben, sondern weiß nur, daß sie
mir die Schamröte ins Gesicht treiben würden. Ich heiße
Carlo und bin als Sechzehnter aus dem Mutterschoße gekommen, um das Licht oder, wenn man lieber will, die Finsternis
dieser Welt zu erblicken. Wollt ihr Ziffern? Dann sage ich
euch, daß ich diese Schrift am 30. April 1780 beginne, an welchem Tage mein Alter weitaus den Fünfziger übersteigt, ohne
den Sechziger zu erreichen. Mehr weiß ich wirklich nicht,
und es fällt mir nicht ein, die Sakristane zu belästigen, um ihnen meinen Taufschein abzuverlangen, denn ich bin sicher,
daß ich getauft wurde, und habe nicht die Absicht, den Zim-
perlichen zu spielen. Ich habe keine Angst, daß man sich in
mir irren kann. Die Art meiner Kleidung und Frisur wird jedem bald Klarheit schaffen. Man soll aber auf Jahreszahlen
keinen Wert legen und niemanden nach seinem Alter beurtei-
len, denn man kann in jedem Alter sterben. Ich habe Männer
gesehen, die fast wie Kinder aussahen, junge Leute, die durch
ihre Reife auffielen, Greise voll Feuer und andere, die man
hätte ins Steckkissen legen können.

Wir waren nicht weniger als elf Geschwister, vier Brüder
und sieben Schwestern, alle sehr gutmütig, tadellos, aber sämtlich von der Literaturpest befallen. Meine Schwestern wären
ganz allein imstande gewesen, ihre Memoiren zu schreiben,
wenn ihnen der Rappel dazu gekommen wäre. Die Sorge um
unsere Erziehung wurde mehreren Abbés anvertraut, die wegen ihrer Dummheiten und Liebschaften mit den Dienstmädchen des Hauses einer nach dem anderen davongejagt wurden.
Meine Neigungen entwickelten sich schon in frühester Kindheit. Ich war ein schweigsamer Knirps, ein guter Beobachter,
unbeugsam, von sanfter Gemütsart und in meinen Studien
sehr fleißig. Meine Brüder benützten meine friedsame, verschwiegene Art, um mich aller Fehler anzuklagen, die sie begangen hatten, und ich ertrug die ungerechten Strafen mit he-
roischem Gleichmut, ohne meine Richter einer Entschuldi-

gung zu würdigen. Was bei einem kleinen Kind unglaublich
scheint, ich ertrug die schreckliche Strafe »Wasser und Brot«
mit Gleichgültigkeit. Offenbar war ich ein dummer Anfänger
oder ein frühreifer Philosoph.

Meine beiden älteren Brüder, Franz und Kaspar, hatten das
Glück, auf die Universität zu gehen und hier ihre Studien re-
gelrecht zu absolvieren. Leider begannen der Verfall unseres
Hauses, die mangelhafte Sparsamkeit meines Vaters, der rasche Familienzuwachs den Fortschritten meiner Erziehung
zu schaden. Ich wurde einem Landgeistlichen, später einem
venezianischen Priester guter Aufführung und ziemlicher Bildung anvertraut. In einem Lyzeum, das von zwei Genueser
Geistlichen geleitet wurde, setzte ich mein Studium mit größter Liebe zu den Büchern und großem Wissensdrang fort. Wir
waren im Lyzeum fünfundzwanzig Schüler, von denen ich
späterhin zwei Drittel sah, die aus der Grammatik, den alten
Sprachen, der Redekunst bloß die Fähigkeit geschöpft hatten,
sich in Kneipen zu besaufen, den Bettelsack zu tragen und in
den Straßen »gebratene Äpfel, Pflaumen oder Kastanien«, mit
einem Korb auf dem Kopf und einer Waage am Gürtel, auszu-
rufen.

Nachdem ich mit großer Anstrengung die Hürden, die das
Mißgeschick meiner Kindheit entgegengestellt, übersprungen
hatte, beendete ich meine Erziehung ganz allein, und zwar mit
Hilfe des bißchen Wissens, das ich in den paar Klassen erworben hatte. So gelang es mir, der Ignoranz zu entkommen. Das
Beispiel meines Bruders Kaspar, dessen Lerneifer allgemein
gelobt wurde, stachelte meinen Ehrgeiz noch mehr. Ich blieb
an den Büchern wie angenagelt. Poesie, Reinheit der italienischen Sprache, Redekunst bildeten damals das ideale Lernziel
der venezianischen Jugend. Von diesen drei schönen Dingen
findet man heute aus Gründen, die ich später angeben werde,
keines mehr in unserer Stadt.

[...]

So schiffte ich mich denn im Monat Oktober bei schrecklichem Wetter ein, betrat nach einer Fahrt von zweiundzwanzig Tagen den Boden Venedigs und atmete endlich die Luft der Freiheit.

Massimo, der mich begleitet hatte, lud ich ein, bei mir zu wohnen, bis er in seine Heimatstadt Padua abreisen wolle.

Wir kamen zusammen vor dem Hause meines Vaters in San Cassiano an und trugen unser leichtes Gepäck selbst. Mein Begleiter schien höchst erstaunt, als er ein so schönes, palastartiges Gebäude vor sich sah, und da er sich gut auf Architektur verstand, machte er mir ein Kompliment über die wundervolle Fassade meines Wohnhauses.

Massimo hatte lange Zeit, die Front zu bewundern, denn, so fest ich auch an die Tür klopfte, meinen immer heftigeren Schlägen erwiderte nur das Schweigen des Grabes. Endlich kam ein kleines Dienstmädchen, die einzige Wächterin in dieser Steinwüste, und öffnete. Sie teilte mir mit, die ganze Familie sei in Friaul auf dem Lande, man erwarte aber meinen Bruder Kaspar in Venedig. Wir stiegen eine breite Marmortreppe empor, und auf der letzten Stufe bot sich meinen Blicken das traurige Gespenst der Not in seiner ganzen Nacktheit, in seinem ganzen Schrecken. Das Pflaster des großen Saales vollkommen zerstört, überall tiefe Löcher, daß man sich das Genick brechen konnte; die zerschlagenen Fenster ließen alle Winde aus- und einziehen, von den Wänden hingen die Tapeten schmutzig und in Fetzen zerrissen herunter. Keine Spur mehr von der herrlichen, antiken Bildergalerie, an die mein Herz eine so strahlende Erinnerung bewahrt hatte und die ich von meinem Freunde hatte bewundern lassen wollen. Ich fand nur zwei Bilder meiner Ahnen, eines von Tizian, das andere von Tintoretto. Sie sahen mich mit traurigen, strengen Blicken an, als ob sie mich um den Grund der Einsamkeit und Verwahrlosung, in der sie zurückgeblieben, befragen wollten. Wohl hatte ich Massimo auf den Anblick eines verfallenden

Hauses vorbereitet, doch war ich weit davon entfernt, all die
während meiner drei Dienstjahre eingetretenen neuen Un-
glücksfälle auch nur zu ahnen. Als der erste Eindruck gewichen war, beschloß ich, mein Mißgeschick in Scherz umzu-
deuten. Mein Freund, der mit einem glücklichen Temperament begabt war, nahm lachend in dieser elenden Herberge
ein Zimmer und versprach mir, sich dafür an der Betrachtung
der Außenfassade schadlos zu halten. Die Ankunft meines
Bruders Kaspar vermehrte zugleich meine Freude und meine
Beunruhigung. Ich liebte ihn zärtlich und verbrachte sehr
traute Stunden mit ihm, aber die Nachrichten, die er mir von
der Familie gab, zerrissen mir das Herz. Elend und Geldver-
legenheit wurden immer komplizierter. Zwei unserer Schwestern waren verheiratet; mit dem Manne der einen verhandelte
man wegen einer Mitgift, die wir nicht bezahlen konnten.
Verschiedenen Kaufleuten war man 2 000 Dukaten schuldig.
Pachthöfe und Grundstücke waren größtenteils verkauft. Alles war weniger geworden, nur die Anzahl der Kinder nicht.
Dazu kam noch obendrein, daß drei unserer Schwestern mittlerweile groß geworden waren und infolge ihrer Armut keine
Hoffnung auf Versorgung hatten. Kaspar gab mir diese traurigen Einzelheiten mit seiner gleichmütig philosophischen
Miene, als wenn es sich um die einfachsten Dinge der Welt
handelte, auf die man gefaßt sein müsse. Ich ließ ihn mitten
unter seinen Büchern und reiste nach Friaul, gleich nachdem
Massimo uns verlassen hatte.

Am nächsten Tage sah ich wieder jenes Landhaus, in dem
ich meine ersten Kinderjahre zu jener schönen Zeit verbracht
hatte, in der die Sorge ums tägliche Brot uns noch nicht ge-
packt hatte. Als die Ausrufe der Mägde meine Ankunft ange-
kündigt hatten, fand mein alter Vater, der noch immer stumm
und gelähmt war, auf einmal die Kraft, sich aus seinem Lehnstuhl zu erheben und in meine Arme zu werfen. Die großen
Tränen, die über seine ehrwürdigen Wangen liefen, drückten

besser als alle Worte seine innere Bewegung aus. Meine Mutter nahm mich viel kühler auf. Sie liebte Kaspar zu leidenschaftlich und brachte ihm zu viele Opfer, als daß mein Zärtlichkeitsanteil nicht darunter gelitten hätte. Doch wagte ich aus Respekt vor dem Erstgeborenen nicht, mich darüber zu beklagen. Meine Schwestern überhäuften mich mit Fragen, und ich leistete mir die Genugtuung, ihnen von meinen Reisen und Abenteuern zu erzählen. Nun kam die Reihe, Erzählungen anzuhören, an mich. Man sagte mir ganz vertraulich, daß Kaspars Frau das ganze Haus regiere, dessen elenden wirtschaftlichen Zustand immer weiter triebe, und daß unsere Mutter, in ihrer blinden Vorliebe für sie, diese Mißwirtschaft angehen lasse. Man zählte auf mich, daß ich eine Reform versuchen würde. Meine Schwägerin wiederum sagte mir, daß der indolente, in seine literarischen Marotten versunkene Kaspar seiner Familie kein Helfer sei, er wolle sich um die häuslichen Unannehmlichkeiten nicht kümmern, nur seine Faulheit sei Ursache all unserer Leiden. Ich spielte die Rolle eines Ministers, dem jeder seine Beschwerden vorbringt und dabei erwartet, daß er allen diesen Übeln steure. In diesem Konflikt von Vorwürfen sah ich viel Eigenliebe, wenig Verstand und gar keine Maßhaltung am Werke: die sichersten Vorbedingungen für die Vergrößerung solcher Unordnung und ebenso viele Schwierigkeiten für den Unglücklichen, der es auf sich nähme, den Ruin dieses Hauses aufzuhalten.

Gegen Mitte November genügte mir unsere Heimkehr in die Stadt, um mich erkennen zu lassen, was eine Familie von vierzehn Köpfen bedeute. Ich lachte wider Willen, als ich die Riesenkoffer voll weiblicher Nichtigkeiten, meinen armen Vater unbeweglich inmitten des Gepäcks, meine Mutter mit dem Gedanken an irgendeine diplomatische Idee zugunsten ihres Lieblings befaßt sah, meine Schwägerin, wie sie Aufträge erteilte, meine jungen Schwestern, wie sie über ihren Habseligkeiten wachten, meinen jüngsten Bruder, der an nichts anderes als an den Kummer dachte, sein Vogelhaus, das er dem Hausmeister anvertraut hatte, verlassen zu müssen. Dienstboten, Katzen, kleine Hunde ergänzten dieses Gemälde einer Reise, bei der es aussah wie beim Aufbruch einer Wandertruppe von Komödianten. Wenigstens waren wir so glücklich, Humor zu besitzen. Die Fahrt verging unter Lachen und Scherzen. Bei der Ankunft derselbe Lärm, dieselbe Konfusion wie bei der Abreise. Man richtete sich in dem Palast, der außen so glänzend aussah und innen so verfallen war, ein, so gut es ging. Ganz hoch oben wählte ich ein kleines, nacktes, einsames Zimmer, stellte zwei Sessel, einen auf den Füßen nicht mehr ganz festen Tisch, ein paar Bücher, Papier und ein großes bleiernes Schreibzeug hinein. Nun ich mich als Herr meiner Handlungen und Gedanken fühlte, kam mir der Mut wieder. In diesem abgelegenen Winkel nahm ich eine Art Revision meiner Studien und Kenntnisse, der Früchte meiner Erfahrungen, Reisen, Instinkte, Fähigkeiten und sonstigen Eignungen vor. Irgend etwas sagte mir, daß ich zum Schaffen geboren sei, und daß sich mir jetzt mit einem Male Gelegenheit biete, aus meinem Dunkel erfolgreich hervorzutreten. An mir lag es jetzt, die Familie zu retten, für ihre Bedürfnisse zu sorgen, ihre Irrtümer wiedergutzumachen. Zwei Wege waren gegeben, das Unglück aufzuhalten, nämlich das wenige, das uns geblieben, festzuhalten und Geld zu verdienen. Beides in einem Zug durchzuführen, wäre zuviel Glück gewesen. Ich nahm mir also vor, über Punkt eins zu wachen und Punkt zwei vorzubereiten. Meine Zeiteinteilung war: Arbeit, kritische Beobachtung der Umwelt, Studium der Charaktere und Umgang mit Menschen; denn ich wußte intuitiv, daß meine Stärke in der Erkenntnis des Menschenherzens und der Karikierung des Lächerlichen bestand, und daß mein Dichtertalent nur das Instrument für beides abzugeben habe. Man wird bald sehen, welche Gewitter die von mir ersonnenen großen Projekte auf mein Haupt herabzogen. Von da ab war mein

Leben nur ein ununterbrochener Kampf. Solange ich mit
Menschen zu tun hatte, zählte ich mehr Siege als Niederlagen,
aber vor den geheimen Mächten muß man den Degen sen-
ken.

[...]

Um diese Zeit näherte ich mich dem Fünfziger. Ich fühle, daß
man in diesem hohen Alter das Interesse des Lesers nicht
mehr wecken kann. Was sollte ich über diese Jahre der Ruhe,
in denen die menschliche Natur einschläft und kalt wird, erzählen. In den Liebeleien meiner Jugendzeit war ich nur halb-
wegs lächerlich, ich wäre es in weit höherem Maße, wenn
mein Herz sich hätte einfallen lassen, mit fünfzig Jahren in
Liebe zu entbrennen. Glücklicherweise hat es das nicht getan,
darum habe ich dem Kapitel meiner Liebesleidenschaften
nicht viel hinzuzufügen. Meine Arbeiten hatten nicht mehr
die Bedeutung von früher, es waren nur Sonette und kleine
Gelegenheitsgedichte, mit denen man sich einen Tag lang be-
faßte und die schon einen Tag nach ihrer Geburt tot waren.
Keine dramatischen Fehden, keine Angriffe, keine Hinterhal-
te, keine Kämpfe mehr um die Festung des Parnaß.

Im Norden Europas brachen schwere politische Wirren
aus. Ihr Echo verbreitete in Italien Entsetzen und Beunruhigung. Noch jetzt werden die Gerüchte von Tag zu Tag ärger;
der adriatische Löwe schließt die Augen und tut, als ob er sie
in seinem Schlaf nicht höre. Jeder Windstoß, der über die Alpen kommt, bringt eine neue Nachricht, ein neues Schlag-
wort; das von der »Gleichheit« kommt in einer Sturmwolke
dahergezogen. Man sucht es zu verstehen, man kommentiert
es auf hundert Arten. Ich selbst drehe und wende es sieben-
mal im Kopf, und je mehr ich daran denke, um so mehr
Gründe habe ich, es für die Träumerei eines Philosophen zu
halten.

Wohlwollender Leser, wenn du gerecht bist, wirst du mir

Dank wissen, daß ich über die Geschichte meiner letzten
Jahre hinweggleite. Wenn ich großtun wollte, könnte ich noch
einen Band voll Unsinn hinschmieren. Ich unterlasse es, weil
ich so viel Verwandte und Freunde verloren habe, daß ich
dich, ohne es zu wollen, auf einen Friedhof führen müßte und
weil mir der Setzer sagt, daß er genug Manuskript hat. Im übrigen hieße es, der guten Absicht, die mich zu Beginn dieser
Arbeit geleitet hat, widersprechen, da ich diese Erinnerungen
aus dem Gefühl der Demut heraus schreibe.

Sieben Jahre sind verflossen, seit ich das Vorangegangene
niedergeschrieben habe. Wir schreiben heute den 18. März
1797, und ich will ein letztes Wort hier beifügen. Ich fühle die
Begeisterung, die sich meiner bemächtigt, man gestatte mir
gnädigst eine pathetische Floskel:

Während des süßen Traums einer unmöglichen Demokratie sehen wir vor unseren Augen, von der Fata Morgana einer
trügerischen Freiheit getäuscht …

Der Setzer unterbricht mich und bittet mich, das Feuer
meiner Beredsamkeit zu mäßigen. Ich lasse darum den ernsten Männern und wahrheitsliebenden Geschichtsschreibern
das Wort, uns zu erzählen, was sich jetzt vor unseren Augen
abspielt.

Geduldiger Leser, ich benütze die Tatsache, daß ich noch
am Leben bin, um dir ein freundliches Lebewohl zuzurufen.

GIACOMO CASANOVA
# Abenteuer in Venedig

Am dritten Tag, gegen Ende des Festes, verließ ich eine Stunde vor Tagesanbruch das Orchester, um nach Hause zu gehen. Als ich die Treppe hinabstieg, fiel mir ein Senator in roter Robe auf, der sich gerade zu seiner Gondel begab. Als er sein Taschentuch herauszog, sah ich, daß ein Brief neben ihm zu Boden fiel. Ich beeilte mich, den Brief aufzuheben, holte den edlen Herrn gerade ein, als er die Stufen hinabstieg, und gab ihn ihm zurück. Er dankte mir und fragte mich, wo ich wohne, und ich sagte es ihm. Er wollte mich unbedingt nach Hause bringen; ich nahm die Freundlichkeit an, die er mir erweisen wollte, und setzte mich neben ihn auf die Bank. Drei Minuten später bat er mich, seinen linken Arm zu schütteln, und sagte: »Der Arm ist so gefühllos, daß es mir tatsächlich so vorkommt, als gehöre er nicht mehr zu mir.« Ich schüttelte ihn mit aller Kraft und hörte ihn mit schlecht artikulierten Worten sagen, er fühle, daß er auch sein Bein verliere, und er meine, den Tod zu spüren.

Voll Schrecken zog ich den Vorhang auf, nahm die Laterne und leuchtete in sein Gesicht. Beim Anblick seines Mundes, der zum linken Ohr hin verzerrt war, und seiner erlöschenden Augen erschrak ich sehr.

Ich rief den Gondelführern zu, sofort anzulegen und mich aussteigen zu lassen, um einen Wundarzt zu holen, der Seine Exzellenz rasch zur Ader lassen sollte; denn sicher habe er einen Schlaganfall erlitten.

Ich stieg aus. Wir hielten bei der Brücke der Calle Bernardo, auf der ich drei Jahre zuvor Razzetta Stockhiebe versetzt hatte. Ich lief in das nächste Café, und man zeigte mir das Haus, in dem ein Arzt wohnte. Ich klopfte stark, ich rief, jemand kam, der Mann wurde geweckt, ich drängte ihn und duldete nicht, daß er sich ankleidete; er nahm sein Etui und kam mit mir in die Gondel, wo er den Sterbenden zur Ader ließ; ich zerriß mein Hemd, um ihm einen Verband anzulegen.

Gleich darauf gelangten wir zu seinem Hause in Santa Marina; wir weckten die Dienerschaft, man hob ihn aus der Gondel heraus, man trug ihn in den ersten Stock seiner Wohnung, man kleidete ihn aus und legte ihn wie tot ins Bett. Ich beauftragte einen Diener, rasch einen Arzt zu holen; er ging hin, der Arzt kam und ließ ihn von neuem zur Ader. Ich setzte mich neben sein Bett und hielt es nun für meine Pflicht, mich nicht mehr zu entfernen.

Eine Stunde später kam ein mit ihm befreundeter Patrizier, dann ein zweiter; sie waren verzweifelt und fragten die Gondelführer aus, die ihnen sagten, ich könne sie viel besser über alles unterrichten als sie. Nun fragten sie mich, und ich sagte ihnen alles, was ich wußte; sie konnten nicht wissen, wer ich war, und wagten auch nicht, mich danach zu fragen; ich sagte ihnen nichts. Der Kranke lag unbeweglich da; das einzige Lebenszeichen war seine Atmung. Man machte ihm warme Umschläge, und der Priester, den man geholt hatte, erwartete seinen Tod. Man empfing keine Besuche, die beiden Patrizier und ich waren die einzigen, die bei ihm blieben. Ich nahm mit ihnen, ohne das Zimmer zu verlassen, ein kleines Mittagessen ein. Gegen Abend sagte der ältere der beiden Patrizier, wenn ich zu tun hätte, könne ich ruhig fortgehen, denn sie würden selbst die ganze Nacht bei dem Kranken bleiben und auf Matratzen schlafen, die sie sich bringen ließen. Ich antwortete ihnen, ich würde in dem Lehnstuhl schlafen, in dem ich saß, denn ich wisse genau, daß der Kranke, wenn ich fortginge, sterben würde, und ebenso sicher sei ich, daß er nicht sterben könne, solange ich hier bliebe. Ich sah, wie sich die beiden wegen dieser Antwort erstaunte Blicke zuwarfen.

Von ihnen erfuhr ich schließlich beim Abendessen, daß der im Sterben liegende Herr Signor Bragadin war, der einzige Bruder des Prokurators gleichen Namens. Signor Bragadin war in Venedig ebensosehr wegen seiner Beredsamkeit und seiner staatsmännischen Fähigkeiten berühmt, wie wegen der Liebschaften, mit denen er sich in seiner stürmischen Jugend hervorgetan hatte. Er hatte für Frauen Torheiten begangen, die ihrerseits das gleiche um seinetwillen taten; er hatte viel gespielt und verloren, und sein Bruder, der Prokurator, war sein erbittertster Feind, weil er es sich in den Kopf gesetzt hatte, er habe ihn zu vergiften versucht. Er hatte ihn wegen dieses Verbrechens beim Rate der Zehn angeklagt, der ihn acht Monate später einstimmig für unschuldig erklärt hatte; aber der Prokurator hatte darob seine Meinung nicht geändert. Von seinem ungerechten Bruder bedrängt, der sich widerrechtlich die Hälfte seiner Einkünfte angeeignet hatte, lebte der Unschuldige indes friedlich als liebenswürdiger Philosoph mit aller Welt in Freundschaft. Er hatte zwei Freunde, nämlich die beiden, mit denen ich zusammen war; der eine stammte aus der Familie Dandolo, der andere aus der Familie Barbaro, und beide waren so ehrenwert und liebenswürdig wie er selbst. Er war schön, gelehrt, ein Spaßvogel und von sehr sanftem Charakter. Damals war er fünfzig Jahre alt...

Um Mitternacht glühte Signor Bragadin an allen Gliedern und war in eine lebensgefährliche Wallung geraten; ich erhob mich und sah, daß seine Augen wie erstorben waren und er nur mit Mühe atmen konnte. Auf meine Worte hin, man müsse den Patienten von dem befreien, was ihm den Tod bringen werde, erhoben sich die beiden Freunde von ihren Matratzen. Ohne ihre Antwort abzuwarten, entblößte ich

seine Brust, entfernte das Pflaster, wusch ihn hierauf mit
lauem Wasser, und drei oder vier Minuten später war er erleichtert, ruhig und in sanften Schlummer gesunken. Wir legten uns wieder nieder.

Der Arzt kam in aller Frühe und freute sich, seinen Kranken in guter Verfassung zu finden. Signor Dandalo sagte ihm,
was wir getan hatten und aufgrund welcher Maßnahmen ihm
der Kranke weniger krank vorkomme. Der Arzt beklagte sich
über die Freiheit, die wir uns herausgenommen hatten, und
fragte, wer seine Kur zunichte gemacht habe. Signor Bragadin
sagte ihm, von dem Quecksilber, das ihn fast getötet hätte,
habe ihn ein Arzt befreit, der mehr verstehe als er; und mit
diesen Worten wies er auf mich.

Ich weiß nicht, wer uns von beiden mehr überrascht war,
der Arzt beim Anblick eines jungen Mannes, den er nie gesehen hatte und den man ihm als den größeren Kollegen vorstellte, oder ich, der ich nicht glaubte, es zu sein. Ich bewahrte
ein bescheidenes Schweigen und hatte mit Lachlust zu kämpfen, die ich aber bezähmte, während der Arzt mich musterte
und mich mit Fug und Recht für einen unverschämten Scharlatan hielt, der es gewagt hatte, ihn auszustechen. Er sagte in
kaltem Ton zum Kranken, er trete mir demnach seinen Platz
ab, und wurde beim Wort genommen. Er ging, und so wurde
ich der Arzt eines der hervorragendsten Mitglieder des Sena-
tes von Venedig. Im Grunde genommen war ich darüber hoch
erfreut. Ich sagte nun dem Kranken, er brauche nur Diät zu
halten, dann werde die Natur in der schönen Jahreszeit, der
wir uns näherten, ein übriges tun.

Der entlassene Arzt Ferro erzählte diese Geschichte
schnurstracks in der ganzen Stadt herum. Da das Befinden des
Kranken sich von Tag zu Tag besserte, sagte ihm einer seiner
Verwandten, der ihn gerade besuchte, jedermann wundere
sich, daß er einen Geiger aus dem Theaterorchester als Arzt
gewählt habe. Signor Bragadin antwortete ihm lachend, ein

Geigenspieler könne mehr von der Heilkunst verstehen als alle Ärzte Venedigs. Mir lauschte er wie einem Orakel. Seine beiden erstaunten Freunde schenkten mir die gleiche Beachtung. Da diese Ehrerbietung meine Kühnheit steigerte, sprach ich wie ein Naturkundiger, schulmeisterte und zitierte Autoren, die ich niemals gelesen hatte …

Zu Beginn des Sommers war Signor Bragadin imstande, wieder im Senat zu erscheinen. Am Vorabend des Tages, an dem er zum erstenmal das Haus verließ, hielt er mir folgende Ansprache:

»Wer immer du seist, ich verdanke dir mein Leben. Deine Gönner, die dich zum Priester, Doktor, Advokaten, Soldaten, schließlich zum Geigenspieler machen wollten, waren nur Narren, die deinen Wert nicht erkannten. Gott befahl seinem Engel, dich in meine Hände zu geben. Ich habe dich erkannt; wenn du mein Sohn sein willst, mußt du mich nur als Vater anerkennen, und von Stund an werde ich dich in meinem Hause bis zu meinem Tode wie einen solchen halten. Räume für dich stehen bereit: laß deine Habseligkeiten herbringen, du hast einen Diener, deine Gondel wird bezahlt, du speist an unserem Tisch und erhältst zehn Zechinen im Monat. In deinem Alter gab mir mein Vater kein größeres Taschengeld. Sorge dich nicht um die Zukunft! Geh deinen Vergnügungen nach und mach mich zu deinem Vertrauten in allem, was dir zustoßen mag oder was du vorhast; du wirst in mir immer einen guten Freund finden.« Ich warf mich ihm sofort zu Füßen, versicherte ihn meiner Dankbarkeit und beglückte ihn mit dem holden Namen Vater. Ich schwor ihm Gehorsam als Sohn. Die beiden Freunde, die im Palazzo blieben, umarmten mich, und wir schworen uns ewige Freundschaft.

Das, mein lieber Leser, ist die ganze Geschichte meiner Metamorphose und der glücklichen Zeit, in der ich vom schäbigen Stand eines Geigenspielers zu dem eines vornehmen Herrn aufstieg.

[…]

Wir machten Punsch und ergötzten uns damit, Austern zu essen, indem wir sie austauschten, wenn wir sie schon im Munde hatten. Sie reichte mir die ihre auf der Zunge, während ich ihr gleichzeitig die meine in den Mund schob; es gibt kein aufreizenderes und wollüstigeres Spiel zwischen zwei Liebenden. Es ist auch komisch, aber die Komik nimmt ihm nichts von seinem Reiz, denn das Lachen ist nur für Glückliche gemacht. Welch köstliche Austernsauce, aus dem Munde des angebeteten Geschöpfs geschlürft, ist doch ihr Speichel! Wie sollte die Kraft der Liebe nicht wachsen, wenn ich eine solche Auster zerbeiße, wenn ich sie hinunterschlucke.

Sie sagte mir, sie wolle sich umziehen und in der Nachthaube zurückkommen. Da ich nun nicht wußte, was ich tun sollte, vertrieb ich mir die Zeit damit, nachzusehen, was sie in ihrem offenstehenden Sekretär hatte. Die Briefe rührte ich nicht an, aber als ich eine Schachtel öffnete und Kondome fand, steckte ich sie in die Tasche und schrieb in Eile folgende Verse, die ich anstelle der Beute hinterlegte:

»Ihr Diener der Sorge und Kinder der Liebe,
Vor Amor erbebt und zeigt Ehrfurcht dem Diebe!
Und du, Gottes Braut, fürchte nicht zu gebären,
Dem Sohne wird er sich als Vater erklären.
Doch wenn du dran festhältst, dich zu verschließen,
So sag's, denn dann wird man kastrieren mich müssen.«

M. M. erschien wieder in neuer Aufmachung. Sie trug ein Hausgewand aus indischem Musselin, in den mit Goldfäden Blumen gestickt waren, und ihre Nachthaube war einer Königin würdig. Ich warf mich ihr zu Füßen und flehte sie an, auf der Stelle mein Verlangen zu stillen; aber sie gebot mir, mein Feuer aufzusparen, bis wir im Bett wären.

»Ich will keine Sorge haben«. sagte sie schalkhaft, »daß deine Quintessenz auf den Teppich fällt. Du wirst sehen.«

Hierauf ging sie zum Sekretär, aber statt der Überzüge fand sie meine sechs Verse. Sie las sie, las sie noch einmal laut, nannte mich einen Dieb, gab mir Küsse über Küsse und wollte mich überreden, ihr die Beute zurückzugeben. Nachdem sie meine Verse erneut langsam und ganz laut gelesen hatte, tat sie, als denke sie darüber nach, und ging unter dem Vorwand hinaus, eine bessere Feder zu holen. Als sie zurückkam, schrieb sie folgende Antwort:

>»Wenn ein Engel mich …, ist mir klar jedenfalls,
Daß mein einziger Gatte der Schöpfer des Alls.
Aber um sein Geblüt des Verdachts zu entheben,
Muß mein Amor sofort die Kondome mir geben.
Denn so füg' ich mich stets seinem heil'gen Verlangen,
Und der Freund soll mich …, ohne zu bangen.«

Da gab ich sie ihr zurück und spielte sehr überzeugend den Erstaunten; denn das war ja wirklich zu stark.

Mitternacht hatte geschlagen, und als ich ihr den kleinen Gabriel zeigte, der nach ihr schmachtete, machte sie das Sofa zurecht und sagte, daß wir hier schlafen wollten, weil die Bettkammer zu kalt sei. Der Grund war, daß uns der Freund in der Bettkammer nicht hätte sehen können.

Unterdessen hüllte ich mein Haar in ein Tuch aus indischer Baumwolle, das mir viermal um den Kopf reichte und mir das furchterregende Aussehen eines asiatischen Despoten in seinem Serail gab. Gebieterisch brachte ich meine Sultanin in den Naturzustand und verfuhr mit mir desgleichen; dann legte ich sie hin, bezwang sie nach allen Regeln der Kunst und genoß ihre Verzückungen. Mit dem Kissen, das ich ihr unter das Kreuz geschoben hatte, und dem angewinkelten Knie, das sie von der Sofalehne wegstreckte, mußte sie ihrem verborgenen Freund einen besonders wollüstigen Anblick bieten. Nach dem Reigen, der eine Stunde dauerte, pflückte sie den

Überzug ab und freute sich, als sie darin die Quintessenz sah. Da sie sich aber von ihrer eigenen Destillation überschwemmt fühlte, kamen wir überein, uns mit einer kurzen Abwaschung vorerst wieder in den Status quo zu versetzen. Danach stellten wir uns nebeneinander vor einen großen Wandspiegel, und jeder legte einen Arm um den Rücken des anderen. Bei der Bewunderung unserer schönen Spiegelbilder überkam uns die Lust, sie zu besitzen; wir kämpften, immer stehend, auf alle erdenkliche Weise. Nach dem letzten Kampf fiel sie auf den Perserteppich, der das Parkett bedeckte. Mit geschlossenen Augen, den Kopf zur Seite geneigt, Arme und Beine von sich gestreckt, als hätte man sie soeben vom Andreaskreuz abgenommen, lag sie auf dem Rücken und hätte einer Toten geglichen, wäre nicht das Klopfen ihres Herzens sichtbar gewesen. Der letzte Kampf hatte ihre Kräfte erschöpft. Ich hatte sie die Kerze machen lassen und sie in dieser Stellung aufgehoben, um ihre Liebeskammer inbrünstig zu küssen, die ich nicht anders erreichen konnte, wenn ich sie gleichzeitig in die Lage versetzen wollte, ihrerseits meine Waffe zu verschlingen, die sie zu Tode traf, ohne ihr das Leben zu rauben.

Nach diesem Heldenstück mußte ich sie vor Erschöpfung um Waffenstillstand bitten und stellte sie wieder auf die Füße; aber einen Augenblick später forderte sie mich zur Revanche heraus. Nun war es an mir, die Kerze zu machen, und sie faßte mich bei den Hüften, um mich zu stützen. In dieser Stellung hielt sie sich mit gespreizten Schenkeln aufrecht. Schrecken ergriff sie, als sie meine Seele mit Blutstropfen vermischt auf ihren Brüsten sah.

»Was ist das«, rief sie aus, ließ mich fallen und fiel zugleich mit mir hin. Gerade schlug die Uhr.

Ich brachte sie zum Lachen und damit ins Leben zurück.

»Sei ohne Sorge, mein Engel«, sagte ich, »Das ist der Dotter vom letzten Ei, der oft rot ist.«

Ich wusch ihr selbst die schönen Brüste, die bis zu diesem

Augenblick noch nie menschliches Blut befleckt hatte. Sie war in großer Sorge, daß sie einige Tropfen geschluckt hätte; aber ich überzeugte sie leicht davon, daß so etwas kein Unglück war, selbst wenn es stimmte. Sie zog ihre Nonnentracht an und beschwor mich, bevor sie ging, in der Villa zu schlafen und ihr vor der Rückfahrt nach Venedig zu schreiben, wie es mir gehe. Sie versprach mir, am nächsten Tag das gleiche zu tun. Ich würde den Brief bei der Pförtnerin finden. Ich gehorchte ihr. Sie brach erst eine halbe Stunde später auf, die sie sicher mit ihrem Freund verbrachte.

Ich schlief bis zum Abend, und kaum erwacht, schrieb ich ihr, daß es mir gut gehe. Ich fuhr nach Venedig, wo ich, um mein Versprechen einzulösen, den gleichen Maler aufsuchte, der mein Porträt für C. C. gemacht hatte. Er brauchte nur drei Sitzungen. Ich ließ es ein wenig größer machen als das erste, weil M. M. es als Medaillon wollte, von irgendeinem Heiligenbild überdeckt, damit es aller Welt verborgen sei; sie allein sollte das Geheimnis kennen, wie man es öffnete. Dem Goldschmied oblag es, einen geheimen Verschluß anzubringen, der sich vom ersten unterschied. Der gleiche Maler malte mir eine Verkündigung, die den Engel Gabriel mit braunem Haar zeigte, dazu eine blonde Jungfrau Maria, wie sie ihre Arme dem göttlichen Sendboten entgegenstreckte. Der berühmte Maler Mengs folgte der gleichen Idee in der Verkündigung, die er zehn Jahre später in Madrid malte.

[...]

Als ich von Laura erfuhr, daß man an einem bestimmten Tag im großen Sprechzimmer einen Ball gab, entschloß ich mich, ihn so gut maskiert zu besuchen, daß mich meine Freundinnen nicht erkennen konnten. Ich war sicher, daß ich sie sehen würde. In Venedig gestattet man den Nonnen der Klöster während des Karnevals dieses unschuldige Vergnügen. Man tanzt im Sprechzimmer, und sie schauen dem schönen Fest

hinter ihren großen Gittern zu. Wenn der Abend herein-
bricht, ist das Fest zu Ende; alle gehen nach Hause, und die
Nonnen ziehen sich sehr befriedigt zurück, daß sie diese
Lustbarkeit der Weltkinder miterlebt haben. Der Ball wurde
am gleichen Tag gegeben, für den mich M. M. zum Abendessen in ihre Villa eingeladen hatte; aber das hinderte mich nicht
daran, maskiert in das Sprechzimmer zu gehen, wo ich gewiß
auch meine liebe C. C. sehen würde.

Da ich sicher sein wollte, daß mich die beiden Freundinnen
nicht erkannten, beschloß ich, mich als Pierrot zu maskieren.
Es gibt keine geeignetere Maske, jemanden zu vermummen,
sofern er weder bucklig ist noch hinkt. Das weitgeschnittene
Pierrotkostüm, seine langen, bauschigen Ärmel, seine weiten
Hosenbeine, die bis zu den Knöcheln reichen, verbergen jedes etwaige Merkmal seiner Gestalt, an dem ihn einer seiner
persönlichen Freunde erkennen könnte. Eine Mütze, die den
ganzen Kopf, die Ohren und den Hals bedeckt, verbirgt nicht
nur die Haare, sondern auch die Farbe der Haut, und eine
Gaze vor den Augen der Maske verhindert, daß man sieht, ob
sie schwarz oder blau sind.

Nachdem ich also eine Suppe gegessen hatte, maskierte ich
mich trotz der Kälte so; denn da das ganze Kostüm aus weißem Leinen besteht, gibt es kaum eine leichtere Gewandung.
Ich bestieg eine Gondel, ließ mich an einem Traghetto absetzen und nahm dort eine andere Gondel, die mich nach Murano brachte. Ich trug keinen Mantel. In den Taschen meiner
Hose hatte ich nur ein Taschentuch, die Schlüssel der Villa
und meine Börse.

Ich betrat das Sprechzimmer; es war voll, aber alle machten
dieser ungewöhnlichen Maske Platz, über die in Venedig niemand Bescheid wußte. Dem Charakter der Maske entsprechend, bewegte ich mich mit täppischen Schritten weiter und
strebte dem Kreis der Tanzenden zu. Hier gab es manchen
Pulcinella, Scaramuccia, Pantalone und Arlecchino. Hinter

den Gittern erblickte ich alle Nonnen und alle Pensionärin-
nen, die einen sitzend, die andern stehend; ohne sie einzeln zu
mustern, entdeckte ich doch M. M. und auf der andern Seite stehend die liebliche C. C., die das Schauspiel genoß. Ich
ahmte den Gang eines Betrunkenen nach, umkreiste die Tanzenden und blickte jeden von Kopf bis Fuß an; aber ich selbst
wurde noch bedeutend mehr betrachtet und gemustert. Alle
Blicke folgten mir.

Ich blieb vor einer hübschen Arlecchina stehen, nahm sie
derb bei der Hand und nötigte sie, mit mir ein Menuett zu
tanzen. Jeder lachte und machte uns gern Platz. Die Arlecchina tanzte wunderbar, nach dem Charakter ihrer Maske,
und ich nach dem der meinigen; ich bereitete der ganzen Gesellschaft das größte Vergnügen, weil ich beständig zu fallen
drohte, aber stets mein Gleichgewicht wiedergewann. Auf die
allgemeine Besorgnis folgte Gelächter.

Nach dem Menuett tanzte ich zwölf Furlanen mit außerordentlicher Lebhaftigkeit. Außer Atem ließ ich mich fallen und
tat so, als ob ich schliefe; und als man mich schnarchen hörte,
achtete jedermann den Schlaf des Pierrot. Man tanzte einen
Kontertanz, der eine Stunde dauerte und an dem ich nicht
teilnehmen zu müssen glaubte. Aber nach dem Kontertanz
kommt ein Arlecchino auf mich zu und schlägt mich dreist,
wie es seiner Maske zusteht, mit einer Pritsche, die seine
Waffe ist. Da ich als Pierrot keine Waffe habe, packe ich ihn
am Gürtel und trage ihn im Laufschritt durch das ganze
Sprechzimmer; während er mir weiterhin mit seiner Pritsche
den Hintern versohlt. Seine Arlecchina, das hübsche Kind,
mit dem ich getanzt hatte, kommt ihrem Freund zu Hilfe und
schlägt mich ebenfalls mit ihrer Pritsche. Nun setze ich den
Arlecchino ab, entreiße ihm seine Waffe, lade mir die Arlecchina auf die Schultern, klopfe ihr auf den Hintern und laufe
so mit großen Schritten durch das Sprechzimmer, unter dem
brausenden Gelächter und den Angstschreien der Kleinen,

die bei einem Sturz ihre Schenkel oder ihre Hosen zu zeigen
fürchtete. Aber ein unverschämter Pulcinella störte dieses
ganze komische Geplänkel. Er stellte mir von hinten so grob
ein Bein, daß ich fallen mußte. Alle zischten ihn aus. Ich
sprang rasch auf und begann, aufs äußerste gereizt, mit dem
Flegel einen regelrechten Ringkampf. Er war ebenso groß wie
ich. Da er ungeschickt war und nur seine Kraft zu brauchen
wußte, zwang ich ihn zu Boden und bearbeitete ihn so, daß
die Knöpfe seines Gewandes aufsprangen und er seinen Buk-
kel und seinen falschen Bauch verlor. Unter denn Händeklatschen und dem Gelächter aller Nonnen, die vielleicht noch
niemals ein ähnliches Schauspiel genossen hatten, nützte ich
den Augenblick, bahnte mir einen Weg durch die Menge und
machte mich davon.

GIACOMO CASANOVA

# Flucht aus den Bleikammern

Die letzte Septembernacht verbrachte ich, ohne ein Auge zu-
zutun – ungeduldig, den Tag heraufkommen zu sehen, an dem
ich meiner sicheren Erwartung gemäß nach Hause zurückkehren würde. Doch der Tag brach an, Lorenzo kam und
sagte mir nichts Neues. Ich verlebte fünf oder sechs Tage in
wilder Wut und Verzweiflung, glaubte, man habe aus mir unbekannten Gründen beschlossen, mich für den Rest meiner
Tage dort zu behalten. Diese schreckliche Vorstellung brachte
mich zum Lachen; ich war der Überzeugung, es liege allein
bei mir, nur noch ganz kurze Zeit hier zu bleiben, wenn ich
mich nur entschließen könnte, mein Leben aufs Spiel zu setzen, um die Freiheit zu gewinnen.

*Deliberata morte ferocior* faßte ich Anfang November den
Plan, mit Gewalt einem Ort zu entkommen, an dem man
mich gewaltsam festhielt. Dieser Gedanke wurde mein einziger. Ich begann hundert Mittel zu suchen, zu erfinden, zu
prüfen, wie ich ein Vorhaben verwirklichen könnte, das vor
mir schon etliche versucht haben mochten, das aber noch keiner hatte zu Ende führen können.

In dieser Zeit widerfuhr mir eines Morgens etwas, das mir
meinen kläglichen Seelenzustand verdeutlichte. Ich stand auf
dem Dachboden, schaute zur Dachluke hinauf und sah auch
den dicken Balken. Lorenzo, mein Wärter, kam gerade mit
zweien seiner Leute aus meiner Zelle, da sah ich den mächtigen Balken nicht etwa nur erzittern, sondern sich nach rechts

biegen und dann wieder in einer langsamen, ruckartigen Gegenbewegung in seine ursprüngliche Lage zurückkehren. Da ich zugleich spürte, daß ich meinen festen Stand verlor, war ich überzeugt, es handle sich um einen Erdbebenstoß, und die Leute um mich merkten es; ich sagte nichts und freute mich über die Erscheinung. Einige Sekunden später gab es wieder die gleiche Bewegung; ich konnte nicht verhindern, daß mir die Worte *un'altra, un'altra gran Dio, ma più forte* von den Lippen kamen. Die Büttel, entsetzt über das, was sie für die Ruchlosigkeit eines irren und gotteslästerlichen Verzweifelten halten mußten, liefen entsetzt davon. Nachher, als ich mich bedachte, stellte ich fest, daß ich zu den möglichen Ereignissen den Einsturz des Dogenpalastes gerechnet hatte; der wäre mir zur Wiedererlangung meiner Freiheit gerade recht gewesen. Der Palast sollte vornüber kippen und mich ganz unbeschädigt, wohlbehalten und frei auf dem schönen Pflaster des Markusplatzes absetzen. So begann ich verrückt zu werden. Der Stoß kam von dem Erdbeben, das in den gleichen Tagen Lissabon verheerte.

Um dem Leser meine Flucht von einem solchen Ort richtig darstellen zu können, muß ich ihm die Baulichkeit beschreiben. Die Zellen befinden sich auf dem sogenannten Speicher des großen Palastes; das Dach, das nicht mit Schiefertafeln oder Ziegeln, sondern mit drei Fuß großen, ein zwölftel Zoll starken quadratischen Bleiplatten gedeckt ist, gibt diesem Gefängnis den Namen *Bleikammern.* Man gelangt nur durch die Tore des Palastes hinein oder durch den schönen Gefängnisbau, durch den man mich ja über die schon erwähnte sogenannte *Seufzerbrücke* geleitet hatte. Hinauf in die Zellen kommt man nur durch den Saal, in dem sich die Staatsinquisitoren versammeln; nur ihr Sekretär hat den Schlüssel, den der Wärter der Bleikammern ihm sogleich wieder abliefern muß, wenn er den Dienst bei den Gefangenen beendet hat. Dies erfolgt bei Tagesanbruch, weil später das Kommen und Gehen der Büttel zu auffällig wäre an einem Ort, an dem sich all die Menschen drängen, die eine Vorladung bei den Obersten des Rates der Zehn haben, der jeden Morgen in dem benachbarten *Bussola*-Saal tagt, durch den die Büttel hindurch müssen.

Die Zellen befinden sich, voneinander getrennt, unter dem First an den beiden Längsseiten des Palastes: drei im Westen, darunter die meine, vier im Osten. Die Regenrinne am Rande des Daches der westlichen Zellen führt auf den Innenhof des Palastes, die östliche Dachrinne befindet sich genau auf der Gegenseite zum *Rio di Palazzo* hin. Auf dieser Seite sind die Zellen sehr hell, und man kann aufrecht darin stehen, Vorzüge, die meinem Gefängnis fehlten, das *il trave, das Gebälk,* hieß. Der Fußboden meiner Zelle lag genau über der Decke des Saales der Staatsinquisitoren, in dem sie sich fast jeden Abend trafen, nach der täglichen Sitzung des Rates der Zehn, dem sie angehören.

Da ich das alles wußte und eine genaue Vorstellung von der Lage der Räumlichkeiten hatte, wurde mir klar, daß der einzige Weg zum Gelingen das Durchbrechen des Fußbodens war. […]

Eineinhalb Stunden nach Sonnenuntergang hatte ich die Öffnung vollendet, nicht indem ich die Bretter brach, sondern indem ich sie aufrieb. Das Loch war ziemlich groß und war nur noch durch die Bleiplatte bedeckt, die ganz freilag. Ich ließ mir von Pater Balbi helfen, sie hochzustemmen, denn sie war über die Kante der marmornen Dachrinne geknickt oder gebogen; doch es gelang mir, sie loszulösen, indem ich die Pike zwischen die Regenrinne und die Platte schob, und dann bogen wir sie mit unseren Schultern so weit auf, daß die Öffnung für das Hindurchschlüpfen ausreichte. Ich steckte den Kopf durch das Loch und sah mit Unwillen die Helligkeit des Mondes, der wohl am nächsten Tag in seinem ersten Viertel war. Das war ein unerwartetes Hindernis, das Geduld von uns verlangte; wir mußten mit dem Ausbrechen bis Mitternacht warten, wo der Mond unseren Antipoden leuchtete. In einer so herrlichen Nacht, wo gewiß alles, was auf sich hielt, auf dem Markusplatz spazieren ging, konnte ich uns nicht der Gefahr aussetzen, bei einem Spaziergang hier oben gesehen zu werden. Man würde unsere langen Schatten auf dem Pflaster des Platzes bemerken, man würde den Blick erheben, und wir würden ein außerordentliches Schauspiel abgeben für die Neugier der Menschen, die die ganze Nacht hindurch wachen, – die einzige Nachtwache der großen Stadt. Vor allem aber würde es die Neugier des *Messer grande* erwecken, der sogleich den Einfall hätte, eine Anzahl Leute hinaufzuschikken, die meinen ganzen Plan zunichte machten.

[...]

Nun war es aber Zeit zum Aufbruch. Pater Balbi war schweigsam. Ich erwartete, von ihm zu hören, er wolle mir lieber nicht folgen – ich wäre ratlos gewesen –, aber er kam. An seinen Nacken, auf die linke Schulter gestützt, band ich ihm ein Bündel Tau, auf die rechte packte er sich dasjenige mit seinen armen Habseligkeiten. Ich tat das gleiche. Beide in Weste, den Hut auf dem Kopf, krochen wir auf allen Vieren durch die Öffnung, vorneweg ich, hinter mir der Mönch. Mein Gefährte drückte die Bleiplatte wieder hinunter. Der Nebel war nicht dicht. In diesem schwachen Schimmer umfaßte ich meine Pike, streckte sie vor und stieß sie schräg in die Fuge zwischen zwei Platten, so daß ich mich mit vier Fingern am Rand jeder angehobenen Platte hochziehen und auf diese Weise bis zum Dachfirst hinaufsteigen konnte. Der Mönch hielt sich, damit er mir folgen konnte, mit den vier Fingern seiner rechten Hand am Gürtel meiner Hose fest, in der Nähe der Schnalle, wodurch ich mich in der unglücklichen Lage eines Tieres befand, das gleichzeitig trägt und zieht, noch dazu einen vom Nebel feuchten Hang hinauf. Auf der Hälfte dieses recht gefährlichen Anstiegs sagte der Mönch, ich solle anhalten, denn eines seiner Bündel habe sich von seinem Hals gelöst und sei wahrscheinlich nicht weiter als bis zur Regenrinne hinuntergerollt. Zuerst war ich versucht, ihm einen Fußtritt zu versetzen: mehr wäre nicht nötig gewesen, um ihn ganz schnell zu seinem Bündel zu bringen; doch Gott gab mir die Kraft, mich zurückzuhalten; die Strafe wäre auf beiden Seiten zu hart gewesen, denn allein hätte ich mich keinesfalls retten können. Ich fragte ihn, ob es das Bündel mit dem Tau sei; doch als er erwiderte, es sei das mit seinem schwarzen Gehrock, zwei Hemden und einem wertvollen Manuskript, das er in den Bleikammern gefunden hatte und das angeblich sein Glück machen werde, sagte ich ihm ruhig, wir müßten Geduld haben und unseren Weg gehen. Er seufzte und folgte mir, noch immer an meinem Hintern angehängt.

Nachdem wir über fünfzehn oder sechzehn Platten hinweg gelangt waren, befanden wir uns auf der obersten Höhe des Daches; hier machte ich die Beine breit und setzte mich bequem rittlings hin. Der Mönch tat das gleiche hinter mir. Im Rücken hatten wir die kleine Insel San Giorgio Maggiore, vor uns waren die vielen Kuppeln der großen Markuskirche, die zum Dogenpalast gehört: es ist die Hauskapelle des Dogen; kein Monarch auf Erden kann sich einer gleich schönen rühmen. Ich lud sogleich meine Lasten ab und sagte meinem Gefährten, er könne das auch tun. Er legte sein Bündel Tau ziemlich geschickt zwischen die Schenkel, doch sein Hut, den er auch dorthin legen wollte, verlor das Gleichgewicht und fiel, nach vielen Purzelbäumen auf dem Weg bis zur Dachrinne, in den Kanal. Da war mein Gefährte untröstlich. […]

Ich war gedankenverloren, traurig und unklar im Kopf und wußte nicht, was tun. Da geschah etwas ganz Gewöhnliches und machte auf meine verblüffte Seele den Eindruck eines wahren Wunders. Ich hoffe, mein aufrichtiges Bekenntnis wird mich in den Augen meines gewiß sehr ausgeglichenen Lesers nicht vernichten; er möge bedenken, daß der Mensch in Aufregung und Verzweiflung nicht die Hälfte dessen ist, was er im Zustand der inneren Ruhe sein kann. Die Glocke von Sankt Markus, die in diesem Augenblick Mitternacht schlug, war das Geschehnis, das meinen Geist anstieß und ihn sehr heftig aus der gefährlichen Trägheit, die ihn befallen hatte, aufrüttelte. Diese Uhr erinnerte mich daran, daß der nun beginnende Tag Allerheiligen war, wo mein Schutzheiliger, wenn ich denn einen hatte, Namenstag haben mußte; doch was mit sehr viel größerer Macht meinen Mut hob und wirklich auch meine Körperkräfte steigerte, war das weltliche Orakel, das ich von meinem lieben Ariost erhalten hatte: *Tra il fin d'Ottobre e il capo di Novembre:* dies war der Augenblick! Wenn ein großes Unglück einen starken Geist kleinlaut macht, wird sich fast unausweichlich der Aberglaube seiner bemächtigen. Dieser Glockenton sprach zu mir; er sagte mir, ich solle handeln, und er versprach mir den Sieg. Ich stieß meine Pike in den Rahmen, der das Gitter umgab, und entschloß mich, ihn zu zerstören und das Gitter ganz zu entfernen. Ich brauchte nur eine Viertelstunde, um alles Holz der vier Rahmenseiten in Stücke zu zerlegen. Ich hatte das Gitter in den Händen und lehnte es seitlich an die Luke. Es war auch nicht schwierig, das ganze verglaste Fenster aufzubrechen; mit der linken Hand riß ich die Scheiben heraus, wobei ich mich leicht verletzte; aber ich achtete nicht auf das Blut.

[...]

Nachdem ich rasch alles untersucht hatte, sah ich, daß ich die Tür der Kanzlei mit Gewalt öffnen mußte. Mein Stab konnte trotz allen Bemühungen die Feder des Schlosses nicht sprengen. Ich entschied mich, in einen der Flügel dieser Tür ein Loch zu machen, und zwar an der Stelle, wo es mir am einfachsten schien, nämlich wo die wenigsten Äste zu sehen waren. Anfangs hatte ich einige Schwierigkeit, das Brett an der Stoßfuge, die sich mir anbot, anzustechen; doch nach wenigen

Minuten begann es, gut zu gehen. Ich ließ den Mönch das Werkzeug mit dem Holzgriff in die Fuge stoßen, öffnete sie mit meiner Pike und brach, spaltete und zerfetzte das Holz, indem ich die Pike mit aller Gewalt nach links und rechts stieß; ich achtete nicht auf den erheblichen Lärm, den diese Art des Aufbrechens machte und der den Mönch in Angst versetzte, denn er mußte von weitem zu hören sein. Ich kannte diese Gefahr, aber jetzt mußte ich kämpfen.

Nach einer halben Stunde war das Loch groß genug, und das war unser Glück, denn größer hätte ich es nicht machen können. Äste rechts, links, oben und unten hätten eine Säge notwendig gemacht. Der innere Rand dieses Lochs machte einem Angst, denn er war voller Splitter, die die Kleidung zerreißen und die Haut zerfetzen konnten. Das Loch befand sich in der Höhe von fünf Fuß; ich stellte einen Hocker darunter, der Mönch stieg darauf und steckte Arme und Kopf durch die Öffnung; ich, hinter ihm, stieg auf einen zweiten Hocker, faßte ihn an den Schenkeln, dann an den Waden und stieß ihn hinaus, wo es sehr dunkel war. Doch ich war unbesorgt, denn ich kannte mich hier aus.

Als mein Gefährte draußen war, warf ich meine Habseligkeiten hinterher, nur die Taue ließ ich in der Kanzlei. Ich stellte einen dritten Hocker auf die beiden, die nebeneinanderstanden, und stieg darauf. Das Loch war nun in der Höhe meiner Oberschenkel. Ich zwängte mich mit einiger Schwierigkeit bis zum Unterbauch hinein, denn es war eng; als ich aus eigener Kraft nicht mehr weiterkam und auch niemanden hatte, der mich von hinten schieben konnte, sagte ich zum Mönch, er solle mich fassen und ohne Erbarmen waagerecht herausziehen, notfalls in Stücken. Er führte meinen Befehl aus, und ich verbarg die ganzen Schmerzen, die ich spürte, als meine Haut an den Seiten und vorn auf den Oberschenkeln zerrissen wurde.

[...]

Nun war es das wichtigste Geschäft, das mich eine halbe
Stunde kostete, während derer der Mönch wirres Zeug redete:
mich gänzlich umzukleiden. Pater Balbi sah aus wie ein Bauer,
aber er war nicht in Lumpen; seine rote Flanellweste und
seine violetten Lederhosen waren nicht zerrissen. Meine Erscheinung würde jeden in Angst und Schrecken versetzen,
denn ich war völlig zerrissen und blutig. Ich rollte meine Sei-
denstrümpfe über die zwei Wunden ab; an jedem Knie hatte
ich eine, und sie bluteten: die Bleiplatten und die Dachrinne hatten mich in diesen Zustand versetzt. Das Loch in
der Kanzleitür hatte mir Weste, Hemd, Hosen, Hüften und
Schenkel zerrissen; überall hatte ich schreckliche Abschür-
fungen. Ich zerriß Taschentücher und machte mir Rundum-
verbände, so gut es ging, indem ich sie mit Bindfaden ver-
schnürte, wovon ich ein kleines Knäuel in der Tasche hatte.
Ich zog meinen guten Anzug an, der an diesem recht kühlen
Tag lächerlich aussah; ich brachte meine Haare einigermaßen
in Ordnung und umgab sie mit einem Haarbeutel; ich zog
lange weiße Strümpfe an und ein Spitzenhemd, denn ich hatte
kein anderes; zwei weitere Hemden, Taschentücher und
Strümpfe steckte ich in die Taschen, alles andere warf ich hinter die Tür. Ich sah aus wie ein Mann, der zuerst auf einem
Ball und anschließend an einem Ort der Ausschweifung gewesen war, wo man ihn schlimm zugerichtet hatte. Die Verbände, die an meinen Knien zu sehen waren, verdarben die
sonstige Eleganz meiner Erscheinung. In diesem Zustand
sagte ich zu Pater Balbi, er solle sich meinen schönen Mantel
um die Schultern legen, und da mich seine Unfreundlichkeit
verdroß, öffnete ich ein Fenster und steckte den Kopf hinaus.
  Mein Gesicht, das durch den Hut mit seinem Edelstein, den
spanischen Spitzen und dem weißen Federbusch einigermaßen auffallend aussah, wurde von Müßiggängern bemerkt, die
im Hof des Palastes waren und mich erblickten; sie dachten
offenbar darüber nach, wieso jemand dort oben sein konnte,

zu dieser Stunde, an einem solchen Tag. Sogleich zog ich mich zurück und bereute meine Unvorsichtigkeit, die, wie ich ein halbes Jahr später erfuhr, mein Glück war. Man sagte nämlich dem Mann, der die Schlüssel zu diesen Räumen hatte, daß da irgendjemand sei, der dort die Nacht verbracht haben müsse, und daß offensichtlich er selber ihn eingeschlossen habe, ohne es zu merken. Dies hielt er für möglich, denn er schloß immer spät ab, und es konnte jemand dort eingeschlafen sein. Dieser Mann, er hieß Andreoli – er lebt noch heute –, befand, er müsse sofort hinlaufen und sehen, wer durch seine Unaufmerksamkeit eine so schlechte Nacht verbracht hatte.

Ich hörte also, gerade in düstere Gedanken versunken, das Geräusch von Schlüsseln und von jemandem, der die Treppe herauf kam. Tiefbewegt stand ich auf, schaute durch den Spalt der großen Tür und sah einen Menschen mit schwarzen Haaren und ohne Kopfbedeckung allein ganz ruhig heraufsteigen, einen Schlüsselbund in der Hand. Ich sagte zum Mönch so ernst ich konnte, er dürfe nicht den Mund auftun, solle sich hinter mir halten und meinen Schritten folgen. Ich faßte meine Pike, versteckte sie unter meinem Anzug und stellte mich auf die Seite der Tür, von wo aus ich, sobald sie aufging, die Treppe erreichen könnte. Ich schickte meine Bitte zu Gott, daß dieser Mann keinen Widerstand leisten möge, denn sonst würde ich mich gezwungen sehen, ihn zu töten. Ganz gewiß: ich war dazu entschlossen.

Als die Tür aufging, sah ich den Mann; er war bei meinem Anblick wie versteinert. Ohne zu zögern und ohne ein Wort an ihn zu richten, ging ich die Treppe so schnell wie möglich hinab, hinter mir der Mönch. Nicht eben langsam, doch auch ohne zu laufen nahm ich die prächtige sogenannte Riesentreppe; ich achtete nicht auf die Stimme und den Rat von Pater Balbi, der mir unablässig und immer wieder sagte: *gehen wir in die Kirche, in die Kirche.* Der Durchgang zur Kirche war rechterhand, nahe am Fuß der Treppe.

Die Kirchen in Venedig genießen nicht die mindeste Unantastbarkeit, die einem Schuldigen Schutz gewähren könnte, weder einem Verbrecher noch einem Gegner im Streit; deshalb zieht sich auch niemand dorthin zurück, um es den Bütteln schwer zu machen, die Befehl haben, ihn festzunehmen. Der Mönch wußte das, doch dies Wissen war nicht stark genug, um ihn von der Versuchung abzubringen. Er sagte mir nachher, ein religiöses Gefühl habe ihn getrieben, wieder zum Altar zu laufen, und das müsse ich doch achten. *Warum,* sagte ich, *seid Ihr nicht allein hingegangen?* Er antwortete, er sei nicht so hartherzig gewesen, mich im Stich zu lassen. Ich machte ihm klar, daß das, was er in diesem Zusammenhang religiöses Gefühl nannte, die reine Feigheit war, und er hat mir diese Äußerung nie verziehen; natürlich hätte ich ihn schonen können, doch in der Tiefe meiner Seele konnte ich den unguten Kerl einfach nicht ertragen.

Die Unantastbarkeit, die ich aufzusuchen gedachte, war außerhalb der Staatsgrenzen der Allererhabensten Republik; in diesem Augenblick begann ich meine Reise dorthin; im Geiste war ich bereits dort, doch ich mußte mit meinem Körper folgen. Ich stand unmittelbar vor der *Porta della Carta,* die dem Dogenpalast etwas Majestätisches verleiht, und ohne jemanden anzuschauen (weil man auf diese Weise weniger angeschaut wird) überquerte ich die *Piazzetta;* ich näherte mich dem Kai, stieg in die erste Gondel, die ich sah, und sagte zum Gondoliere, der achtern stand: *Hol einen zweiten Ruderer.* Der zweite kam im selben Augenblick gelaufen und nahm seinen Riemen, während der andere, der Führer der Gondel, mich fragte, wohin ich wolle. Da antwortete ich lauthals, erfreut, daß fünfzig *Barcaroli* zugegen waren und neugierig zuhörten: *Ich möchte nach Fusina, und wenn du schnell machst, gebe ich dir einen Philippstaler.* Das war mehr als der Tarif. Der Philippstaler war ein spanisches Geldstück, eine halbe Zechine wert; man bekommt es heute nicht mehr zu sehen.

Nachdem ich diesen Befehl gegeben hatte, warf ich mich entspannt auf das mittlere Polster, und Pater Balbi, ohne Kopfbedeckung und in meinem Mantel, setzte sich wie ein Untergebener auf das Bänkchen. Das eigenartige Gesicht des Mönchs trug dazu bei, daß ich für einen Scharlatan oder einen Astrologen gehalten wurde, denn mein Aufzug stach allen, die mich ansahen, in die Augen.

Rasch entfernte sich die Gondel vom Ufer, zog am Zoll vorbei und begann mit Macht das Wasser des *Giudecca*-Kanals zu teilen, durch den es nach Fusina ebenso wie nach Mestre geht, wo ich in Wirklichkeit hinwollte. […]

Dann betrachtete ich hinter mir den schönen Kanal, auf dem kein einziges Schiff zu sehen war, bewunderte den schönsten Tag, den man sich wünschen konnte, die ersten Strahlen einer wunderbaren Sonne, die am Horizont aufging, die zwei jungen *Barcaroli*, die stramm ruderten, und dachte gleichzeitig an die grauenhafte Nacht, die ich hinter mir hatte, an den Ort, wo ich noch gestern gewesen war, und an all die Zufälle, die sich zu meinen Gunsten ausgewirkt hatten. Ein Hochgefühl ergriff meine Seele, erhob sie zu Gott dem Erbarmer, brachte alle Saiten meiner Dankbarkeit zum Klingen und versetzte mich mit großer Macht in Rührung, so sehr, daß mit einem Mal Tränen sich einen breiten Weg bahnten, um mein Herz zu erleichtern, das von der übermäßigen Freude schier erstickt wurde. Ich schluchzte, ich weinte wie ein Kind, das man mit Gewalt zur Schule bringt.

ZWISCHENSPIEL:
# VENEDIG IM GEDICHT
## I

# Auf die Zerstörung der Republik Venedig

Die prunkenden Orient zum Frondienst zwang,
Schirmherrin war sie einst dem Abendland:
Sank nie an Würde unter ihren Stand
Und blieb der Freiheit Erstgeburt für lang.

Jungfräulich war die Stadt und freie Wehr,
Die keine Macht und Arglist überwand:
Und mußte, als sie Gleichem sich verband,
Vermählen sich dem ewigwährenden Meer.

Was, sähe sie, wie solcher Ruhm verfahlt,
Der Adel schwindet und die Macht zerrinnt? –
Doch sei ihr unsres Mitleids Zoll bezahlt,

Nun ihr lang Leben letzten Tag erreicht:
Wir müssen trauern, die wir Menschen sind,
Wenn nur der Schatten einstiger Größe weicht.

# Childe Harolds Pilgerfahrt

## 1

Ich weilte auf Venedigs Seufzerbogen,
Ein Kerker, ein Palast zu jeder Hand;
Ich sah die Bauten steigen aus den Wogen
Wie Zaubrers Blendwerk; ein Jahrtausend stand
Vor mir, die dunklen Flügel ausgespannt;
Sterbender Glanz umfloß die sieggewohnte
Versunkne Zeit, da manch bezwungnes Land
Dem Marmorsitz des Flügellöwen fronte,
Wo stolz Venezia auf hundert Inseln thronte.

## 2

Sie steigt empor, des Meeres Kybele,
Bediademt mit Türmen aus der Flut,
Gebietend, eine Herrscherin der See;
Einst war sie's: ihrer Töchter Heiratsgut
War unterjochter Könige Tribut,
Und Indien goß aus Minen, nie geleert,
In ihren Schoß der Edelsteine Glut;
Purpur war ihr Talar, an ihrem Herd
Saß mancher Fürst als Gast und deuchte sich geehrt.

*3*

Verstummt sind in Venedig Tassos Lieder;
Still rudert, ohne Sang, der Gondelier;
Paläste bröckeln auf das Ufer nieder,
Und selten tönt Musik durch das Revier.
*Die* Zeit ist hin, doch weilt noch Schönheit hier.
Staaten vergehn, die Kunst sinkt in Verfall,
Nur die Natur ist ewig, und vor ihr
Ist noch Venedig für die Völker all
Der Tummelplatz der Lust, Italiens Karneval.

*4*

Eins aber ist, was größren Zauber hat
Als all ihr Ruhm, von dem die Chronik spricht,
Als, trauernd ob der dogenlosen Stadt,
Der Heldenschatten Zug im Mondenlicht.
Unsre Trophäe modert nicht noch bricht
Mit dem Rialto: Shylock und der Mohr
Und auch Pierre, sie alle stürzen nicht,
Die Schlußstein im Portal! Ob auch zuvor
Venedig stirbt, *dies* steigt noch aus dem Grab empor.

[...]

*11*

Die Witwe Adria klagt um ihren Gatten;
Ihr jährlich Brautfest nimmer wieder naht;
Der Buzentaur verfault in trägem Schatten,
Der Witwenschaft vergeßner Hochzeitsstaat.

Sankt Markus' Leu, wo er gestanden hat,
Steht er, doch nur vergangner Macht zum Hohne,
Am stolzen Platze, wo ein Kaiser *bat*,
Als noch, bestaunt von manchem Königssohne,
Venedig Fürstin war mit Schätzen jeder Zone.


## 12

Jetzt stampft ein Kaiser, wo ein Kaiser kniete,
Östreich regiert, wo Schwaben flehend stand;
Zerstückelt sind die fürstlichen Gebiete,
Gekrönte Städt umklirrt das Eisenband.
Kaum hat ein Volk den Mittagsschein gekannt,
So schmilzt es von den Höhn des Siegs und fällt
Wie die Lawine von der Alpenwand.
Nur eine Stunde leb, o greiser Held,
Du blinder Dandolo, der einst Byzanz gefällt.


## 13

Noch mögt ihr seine ehrnen Rosse sehn;
Es blitzt ihr Goldgeschirr im Licht der Sonnen;
Was Doria drohte, das ist nun geschehn:
Sie sind gezäumt! Verloren und gewonnen,
Sinkt jetzt Venedig, wie es einst begonnen –
Jahrhunderte des Ruhms im Schlamm ersäuft!
O hätte sie, dem fremden Feind entronnen,
Des Meeres Fluten auf ihr Haupt gehäuft,
Statt daß sie kriechend sich ehrlose Ruh erkäuft!

*14*

Dies neue Tyrus, einst dem Ruhm so teuer –
Sogar ihr Spottnam ist vom Sieg entliehen:
»Die Pflanzerin des Leun« – durch Blut und Feuer,
Durch Land und über Meere trug sie ihn,
Knechtend, doch selbst der Knechtschaft nie geziehn,
Europas Bollwerk wider Türkenmacht –
Bezeug es, Kandia, das ein Troja schien!
Bezeug's, unsterbliche Lepantoschlacht!
Ihr Namen, die nicht Zeit noch Schmach zuschanden
                                        macht.


*15*

Glasbildern gleich, zerschellt – so sank die Reihe
Der vielen toten Dogen in das Grab,
Doch ihr Palast verkündet noch die Weihe
Des Pompes, der ihr hohes Amt umgab.
Ihr rost'ges Schwert und ihr zerbrochner Stab
Erlag dem Fremdling; schweigende Paläste,
Erstorbne Gassen, Straßen auf und ab,
Der bittre Anblick übermüt'ger Gäste –
All dies umwölkt mit Gram die holde Meeresveste.

[...]


*17*

So auch, Venedig, wäre dein Vermächtnis
Ruhmwürdiger Geschichten längst verweht,
Doch sollte dein melodisches Gedächtnis,

Dein Herz für Tasso siegreich und beredt
Vom Joch dich lösen. Dein Geschick belädt
Die Welt mit Schmach – dich, Albion, vor allen:
Die Königin des Ozeans verrät
Das Kind der See! – ob Wogen dich umwallen,
Dich mahnt Venedigs Fall: Du auch dereinst wirst fallen!


18


Als Kind schon liebt ich es: Venedig lebte
In meiner Brust wie eine Feenstadt,
Die, Wassersäulen gleich, dem Meer entschwebte,
Ein Markt des Reichtums und der Freude Pfad!
Durch Otway, Radcliffe, Schiller, Shakespeare tat
Sich mir ihr Bildnis auf, und in mir tragen
Will ich's, wieviel sich auch verändert hat;
Mir teurer ist sie in des Unglücks Tagen
Als in der einst'gen Pracht, die sie zur Schau getragen.

GEORGE GORDON LORD BYRON

# Ode an Venedig

## I

Venedig! wenn erst deine Marmormauern
Dem Wasser gleich, dann werden Völker schwer
Ob der gefallnen, stolzen Hallen trauern,
Laut klagend übers weite, dunkle Meer.
Wenn ich, des Nordens Wandrer, um dich weine,
Was sollen deine Söhne tun? O Schmach!
Sie murren nur im Schlaf! Dies hätten deine
Vorfahren nicht getan; unähnlich, ach,
Wie grüner Schleim verlaufner Wogen kaum
Der raschen Springflut weißem, reinem Schaum,
Die schifflos heim den Seemann schwemmt, sind jene
Den Vätern; also kriechen diese Söhne
Durch die zerfallnen Straßen hin, wie Krabben –
O Gram! und die Jahrhunderte, sie haben
Nicht beßre Frucht erzeugt? Des Ruhms, der Pracht
Dreizehn Jahrhunderte verkehrt zu Staub
Und Tränen – jedes Denkmal einst'ger Macht
Blickt nun so trauernd, des Verfalles Raub!
Selbst mutlos scheint der Löwe, und der Klang
Der Trommeln mit dem dumpfen Mißton hallt
Alltäglich diesem schönen Strand entlang
Der Zwingherrn Stimmen wider, wo geschallt
Sonst über sanfte Wellen holder Sang,

Die bei der Gondeln wirrem, buntem Drang
Erbebt im Mondenscheine zum Gesumm
Beglückter Wesen, deren größte Sünden
Das Überwallen ihrer Herzen drum
Und zuviel Glück gewesen, das erst schwinden
Die Jahre sehen muß, bevor sich winden
In mattem Zuge will die üpp'ge Flut
Süßer Gefühle, kämpfend mit dem Blut.
Doch sie sind besser, als die düster-kecken
Verirrungen der Völker, die gesunken,
Wenn sich das Laster zeigt in seinen Schrecken,
Und Lust als Wahnsinn jauchzt von Blut wild-trunken;
Wo Hoffnung nur ein trüglicher Verzug,
Des Sterbenden Aufflackern vor dem Scheiden,
Wenn Ohnmacht, dieser letzte Sproß der Leiden,
Als sei der Täuschung es noch nicht genug,
Und Apathie, mit der der Kampf beginnt,
Der letzte, ach, in dem der Tod gewinnt,
Den Puls versiegen lassen Schlag um Schlag,
Doch dem gequälten Staub Erleichtrung bringen
Und wie Erlösung ihn beinah durchdringen;
Und von Genesung spricht er, wie er schwach
Den Geist sich wieder langsam fühlt erheben,
Und von der frischen Lüfte leisem Weben;
Und flüsternd weiß er nicht, daß er erblaßt,
Und daß der hagre Finger, was er faßt,
Nicht fühlt – und dann umflort es dunkel ihn;
Das Zimmer dreht sich, wirre Schatten ziehn
Vorbei, die er vergeblich fassen will,
Bis das erstickte Stöhnen endlich still
Und alles Eis und Nacht und ihm die Welt,
Was sie ihm war, eh er hineingestellt.

## Sonette aus Venedig

### XVIII.

Mein Auge ließ das hohe Meer zurücke,
Als aus der Flut Palladios Tempel stiegen,
An deren Staffeln sich die Wellen schmiegen,
Die uns getragen ohne Falsch und Tücke.

Wir landen an, wir danken es dem Glücke,
Und die Lagune scheint zurück zu fliegen,
Der Dogen alte Säulengänge liegen
Vor uns gigantisch mit der Seufzerbrücke.

Venedigs Löwen, sonst Venedigs Wonne,
Mit ehrnen Flügeln sehen wir ihn ragen
Auf seiner kolossalischen Kolonne.

Ich steig ans Land, nicht ohne Furcht und Zagen,
Da glänzt der Markusplatz im Licht der Sonne:
Soll ich ihn wirklich zu betreten wagen?

### XIX.

Dies Labyrinth von Brücken und von Gassen,
Die tausendfach sich ineinander schlingen,

Wie wird hindurchzugehn mir je gelingen?
Wie werd ich je dies große Rätsel fassen?

Ersteigend erst des Markusturms Terrassen,
Vermag ich vorwärts mit dem Blick zu dringen,
Und aus den Wundern, welche mich umringen,
Entsteht ein Bild, es teilen sich die Massen.

Ich grüße dort den Ozean, den blauen,
Und hier die Alpen, die im weiten Bogen
Auf die Laguneninseln niederschauen.

Und sieh! Da kam ein mut'ges Volk gezogen,
Paläste sich und Tempel sich zu bauen
Auf Eichenpfähle mitten in die Wogen.

### XX.

Wie lieblich ist's, wenn sich der Tag verkühlet,
Hinaus zu sehn, wo Schiff und Gondel schweben,
Wenn die Lagune ruhig, spiegeleben,
In sich verfließt, Venedig sanft umspület!

In's Innre wieder dann gezogen fühlet
Das Auge sich, wo nach den Wolken streben
Palast und Kirche, wo ein lautes Leben
Auf allen Stufen des Rialto wühlet.

Ein frohes Völkchen lieber Müßiggänger,
Es schwärmt umher, es läßt durch nichts sich stören,
Und stört auch niemals einen Grillenfänger.

Des Abends sammelt sich's zu ganzen Chören,
Denn auf dem Markusplatze will's den Sänger
Und den Erzähler auf der Riva hören.

[...]

### XXII.

Venedig liegt nur noch im Land der Träume
Und wirft nur Schatten her aus alten Tagen,
Es liegt der Leu der Republik erschlagen,
Und öde feiern seines Kerkers Räume.

Die ehrnen Hengste, die durch salz'ge Schäume
Dahergeschleppt, auf jener Kirche ragen,
Nicht mehr diesselben sind sie, ach! sie tragen
Des korsikan'schen Überwinders Zäume.

Wo ist das Volk von Königen geblieben,
Das diese Marmorhäuser durfte bauen,
Die nun verfallen und gemach zerstieben?

Nur selten finden auf des Enkels Brauen
Der Ahnen große Züge sich geschrieben,
An Dogengräbern in den Stein gehauen.

[...]

### XXIV.

Es scheint ein langes, ew'ges Ach zu wohnen
In diesen Lüften, die sich leise regen,
Aus jenen Hallen weht es mir entgegen,
Wo Scherz und Jubel sonst gepflegt zu thronen.

Venedig fiel, wiewohl's getrotzt Äonen,
Das Rad des Glücks kann nichts zurückbewegen:

Öd' ist der Hafen, wen'ge Schiffe legen
Sich an die schöne Riva der Sklavonen.

Wie hast du sonst, Venetia, geprahlet
Als stolzes Weib mit goldenen Gewändern,
So wie dich Paolo Veronese malet!

Nun steht ein Dichter an den Prachtgeländern
Der Riesentreppe staunend und bezahlet
Den Tränenzoll, der nichts vermag zu ändern.

[...]


*XXXI.*


Wenn tiefe Schwermut meine Seele wieget,
Mag's um die Buden am Rialto flittern:
Um nicht den Geist im Tande zu zersplittern,
Such' ich die Stille, die den Tag besieget.

Dann blick' ich oft, an Brücken angeschmieget,
In öde Wellen, die nur leise zittern,
Wo über Mauern, welche halb verwittern,
Ein wilder Lorbeerbusch die Zweige bieget.

Und wann ich, stehend auf versteinten Pfählen,
Den Blick hinaus in's dunkle Meer verliere,
Dem fürder keine Dogen sich vermählen:

Dann stört mich kaum im schweigenden Reviere,
Herschallend aus entlegenen Kanälen,
Von Zeit zu Zeit ein Ruf der Gondoliere.

# DIE ERFINDUNG
VENEDIGS

## Friedrich Schiller
# Der Geisterseher

### Aus den Memoires des
### Grafen von O**

Ich erzähle eine Begebenheit, die vielen unglaublich scheinen wird, und von der ich großenteils selbst Augenzeuge war. Den wenigen, welche von einem gewissen politischen Vorfalle unterrichtet sind, wird sie – wenn anders diese Blätter sie noch am Leben finden – einen willkommenen Aufschluß darüber geben; und auch ohne diesen Schlüssel wird sie den übrigen, als ein Beitrag zur Geschichte des Betrugs und der Verirrungen des menschlichen Geistes, vielleicht wichtig sein. Man wird über die *Kühnheit des Zwecks* erstaunen, den die Bosheit zu entwerfen und zu verfolgen imstande ist; man wird über die Seltsamkeit der *Mittel* erstaunen, die sie aufzubieten vermag, um sich dieses Zwecks zu versichern. Reine, strenge Wahrheit wird meine Feder leiten; denn wenn diese Blätter in die Welt treten, bin ich nicht mehr und werde durch den Bericht, den ich abstatte, weder zu gewinnen noch zu verlieren haben.

Es war auf meiner Zurückreise nach Kurland, im Jahr 17 ** um die Karnevalszeit, als ich den Prinzen von ** in Venedig besuchte. Wir hatten uns in **schen Kriegsdiensten kennen lernen und erneuerten hier eine Bekanntschaft, die der Friede unterbrochen hatte. Weil ich ohnedies wünschte, das Merkwürdigste dieser Stadt zu sehen, und der Prinz nur noch Wechsel erwartete, um nach ** zurückzureisen, so beredete er mich leicht, ihm Gesellschaft zu leisten und meine Abreise so lange zu verschieben. Wir kamen überein, uns nicht voneinander zu trennen, solange unser Aufenthalt in Venedig dauern würde, und der Prinz war so gefällig, mir seine eigne Wohnung im ›Mohren‹ anzubieten.

Er lebte hier unter dem strengsten Inkognito, weil er sich selbst leben wollte und seine geringe Apanage ihm auch nicht verstattet hätte, die Hoheit seines Rangs zu behaupten. Zwei Kavaliere, auf deren Verschwiegenheit er sich vollkommen verlassen konnte, waren nebst einigen treuen Bedienten sein ganzes Gefolge. Den Aufwand vermied er, mehr aus Temperament als aus Sparsamkeit. Er floh die Vergnügungen; in einem Alter von fünfunddreißig Jahren hatte er allen Reizungen dieser wollüstigen Stadt widerstanden. Das schöne Geschlecht war ihm bis jetzt gleichgültig gewesen. Tiefer Ernst und eine schwärmerische Melancholie herrschten in seiner Gemütsart. Seine Neigungen waren still, aber hartnäckig bis zum Übermaß, seine Wahl langsam und schüchtern, seine Anhänglichkeit warm und ewig. Mitten in einem geräuschvollen Gewühle von Menschen ging er einsam; in seine Phantasiewelt verschlossen, war er sehr oft ein Fremdling in der wirklichen. Niemand war mehr dazu geboren, sich beherrschen zu lassen, ohne schwach zu sein. Dabei war er unerschrocken und zuverlässig, sobald er einmal gewonnen war, und besaß gleich großen Mut, ein erkanntes Vorurteil zu bekämpfen und für ein anderes zu sterben.

Als der dritte Prinz seines Hauses hatte er keine wahrscheinliche Aussicht zur Regierung. Sein Ehrgeiz war nie erwacht, seine Leidenschaften hatten eine andere Richtung genommen. Zufrieden, von keinem fremden Willen abzuhängen, fühlte er keine Versuchung, über andere zu herrschen: die ruhige Freiheit des Privatlebens und der Genuß eines geistreichen Umgangs begrenzten alle seine Wünsche. Er las viel, doch ohne Wahl; eine vernachlässigte Erziehung und frühe Kriegsdienste hatten seinen Geist nicht zur Reife kommen lassen. Alle Kenntnisse, die er nachher schöpfte, vermehrten nur die Verwirrung seiner Begriffe, weil sie auf keinen festen Grund gebauet waren.

Er war Protestant, wie seine ganze Familie – durch Geburt, nicht nach Untersuchung, die er nie angestellt hatte, ob er gleich in einer Epoche seines Lebens religiöser Schwärmer gewesen war. Freimäurer ist er, soviel ich weiß, nie geworden.

Eines Abends, als wir nach Gewohnheit in tiefer Maske und abgesondert auf dem St. Markusplatz spazieren gingen – es fing an, spät zu werden, und das Gedränge hatte sich verloren – bemerkte der Prinz, daß eine Maske uns überall folgte. Die Maske war ein Armenier und ging allein. Wir beschleunigten unsere Schritte und suchten sie durch öftere Veränderung unseres Weges irre zu machen – umsonst, die Maske blieb immer dicht hinter uns. »Sie haben doch keine Intrige hier gehabt?« sagte endlich der Prinz zu mir. »Die Ehemänner in Venedig sind gefährlich.« – »Ich stehe mit keiner einzigen Dame in Verbindung«, gab ich zur Antwort. – »Wir wollen uns hier niedersetzen und deutsch sprechen«, fuhr er fort. »Ich bilde mir ein, man verkennt uns.« Wir setzten uns auf eine steinerne Bank und erwarteten, daß die Maske vorübergehen sollte. Sie kam gerade auf uns zu und nahm ihren Platz dicht an der Seite des Prinzen. Er zog die Uhr heraus und sagte mir laut auf französisch, indem er aufstand: »Neun Uhr vorbei. Kommen Sie. Wir vergessen, daß man uns im ›Louvre‹ erwartet.« Dies sagte er nur, um die Maske von unserer Spur zu entfernen. »Neun Uhr«, wiederholte sie in eben der Sprache nachdrücklich und langsam. »Wünschen Sie sich Glück Prinz« (indem sie ihn bei seinem wahren Namen nannte). »Um neun Uhr ist er gestorben.« – Damit stand sie auf und ging.

Wir sahen uns bestürzt an. – »Wer ist gestorben?« sagte endlich der Prinz nach einer langen Stille. – »Lassen Sie uns ihr nachgehen«, sagte ich, »und eine Erklärung fordern.« Wir durchkrochen alle Winkel des Markusplatzes – die Maske war nicht mehr zu finden. Unbefriedigt kehrten wir nach unserm Gasthof zurück. Der Prinz sagte mir unterwegs nicht ein Wort, sondern ging seitwärts und allein und schien einen gewaltsamen Kampf zu kämpfen, wie er mir auch nachher gestanden hat.

Als wir zu Hause waren, öffnete er zum ersten Male wieder den Mund. »Es ist doch lächerlich«, sagte er, »daß ein Wahnsinniger die Ruhe eines Mannes mit zwei Worten erschüttern soll.« Wir wünschten uns eine gute Nacht, und sobald ich auf meinem Zimmer war, merkte ich mir in meiner Schreibtafel den Tag und die Stunde, wo es geschehen war. Es war ein Donnerstag.

Am folgenden Abend sagte mir der Prinz: »Wollen wir nicht einen Gang über den Markusplatz machen und unsern geheimnisvollen Armenier aufsuchen? Mich verlangt doch nach der Entwicklung dieser Komödie.« Ich war's zufrieden. Wir blieben bis elf Uhr auf dem Platze. Der Armenier war nirgends zu sehen. Das nämliche wiederholten wir die vier folgenden Abende, und mit keinem bessern Erfolge.

Als wir am sechsten Abend unser Hotel verließen, hatte ich den Einfall – ob unwillkürlich oder aus Absicht, besinne ich mich nicht mehr – den Bedienten zu hinterlassen, wo wir zu finden sein würden, wenn nach uns gefragt werden sollte. Der Prinz bemerkte meine Vorsicht und lobte sie mit einer lächelnden Miene. Es war ein großes Gedränge auf dem Markusplatz, als wir da ankamen. Wir hatten kaum dreißig Schritte gemacht, so bemerkte ich den Armenier wieder, der sich mit schnellen Schritten durch die Menge arbeitete und mit den Augen jemand zu suchen schien. Eben waren wir im Begriff, ihn zu erreichen, als der Baron von F** aus der Suite des Prinzen atemlos auf uns zukam und dem Prinzen einen Brief überbrachte. »Er ist schwarz gesiegelt«, setzte er hinzu. »Wir vermuteten, daß es Eile hätte.« Das fiel auf mich wie ein Donnerschlag. Der Prinz war zu einer Laterne getreten und fing an zu lesen. »Mein Cousin ist gestorben«, rief er. »*Wann?*« fiel ich ihm heftig ins Wort. Er sah noch einmal in den Brief. »Vorigen Donnerstag. Abends um neun Uhr.«

Wir hatten nicht Zeit, von unserm Erstaunen zurückzukommen, so stand der Armenier unter uns. »Sie sind hier erkannt, gnädigster Herr«, sagte er zu dem Prinzen. »Eilen Sie nach dem ›Mohren‹. Sie werden die Abgeordneten des Senats dort finden. Tragen Sie keine Bedenken, die Ehre anzunehmen, die man Ihnen erweisen will. Der Baron von F** vergaß, Ihnen zu sagen, daß Ihre Wechsel angekommen sind.« Er verlor sich in dem Gedränge.

Wir eilten nach unserm Hotel. Alles fand sich, wie der Armenier es verkündigt hatte. Drei Nobili der Republik standen bereit, den Prinzen zu bewillkommen und ihn mit der Pracht nach der Assemblee zu begleiten, wo der hohe Adel der Stadt ihn erwartete. Er hatte kaum so viel Zeit, mir durch einen flüchtigen Wink zu verstehen zu geben, daß ich für ihn wach bleiben möchte.

Nachts gegen elf Uhr kam er wieder. Ernst und gedankenvoll trat er ins Zimmer und ergriff meine Hand, nachdem er die Bedienten entlassen hatte. »Graf«, sagte er mit den Worten Hamlets zu mir, »es gibt mehr Dinge im Himmel und auf Erden, als wir in unsern Philosophien träumen.«

»Gnädigster Herr«, antwortete ich, »Sie scheinen zu vergessen, daß Sie um eine große Hoffnung reicher zu Bette gehen.« (Der Verstorbene war der Erbprinz, der einzige Sohn des regierenden ***, der alt und kränklich ohne Hoffnung eigner Succession war. Ein Oheim unsers Prinzen, gleichfalls ohne Erben und ohne Aussicht, welche zu bekommen, stand jetzt allein noch zwischen diesem und dem Throne. Ich erwähne dieses Umstandes, weil in der Folge davon die Rede sein wird.)

»Erinnern Sie mich nicht daran«, sagte der Prinz. »Und wenn eine Krone für mich wäre gewonnen worden, ich hätte

jetzt mehr zu tun, als dieser Kleinigkeit nachzudenken. – –
Wenn dieser Armenier nicht bloß erraten hat – –«

»Wie ist das möglich, Prinz?« fiel ich ein. –

»So will ich Ihnen alle meine fürstlichen Hoffnungen für
eine Mönchskutte abtreten.«

Den folgenden Abend fanden wir uns zeitiger als gewöhnlich auf dem Markusplatz ein. Ein plötzlicher Regenguß nötigte uns, in ein Kaffeehaus einzutreten, wo gespielt wurde. Der Prinz stellte sich hinter den Stuhl eines Spaniers und
beobachtete das Spiel. Ich war in ein anstoßendes Zimmer gegangen, wo ich Zeitungen las. Eine Weile darauf hörte ich
Lärmen. Vor der Ankunft des Prinzen war der Spanier unaufhörlich im Verluste gewesen, jetzt gewann er auf allen Karten.
Das ganze Spiel war auffallend verändert, und die Bank war in
Gefahr, von dem Pointeur, den diese glückliche Wendung
kühner gemacht hatte, aufgefordert zu werden. Der Venezianer, der sie hielt, sagte dem Prinzen mit beleidigendem Ton –
er störe das Glück, und er solle den Tisch verlassen. Dieser
sah ihn kalt an und blieb; dieselbe Fassung behielt er, als der
Venezianer seine Beleidigung französisch wiederholte. Der
letztere glaubte, daß der Prinz beide Sprachen nicht verstehe,
und wandte sich mit verachtungsvollem Lachen zu den übrigen: »Sagen Sie mir doch, meine Herren, wie ich mich diesem
Balordo verständlich machen soll?« Zugleich stand er auf und
wollte den Prinzen beim Arm ergreifen; diesen verließ hier
die Geduld, er packte den Venezianer mit starker Hand und
warf ihn unsanft zu Boden. Das ganze Haus kam in Bewegung. Auf das Geräusch stürzte ich herein, unwillkürlich rief
ich ihn bei seinem Namen. »Nehmen Sie sich in acht, Prinz«,
setzte ich mit Unbesonnenheit hinzu, »wir sind in Venedig.«
Der Name des Prinzen gebot eine allgemeine Stille, woraus
bald ein Gemurmel wurde, das mir gefährlich schien. Alle an-
wesenden Italiener rotteten sich zu Haufen und traten bei Seite. Einer um den andern verließ den Saal, bis wir uns beide mit

dem Spanier und einigen Franzosen allein fanden. »Sie sind verloren, gnädigster Herr«, sagten diese, »wenn Sie nicht sogleich die Stadt verlassen. Der Venezianer, den Sie so übel behandelt haben, ist reich und von Ansehen – es kostet ihm nur funfzig Zechinen, Sie aus der Welt zu schaffen.« Der Spanier bot sich an, zur Sicherheit des Prinzen Wache zu holen und uns selbst nach Hause zu begleiten. Dasselbe wollten auch die Franzosen. Wir standen noch und überlegten, was zu tun wäre, als die Türe sich öffnete und einige Bediente der Staatsinquisition hereintraten. Sie zeigten uns eine Ordre der Regierung, worin uns beiden befohlen ward, ihnen schleunig zu folgen. Unter einer starken Bewachung führte man uns bis zum Kanal. Hier erwartete uns eine Gondel, in die wir uns setzen mußten. Ehe wir ausstiegen, wurden uns die Augen verbunden. Man führte uns eine große steinerne Treppe hinauf und dann durch einen langen gewundenen Gang über Gewölbe, wie ich aus dem vielfachen Echo schloß, das unter unsern Füßen hallte. Endlich gelangten wir vor eine andere Treppe, welche uns sechsundzwanzig Stufen in die Tiefe hinunterführte. Hier öffnete sich ein Saal, wo man uns die Binde wieder von den Augen nahm. Wir befanden uns in einem Kreise ehrwürdiger alter Männer, alle schwarz gekleidet, der ganze Saal mit schwarzen Tüchern behangen und sparsam erleuchtet, eine Totenstille in der ganzen Versammlung, welches einen schreckhaften Eindruck machte. Einer von diesen Greisen, vermutlich der oberste Staatsinquisitor, näherte sich dem Prinzen und fragte ihn mit einer feierlichen Miene, während man ihm den Venezianer vorführte:

»Erkennen Sie diesen Menschen für den nämlichen, der Sie auf dem Kaffeehause beleidigt hat?«

»Ja«, antwortete der Prinz.

Darauf wandte jener sich zu dem Gefangenen: »Ist das dieselbe Person, die Sie heute Abend wollten ermorden lassen?«

Der Gefangene antwortete mit Ja.

Sogleich öffnete sich der Kreis, und mit Entsetzen sahen wir den Kopf des Venezianers vom Rumpfe trennen. »Sind Sie mit dieser Genugtuung zufrieden?« fragte der Staatsinquisitor. – Der Prinz lag ohnmächtig in den Armen seiner Begleiter. – »Gehen Sie nun«, fuhr jener mit einer schrecklichen Stimme fort, indem er sich gegen mich wandte, »und urteilen Sie künftig weniger vorschnell von der Gerechtigkeit in Venedig.«

Wer der verborgene Freund gewesen, der uns durch den schnellen Arm der Justiz von einem gewissen Tode errettet hatte, konnten wir nicht erraten. Starr von Schrecken erreichten wir unsere Wohnung. Es war nach Mitternacht. Der Kammerjunker von Z** erwartete uns mit Ungeduld an der Treppe.

»Wie gut war es, daß Sie geschickt haben!« sagte er zum Prinzen, indem er uns leuchtete. – »Eine Nachricht, die der Baron von F** gleich nachher vom Markusplatze nach Hause brachte, hatte uns wegen Ihrer in die tödlichste Angst gesetzt.«

»Geschickt hätte ich – Warum? Ich weiß nichts davon.«

»Diesen Abend nach acht Uhr. Sie ließen uns sagen, daß wir ganz außer Sorgen sein dürften, wenn Sie heute später nach Hause kämen.«

Hier sah der Prinz mich an. »Haben Sie vielleicht ohne mein Wissen diese Sorgfalt gebraucht?«

Ich wußte von gar nichts.

»Es mußte doch wohl so sein, Ihro Durchlaucht«, sagte der Kammerjunker – »denn hier ist ja Ihre Repetieruhr, die Sie zur Sicherheit mitschickten.« Der Prinz griff nach der Uhrtasche. Die Uhr war wirklich fort, und er erkannte jene für die seinige.

»Wer brachte sie?« fragte er mit Bestürzung.

»Eine unbekannte Maske, in armenischer Kleidung, die sich sogleich wieder entfernte.«

Wir standen und sahen uns an. – »Was halten Sie davon?«
sagte endlich der Prinz nach einem langen Stillschweigen.
»Ich habe hier einen verborgenen Aufseher in Venedig.«

Der schreckliche Auftritt dieser Nacht hatte dem Prinzen
ein Fieber zugezogen, das ihn acht Tage nötigte, das Zimmer
zu hüten. In dieser Zeit wimmelte unser Hotel von Einheimi-
schen und Fremden, die der entdeckte Stand des Prinzen her-
beigelockt hatte. Man wetteiferte untereinander, ihm Dienste
anzubieten, jeder suchte nach seiner Art, sich geltend zu machen. Des ganzen Vorgangs in der Staatsinquisition wurde
nicht mehr erwähnt. Weil der Hof zu ** die Abreise des Prinzen noch aufgeschoben wünschte, so erhielten einige Wechs-
ler in Venedig Anweisung, ihm beträchtliche Summen auszu-
zahlen. So ward er wider Willen in den Stand gesetzt, seinen
Aufenthalt in Italien zu verlängern, und auf sein Bitten entschloß ich mich auch, meine Abreise noch zu verschieben.

Sobald er soweit genesen war, um das Zimmer wieder verlassen zu können, beredete ihn der Arzt, eine Spazierfahrt auf
der Brenta zu machen, um die Luft zu verändern. Das Wetter
war helle, und die Partie ward angenommen. Als wir eben im
Begriff waren, in die Gondel zu steigen, vermißte der Prinz
den Schlüssel zu einer kleinen Schatulle, die sehr wichtige Pa-
piere enthielt. Sogleich kehrten wir um, ihn zu suchen. Er besann sich aufs genaueste, die Schatulle noch den vorigen Tag
verschlossen zu haben, und seit dieser Zeit war er nicht aus
dem Zimmer gekommen. Aber alles Suchen war umsonst, wir
mußten davon abstehen, um die Zeit nicht zu verlieren. Der
Prinz, dessen Seele über jeden Argwohn erhaben war, erklärte
ihn für verloren und bat uns, nicht weiter davon zu sprechen.

Die Fahrt war die angenehmste. Eine malerische Landschaft, die mit jeder Krümmung des Flusses sich an Reichtum
und Schönheit zu übertreffen schien – der heiterste Himmel,
der mitten im Hornung einen Maientag bildete – reizende
Gärten und geschmackvolle Landhäuser ohne Zahl, welche

beide Ufer der Brenta schmücken – hinter uns das majestätische Venedig, mit hundert aus dem Wasser springenden Türmen und Masten, alles dies gab uns das herrlichste Schauspiel von der Welt. Wir überließen uns ganz dem Zauber dieser schönen Natur, unsere Laune war die heiterste, der Prinz selbst verlor seinen Ernst und wetteiferte mit uns in fröhlichen Scherzen. Eine lustige Musik schallte uns entgegen, als wir einige italienische Meilen von der Stadt ans Land stiegen. Sie kam aus einem kleinen Dorfe, wo eben Jahrmarkt gehalten wurde; hier wimmelte es von Gesellschaft aller Art. Ein Trupp junger Mädchen und Knaben, alle theatralisch gekleidet, bewillkommte uns mit einem pantomimischen Tanz. Die Erfindung war neu, Leichtigkeit und Grazie beseelten jede Bewegung. Eh der Tanz noch völlig zu Ende war, schien die Anführerin desselben, welche eine Königin vorstellte, plötzlich wie von einem unsichtbaren Arme gehalten. Leblos stand sie und alles. Die Musik schwieg. Kein Odem war zu hören in der ganzen Versammlung, und *sie* stand da, den Blick auf die Erde geheftet, in einer tiefen Erstarrung. Auf einmal fuhr sie mit der Wut der Begeisterung in die Höhe, blickte wild um sich her – »Ein König ist unter uns«, rief sie, riß ihre Krone vom Haupt und legte sie – zu den Füßen des Prinzen. Alles, was da war, richtete hier die Augen auf ihn, lange Zeit ungewiß, ob Bedeutung in diesem Gaukelspiel wäre, so sehr hatte der affektvolle Ernst dieser Spielerin getäuscht. – Ein allgemeines Händeklatschen des Beifalls unterbrach endlich diese Stille. Meine Augen suchten den Prinzen. Ich bemerkte, daß er nicht wenig betroffen war und sich Mühe gab, den forschenden Blicken der Zuschauer auszuweichen. Er warf Geld unter die Kinder und eilte, aus dem Gewühle zu kommen.

Wir hatten nur wenige Schritte gemacht, als ein ehrwürdiger Barfüßer sich durch das Volk arbeitete und dem Prinzen in den Weg trat. »Herr«, sagte der Mönch, »gib der Madonna von deinem Reichtum, du wirst ihr Gebet brauchen.« Er sprach dies mit einem Tone, der uns betreten machte. Das Gedränge riß ihn weg.

Unser Gefolge war unterdessen gewachsen. Ein englischer Lord, den der Prinz schon in Nizza gesehen hatte, einige Kaufleute aus Livorno, ein deutscher Domherr, ein französischer Abbé mit einigen Damen und ein russischer Offizier gesellten sich zu uns. Die Physiognomie des letztern hatte etwas ganz Ungewöhnliches, das unsere Aufmerksamkeit auf sich zog. Nie in meinem Leben sah ich so viele *Züge* und so wenig *Charakter,* so viel anlockendes Wohlwollen mit so viel zurückstoßendem Frost in *einem* Menschengesichte beisammen wohnen. Alle Leidenschaften schienen darin gewühlt und es wieder verlassen zu haben. Nichts war übrig als der stille, durchdringende Blick eines vollendeten Menschenkenners, der jedes Auge verscheuchte, worauf er traf. Dieser seltsame Mensch folgte uns von weitem, schien aber an allem, was vorging, nur einen nachlässigen Anteil zu nehmen.

Wir kamen vor eine Bude zu stehen, wo Lotterie gezogen wurde. Die Damen setzten ein, wir andern folgten ihrem Beispiel, auch der Prinz forderte ein Los. Er gewann eine Tabatiere. Als er sie aufmachte, sah ich ihn blaß zurückfahren. – Der Schlüssel lag darin.

»Was ist das?« sagte der Prinz zu mir, als wir einen Augenblick allein waren. »Eine höhere Gewalt verfolgt mich. Allwissenheit schwebt um mich. Ein unsichtbares Wesen, dem ich nicht entfliehen kann, bewacht alle meine Schritte. Ich muß den Armenier aufsuchen und muß Licht von ihm haben.«

# Doge und Dogaresse

Mit diesem Namen war in dem Katalog der Kunstwerke, die die Akademie der Künste zu Berlin im September 1816 ausstellte, ein Bild bezeichnet, das der wackre tüchtige C. Kolbe, Mitglied der Akademie, gemalt hatte und das mit besonderm Zauber jeden anzog, so daß der Platz davor selten leer blieb. Ein Doge in reichen prächtigen Kleidern schreitet, die ebenso reich geschmückte Dogaresse an der Seite, auf einer Balustrade hervor, *er* ein Greis mit grauem Bart, sonderbar gemischte Züge, die bald auf Kraft, bald auf Schwäche, bald auf Stolz und Übermut, bald auf Gutmütigkeit deuten, im braunroten Gesicht; *sie* ein junges Weib, sehnsüchtige Trauer, träumerisches Verlangen im Blick, in der ganzen Haltung. Hinter ihnen eine ältliche Frau und ein Mann, der einen aufgespannten Sonnenschirm hält. Seitwärts an der Balustrade stößt ein junger Mensch in ein muschelförmig gewundenes Horn und vor derselben im Meer liegt eine reich verzierte mit der venezianischen Flagge geschmückte Gondel, auf der zwei Ruderer befindlich. Im Hintergrunde breitet sich das mit hundert und aber hundert Segeln bedeckte Meer aus, und man erblickt die Türme und Paläste des prächtigen Venedig, das aus den Fluten emporsteigt. Links unterscheidet man San Marco, rechts mehr im Vorgrunde San Giorgio Maggiore. In dem goldnen Rahmen des Bildes sind die Worte eingeschnitzt:

Ah senza amare
Andare sul mare
Col sposo del mare
Non può consolare.

Ach! gebricht der Liebe Leben,
Kann auf hohem Meer zu schweben
Mit dem Gatten selbst des Meeres
Doch nicht Trost dem Herzen geben.

Vor diesem Bilde entstand eines Tages ein unnützer Streit darüber, ob der Künstler durch das Bild nur ein Bild, das heißt,
die durch die Verse hinlänglich angedeutete augenblickliche
Situation eines alten abgelebten Mannes, der mit aller Pracht
und Herrlichkeit nicht die Wünsche eines sehnsuchtsvol-
len Herzens zu befriedigen vermag, oder eine wirkliche ge-
schichtliche Begebenheit habe darstellen wollen. Des Ge-
schwätzes müde verließ einer nach dem andern den Platz, so
daß zuletzt nur noch zwei der edlen Malerkunst gar holde
Freunde übrigblieben. »Ich weiß nicht«, fing der eine an, »wie
man sich selbst allen Genuß verderben mag mit dem ewigen
Deuteln und Deuteln. Außerdem, daß ich ja genau zu ahnen glaube, was es mit diesem Dogen, mit dieser Dogaressa
für eine Bewandtnis hat im Leben, so ergreift mich auch auf
ganz besondere Weise der Schimmer des Reichtums und der
Macht, der über das Ganze verbreitet ist. Sieh diese Flagge mit
dem geflügelten Löwen, wie sie der Welt gebietend in den
Lüften flattert – O herrliches Venedig!« Er fing an Turandots
Rätsel von dem adriatischen Löwen herzusagen: »*Dimmi,
qual sia quella terribil fera*« etc. Kaum hatte er geendet, als
eine wohltönende Männerstimme mit Kalafs Auflösung einfiel: »*Tu quadrupede fera*« etc. Von den Freunden unbemerkt
hatte sich hinter ihnen ein Mann hingestellt von hohem edlen
Ansehn, den grauen Mantel malerisch über die Schulter ge-

worfen, das Bild mit funkelnden Augen betrachtend. – Man geriet ins Gespräch und der Fremde sagte mit beinahe feierlichem Tone: »Es ist ein eignes Geheimnis, daß in dem Gemüt des Künstlers oft ein Bild aufgeht, dessen Gestalten, zuvor unkennbare körperlose im leeren Luftraum treibende Nebel, eben in dem Gemüte des Künstlers erst sich zum Leben zu formen und ihre Heimat zu finden scheinen. Und plötzlich verknüpft sich das Bild mit der Vergangenheit oder auch wohl mit der Zukunft, und stellt nur dar, was wirklich geschah oder geschehen wird. Kolbe mag vielleicht selbst noch nicht wissen, daß er auf dem Bilde dort, niemanden anders darstellte, als den Dogen Marino Falieri und seine Gattin Annunziata.« – Der Fremde schwieg, aber beide Freunde drangen in ihn, dies Rätsel ihnen so zu lösen, wie das Rätsel vom adriatischen Löwen. Da sprach er: »Habt ihr Geduld, ihr neugierigen Herrn, so will ich euch auf der Stelle mit Falieris Geschichte die Erklärung des Bildes geben. Aber habt ihr auch Geduld? – Ich werde sehr umständlich sein, denn anders mag ich nicht von Dingen reden, die mir so lebendig vor Augen stehen, als habe ich sie selbst erschaut. – Das kann auch wohl der Fall sein, denn jeder Historiker, wie ich nun einmal einer bin, ist ja eine Art redendes Gespenst aus der Vorzeit.«

Die Freunde traten mit dem Fremden in ein entferntes Zimmer, wo er ohne weitere Vorrede in folgender Art begann.

Vor gar langer Zeit und, irr ich nicht, so war's im Monat August des Jahres eintausenddreihundertundvierundfünfzig, als der tapfere genuesische Feldherr, Paganino Doria geheißen, die Venezianer aufs Haupt geschlagen und ihre Stadt Parenzo erstürmt hatte. Im Golf, dicht vor Venedig, kreuzten nun seine wohlbemannten Galeeren hin und her wie hungrige Raubtiere, die in unruhiger Gier auf und nieder rennen, spähend, wo die Beute am sichersten zu haschen; und Todesschrecken erfaßte Volk und Signorie. Alle Mannschaft, jeder

der nur vermochte die Arme zu rühren, griff zur Waffe oder zum Ruder. In dem Hafen von San Nicolo sammelte man die Haufen. Schiffe, Bäume wurden versenkt, Kett an Kette geschlossen, um dem Feinde den Eingang zu sperren. Während hier in wildem Getümmel die Waffen klirrten, die Lasten in das schäumende Meer niederdonnerten, sah man auf dem Rialto die Agenten der Signorie, wie sie den kalten Schweiß sich von der bleichen Stirn wegtrocknend, mit verstörtem Gesichte, mit heiserer Stimme Prozente über Prozente boten für bares Geld, denn auch daran mangelte es der bedrohten Republik. In dem unerforschlichen Ratschlusse der ewigen Macht lag es aber, daß gerade in dieser Zeit der höchsten Kümmernis und Not der bedrängten Herde der treue Hirte entrissen werden sollte. Ganz erdrückt von der Last des Ungemachs starb der Doge Andrea Dandulo, den das Volk sein liebes Gräfchen (*il caro contino*) nannte, weil er immer fromm und freundlich war und niemals über den Marcusplatz schritt, ohne für jeden des Geldes oder des guten Rats Bedürftigen, für diesen Trost im Munde, für jenen Zechinen in der Tasche zu führen. Wie es denn nun geschieht, daß den vom Unglück Entmuteten jeder Schlag, sonst kaum gefühlt, doppelt schmerzlich trifft, so war denn auch das Volk, als die Glocken von San Marco in dumpfen schauerlichen Klängen den Tod des Herzogs verkündeten, ganz außer sich vor Jammer und Betrübnis. Nun sei ihre Stütze, ihre Hoffnung dahin, nun müßten sie die Nacken beugen dem genuesischen Joch, so schrien sie laut, unerachtet, was die eben nötigen kriegerischen Operationen betraf, der Verlust des Dandulo eben nicht so verderblich schien. Das gute Gräfchen lebte gerne in Ruhe und Frieden, es verfolgte lieber den wunderbaren Gang der Gestirne als die rätselhaften Verschlingungen der Staatsklugheit, es verstand sich besser darauf am heiligen Osterfeste die Prozession zu ordnen als ein Kriegsheer zu führen. Nun kam es darauf an einen Doge zu wählen, der gleich begabt mit mutigem Feldherrnsinn und

tüchtiger Staatsklugheit das in seinen Grundfesten erschütterte Venedig rette, von der bedrohlichen Gewalt des immer
kühneren Feindes. Die Senatoren versammelten sich, aber da
sah man nichts als trübe Gesichter, starre Blicke, zu Boden ge-
senkte in die Hand gestützte Häupter. Wo einen Mann finden,
der jetzt mit kräftiger Hand das lose Steuer zu ergreifen und
richtig zu lenken vermag? Der älteste Rat, Marino Bodoeri
geheißen, erhob endlich seine Stimme. »Hier um uns, unter
uns«, so sprach er, »hier werdet ihr ihn nicht finden, aber richtet eure Blicke nach Avignon, auf Marino Falieri, den wir hin-
schickten, um dem Papste Innozenz Glück zu wünschen zu
seiner Erhebung, *der* kann jetzt was Besseres tun, der vermag
es, wählen wir ihn zum *Doge*, allem Ungemach zu steuern.
Ihr werdet einwenden, daß dieser Marino Falieri schon an die
achtzig Jahre alt ist, daß Haupthaar und Bart reines Silber geworden, daß sein muntres Ansehen, sein brennendes Auge,
das Glührot auf Nase und Wangen, wie Verleumder wollen,
mehr dem guten Zyperwein als innerer Kraft zuzuschreiben
ist, aber achtet das nicht. Erinnert euch, welche glänzende
Tapferkeit dieser Marino Falieri als Proveditor der Flotte auf
dem Schwarzen Meere zeigte, bedenkt, welche Verdienste es
sein mußten, die die Prokuratoren von San Marco bewegen
konnten, diesen Falieri mit der reichen Grafschaft Valdema-
rino zu belehnen?« – So strich Bodoeri Falieris Verdienste
wacker heraus und wußte jedem Einwand im voraus zu begegnen, bis endlich alle Stimmen sich zu Falieris Wahl einten.
Mancher sprach zwar noch viel von Falieris aufbrausendem
Zorn, von seiner Herrschsucht, seinem Eigenwillen, aber da
hieß es: Eben deshalb, weil das alles von dem Greise gewichen, wählen wir den *Greis* und nicht den Jüngling Falieri.
Derlei tadelnde Stimmen verhallten nun auch vollends, als das
Volk die Wahl des neuen Doge erfuhr und ausbrach in ungemessenen ausgelassenen Jubel. Weiß man nicht, daß in solch
gefahrvoller Zeit, in solcher Unruhe und Spannung jeder Ent-

schluß, ist es nur wirklich einer, wie eine Eingebung des Himmels erscheint? – So geschah es, daß das gute Gräfchen mit all seiner Frömmigkeit und Milde rein vergessen war, und daß jeder rief: »Beim heiligen Marcus, dieser Marino hätte längst unser Doge sein sollen und der übermütige Doria säße uns nicht in den Rippen!« – Und verkrüppelte Soldaten streckten mühsam die lahmen Arme hoch aus in die Lüfte und schrien: »Das ist der Falieri, der den Morbassan schlug – der tapfere Heerführer, dessen siegreiche Flaggen im Schwarzen Meere wehten.« Und wo das Volk zusammenstand, erzählte einer von des alten Falieri Heldentaten und, als sei Doria schon geschlagen, erhallten die Lüfte von wildem Jubelgeschrei. Hiezu kam, daß Nicolo Pisani, der, mag der Himmel wissen warum, statt dem Doria zu begegnen mit der Flotte, ruhig nach Sardinien gesegelt war, endlich zurückkehrte. Doria verließ den Golf, und was die Annäherung der Flotte des Pisani verursachte, wurde dem furchtbaren Namen: Marino Falieri zugeschrieben. Da ergriff Volk und Signorie eine Art fanatischer Verzückung über die glückliche Wahl und man beschloß, damit das Außerordentliche geschehe, den neuerwählten Dogen wie den Himmelsboten, der Ehre, Sieg, die Fülle des Reichtums bringt, zu empfangen. Zwölf Edle, jeder von zahlreicher glänzender Dienerschaft umgeben, hatte die Signorie bis nach Verona geschickt, wo die Gesandten der Republik dem Falieri, sowie er angekommen, nochmals seine Erhebung zum Oberhaupt des Staats feierlich ankündeten. Fünfzehn reichverzierte Staatsbarken, vom Podesta von Chioggia unter den Befehlen seines eignen Sohnes Toddeo Giustiniani ausgerüstet, nahmen darauf in Chiozza den Dogen mit seinem Gefolge auf, der nun wie im Triumphzuge des mächtigsten siegreichsten Monarchen nach St. Clemens ging, wo ihn der Bucentoro erwartete.

Gerade in diesem Augenblick, als nämlich Marino Falieri den Bucentoro zu besteigen im Begriff stand, und das war am

dritten Oktober abends, da schon die Sonne zu sinken begann, lag vor den Säulen der Dogana, auf dem harten Marmorpflaster ausgestreckt, ein armer unglücklicher Mensch.
Einige Lumpen gestreifter Leinwand, deren Farbe nicht mehr
kenntlich und die sonst einem Schifferkleide, wie das gemeinste Volk der Lastträger und Ruderknechte es trägt, angehört
zu haben schienen, hingen um den abgemagerten Körper. Von
Hemde war nichts mehr zu sehen, als die eigne Haut des Armen, die überall durchblickte, aber so weiß und zart war, daß
sie der Edelsten einer ohne Scheu und Scham hätte tragen
können. So zeigte auch die Magerkeit nur desto besser das
reinste Ebenmaß der wohlgebauten Glieder und betrachtete
man nun vollends die hell-kastanienbraunen Locken, die zer-
zaust und verworren die schönste Stirn umschatteten, die
blauen nur von trostlosem Elend verdüsterten Augen, die Ad-
lernase, den feingeformten Mund des Unglücklichen, der
höchstens zwanzig Jahre zu zählen schien, so war es gewiß,
daß irgendein feindseliges Schicksal den Fremdling von guter
Geburt in die unterste Klasse des Volks geschleudert haben
mußte.

Wie gesagt, vor den Säulen der Dogana lag der Jüngling und
starrte, den Kopf auf den rechten Arm gestützt, mit stierem
gedankenlosen Blick ohne Regung und Bewegung hinein in
das Meer. Man hätte denken sollen, das Leben sei von ihm gewichen, der Todeskampf habe ihn zur Bildsäule versteinert,
hätte er nicht dann und wann tief wie im unsäglichsten
Schmerz aufgeseufzt. Das war denn nun wohl der Schmerz
des linken Arms, den er ausgestreckt hatte auf dem Pflaster
und der mit blutigen Lumpen umwickelt, schwer verwundet
zu sein schien.

Alle Arbeit ruhte, das Getöse des Gewerbes schwieg, ganz
Venedig schwamm in tausend Barken und Gondeln dem
hochgepriesenen Falieri entgegen. So kam es, daß auch der
unglückliche junge Mensch in trostloser Hülflosigkeit seinen

Schmerz verseufzte. Doch eben als sein mattes Haupt herab-
sank auf das Pflaster und er der Ohnmacht nahe schien, rief
eine heisere Stimme recht kläglich mehrmals hintereinander:
»Antonio – mein lieber Antonio!« – Antonio erhob sich endlich mühsam mit halbem Leibe, und indem er den Kopf nach
den Säulen der Dogana, hinter denen die Stimme hervorzu-
kommen schien, hinrichtete, sprach er ganz matt und kaum
vernehmbar: »Wer ist's, der mich ruft? – Wer kommt, meinen
Leichnam ins Meer zu werfen, denn bald werde ich hier um-
gekommen sein!« – Da keuchte und hüstelte sich ein kleines
steinaltes Mütterchen am Stabe heran zu dem wunden Jüngling und indem sie neben ihm hinkauerte, brach sie aus in ein
widriges Kichern und Lachen. »Töricht Kind«, so lispelte
dann die Alte, »töricht Kind, willst hier umkommen – willst
hier sterben, weil das goldne Glück dir aufgeht? – Schau nur
hin, schau nur hin dort im Abend die lodernden Flammen,
das sind Zechinen für dich. – Aber du mußt essen, lieber Antonio, essen und trinken, denn der Hunger nur ist es, der dich
zu Boden geworfen hat, hier auf dem kalten Pflaster! – Der
Arm ist schon heil, schon wieder heil!« – Antonio erkannte in
dem alten Mütterchen das seltsame Bettelweib, das auf den
Stufen der Franziskanerkirche die Andächtigen immer kichernd und lachend, um Almosen anzusprechen pflegte und
der er manchmal, von innerm unerklärlichem Hange getrieben, einen sauer verdienten Quattrino, den er selbst nicht übrig, hingeworfen. »Laß mich in Ruhe«, sprach er, »laß mich in
Ruhe, altes wahnsinniges Weib, wohl ist es der Hunger mehr
als die Wunde, der mich kraftlos und elend macht, seit drei
Tagen hab ich keinen Quattrino verdient. Hinüber wollt ich
nach dem Kloster und sehen ein paar Löffel Krankensuppe zu
erhaschen, aber alle Kameraden sind fort – keiner, der mich
aus Barmherzigkeit aufnimmt in die Barke, und da bin ich
hier umgesunken und werde wohl niemals wieder aufstehen.«
»Hi hi hi hi«, kicherte die Alte, »warum gleich verzweifeln?

warum gleich verzagen, du bist durstig, du bist hungrig, dafür hab ich Rat. Hier sind schöne gedörrte Fischlein, erst heute auf der Zecca eingekauft, hier ist Limoniensaft, hier ein artig weißes Brötlein, iß mein Söhnlein, iß und trinke, mein Söhnlein, dann wollen wir nach dem wunden Arm schauen.« Die Alte hatte in der Tat aus dem Sack, der ihr wie eine Kapuze auf dem Rücken hing und hoch hinüberragte über das gebückte Haupt, Fische, Brot und Limoniensaft hervorgeholt. Sowie Antonio nur die brennenden verschrumpften Lippen genetzt hatte mit dem kühlen Getränke, erwachte der Hunger mit doppelter Gewalt und er verschlang gierig Fische und Brot. Die Alte war indessen drüber her, ihm die Lumpen von dem wunden Arm abzuwickeln und da fand es sich denn, daß der Arm zwar hart zerschlagen, die Wunde aber schon in voller Heilung war. Indem nun die Alte eine Salbe, die in einem kleinen Büchschen befindlich und die sie mit dem Hauch des Mundes erwärmt, daraufstrich, frug sie: »Aber wer hat dich denn so arg geschlagen, mein armes Söhnlein?« Antonio ganz erquickt, von neuem Lebensfeuer durchglüht, hatte sich ganz aufgerichtet; mit blitzenden Augen die geballte Rechte erhoben, rief er: »Ha! – Nicolo der Spitzbube der wollte mich lahm schlagen, weil er mich um jeden elenden Quattrino beneidet, den mir eine wohltätige Hand zuwirft! Du weißt Alte, daß ich mühsam mein Leben dadurch erhielt, daß ich die Lasten aus den Schiffen und Barken in das Kaufhaus der Deutschen, in den sogenannten Fontego, (du kennst es ja wohl das Gebäude), schleppen half.« – Sowie Antonio das Wort »Fontego« aussprach, kicherte und lachte die Alte recht abscheulich auf und plapperte immerfort: »Fontego – Fontego – Fontego.« – »Laß dein tolles Lachen, Alte wenn ich erzählen soll«, rief Antonio erzürnt; da wurde die Alte gleich still und Antonio fuhr fort: »Nun hatte ich einige Quattrinos verdient, mir ein neues Wams gekauft, sah ganz stattlich aus und kam in die Zahl der Gondolieres. Weil ich immer frohen Mutes war,

wacker arbeitete und manch schönes Lied wußte, verdiente
ich manchen Quattrino mehr als die andern. Aber da erwachte der Neid unter den Kameraden. Sie verschwärzten
mich bei meinem Herrn, der mich fortjagte, überall wo ich
ging und stand, riefen sie mir nach: ›Deutscher Hund! ver-
fluchter Ketzer!‹ und vor drei Tagen, als ich bei San Sebastian
eine Barke ans Land rollen half, überfielen sie mich mit Stein-
würfen und Prügeln. Wacker wehrte ich mich meiner Haut,
aber da traf mich der tückische Nicolo mit einem Ruderschlage, der mein Haupt streifend und den Arm schwer verletzend
mich zu Boden warf. – Nun, du hast mich satt gemacht, Alte
und in der Tat fühle ich, daß deine Salbe meinem wunden
Arm auf wunderbare Weise wohltut. Sieh nur, wie ich den
Arm schon zu schwingen vermag – nun will ich wieder tapfer
rudern!« Antonio war vom Boden aufgestanden und schwang
den wunden Arm kräftig hin und her, aber die Alte kicherte
und lachte wieder laut auf, und rief, indem sie ganz wunderlich wie in kurzen Sprüngen tänzelnd hin und her trippelte:
»Söhnlein, Söhnlein, mein Söhnlein, rudere tapfer – tapfer – er
kommt – er kommt, das Gold glüht in lichten Flammen, rudere tapfer, tapfer! – aber nur noch einmal, nur noch einmal! –
dann nicht wieder!«

Antonio achtete nicht auf der Alten Beginnen, denn vor
ihm hatte sich das allerherrlichste Schauspiel aufgetan. Von
San Clemens her schwamm der Bucentoro, den adriatischen
Löwen in der flatternden Flagge, mit tönendem Ruderschlage
daher, wie ein kräftigbeschwingter goldner Schwan. Umringt
von tausend Barken und Gondeln schien er, sein fürstlich
kühnes Haupt erhoben, zu gebieten über ein jubelndes Heer,
das mit glänzenden Häuptern aufgetaucht war, aus dem tiefen
Meeresgrunde. Die Abendsonne warf ihre glühenden Strahlen über das Meer, über Venedig hin, so, daß alles in lodernden Flammen stand, aber wie Antonio in Vergessenheit alles
Kummers ganz entzückt hinschaute, wurde der Schein immer

blutiger und blutiger. Ein dumpfes Sausen ging durch die Lüfte und wie ein furchtbares Echo hallte es wider aus der Tiefe des Meers. Der Sturm kam dahergefahren auf schwarzen Wolken und hüllte alles in dicke Finsternis ein, während aus dem brausenden Meere höher und höher die Wellen wie zischende schäumende Ungeheuer emporstiegen und alles zu verschlingen drohten. Gleich zerstäubtem Gefieder sah man Gondeln und Barken hier und dort auf dem Meere treiben. Der Bucentoro, mit seinem flachen Boden unfähig dem Sturme zu widerstehen, schwankte hin und her. Statt des fröhlichen Jubels der Zinken und Trompeten hörte man durch den Sturm das Angstgeschrei der Bedrängten.

Erstarrt schaute Antonio hin, dicht vor ihm rasselte es wie mit Ketten, er schaute hinab, ein kleiner Kahn, der an die Mauer angekettet, wurde von den Wellen geschaukelt, da fiel es wie ein Blitzstrahl in seine Seele. Er sprang in den Kahn, machte ihn frei, ergriff das Ruder, das er darinnen fand und stach kühn und mutvoll hinaus in die See, geradezu auf den Bucentoro. Je näher er kam, desto deutlicher vernahm er das Hülfsgeschrei auf dem Bucentoro : »Hinan! – hinan! – rettet den Doge! rettet den Doge!« – Es ist bekannt, daß kleine Fischerkähne im Golf, wenn er stürmt, gerade sicherer sind und besser zu handhaben als größere Barken, und so kam es denn, daß dergleichen von allen Seiten herbeieilten, um das teure Haupt des würdigen Marino Falieri zu retten. Aber im Leben geschieht es ja immer, daß die ewige Macht nur *einem* das tüchtige Gelingen einer kühnen Tat als sein Eigen zugeteilt hat, so daß alle andere sich ganz vergebens darum bemühen. So war es diesmal der arme Antonio, dem die Rettung des neuerwählten Doge zugedacht war und deshalb gelang es ihm ganz allein, sich mit seinem kleinen geringen Fischerkahn glücklich hinanzuarbeiten an den Bucentoro. Der alte Marino Falieri, mit solcher Gefahr vertraut, stieg, ohne sich einen Augenblick zu besinnen, rüstig heraus aus dem prächtigen, aber verräterischen Bucentoro und hinein in den kleinen Kahn des armen Antonio, der ihn über die brausenden Wellen leicht weggleitend wie ein Delphin in wenigen Minuten hinüberruderte nach dem Platze des heiligen Marcus. Mit durchnäßten Kleidern, große Meerestropfen im grauen Bart, führte man den Alten in die Kirche, wo der Adel mit verbleichten Gesichtern die Zeremonien des Einzuges beendete. Das Volk ebenso wie die Signorie bestürzt über die Unfälle des Einzuges, zu denen es auch rechnete, daß der Doge in der Eil und Verwirrung durch die zwei Säulen geführt worden, wo gewöhnliche Missetäter hingerichtet zu werden pflegen, verstummte mitten im Jubel und so endete der festlich begonnene Tag traurig und düster.

An den Retter des Doge schien niemand zu denken, und Antonio selbst dachte nicht daran, sondern lag todmüde, halb ohnmächtig von Schmerz den ihm die neuaufgereizte Wunde verursachte, in dem Säulengange des herzoglichen Palastes. Desto verwunderlicher war es ihm, als, da beinahe die Nacht eingebrochen, ein herzoglicher Trabant ihn bei den Schultern packte, und mit den Worten: »Komm guter Freund«, in den Palast und in die Zimmer des Doge hineinstieß. Der Alte kam ihm freundlich entgegen und sprach, indem er auf ein paar Beutel wies, die auf dem Tische lagen: »Du hast dich wacker gehalten, mein guter Sohn, hier! – nimm diese dreitausend Zechinen, willst du mehr, so fordere, aber erzeige mir den Gefallen und lasse dich nie mehr vor meinem Angesicht sehen.« Bei den letzten Worten blitzten Funken aus den Augen des Alten und die Nasenspitze rötete sich höher. Antonio wußte nicht, was der Alte wollte, ließ sich das auch gar nicht zu Herzen gehn, sondern lastete mit Mühe die Beutel auf, die er mit Fug und Recht verdient zu haben glaubte.

Leuchtend im Glanz der neuerlangten Herrschaft, sah andern Morgens der alte Falieri aus den hohen Bogenfenstern des Palastes herab auf das Volk, das sich unter ihm in allerlei

Waffenübungen lustig tummelte. Da trat Bodoeri, seit den Jünglingsjahren in unwandelbarer Freundschaft mit dem Dogen fest verkettet, ins Gemach, und als nun dieser ganz versunken in sich und seine Würde ihn gar nicht zu bemerken schien, schlug er die Hände zusammen und rief laut lachend aus: »Ei Falieri, welche erhabene Gedanken mögen brüten und gedeihen in deinem Kopfe seit dem Augenblicke, daß die krumme Mütze darauf sitzt?« – Falieri, wie aus einem Traum erwachend, kam dem Alten mit erzwungener Freundlichkeit entgegen. Er fühlte, daß es doch eigentlich Bodoeri war, dem er die Mütze zu verdanken und jene Rede schien ihn daran zu mahnen. Da nun aber jede Verpflichtung sein stolzes herrschsüchtiges Gemüt wie eine Last drückte und er den ältesten Rat, den bewährten Freund nicht abfertigen konnte wie den armen Antonio, so zwang er sich einige Worte des Dankes ab und fing dann gleich an, von den Maßregeln zu sprechen die jetzt den überall sich regenden Feinden entgegengestellt werden müßten. »Das«, fiel ihm Bodoeri mit schlauem Lächeln in die Rede, »das und alles übrige, was sonst noch der Staat von dir fordert, wollen wir nach ein paar Stunden im versammelten großen Rat reiflich erwägen und überlegen. Nicht darum bin ich so früh gekommen, um mit dir die Mittel aufzufinden, wie man den kecken Doria schlägt oder wie man den ungarischen Ludwig, dem es wieder nach unsern dalmatischen Seestädten gelüstet, zur Vernunft bringt. Nein, Marino, nur an dich selbst hab ich gedacht und zwar, was du vielleicht nicht raten würdest, an deine Vermählung.« »Wie konntest du«, erwiderte der Doge, indem er ganz verdrießlich aufstand und dem Bodoeri den Rücken gewendet, hinausschaute durch das Fenster – »wie konntest du nur *daran* denken. Noch lange ist's hin bis zum Himmelfahrtstage. Dann, hoff ich, soll der Feind geschlagen, Sieg, Ehre, neuer Reichtum, glänzendere Macht dem meergebornen adriatischen Löwen erworben sein. Die keusche Braut soll den Bräutigam ihrer würdig fin-

den.« »Ach«, fiel ihm Bodoeri ungeduldig in die Rede, »ach
du sprichst von der seltsamen Feierlichkeit am Himmelfahrtstage, wenn du den goldnen Ring vom Bucentoro hinabschleu-
dernd in die Wellen, dich zu vermählen gedenkst mit dem
adriatischen Meer. Du Marino, du, dem Meer Verwandter,
kennst du denn keine andere Braut, als das kalte, feuchte ver-
räterische Element, dem du zu gebieten wähnst, und das erst
gestern gar bedrohlich sich gegen dich auflehnte? – Ei wie
magst du liegen wollen in den Armen einer solchen Braut, die
ein eigensinnig tolles Ding, gleich, als du auf dem Bucentoro
dahergleitend ihr nur die bläulich gefrornen Wangen strei-
cheltest, zankte und tobte. Reicht denn ein ganzer Vesuv voll
Glut dazu hin, den eisigen Busen eines falschen Weibes zu er-
wärmen, die in steter Treulosigkeit immer und immer sich neu
vermählend die Ringe nicht empfängt als teures Liebespfand,
sondern hinabreißt den Tribut der Sklaven? Nein Marino, ich
gedachte, daß du dich vermählen solltest mit dem schönsten
Erdenkinde, das nur zu finden.« »Du faselst«, murmelte Falieri, ohne sich vom Fenster wegzuwenden, »du faselst Alter.
Ich, ein achtzigjähriger Greis, belastet mit Mühe und Arbeit,
niemals verheiratet gewesen, kaum mehr fähig zu lieben.« –
»Halt ein«, rief Bodoeri, »lästere dich nicht selbst. – Streckt
nicht der Winter, so rauh und kalt als er auch sein mag, doch
nicht zuletzt voll Sehnsucht die Arme aus nach der holden
Göttin, die ihm entgegenzieht von lauen Westwinden getragen? – Und wenn er sie dann an den erstarrten Busen drückt,
wenn sanfte Glut seine Adern durchrinnt, wo bleibt da Eis
und Schnee! Du sagt, du seist an die achtzig Jahre alt, das ist
wahr, aber berechnest du das Greistum denn bloß nach den
Jahren? – Trägst du dein Haupt nicht so aufrecht, gehst du
nicht mit solchem festen Schritt einher wie vor vierzig Som-
mern? – Oder fühlst du vielleicht doch daß deine Kraft abgenommen, daß du ein geringeres Schwert tragen mußt, daß du
im raschen Gange ermattest, daß du die Treppen des herzogli-

chen Palastes heraufkeuchst.« – »Nein, beim Himmel!«
unterbrach Falieri den Freund, indem er mit rascher heftiger
Bewegung vom Fenster weg und auf ihn zutrat, »nein, beim
Himmel! von dem allem spüre ich nichts.« – »Nun dann«,
fuhr Bodoeri fort, »so genieße als Greis mit allen Zügen alles
Erdenglück, was dir noch zugedacht. Erhebe das Weib, das
ich für dich wählte, zur Dogaressa, und die Frauen von Venedig werden, was Schönheit und Tugend betrifft, so gut in ihr
die Erste anerkennen müssen, als die Venezianer in dir ihr
Oberhaupt an Tapferkeit, Geist und Kraft.« Bodoeri fing nun
an das Bild eines Weibes zu entwerfen und wußte die Farben
so geschickt zu mischen und so lebendig aufzutragen, daß des
alten Falieri Augen blitzten, daß er im ganzen Gesicht röter
und röter wurde, daß die Lippen sich spitzten und schmatz-
ten als genösse er ein Gläslein feurigen Syrakuser nach dem
andern. »Ei«, sprach er endlich schmunzelnd, »ei was ist denn
das für ein Ausbund von Liebreiz, von dem du sprichst?« –
»Kein anderes Weib«, erwiderte Bodoeri, »kein anderes Weib
meine ich, als mein liebes Nichtchen.« »Was«, fiel ihm Falieri
in die Rede, »deine Nichte? Die wurde ja, als ich Podesta von
Treviso war, an Bertuccio Nenolo verheiratet?« »Ei«, sprach
Bodoeri weiter, »du denkst an meine Nichte Franzeska und
deren Töchterlein ist es, die ich dir zugedacht. Du weißt, daß
den wilden barschen Nenolo der Krieg ins Meer verlockte.
Franzeska voller Gram und Schmerz begrub sich in ein römi-
sches Kloster, so ließ ich die kleine Annunziata erziehen in
tiefer Einsamkeit auf meiner Villa in Treviso.« – »Was«, unterbrach Falieri den Alten voller Ungeduld aufs neue, »was, die
Tochter deiner Nichte soll ich zu meiner Gemahlin erheben? – Wie lange ist's, daß Nenolo sich vermählte? – Annunziata muß ein Kind sein von höchstens zehn Jahren. Als ich
Podesta von Treviso wurde, war an Nenolos Vermählung
noch nicht zu denken und das sind« – »25 Jahre her«, fiel Bodoeri ihm lachend in die Rede, »ei! wie magst du dich so ver-

rechnen in der Zeit, die dir schnell vergangen. Annunziata ist ein Mädchen von 19 Jahren, schön wie die Sonne, sittsam, demütig, in der Liebe unerfahren, denn sie sah kaum einen Mann. Sie wird dir anhängen mit kindlicher Liebe und anspruchloser Ergebenheit.« »Ich will sie sehen, ich will sie sehen«, rief der Doge, dem das Bild, das Bodoeri von der schönen Annunziata entworfen, wieder vor Augen kam. Sein Wunsch wurde selbigen Tages erfüllt, denn kaum als er aus dem großen Rat in seine Gemächer zurückgekehrt war führte ihm der schlaue Bodoeri, der mancherlei Ursachen haben mochte seine Nichte als Dogaressa an Falieris Seite zu sehen, die holde Annunziata ganz heimlich zu. Als nun der alte Falieri das Engelskind erblickte, war er ganz bestürzt über das Wunder von Schönheit und vermochte kaum, unverständliche Worte stammelnd, um sie zu werben. Annunziata, wohl von Bodoeri schon unterrichtet, sank, hohe Röte auf den Wangen, nieder vor dem fürstlichen Greise. Sie ergriff seine Hand, die sie an die Lippen drückte und lispelte leise; »O Herr, wollt Ihr mich denn würdigen Euch zur Seite den fürstlichen Thron zu besteigen? – Nun so will ich Euch aus dem Grunde meiner Seele verehren und Eure treue Magd sein bis zum letzten Atemzuge.« Der alte Falieri war außer sich vor Wonne und Entzücken. Als Annunziata seine Hand ergriff, fühlt' er es durch alle Glieder zucken und dann begann er dermaßen mit dem Kopfe, mit dem ganzen Leibe zu wackeln und zu zittern, daß er nur ganz geschwinde sich in den großen Lehnstuhl setzen mußte. Es schien als solle Bodoeris gute Meinung von dem kräftigen Alter der achtziger Jahre widerlegt werden. *Der* konnte freilich ein seltsames Lächeln, das um seine Lippen zuckte, nicht unterdrücken, die unschuldige unbefangene Annunziata bemerkte nichts und sonst war zum Glück niemand zugegen. – Mocht es sein, daß der alte Falieri, dacht er daran sich dem Volke als Bräutigam eines neunzehnjährigen Mädchens zu zeigen, das Unbequeme dieser Lage fühlte, daß sogar eine Ahnung in ihm sich regte, daß man die zum Spott geneigten Venezianer dazu eben nicht aufreizen dürfe und daß es besser sei, den kritischen Zeitpunkt des Bräutigamsstandes ganz zu verschweigen, genug mit Bodoeris Übereinstimmung wurde beschlossen, daß die Trauung in der größten Heimlichkeit vollzogen und dann einige Tage darauf die Dogaressa als mit Falieri längst vermählt und als sei sie eben aus Treviso angekommen, wo sie sich während Falieris Sendung nach Avignon aufgehalten, der Signorie und dem Volk vorgestellt werden sollte.

Richten wir unsern Blick auf jenen sauber gekleideten bildschönen Jüngling, der, den Beutel mit Zechinen in der Hand, den Rialto auf und ab geht, mit Juden, Türken, Armeniern, Griechen spricht, die verdüsterte Stirn wieder abwendet, weiterschreitet, stehenbleibt, wieder umkehrt und endlich sich nach dem Marcusplatz gondeln läßt, wo er mit ungewissem zaudernden Schritt, die Arme übereinandergeschlagen, den Blick zur Erde gesenkt, auf und ab wandelt und nicht bemerkt, nicht ahnt, daß manches Flüstern, manches Räuspern aus diesem, jenem Fenster, von diesem, jenem reich behängten Balkon herab, Liebeszeichen sind, die ihm gelten. Wer würde in diesem Jünglinge so leicht den Antonio erkennen, der noch vor wenigen Tagen zerlumpt, arm und elend auf dem Marmorpflaster vor der Dogana lag! »Söhnlein, mein goldnes Söhnlein Antonio, guten Tag! – guten Tag!« So rief ihm das alte Bettelweib entgegen, die auf den Stufen der Marcuskirche saß und bei der er vorüberschreiten wollte ohne sie zu sehen. Sowie er, sich rasch umwendend, die Alte erblickte, griff er in den Beutel und holte eine Handvoll Zechinen heraus, die er ihr zuwerfen wollte. »O laß doch dein Gold stecken«, kicherte und lachte die Alte, »was soll ich denn mit deinem Golde anfangen, bin ich denn nicht reich genug? – Aber wenn du mir Gutes tun willst, so laß mir eine neue Kapuze machen, denn die, die ich trage, will nicht mehr halten gegen Wind und

Wetter! – Ja das tue, mein Söhnlein, mein goldnes Söhnlein –
aber bleib weg vom Fontego – vom Fontego –« Antonio
starrte der Alten ins bleichgelbe Antlitz, in dem die tiefen Fur-
chen auf seltsame grauliche Weise zuckten, und als sie nun die
dürren Knochenhände klappernd zusammenschlug und mit
heulender Stimme und widrigem Kichern immer fortplapper-
te: »Bleib weg vom Fontego!« da rief Antonio : »Kannst du
denn niemals dein tolles wahnsinniges Treiben lassen, du –
Hexenweib!« Sowie Antonio dies Wort aussprach, kugelte die
Alte, wie vom Blitz getroffen, die hohen Marmorstufen herab.
Antonio sprang hinzu, faßte die Alte mit beiden Händen und
verhinderte den schweren Fall. »O mein Söhnlein«, sprach
jetzt die Alte mit leiser kläglicher Stimme, »o mein Söhnlein,
was für ein entsetzliches Wort sprachst du aus! O töte mich
lieber, als daß du dieses Wort noch einmal wiederholst. – Ach
du weißt nicht, wie schwer du mich verletzt hast, mich, die
dich ja so getreulich im Herzen trägt – ach du weißt nicht.« –
Die Alte brach plötzlich ab, verhüllte ihr Haupt mit dem dun-
kelbraunen Tuchlappen, der ihr wie ein kurzes Mäntelchen
um die Schultern hing und seufzte und wimmerte wie in tausend Schmerzen. Antonio fühlte sich im Innersten auf seltsame Weise bewegt, er faßte die Alte und trug sie hinauf bis in
das Portal der Marcuskirche, wo er sie auf eine Marmorbank,
die dort befindlich, hinsetzte. »Du hast mir Gutes getan,
Alte«, fing er dann an, nachdem er des Weibes Haupt befreit
hatte von dem häßlichen Tuchlappen, »du hast mir Gutes getan, dir hab ich eigentlich meinen ganzen Wohlstand zu verdanken, denn standest du mir nicht bei in der Todesnot, so
läge ich längst im Meeresgrunde, ich rettete nicht den alten
Dogen, ich erhielt nicht die wackern Zechinen. Aber selbst,
hättest du das auch nicht getan, so fühle ich, daß ich doch mit
ganz besonderer Neigung dir anhängen müßte mein Leben-
lang, unerachtet du mir wieder mit deinem wahnsinnigen
Treiben, wenn du so widerlich kicherst und lachst, oft inneres

Grauen genug erregst. In der Tat, Alte, als ich noch mit Last-
tragen und Rudern mühsam mein Leben fristete, da war mir es
ja immer, als müsse ich schärfer arbeiten, nur um dir ein paar
Quattrinos abgeben zu können.« »O mein Herzenssöhnlein,
mein goldner Tonino«, rief die Alte, indem sie die verschrumpften Arme hoch emporhob, so daß ihr Stab klappernd auf den Marmor niederfiel und weit fortrollte, »o mein
Tonino! ich weiß es ja, ich weiß es ja, daß du mir, stellst du
dich auch an wie du nur magst, mit ganzer Seele anhängen
mußt, denn – doch still – still – still.« – Die Alte bückte sich
mühsam herab nach ihrem Stabe; Antonio hob ihn auf und
reichte ihn ihr hin. Das spitze Kinn auf den Stab gestützt, den
starren Blick auf den Boden gerichtet, sprach die Alte nun mit
zurückgehaltener dumpfer Stimme: »Sage mir, mein Kind!
magst du dich denn gar nicht der früheren Zeit erinnern, wie
es ging, wie es war mit dir, ehe du hier, ein armer elender
Mensch, kaum dein Leben fristen konntest?« Antonio seufzte
tief auf, er nahm Platz neben der Alten und fing dann an:
»Ach, Mutter, nur zu gut weiß ich, daß ich von Eltern geboren
wurde, die in dem blühendsten Wohlstande lebten, aber, wer
sie waren, wie ich von ihnen kam, nicht die leiseste Ahnung
davon blieb und konnte davon in meiner Seele bleiben. Ich erinnere mich sehr gut eines großen schönen Mannes, der mich
oft auf den Arm nahm, mich abherzte und mir Zuckerwerk in
den Mund steckte. Ebenso gedenke ich einer freundlichen
hübschen Frau, die mich aus- und anzog, mich jeden Abend in
ein weiches Bettchen legte und mir überhaupt Gutes tat auf
jede Weise. Beide sprachen mit mir in einer fremden voll-
tönenden Sprache und ich selbst lallte manches Wort in dieser Sprache ihnen nach. Als ich noch ruderte, pflegten meine feindlichen Kameraden immer zu sagen, ich müsse meiner
Haare, meiner Augen, meines ganzen Körperbaues halber,
deutscher Abkunft sein. Das glaub ich auch, jene Sprache meiner Pfleger (der Mann war gewiß mein Vater) war deutsch.

Die lebhafteste Erinnerung jener Zeit ist das Schreckbild einer Nacht, in der ich durch ein entsetzliches Jammergeschrei
aus tiefem Schlaf geweckt wurde. Man rannte im Hause
umher, Türen wurden auf- und zugeschlagen, mir wurde un-
beschreiblich bange, laut fing ich an zu weinen. Da stürzte die
Frau, die mich pflegte hinein, riß mich aus dem Bette, ver-
stopfte mir den Mund, wickelte mich ein in Tücher und rannte
mit mir von dannen. Seit diesem Augenblick schweigt meine
Erinnerung. Ich finde mich wieder in einem prächtigen Hause, das in der anmutigsten Gegend lag. Das Bild eines Mannes
tritt hervor, den ich ›Vater‹ nannte, und der ein stattlicher
Herr war von edlem und dabei gutmütigem Ansehen. Er, so
wie alle im Hause sprachen italienisch. Mehrere Wochen hatte
ich den Vater nicht gesehen, da kamen eines Tages fremde
Leute von häßlichem Ansehen, die machten vielen Lärm im
Hause und stöberten alles durch. Als sie mich erblickten, fragten sie, wer ich denn sei und was ich hier im Hause mache? –
›Ich bin ja Antonio, der Sohn vom Hause‹; als ich das erwiderte, lachten sie mir ins Gesicht, rissen mir die guten Kleider
vom Leibe und stießen mich zum Hause hinaus, mit der Dro-
hung, daß ich, wage ich es mich wieder zu zeigen, fortgeprü-
gelt werden solle. Laut jammernd lief ich von dannen. Kaum
hundert Schritte vom Hause, trat mir ein alter Mann entgegen, in dem ich einen Diener meines Pflegevaters erkannte.
›Komm Antonio‹, rief er, indem er mich bei der Hand faßte;
›komm Antonio, armer Junge! für uns beide ist das Haus dort
auf immer verschlossen. Wir müssen nun beide zusehen, wo
wir ein Stück Brot finden.‹ Der Alte nahm mich mit hierher.
Er war nicht so arm als er seiner schlechten Kleidung nach zu
sein schien. Kaum angekommen, sah ich wie er die Zechinen
aus dem zertrennten Wams hervorholte und den ganzen Tag
sich auf dem Rialto umhertreibend bald den Unterhändler,
bald den Handelsmann selbst machte. Ich mußte immer hinter ihm her sein, und er pflegte, hatte er den Handel gemacht,

noch immer um eine Kleinigkeit für den *figliuolo* zu bitten. Jeder dem ich recht dreist in die Augen sah, rückte noch gern einige Quattrinos heraus, die er mit vieler Behaglichkeit einsteckte, indem er, mir die Wangen streichelnd versicherte, er sammle das alles für mich zum neuen Wams. Ich befand mich wohl bei dem Alten, den die Leute, ich weiß nicht warum, Väterchen Blaunas nannten. Doch das dauerte nicht lange. Du erinnerst dich, Alte, jener Schreckenzeit, als eines Tages die Erde zu beben begann, als in den Grundfesten erschüttert Türme und Paläste wankten, als wie von unsichtbaren Riesenarmen gezogen die Glocken läuteten. Es sind ja kaum sieben Jahre darüber vergangen. – Glücklich rettete ich mich mit dem Alten aus dem Hause, das hinter uns zusammenstürzte. Alles Geschäft ruhte, auf dem Rialto lag alles in toter Betäubung. Aber mit diesem entsetzlichen Ereignis kündigte sich nur das herannahende Ungeheuer an, das bald seinen giftigen Atem aushauchte über Stadt und Land. Man wußte, daß die Pest aus der Levante zuerst nach Sizilien gedrungen, schon in Toskana wütete. Noch war Venedig davon befreit. Da handelte eines Tages mein Väterchen Blaunas auf dem Rialto mit einem Armenier. Sie wurden handelseinig, und schüttelten sich wacker die Hände. Mein Väterchen hatte einige gute Waren dem Armenier abgelassen um geringen Preis und forderte nun wie gewöhnlich die Kleinigkeit *per il figliuolo*. Der Armenier, ein großer starker Mann mit dickem krausem Bart (noch steht er vor mir) schaute mich an mit freundlichem Blick, dann küßte er mich und drückte mir ein paar Zechinen in die Hand, die ich hastig einsteckte. Wir gondelten nach San Marco. Unterweges forderte Väterchen mir die Zechinen ab und ich weiß selbst nicht, wie ich darauf kam zu behaupten, daß ich sie mir selbst verwahren müsse, da der Armenier es so gewollt. Der Alte wurde verdrießlich, aber indem er mit mir zankte, bemerkte ich, daß sein Gesicht sich mit einer widerlichen erdgelben Farbe überzog, und daß er allerlei tolles unzusammen-

hängendes Zeug in seine Reden mischte. Auf dem Platz angekommen, taumelte er hin und her wie ein Betrunkener bis er
dicht vor dem herzoglichen Palast tot niederstürzte. Mit lautem Jammergeschrei warf ich mich auf den Leichnam. Das
Volk rannte zusammen, aber sowie der fürchterliche Ruf: ›Die
Pest – die Pest‹, erscholl, stäubte alles voll Entsetzen auseinander. In dem Augenblick ergriff mich eine dumpfe Betäubung,
mir schwanden die Sinne. Als ich erwachte, fand ich mich in
einem geräumigen Zimmer auf einer geringen Matratze mit einem wollenen Tuche bedeckt. Um mich herum lagen auf ähnlichen Matratzen wohl zwanzig bis dreißig elende bleiche Gestalten. So wie ich später erfuhr, hatten mich mitleidige Mönche, die gerade aus San Marco kamen, da sie Leben in mir ver-
spürten, in eine Gondel bringen und nach der Giudecca in das
Kloster San Giorgio Maggiore, wo die Benediktiner ein Hos-
pital angelegt hatten, schaffen lassen. – Wie vermag ich dir
denn, Alte, diesen Augenblick des Erwachens zu beschreiben!
Die Wut der Krankheit hatte mir alle Erinnerung des Vergangenen gänzlich geraubt. Gleich als wäre in die todstarre Bildsäule plötzlich der Lebensfunken gefahren, gab es für mich
nur augenblickliches Dasein, das sich an nichts knüpfte. Du
kannst es dir denken, Alte! welchen Jammer, welche Trostlo-
sigkeit dies Leben, nur ein im leeren Raum ohne Halt schwim-
mendes Bewußtsein zu nennen, über mich bringen mußte! – Die Mönche konnten mir nur sagen, daß man mich bei
Väterchen Blaunas gefunden, für dessen Sohn ich allgemein
gegolten. Nach und nach sammelten sich zwar meine Gedanken und ich besann mich auf mein früheres Leben, aber was
ich dir erzählte Alte, das ist alles was ich davon weiß und das
sind doch nur einzelne Bilder ohne Zusammenhang. Ach!
dieses trostlose Alleinstehen in der Welt, das läßt mich zu
keiner Fröhlichkeit kommen, so gut es mir nun auch gehen
mag.« – »Tonino, mein lieber Tonino«, sprach die Alte, »be-
gnüge dich mit dem, was dir die helle Gegenwart schenkt.« –

»Schweig, Alte«, unterbrach sie Antonio, »schweig, noch etwas ist es, was mir mein Leben verkümmert, mich rastlos verfolgt, was mich über kurz oder lang rettungslos verderben wird. Ein unaussprechliches Verlangen, eine mein Innerstes verzehrende Sehnsucht nach einem Etwas, das ich nicht zu nennen, nicht zu denken vermag, hat, seitdem ich im Spital zum Leben erwachte, mein ganzes Wesen erfaßt. Wenn ich als ein Armer, Elender, ermüdet, zerschlagen von der mühseligen Arbeit nachts auf dem harten Lager ruhte, dann kam der Traum und goß, mir in lindem Säuseln die heiße Stirn fächelnd, alle Seligkeit irgendeines glücklichen Moments, in dem mir die ewige Macht die Wonne des Himmels ahnen ließ und dessen Bewußtsein tief in meiner Seele ruht, in mein Inneres. Jetzt ruhe ich auf weichen Kissen und keine harte Arbeit verzehrt meine Kraft, aber erwache ich aus dem Traum oder kommt mir wachend das Bewußtsein jenes Moments in den Sinn, so fühle ich, daß mein armes verlassenes Dasein mir ja ebenso wie damals eine drückende Bürde ist, die abzuwerfen ich trachten möchte. Alles Sinnen, alles Forschen ist vergebens, ich kann es nicht ergründen, was mir früher im Leben so Hochherrliches geschah, dessen dunkler, ach mir unverständlicher Nachklang mich mit solcher Seligkeit erfüllt, aber wird diese Seligkeit nicht zum brennendsten Schmerz, der mich zu Tode foltert, wenn ich erkennen muß, daß alle Hoffnung verloren ist, jenes unbekannte Eden wiederzufinden, ja es nur zu suchen? Gibt es denn Spuren des spurlos Verschwundenen?« Antonio hielt inne, indem er aus tiefer Brust schwer aufseufzte. Die Alte hatte sich während seiner Erzählung gebärdet wie einer, der ganz hingerissen von dem Leid des andern alles selbst fühlt, und jede Bewegung, die diesem der Schmerz abnötigt, wie ein Spiegel zurückgibt. »Tonino«, fing sie jetzt mit weinerlicher Stimme an, »mein lieber Tonino, darum willst du verzagen, weil dir im Leben etwas Hochherrliches begegnet ist, dessen Erinnerung dir erloschen? – Törichtes Kind, tö-

richtes Kind – merk auf – hi hi hi.« – Die Alte begann nach
ihrer gewöhnlichen Weise widerlich zu kichern und zu lachen
und auf dem Marmorboden herumzuhüpfen. – Leute kamen,
die Alte kauerte nieder, man warf ihr Almosen zu. – »Antonio – Antonio, bring mich fort – fort ans Meer!« So kreischte
sie auf, Antonio wußte nicht, wie ihm geschah, beinahe will-
kürlos faßte er die Alte und führte sie über den Marcusplatz
langsam fort. Während sie gingen, murmelte die Alte leise und
feierlich: »Antonio – siehst du wohl die dunklen Blutflecken
hier auf dem Boden? – ja Blut – viel Blut, überall viel Blut! –
aber hi – hi – hi! – aus dem Blut entsprießen Rosen, schöne
rote Rosen zum Kranze für dich – für dein Liebchen. – O du
Herr des Lebens, welcher holde Engel des Lichts ist es denn –
der dort so anmutig, so sternenklar lächelnd auf dich zu-
schreitet? – Die lilienweißen Arme breiten sich aus um dich zu
umarmen. O Antonio, hochbeglücktes Kind – halte dich
wacker – halte dich wacker! – Und Myrten kannst du pflük-
ken im süßen Abendrot, Myrten für die Braut, für die jung-
fräuliche Witwe – hi – hi – hi – Myrten, im Abendrot gepflückt, aber sie blühen erst um Mitternacht – hörst du wohl
das Geflüster des Nachtwindes – das sehnsüchtig klagende
Sausen des Meeres? – Rudere wacker zu, mein kühner Schiffer, rudere wacker zu« – Antonio fühlte sich von tiefem
Grauen erfaßt bei den wunderlichen Reden der Alten, die sie
mit ganz seltsamer fremder Stimme unter beständigem Kichern hermurmelte. Sie waren an die Säule gekommen, die den
adriatischen Löwen trägt. Die Alte wollte immer weiter fort-
murmelnd vorüberschreiten, Antonio, von der Alten Betragen gepeinigt, von den Vorübergehenden ob seiner Dame ver-
wunderlich angegafft, blieb aber stehen und sprach mit bar-
schem Ton: »Hier – auf diese Stufen setz dich hin, Alte, und
halt ein mit deinen Reden, die mich toll machen könnten. Es
ist wahr, du hast meine Zechinen in den Flammengebilden der
Wolken gesehen, aber eben deshalb – was schwatzest du von

Engeln des Lichts – von Braut – jungfräulicher Witwe – von
Rosen und Myrten? – willst du mich betören, entsetzliches
Weib, daß irgendein wahnsinniges Streben mich in den Abgrund schleudert? Eine neue Kapuze sollst du haben, Brot –
Zechinen – alles, was du willst, aber laß ab von mir.« – Antonio wollte rasch fort, allein die Alte ergriff ihn beim Mantel
und rief mit schneidender Stimme: »Tonino – mein Tonino,
sieh mich doch nur noch einmal recht an, sonst muß ich ja hin
bis an den äußersten Rand des Platzes dort, und mich trostlos
hinabstürzen in das Meer.« – Antonio, um nicht noch mehr
Blicke auf sich zu ziehen als sich auf ihn zu richten begannen,
blieb wirklich stehen. »Tonino«, fuhr die Alte fort, »setze dich
her zu mir, es drückt mir das Herz ab, ich muß dir es sagen – o
setze dich her zu mir.« Antonio ließ sich auf die Stufen so nieder, daß er der Alten den Rücken zuwandte und zog sein
Rechnungsbuch hervor, dessen weiße Blätter von dem Eifer
zeugten, mit dem er seine Handelsgeschäfte auf dem Rialto
betrieb. »Tonino«, lispelte nun die Alte ganz leise, »Tonino,
wenn du so in mein verschrumpftes Antlitz schaust, dämmert
denn gar keine leise Ahnung in deinem Innern auf, daß du
mich wohl in früher, früher Zeit gekannt haben könntest!«
»Ich sagte dir schon«, erwiderte Antonio ebenso leise und
ohne sich umzuwenden, »ich sagte dir schon, Alte, daß ich auf
eine mir unerklärliche Weise mich zu dir hingeneigt fühle,
aber daran ist dein häßliches, verschrumpftes Gesicht nicht
schuld. Schaue ich vielmehr deine seltsamen schwarzen blitzenden Augen, deine spitze Nase, deine blauen Lippen, dein
langes Kinn, dein struppiges eisgraues Haar an, hör ich dein
widriges Kichern und Lachen – deine verworrenen Reden – ei
so möcht ich mit Abscheu mich von dir abwenden und gar
glauben, irgend verruchte Mittel stünden dir zu Gebote, mich
an dich zu locken.« »O Herr des Himmels«, heulte die Alte,
von unsäglichem Schmerz erfaßt, »o Herr des Himmels, welcher böse höllische Geist gab dir solche entsetzliche Gedan-

ken ein! O Tonino, mein süßer Tonino, das Weib, das dich als
Kind so zärtlich hegte und pflegte, das dich in jener Schrek-
kensnacht rettete aus dringender Todesgefahr, das Weib war
ich.« Im plötzlichen Schreck der Überraschung drehte sich
Antonio rasch um, aber wie er nun der Alten in das abscheuliche Gesicht starrte, rief er zornig: »So gedenkst du mich zu
betören, altes verruchtes wahnsinniges Weib? – Die wenigen
Bilder, die aus meiner Kindheit mir geblieben, sind lebendig
und frisch. Jene holde freundliche Frau, die mich pflegte, o ich
sehe sie lebhaft vor Augen! – Sie hatte ein volles frisch gefärb-
tes Gesicht – mild blickende Augen – schönes dunkelbraunes
Haupthaar – zierliche Hände – sie mochte kaum dreißig Jahre
alt sein – und du? – ein neunzigjähriges Mütterchen –« »O all
ihr Heiligen«, fiel die Alte ihm schluchzend in die Rede, »o all
ihr Heiligen, wie beginn ich es denn, daß mein Tonino an
mich, an seine treue Margaretha glaubt.« – »Margaretha?« –
murmelte Antonio, »Margaretha? – Der Name fällt wie vor
langer Zeit gehörte, längst vergessene Musik mir in die Ohren. – Aber es ist nicht möglich – es ist nicht möglich!« –
»Wohl war«, fuhr die Alte ruhiger fort, indem sie gesenkten
Blicks mit dem Stabe auf dem Boden hin und her kritzelte,
»wohl war der große schöne Mann, der dich auf den Arm
nahm, dich abherzte und dir Zuckerwerk in den Mund steckte, wohl war das dein Vater, Tonino! wohl war es das herrliche
volltönende Deutsch was wir miteinander sprachen. Dein Vater war ein angesehener reicher Kaufmann in Augsburg. Sein
schönes junges Weib starb ihm, als sie dich gebar. Da zog er,
weil er sich selbst nicht dulden konnte an dem Ort, wo sein
Liebstes begraben lag, hierher nach Venedig und nahm mich
mit, mich deine Amme, deine Pflegerin. In jener Nacht erlag
dein Vater einem grausenden Schicksal, das auch dich bedroh-
te. Es gelang mir dich zu retten. Ein edler Venezianer nahm
dich auf. Aller Hülfsmittel beraubt mußt ich in Venedig bleiben. Von Kindheit auf machte mich mein Vater, ein Wundarzt,

dem man nachsagte, er treibe nebenher verbotene Wissen-
schaften, bekannt mit den geheimen Heilkräften der Natur.
Von ihm lernte ich, durch Wald und Flur streifend, die Abzei-
chen manches heilbringenden Krauts, manches unscheinba-
ren Mooses, wenn es gepflückt, gelesen werden mußte, die
verschiedene Mischung der Säfte kennen. Aber dieser Wissenschaft gesellte sich eine besondere Gabe bei, die der Himmel
mir verlieh in unerforschlicher Absicht. – Wie in einem fernen
dunklen Spiegel erschaue ich oft künftige Ereignisse und beinahe ohne eignen Willen, in mir oft selbst unverständlichen
Redensarten das, was ich erschaut, auszusprechen, zwingt
mich dann die unbekannte Macht, der ich nicht zu widerstehen vermag. – Als ich nun einsam, von aller Welt verlassen,
zurückbleiben mußte, in Venedig, gedachte ich durch meine
erprobte Kunst mein Leben zu fristen. Ich heilte die bedenk-
lichsten Übel in kurzer Zeit. Kam nun noch hinzu, daß meine
Erscheinung auf die Kranken wohltuend wirkte, daß oft das
sanfte Bestreichen mit meiner Hand in wenigen Augenblicken
die Krisis löste, so konnt es nicht fehlen, daß mein Ruf bald
die Stadt durchdrang und mir die Fülle des Geldes zufloß. Da
erwachte der Neid der Ärzte, der Ciarlatani, die auf dem Marcusplatz, auf dem Rialto, auf der Zecca ihre Pillen, ihre Essen-
zen verkauften und die Kranken vergifteten statt sie zu heilen.
Ich stehe mit dem leidigen Satan im Bündnis, das sprengten sie
aus, und fanden Glauben bei dem abergläubischen Volk. Bald
wurde ich verhaftet und vor das geistliche Gericht gestellt. O
mein Tonino, mit welchen gräßlichen Martern suchte man mir
das Geständnis des abscheulichsten Bündnisses zu erpressen.
Ich blieb standhaft. Meine Haare verbleichten, mein Körper
schrumpfte ein zur Mumie – Füße und Hände erlahmten. –
Die entsetzlichste Folter, die sinnreichste Erfindung des höllischen Geistes war noch übrig, die entlockte mir ein Geständnis, vor dem ich noch jetzt zusammenschaudre. Ich sollte verbrannt werden, als aber das Erdbeben die Grundmauern der

Paläste, des großen Gefängnisses erschütterte, sprangen die Türen des unterirdischen Kerkers, in dem ich gefangen saß, von selbst auf, ich wankte wie aus tiefem Grabe durch Schutt und Trümmer hervor. Ach Tonino, du nanntest mich ein neunzigjähriges Mütterchen, da ich kaum über fünfzig Jahre alt. Dieser knochendürre Leib, dieses abscheulich verzogene Gesicht, dieses eisige Haar – diese erlahmten Füße – nein, nicht Jahre, nur unsägliche Martern konnten das kräftige Weib in wenigen Monden umwandeln in ein Scheusal. – Und dieses widrige Kichern und Lachen – die letzte Folter, vor der sich noch meine Haare sträuben und mein ganzes Selbst er- brennt wie im glühenden Panzer eingeschlossen, hat mir das ausgepreßt, und seit der Zeit überfällt mich es wie ein steter unbezwingbarer Krampf. Entsetze dich nun nicht mehr vor mir, mein Tonino! – Ach, dein Herz hat es dir ja doch gesagt, daß du, ein kleiner Knabe, an meinem Busen lagst!« – »Weib«, sprach Antonio dumpf und in sich gekehrt, »Weib, es ist mir so, als wenn ich dir glauben müßte, Aber wer war mein Vater? wie hieß er? welchem grausigen Schicksal mußte er erliegen in jener Schreckensnacht? – Wer war es, der mich aufnahm? und – was geschah in meinem Leben, das noch jetzt wie ein mächtiger Zauber aus fremder unbekannter Welt mein ganzes Selbst unwiderstehlich beherrscht, so daß alle meine Gedan- ken sich verlaufen wie in ein düstres nächtiges Meer? – Das al- les sollst du mir sagen, du rätselhaftes Weib, dann werde ich dir glauben!« – »Tonino«, erwiderte die Alte seufzend, »dir zum Heil muß ich schweigen, aber bald, bald wird es an der Zeit sein. – Der Fontego, der Fontego – bleib weg vom Fon- tego!« – »Oh«, rief Antonio erzürnt, »deiner dunklen Worte bedarf es nicht mehr, mich mit verruchter Kunst zu ver- locken. – Mein Inneres ist zerrissen – du mußt sprechen oder –« »Halt ein«, unterbrach ihn die Alte, »keine Drohun- gen – bin ich nicht deine treue Amme, deine Pflegerin.« – Ohne abzuwarten, was die Alte weiter sprechen wollte, raffte sich Antonio auf und rannte schnell von dannen. Aus der Ferne rief er dem Weibe zu: »Die neue Kapuze sollst du doch haben, und Zechinen obendrein so viel du willst.« – –

Es war in der Tat ein wunderlich Schauspiel, den alten Dogen Marino Falieri zu sehen mit seiner blutjungen Gattin. Er, zwar stark und robust genug, aber mit greisem Bart, tausend Runzeln im braunroten Gesicht, mit mühsam zurückgebogenem Nacken, pathetisch daherschreitend; sie, die Anmut selbst, fromme Engelsmilde im himmlisch schönen Antlitz, unwiderstehlichen Zauber im sehnsüchtigen Blick, Hoheit und Würde auf der offnen lilienweißen von dunklen Locken umschatteten Stirne, süßes Lächeln auf Wang und Lippen – das Köpfchen geneigt in holder Demut, den schlanken Leib leicht tragend – daherschwebend – ein herrliches Frauenbild, heimatlich in anderer höherer Welt. – Nun, ihr kennt wohl solche Engelsgestalten, wie sie die alten Maler zu erfassen und darzustellen wußten. – So war Annunziata. Konnt es denn fehlen, daß jeder, der sie sah, in Erstaunen und Entzücken geriet, daß jeder feurige Jüngling von der Signorie aufloderte in hellen Flammen und den Alten mit spöttischen Blicken messend, im Herzen schwur, der Mars dieses Vulkans zu werden, koste es was es wolle? Annunziata sah sich bald von Anbetern umringt, deren schmeichlerische verführerische Reden sie still und freundlich aufnahm, ohne sich was Besonderes dabei zu denken. Ihr engelreines Gemüt hatte das Verhältnis zu dem alten fürstlichen Gemahl nicht anders begriffen, als daß sie ihn wie ihren hohen Herrn verehren und ihm anhängen müsse mit der unbedingten Treue einer unterwürfigen Magd! Er war freundlich, ja zärtlich gegen sie, er drückte sie an seine eiskalte Brust, er nannte sie sein Liebchen, er beschenkte sie mit allen Kostbarkeiten, die es nur gab; was hatte sie sonst noch für Wünsche, für Rechte an ihn? Auf diese Weise konnte der Gedanke, daß es möglich sei, dem Alten untreu zu werden, sich in keiner Art in ihr gestalten, alles was außer dem en-

gen Kreise jenes beschränkten Verhältnisses lag, war ein fremdes Gebiet, dessen verbotene Grenze im dunklen Nebel lag –
ungesehen – ungeahnet von dem frommen Kinde. So kam es,
daß alle Bewerbungen fruchtlos blieben. Keiner von allen war
aber so heftig in wildem Liebesfeuer entbrannt für die schöne
Dogaressa, als Michaele Steno. Seiner Jugend unerachtet, be-
kleidete er die wichtige einflußreiche Stelle eines Rats der
Vierzig. Darauf, so wie auf seine äußere Schönheit bauend,
war er seines Sieges gewiß. Er fürchtete den alten Marino Falieri nicht, und in der Tat, dieser schien, sowie er verheiratet,
ganz abzulassen von seinem jähen aufbrausenden Zorn, von
seiner rohen unbezähmbaren Wildheit. An der Seite der schönen Annunziata saß er in den reichsten buntesten Kleidern
aufgeschniegelt und geputzt da, schmunzelnd und lächelnd
und mit süßem Blick aus den grauen Augen, denen manchmal
ein Tränchen enttriefte die andern herausfordernd, ob sich
solcher Gemahlin einer rühmen könne. Statt des herrischen
rauhen Tons, in dem er sonst zu sprechen pflegte, lispelte er,
die Lippen kaum bewegend, nannte jeden seinen Allerliebsten
und bewilligte die widersinnigsten Gesuche. Wer hätte in diesem weichlichen verliebten Alten *den* Falieri erkennen sollen,
der in Treviso in toller Hitze am Fronleichnamsfeste dem Bi-
schof ins Gesicht schlug, der den tapfern Morbassan besiegte.
Diese zunehmende Schwäche feuerte den Michaele Steno an
zu den rasendsten Unternehmungen. Annunziata verstand
nicht, was Michaele, sie unaufhörlich mit Blicken und Worten
verfolgend, von ihr eigentlich wollte, sie blieb in steter milder
Ruhe und Freundlichkeit und das eben, das Trostlose was in
diesem unbefangenen stets gleichen Wesen lag, brachte ihn
zur Verzweiflung. Er sann auf verruchte Mittel. Es gelang ihm
einen Liebeshandel mit Annunziatas vertrautestem Kammermädchen anzuspinnen, die ihm endlich nächtliche Besuche
verstattete. So glaubte er den Weg gebahnt zu Annunziatas
unentweihtem Gemach, aber die ewige Macht des Himmels

wollte, daß solche trügerische Tücke zurückfallen mußte auf
das Haupt des boshaften Urhebers. – Es begab sich, daß eines Nachts der Doge, der eben die böse Nachricht von der
Schlacht, die Nicolo Pisani bei Portelongo gegen den Doria
verloren, erhalten, schlaflos in tiefer Kümmernis und Sorge
die Gänge des herzoglichen Palastes durchstrich. Da gewahrte er einen Schatten, der wie aus Annunziatas Gemächern schlüpfend nach den Treppen schlich. Schnell eilte er
darauf los, es war Michaele Steno, der von seinem Liebchen
kam. Ein entsetzlicher Gedanke durchfuhr den Falieri; mit
dem Schrei: »Annunziata!« rannte er ein auf den Steno mit ge-
zogenem Stilett. Aber Steno, kräftiger und gewandter als der
Alte, unterlief ihn, warf ihn mit einem tüchtigen Faustschlage
zu Boden und stürzte laut auflachend: »Annunziata, Annunziata!« die Treppe herab. Der Alte raffte sich auf, und schlich,
brennende Qualen der Hölle im Herzen, nach Annunziatas
Gemächern. Alles ruhig – still wie im Grabe. – Er klopfte an,
ein fremdes Kammermädchen, nicht die, welche sonst gewohnt neben Annunziatas Gemach zu schlafen, öffnete ihm
die Türe. »Was befiehlt mein fürstlicher Gemahl um diese
späte ungewohnte Zeit?« – so sprach Annunziata, die unterdessen ein leichtes Nachtgewand umgeworfen und herausgetreten, mit ruhigem engelsmildem Ton. Der Alte starrte sie an,
dann hob er beide Hände hoch in die Höhe und rief: »Nein es
ist nicht möglich, es ist nicht möglich!« »Was ist nicht möglich, mein fürstlicher Herr!« fragte die über den feierlichen
dumpfen Ton des Alten ganz bestürzte Annunziata. Aber Falieri, ohne zu antworten, wandte sich an das Kammermädchen: »Warum schläfst *du*, warum schläft Luigia nicht hier
wie gewöhnlich?« »Ach«, erwiderte die Kleine, »Luigia
wollte durchaus mit mir tauschen diese Nacht, die schläft
im Vordergemach dicht neben der Treppe.« »Dicht neben
der Treppe?« rief Falieri voller Freude und eilte mit raschen
Schritten nach dem Vordergemach. Luigia öffnete auf starkes

Klopfen, und als sie nun das zornrote Antlitz, die funken-
sprühenden Augen des fürstlichen Herrn erblickte, fiel sie
nieder auf die nackten Knie und bekannte ihre Schmach, über
die auch ein Paar zierliche Männerhandschuhe, die auf dem
Polsterstuhle lagen, und deren Ambrageruch den stutzerhaf-
ten Eigentümer verriet, gar keinen Zweifel ließen. Ganz er-
grimmt über Stenos unerhörte Frechheit schrieb der Doge
ihm andern Morgens: Bei Strafe der Verbannung aus der Stadt
habe er den herzoglichen Palast, jede Nähe des Dogen und
der Dogaressa zu vermeiden. Michaele Steno war toll vor
Wut über das Mißlingen des wohlangelegten Plans, über die
Schmach der Verbannung aus der Nähe seines Abgotts. Als er
nun aus der Ferne sehen mußte, wie die Dogaressa mild und
freundlich, ihr Wesen war nun einmal so – mit andern Jüng-
lingen von der Signorie sprach, so gab ihm der Neid, die Wut
der Leidenschaft den bösen Gedanken ein, daß die Dogaressa
wohl nur deshalb ihn verschmäht haben möge, weil andere
ihm mit besserem Glück zuvorgekommen, und er unterstand
sich davon laut und öffentlich zu sprechen. Sei es nun, daß der
alte Falieri Kunde erhielt von solchen unverschämten Reden,
oder daß das Bild jener Nacht ihm erschien wie ein warnender
Wink des Schicksals, oder daß ihm selbst bei aller Ruhe und
Behaglichkeit, bei vollem Vertrauen auf die Frömmigkeit seines Weibes doch die Gefahr des unnatürlichen Mißverhältnis-
ses mit der Gattin, hell vor Augen kam, kurz, er wurde gräm-
lich und mürrisch, alle tausend Eifersuchtsteufel zwickten ihn
wund, er sperrte Annunziata ein in die innern Gemächer des
herzoglichen Palastes und kein Mensch bekam sie mehr zu sehen. Bodoeri nahm sich seiner Großnichte an und schalt den
alten Falieri wacker aus, der aber von der Änderung seines
Betragens gar nichts wissen wollte. Dies geschah alles kurz
vor dem Giovedi grasso. Es ist Sitte, daß bei den Volksfesten,
die an diesem Tage auf dem Marcusplatz stattfinden, die Dogaressa unter dem Thronhimmel, der auf einer dem kleinen

Platz gegenüberstehenden Galerie angebracht ist, neben dem
Dogen Platz nimmt. Bodoeri erinnerte ihn daran und meinte,
daß es sehr abgeschmackt sein und er ganz gewiß von Volk
und Signorie ob seiner verkehrten Eifersucht weidlich ausge-
lacht werden würde, wenn er aller Sitte und Gewohnheit entgegen Annunziata von dieser Ehre ausschlösse. »Glaubst du«,
erwiderte der alte Falieri, dessen Ehrgeiz auf einmal angeregt
wurde, »glaubst du, daß ich, ein alter blödsinniger Tor, mich
denn scheue mein kostbarstes Kleinod zu zeigen aus Furcht
vor diebischen Händen, denen ich nicht den Raub wehren
könnte mit meinem guten Schwerte? – Nein Alter, du irrst,
morgenden Tages wandle ich mit Annunziata in feierlich
glänzendem Zuge über den Marcusplatz, damit das Volk seine
Dogaressa sehe, und am Giovedi grasso empfängt sie den Blumenstrauß von dem kühnen Segler, der sich aus den Lüften zu
ihr herabschwingt.« Der Doge dachte, indem er diese Worte
sprach, an eine uralte Gewohnheit. Am Giovedi grasso fährt
nämlich irgendein kühner Mensch aus dem Volke an Seilen,
die aus dem Meere steigen und an der Spitze des Marcusturms
befestigt sind, in einer Maschine, die einem kleinen Schiffchen
gleicht, herauf, und schießt dann von der Spitze des Turms
pfeilschnell herab bis zu dem Platz, wo Doge und Dogaressa
sitzen, der er den Blumenstrauß, den sonst der Doge, ist er allein, erhält, überreicht. – Andern Tages tat der Doge, wie er
verheißen. Annunziata mußte die prächtigsten Kleider anlegen, und von der Signorie umringt, von Edelknaben und Trabanten begleitet, wandelte Falieri über den vom Volk über-
strömten Marcusplatz. Man stieß und drängte sich halb tot,
um die schöne Dogaressa zu sehen, und wem es gelang sie zu
erblicken, der glaubte, er habe ins Paradies geschaut und das
schönste Engelsbild sei ihm strahlend und herrlich aufgegangen. – Wie die Venezianer nun sind, mitten unter den tollsten
Ausbrüchen wahnsinniger Verzückung, hörte man hie und da
allerlei spöttische Redensarten und Reime, die derb genug,

auf den alten Falfieri mit der jungen Frau losfuhren. Falieri
schien aber davon nichts zu bemerken, sondern schritt, von
aller Eifersucht dasmal verlassen, obgleich er überall Blicke
des brennendsten Verlangens auf die schöne Gattin gerichtet
sah, schmunzelnd und lächelnd mit dem ganzen Gesicht, so
pathetisch als möglich an Annunziatas Seite daher. Vor dem
Hauptportal des Palastes hatten die Trabanten das Volk mit
Mühe auseinandergetrieben, so daß, als der Doge mit seiner
Gemahlin hineinschritt, nur hin und wieder einzelne kleine
Haufen besser gekleideter Bürger standen, denen man selbst
den Eintritt in den innern Hof des Palastes nicht wohl verwehren konnte. Da geschah es, daß in dem Augenblicke, als
die Dogaressa in den Hof trat, ein junger Mensch, der nebst
wenigen andern Leuten am Säulengange stand, mit dem lauten Schrei: »O du Gott des Himmels!« entseelt auf das harte
Marmorpflaster niederschlug. Alles lief herbei und umringte
den Toten, so daß die Dogaressa ihn nicht erblicken konnte,
aber sowie der Jüngling niederstürzte, durchfuhr plötzlich ein
glühender Dolchstich ihre Brust, sie erbleichte, sie wankte,
nur die Riechfläschchen der herbeieilenden Frauen retteten
sie von tiefer Ohnmacht. Der alte Falieri, voller Schreck und
Bestürzung über den Unfall, wünschte den jungen Menschen
mitsamt seinem Schlagfluß zu allen Teufeln und trug, so sauer
es ihm auch wurde, seine Annunziata, die das Köpfchen mit
geschlossenen Augen über die Brust hing, wie eine kranke
Taube, die Treppe hinauf in die inneren Gemächer. –

Unterdessen hatte sich dem Volke, das immer mehr im innern Hofe des Palastes zusammengelaufen, ein wunderlich
seltsames Schauspiel eröffnet. Man wollte den jungen Menschen, den man unbedingt für tot hielt, aufheben und forttra-
gen, da hinkte mit lautem Jammergeschrei ein altes häßliches
zerlumptes Bettelweib heran, machte sich, die spitzen Ellen-
bogen in Seiten und Rücken bohrend, im dicksten Haufen
Platz und rief, als sie endlich bei dem entseelten Jünglinge

stand: »Laßt ihn liegen – Narren! – tolles Volk! – er ist ja nicht tot.« Nun kauerte sie nieder, nahm den Kopf des Jünglings auf den Schoß und nannte, seine Stirn sanft streichend und reibend, ihn bei den süßesten Namen. Betrachtete man nun das abscheuliche Fratzengesicht der Alten, wie es herabhing über des Jünglings bildschönem Antlitz, dessen milde Züge im bleichen Tode erstarrt lagen, während auf dem Gesicht der Alten ein widriges Muskelspiel herumhüpfte – betrachtete man, wie die schmutzigen Lumpen hin und her flatterten über die reichen Kleider, die der Jüngling trug – wie die dürren braungelben Arme – die Knochenhände auf der Stirne, auf der offenen Brust des Jünglings zitterten – in der Tat, man mochte sich innern Grauens nicht erwehren. War es denn nicht anzusehen als sei es des Todes grinsende Gestalt selbst, in deren Armen der Jüngling lag? So kam es denn auch, daß die umstehenden Leute, einer nach dem andern still fortschlichen und nur wenige übrigblieben, die den Jüngling, als er mit einem tiefen Seufzer die Augen aufschlug, faßten und auf der Alten Geheiß nach dem großen Kanal trugen, wo eine Gondel beide, die Alte und den Jüngling aufnahm und fortschaffte bis nach dem Hause, das die Alte als die Wohnung des Jünglings bezeichnet hatte. Bedarf es denn noch gesagt zu werden, daß der Jüngling Antonio, die Alte aber das Bettelweib von der Franziskanertreppe war, das durchaus seine Amme sein wollte?

Als Antonio ganz aus seiner Betäubung erwacht war und die Alte an seinem Lager erblickte, die ihm soeben einige stärkende Tropfen eingeflößt hatte, so sprach er, lange den düstern schwermütigen Blick starr auf sie gerichtet, mit dumpfem mühsam gehaltenen Ton: »*Du* bist bei mir, Margaretha! – das ist gut! wo hätt ich denn sonst eine treuere Pflegerin als dich! – Ach, verzeih mir nur, Mutter, daß ich, blödsinniger ohnmächtiger Knabe! nur einen Augenblick daran zweifeln konnte, was du mir entdecktest. Ja du bist *die* Margaretha, die mich nährte, die mich hegte und pflegte, ich wußte es ja schon immer, aber der böse Geist verwirrte mir die Gedanken. – Ich habe sie gesehen – sie ist es – sie ist es. – Hab ich dir nicht gesagt, daß irgendein dunkler Zauber in mir ruhe, der mein Selbst unwiderstehlich beherrsche? Aus der Dunkelheit blitzstrahlend ist er hervorgetreten, um mich in namenlosem Entzücken zu verderben! – Ich weiß jetzt alles – alles! – War nicht Bertuccio Nenolo mein Pflegevater, der mich erzog auf einem Landhause bei Treviso?« – »Ach ja«, erwiderte die Alte, »wohl war es Bertuccio Nenolo, der große Seeheld, den das Meer verschlang, als er mit dem Lorbeerkranz sein Haupt zu schmücken gedachte.« – »Unterbrich mich nicht«, sprach Antonio heiter, »höre mich geduldig an. – Es ging mir gut bei dem Bertuccio Nenolo. Ich trug hübsche Kleider – immer war der Tisch gedeckt, wenn mich hungerte, ich durfte, hatte ich meine drei Gebete ordentlich hergesagt, herumschwärmen nach Gefallen in Wald und Flur. Dicht beim Landhause befand sich ein dunkles kühles Pinienwäldchen voll Duft und Gesang. Da streckte ich müde vom Springen und Laufen an einem Abend, als schon die Sonne zu sinken begann, mich hin unter einen großen Baum und starrte hinauf in den blauen Himmel. Mag es sein, daß der würzige Geruch der blühenden Kräuter, in denen ich lag, mich betäubte, genug meine Augen schlossen sich unwillkürlich und ich versank in träumerisches Hinbrüten, aus dem mich ein Rauschen, gleich als fiele ein Schlag dicht neben mir in das Gras, erweckte. Ich fuhr auf in die Höhe; ein Engelskind mit himmlischem Antlitz stand neben mir, schaute in holder Anmut lächelnd auf mich herab und sprach mit süßer Stimme: ›Ei mein lieber Knabe, wie schliefst du so schön, so ruhig, und doch war dir der Tod so nahe, der böse Tod.‹ Dicht neben meiner Brust erblickte ich eine kleine schwarze Schlange mit geborstenem Haupt, das Kind hatte das giftige Tier mit dem Zweige eines Nußbaums erschlagen, in dem Augenblick, als es zu meinem Verderben

sich heranringeln wollte. Da erbebte ich in süßem Schauer –
ich wußte ja, daß oftmals Engel herabsteigen aus dem hohen
Himmel um sichtbarlich den Menschen zu retten vor dem bedrohlichen Angriff irgendeines bösen Feindes – ich sank nieder auf die Knie, ich erhob die gefalteten Hände. ›Ach du bist
ja ein Engel des Lichts, den der Herr sandte mich zu retten
vom Tode.‹ So rief ich, das holde Wesen streckte aber beide
Arme nach mir aus und lispelte, indem höheres Rot auf seinen
Wangen leuchtete: ›Ach du lieber Knabe, ich bin ja kein Engel, ein Mädchen, ein Kind wie du!‹ Da vergingen die Schauer
in namenloses Entzücken, das mich mit sanfter Glut durch-
strömte – ich stand auf – wir schlossen uns in die Arme – wir
drückten Lipp auf Lippe – sprachlos – weinend – schluchzend
vor süßem unnennbaren Weh! Nun rief eine silberhelle Stimme durch den Wald: ›Annunziata – Annunziata‹ ›Ich muß nun
fort, du herzlieber Knabe, die Mutter ruft‹, so lispelte das
Mädchen, ein unsäglicher Schmerz durchfuhr meine Brust. –
›Ach ich liebe dich so sehr‹, schluchzte ich, heiße Tränen, die
das Mädchen vergoß, fielen brennend auf meine Wangen. ›Ich
bin dir so herzensgut, du lieber Knabe‹, rief das Mädchen, indem sie den letzten Kuß mir auf meine Lippen drückte. – ›Annunziata!‹ rief es aufs neue, und das Mädchen verschwand im
Gebüsch! – Sieh, Margaretha, das war der Augenblick, in dem
der mächtige Liebesfunke in meine Seele fiel, der ewig stets
neue Flammen entzündend in mir fortglühen wird! – Wenige
Tage nachher wurde ich hinausgestoßen aus dem Hause. Vater
Blaunas sagte mir, als ich es nicht lassen konnte, von dem En-
gelskinde zu reden, das mir erschienen und dessen süße
Stimme ich zu vernehmen glaubte in dem Rauschen der Bäume, in dem Gelispel der Quellen, in dem ahnungsvollen Sausen des Meers – ja da sagte mir Vater Blaunas, das Mädchen
könne niemand anders gewesen sein, als Nenolos Tochter
Annunziata, die mit ihrer Mutter Franzeska nach dem Landhause gekommen, andern Tages aber wieder abgereiset sei. –

O Mutter – Margaretha. – Hilf Himmel! – Diese Annunziata – es ist die Dogaressa!« – Damit hüllte sich vor unsäglichem Schmerz weinend und schluchzend Antonio in die Kissen ein. »Mein lieber Tonino!« sprach die Alte, »ermanne dich, widerstehe doch nur tapfer dem törichten Schmerz. Ei wer mag denn gleich verzweifeln in Liebesnot, ei wem anders blüht denn das goldene Blümchen Hoffnung als dem Verliebten! Am Abend weiß man nicht, was der Morgen bringt, was man im Traum geschaut, kommt lebendig dahergegangen. Das Schloß, das in den Wolken schwamm, steht mit einemmal blank und herrlich auf der Erde. – Sieh Tonino, du gibst nichts auf meine Reden, aber mein kleiner Finger sagt es mir und wohl noch jemand anders, daß auf dem Meer dir die leuchtende Liebesflagge mit frohem Schwingen entgegenweht – Geduld mein Söhnlein Tonino – Geduld!« – So versuchte es die Alte den armen Antonio zu trösten, denn in der Tat ihre Worte klangen wie liebliche Musik. Er ließ sie gar nicht mehr von sich. Das Bettelweib auf der Franziskanertreppe war verschwunden und statt ihrer sah man die Haushälterin des Herrn Antonio in anständigen Matronenkleidern auf San Marco herumhinken und die Bedürfnisse der Tafel einkaufen.

Der Giovedi grasso war gekommen. Glänzendere Feste als jemals sollten ihn feiern. Mitten auf dem kleinen Platz von San Marco wurde ein hohes Gerüst errichtet für ein besonderes nie gesehenes Kunstfeuer, das ein Grieche, der sich auf solch Geheimnis verstand, abbrennen wollte. Am Abend bestieg der alte Falieri mit seiner schönen Gemahlin, sich spiegelnd in dem Glanze seiner Herrlichkeit, seines Glücks und mit verklärten Blicken alles um sich her auffordernd zum Staunen, zur Bewunderung, die Galerie. Im Begriff, sich auf dem Thron niederzulassen, wurde er aber den Michaele Steno gewahr, der auf derselben Galerie und zwar so Platz genommen hatte, daß er die Dogaressa beständig im Auge behielt

und von ihr notwendig bemerkt werden mußte. Ganz entbrannt von wildem Zorn, von toller Eifersucht schrie Falieri
mit starker, gebieterischer Stimme, man solle augenblicklich
den Steno von der Galerie entfernen. Michaele Steno erhob
den Arm gegen den Falieri, in dem Augenblick traten die Trabanten hinzu und nötigten ihn, der vor Wut mit den Zähnen
knirschte und in den abscheulichsten Verwünschungen Rache
drohte, die Galerie zu verlassen. –

Unterdessen hatte sich Antonio, den der Anblick seiner geliebten Annunziata ganz außer sich selbst gebracht, durch das
Volk fortgedrängt und schritt, tausend Qualen im zerrissenen
Herzen, einsam in dunkler Nacht am Gestade des Meers hin
und her. Er gedachte, ob es nicht besser sei, in den eiskalten
Wellen die brennende Glut zu löschen, als langsam totgefol-
tert zu werden von trostlosem Schmerz. Viel hätte nicht gefehlt, er wäre hineingesprungen in das Meer, schon stand er
auf der letzten Stufe, die hinabführt, als eine Stimme aus einer
kleinen Barke hinaufrief: »Ei, schönen guten Abend, Herr
Antonio!« Im Widerschein der Erleuchtung des Platzes erkannte Antonio den lustigen Pietro, einen seiner vormaligen
Kameraden, welcher in der Barke stand, Federn, Rauschgold
auf der blanken Mütze, die neue gestreifte Jacke bunt bebän-
dert, einen großen schönen Strauß duftiger Blumen in der
Hand. »Guten Abend, Pietro«, rief Antonio zurück, »welch
hohe Herrschaft willst du denn heute noch fahren, daß du
dich so schön geputzt hast?« »Ei«, erwiderte Pietro, indem er
hoch aufsprang, daß die Barke schwankte, »ei Herr Antonio,
heute verdiene ich meine drei Zechinen, ich mache ja die
Fahrt hinauf nach dem Marcusturm und dann hinab, und
überreiche diesen Strauß der schönen Dogaressa.« »Ist denn«,
fragte Antonio, »ist denn das nicht ein halsbrechendes Wage-
stück, Kamerad Pietro!« »Nun«, erwiderte dieser, »den Hals
kann man wohl ein wenig brechen, und dann zumal heute
geht's mitten durch, durch das Kunstfeuer. Der Grieche sagt

zwar, es sei alles so eingerichtet, daß kein Haar einem angehen solle vom Feuer, aber –« Pietro schüttelte sich. Antonio war zu ihm hinabgestiegen in die Barke und wurde nun erst gewahr, daß Pietro dicht vor der Maschine an dem Seil stand, das aus dem Meere stieg. Andere Seile mittelst deren die Maschine angezogen wurde, verloren sich in die Nacht. »Höre Pietro«, fing Antonio nach einigem Stillschweigen an, »höre Kamerad Pietro, wenn du heute zehn Zechinen verdienen könntest, ohne dein Leben in Gefahr zu setzen, würde dir das nicht lieber sein?« »Ei freilich«, lachte Pietro aus vollem Halse. »Nun«, fuhr Antonio fort, »so nimm diese zehn Zechinen, wechsle mit mir die Kleider und überlasse mir deine Stelle. Statt deiner will ich hinauffahren. Tu es mein guter Kamerad Pietro!« Pietro schüttelte bedächtig den Kopf, und sprach das Gold in der Hand wiegend: »Ihr seid sehr gütig, Herr Antonio, mich armen Teufel noch immer Euern Kameraden zu nennen – und freigebig dazu! – Ums Geld ist's mir freilich zu tun, aber der schönen Dogaressa den Strauß selbst in die Hand zu geben, ihr süßes Stimmchen zu hören – ei das ist's doch eigentlich, warum man sein Leben aufs Spiel setzt – Nun – weil Ihr's seid, Herr Antonio, mag's darum sein.« Beide warfen schnell die Kleider ab, kaum war Antonio mit dem Ankleiden fertig, als Pietro rief: »Schnell hinein in die Maschine, das Zeichen ist schon gegeben.« In dem Augenblick leuchtete das Meer auf im flammenden Widerschein von tausend lodernden Blitzen und die Luft, das Gestade erdröhnte von brausenden wirbelnden Donnern. Mitten durch die knisternden zischenden Flammen des Kunstfeuers fuhr mit des Sturmwindes Schnelle Antonio auf in die Lüfte – unversehrt sank er nieder zur Galerie, schwebte er vor der Dogaressa. – Sie war aufgestanden und vorgetreten, er fühlte ihren Atem an seinen Wangen spielen – er reichte ihr den Strauß; aber in der unsäglichsten Himmelswonne des Augenblicks faßte ihn wie mit glühenden Armen der brennende

Schmerz hoffnungsloser Liebe. – Sinnlos – rasend vor Verlangen – Entzücken – Qual, ergriff er die Hand der Dogaressa – drückte er glühende Küsse darauf – rief er mit dem schneidenden Ton des trostlosen Jammers: »Annunziata!« – Da riß ihn die Maschine, wie das blinde Organ des Schicksals selbst, fort von der Geliebten, hinab ins Meer, wo er ganz betäubt, ganz erschöpft in Pietros Arme sank, der seiner in der Barke wartete.

Unterdessen war auf der Galerie des Doge alles in Aufruhr und Verwirrung geraten. An den Sitz des Doge hatte man ein kleines Zettelchen angeheftet gefunden, auf welchem in gemeiner venezianischer Mundart die Worte standen:

> Il Dose Falier della bella muier.
> I altri la gode é lui la mantien.

> Zwar ist der Doge Falier
> Der schönen Dame Eheherr,
> Doch hält er nur und hat sie nie,
> Und andre, die gewinnen sie.

Der alte Falieri fuhr auf in glühendem Zorn und schwor, daß den, der den boshaften Frevel begangen, die härteste Strafe treffen solle. Indem er seine Blicke umherwarf, fiel ihm auf dem Platze unter der Galerie Michaele Steno ins Auge, der in vollem Kerzenschimmer dastand und sogleich befahl er den Trabanten, ihn festzunehmen, als den Urheber jenes Frevels. Alles schrie auf über den Befehl des Doge, der, indem er sich ganz seinem überwallenden Zorn überließ, beide, Signorie und Volk beleidigte, die Rechte der ersteren kränkend, dem letztern die Freude des Festes verderbend. Die Signorie verließ ihre Plätze und nur den alten Marino Bodoeri sah man, wie er sich unter das Volk mischte, voller Eifer von der schweren Beleidigung sprach, die dem Haupte des Staats widerfahren und allen Haß auf den Michaele Steno zu leiten suchte. Falieri hatte sich nicht geirrt, denn in der Tat war Michaele Steno, als er fortgewiesen wurde von der Galerie des Herzogs, nach Hause gelaufen, hatte jene hämische Worte geschrieben, in dem Augenblicke als aller Augen auf das Kunstfeuer gerichtet waren, das Zettelchen an den Stuhl des Doge angeheftet und dann sich unbemerkt wieder entfernt. Recht tückisch gedachte er den empfindlichen Streich zu führen, der beide, Doge und Dogaressa, recht tief, recht ans Leben dringend verwunden sollte. Michaele Steno gestand ganz freimütig die Tat und schob alle Schuld auf den Doge, der ihn zuerst empfindlich gekränkt habe. Die Signorie war längst unzufrieden mit einem Haupt, das, statt die gerechten Erwartungen des Staats zu erfüllen, täglich bewies, wie der kriegerische zornige Mut in dem erkalteten Herzen des abgelebten Greises nur dem Kunstfeuer gleicht, das aus der Rakete ganz gewaltig emporknistert, aber sogleich in schwarzen toten Flocken wirkungslos dahinschwindet. Hiezu kam, daß das Bündnis mit der jungen schönen Frau (längst wußte man, daß er es vor kurzer Zeit als Doge geschlossen), seine Eifersucht, den alten Falieri nicht mehr als Kriegsheld sondern als *vecchio Pantalone* erscheinen ließ und so mußte es geschehen, daß die Signorie gärendes Gift im Innern nährend, mehr geneigt war, dem Michaele Steno recht zu geben, als dem bitter gekränkten Oberhaupt. Von dem Rate der Zehen wurde die Sache verwiesen an die Quarantie, von der Michaele sonst einer der Häupter war. Michaele Steno habe schon genug gelitten, und eine monatliche Verbannung sei genugsame Rüge des Vergehens, so fiel der Rechtsspruch aus, der den alten Falieri aufs neue und stärker erbitterte gegen eine Signorie, die statt das Haupt zu schützen, ihm widerfahrne Kränkungen nur als Vergehen der leichtesten Art zu bestrafen sich unterstand. –

Wie es denn zu gehen pflegt, daß der Liebende, den ein einziger Strahl des Liebesglücks getroffen, Tage, Wochen, Mo-

nate lang von goldenem Schimmer umflossen, Träume des
Himmels träumt, so konnte sich Antonio auch gar nicht erho-
len von der Betäubung des wonnereichsten Augenblicks,
kaum aufatmen vor süßem Weh. – Die Alte hatte ihn tüch-
tig ausgescholten wegen des Wagestücks und murmelte und
brummte unaufhörlich von ganz unnötigem Beginnen. Eines
Tages kam sie aber so seltsam am Stabe hineingetänzelt und ge-
hüpft, wie sie es in ihrer Art hatte, wenn sie von fremdem Zauber berührt schien. Sie kicherte und lachte, ohne auf Antonios
Reden und Fragen zu achten, schürte sie im Kamin ein kleines
Feuer an, setzte ein Pfännchen darauf, kochte, aus allerlei bunten Gläsern Ingredienzien hineinwerfend, eine Salbe, tat sie in
eine kleine Büchse und hinkte damit laut kichernd und lachend
von dannen. Erst am späten Abend kam sie zurück, setzte
sich keuchend und hüstelnd in den Lehnstuhl und fing, wie
von großer Erschöpfung zu sich selbst gekommen, endlich an:
»Tonino, mein Söhnlein, Tonino, von wem komme ich her? –
sieh zu, ob du raten kannst? – von wem komme ich her, von
wem komme ich her?« – Antonio starrte sie an, von seltsamer
Ahnung ergriffen. »Nun«, kicherte die Alte, »von ihr selbst
komme ich her, von dem lieben Täubchen, von der holden Annunziata!« – »Mache mich nicht wahnsinnig, Alte«, schrie Antonio. »Ei was«, fuhr die Alte fort, »ich denke immer an dich,
mein Tonino! – Heute morgen, als ich unter den Säulengängen
des Palastes feilschte um schönes Obst, murmelt das Volk von
dem Unglück, das die schöne Dogaressa betroffen. Ich frage
und frage, da spricht ein großer ungeschlachter roter Kerl, der
gähnend an eine Säule gelehnt Limonien kaut: ›Ei nun, an der
linken Hand der kleine Finger, an dem hat ein Skorpionchen
die jungen Zähnchen probiert und das ist ein bißchen ins Blut
gegangen – nun, mein Herr der Signor Dottore Giovanni Basseggio ist eben oben, der wird nun wohl schon das Händchen
mitsamt dem Finger weggeschnitten haben.‹ Und in dem Augenblick, daß der Kerl das spricht, entsteht ein großes Ge-

schrei auf der breiten Treppe und ein kleines ganz kleines Männlein kugelt, von Fußstößen der Trabanten wie ein Kegel getrieben, die Stufen herab uns vor die Füße, schreiend und lamentierend. Das Volk sammelt sich um ihn herum, laut lachend, der Kleine zerarbeitet sich und strampelt mit den Beinen, ohne in die Höhe kommen zu können, da springt aber der rote Kerl herbei, rafft sein Doktorchen auf, nimmt ihn in die Arme und rennt mit ihm, der immerfort aus vollem Halse schreit und heult, was die Beine laufen können, fort nach dem Kanal, wo er mit ihm in die Gondel hineinsteigt und davonrudert. – Ich dachte es wohl, daß, sowie der Signor Basseggio das Messer ansetzen wollte an das schöne Händchen, der Doge ihn die Treppe hinabstoßen ließ. Ich dacht aber noch weiter! – Geschwind – ganz geschwind nach Hause – das Sälbchen kochen – hinauf damit in den herzoglichen Palast! – Da stand ich auf der großen Treppe, mein blankes Fläschlein in der Hand. Der alte Falieri kam gerade herab, der blitzte und prustete mich an: ›Was will das alte Weib hier?‹ – Aber da machte ich einen Knix tief – tief bis an die Erde, so gut es nur gehen konnte, und sprach, daß ich wohl ein Mittelchen hätte, daß die schöne Dogaressa geheilt sein solle gar bald. Sowie der Alte das hörte, blickte er mich starr an mit recht entsetzlichen Augen und strich sich den grauen Bart zurecht, dann packte er mich bei beiden Schultern und schob mich herauf und hinein in das Gemach, daß ich beinahe der Länge nach hingestürzt wäre. Ach Tonino, da lag das holde Kind hingestreckt auf die Polster, leichenblaß, seufzend und stöhnend vor Schmerz und leise klagend: ›Ach nun bin ich wohl schon durch und durch vergiftet.‹ Aber ich machte mich gleich darüber her und nahm das dumme Pflaster des einfältigen Doktors herab. O Herr des Himmels! die niedliche kleine Hand – blutrot – geschwollen. – Nun nun – meine Salbe kühlte – linderte. – ›Das tut ja wohl, sehr wohl‹, lispelte die kranke Taube. Da rief der Marino ganz entzückt: ›Tausend Zechinen sind dein, Alte! wenn du mir die

Dogaressa rettest‹, und verließ das Zimmer. Drei Stunden hatt ich nun da gesessen, die kleine Hand in meiner haltend und sie streichelnd und pflegend. Da erwachte das liebe Weibchen aus leichtem Schlummer in den sie gesunken und fühlte keinen Schmerz mehr. Nachdem ich den neuen Verband gemacht, blickte sie mich an mit vor Freude leuchtenden Augen. Da sprach ich: ›Ei gnädige Frau Dogaressa, Ihr habt ja auch schon einmal einen Knaben gerettet, da Ihr die kleine Schlange töte-tet, die ihn stechen wollte zum Tode als er schlief.‹ – Tonino! da hättest du sehen sollen wie, als leuchte ein Strahl des Abend-rots hinein, das blasse Antlitz sich schnell färbte – wie die Au-gen funkelndes Feuer blitzten. – ›Ach ja, Alte‹, sprach sie, ›ach ja – ich war noch ein Kind – auf meines Vaters Landhause. – Ach es war ein holder lieber Knabe – o wie gedenk ich noch seiner – es ist mir, als sei seit der Zeit mir gar nichts Glückliches mehr begegnet.‹ – Nun sprach ich von dir, daß du in Venedig wärst, daß du noch alle Liebe, alle Wonne jenes Augenblicks im Herzen trügest – daß du, nur um noch *einmal* in die Him-melsaugen des rettenden Engels zu schauen, die gefährliche Luftfahrt gewagt, daß *du* ihr den Blumenstrauß gegeben hät-test am Giovedi grasso! – Tonino – Tonino! da rief sie wie in Begeisterung: ›Ich hab es gefühlt – ich hab es gefühlt – als er meine Hand an seine Lippen drückte, als er meinen Namen nannte – ach ich wußt es ja nur nicht, was so seltsam mein Innerstes durchdrang, es war wohl Lust, aber auch zugleich Schmerz! – Bring ihn her – her zu mir – den holden Knaben.‹‹ – Antonio warf sich, als die Alte dies sprach, auf die Knie nie-der, und rief wie wahnsinnig: »Herr des Himmels! nur jetzt, nur jetzt laß mich nicht untergehen in irgendeinem ungeheu-ern Schicksal – nur nicht, bis ich sie geschaut, bis ich sie an meine Brust gedrückt.« Er wollte, daß die Alte ihn gleich an-dern Tages hinführen sollte, was sie ihm aber rund abschlug, da der alte Falieri beinahe zu jeder Stunde die kranke Gemahlin zu besuchen pflegte.

Mehrere Tage waren vergangen, die Dogaressa war von der Alten ganz geheilt, aber noch immer blieb es unmöglich, den Antonio hinzuführen. So gut sie es nur vermochte, tröstete die Alte den Ungeduldigen, immer wiederholend, wie sie mit der holden Annunziata von dem Antonio spreche, den sie gerettet und der sie so inbrünstig liebe. Antonio, von tausend Qualen der Sehnsucht, des Verlangens gefoltert, gondelte, lief auf den Plätzen umher. Unwillkürlich lenkten ihn seine Schritte immer und immer wieder nach dem herzoglichen Palast. An der Brücke neben der hintern Seite des Palastes, den Gefängnissen gegenüber, stand Pietro auf ein buntes Ruder gelehnt, im Kanal wogte an Säulen befestigt eine Gondel, die zwar klein, aber mit zierlichem Verdeck, buntem Schnitzwerk, ja mit der venezianischen Flagge geschmückt war, und beinahe dem Bucentoro glich. Sowie Pietro den ehemaligen Kameraden gewahrte, rief er ihm laut zu: »Ei Signor Antonio, seid mir tausendmal gegrüßt! – mit Euern Zechinen ist mir das Glück gekommen!« Antonio fragte ganz zerstreut, was er für ein Glück meine, erfuhr aber nichts Geringeres als daß Pietro beinahe täglich in den Abendstunden den Dogen mit der Dogaressa hinübergondeln mußte nach der Giudecca, wo unfern von San Giorgio Maggiore der Doge ein artiges Haus besaß. Antonio blickte den Pietro starr an, und fuhr dann schnell heraus: »Kamerad, du kannst wieder zehn Zechinen verdienen und mehr wenn du willst. Laß mich deine Stelle vertreten – ich will den Dogen hinüberrudern«; Pietro meinte, daß das gar nicht anginge, da der Doge ihn kenne und eben nur ihm sich anvertrauen wolle; endlich, als Antonio mit dem wilden Zorn, wie er aus dem von tausend Liebesqualen aufgeregten Gemüt hervorsprudelte, in ihn drang, wie er ganz unsinnig schwur, daß er der Gondel nachspringen und ihn herabreißen werde ins Meer, da rief Pietro lachend: »Ei Signor Antonio! Signor Antonio! wie habt Ihr Euch verguckt in die schönen Augen der Dogaressa!« und willigte ein, daß Anto-

nio mitkommen solle als sein Gehülfe beim Rudern, er wolle
die Schwere des Fahrzeugs sowie kränkliche Schwäche vor-
schützen bei dem alten Falieri, dem so bei solcher Fahrt das
Gondeln immer zu langsam ginge. Antonio rannte fort und
kaum war er wieder an der Brücke in schlechten Schifferklei-
dern, mit gefärbtem Gesicht, einen langen Zwickelbart über
die Lippen gehängt, als der Doge herabstieg mit der Dogaressa, beide in herrlichen bunten glänzenden Kleidern. »Wer ist
der fremde Mensch dort«, fuhr der Doge den Pietro zornig an
und nur die heiligsten Versicherungen Pietros, daß er heute
eines Gehülfen bedürfe, konnten den Alten endlich bewegen
zu erlauben, daß Antonio mitgondle.

Es pflegt wohl zu geschehen, daß gerade im Übermaß alles
Entzückens, aller Seligkeit das Gemüt wie gestärkt durch die
Macht des Augenblicks, sich selbst bezwingt und den Flammen gebietet die aus dem Innern hervorlodern wollen. So vermochte Antonio, dicht neben der holden Annunziata, berührt
von dem Saume ihres Kleides, seine Liebesglut zu verbergen,
indem er mit kräftiger Faust das Ruder regierte und größeres
Wagstück scheuend, kaum die Geliebte dann und wann flüchtig anblickte. Der alte Falieri schmunzelte und lächelte, küßte
und streichelte die kleinen weißen Händchen der holden Annunziata, legte den Arm um ihren schlanken Leib. Mitten auf
dem Meere, als der Marcusplatz, das prächtige Venedig mit all
seinen stolzen Türmen und Palästen sich vor den Schiffenden
ausbreitete, da erhob der alte Falieri das Haupt und sprach,
indem er mit stolzen Blicken umherschaute: »Ei mein Liebchen, ist es nicht schön zu schiffen auf dem Meer mit dem
Herrn, mit dem Gemahl des Meers? – Ja mein Liebchen, sei
nicht eifersüchtig auf die Gattin, die demütig uns auf ihrem
Nacken trägt. Hör nur das süße Plätschern der Wellen, sind
das nicht Liebesworte, die sie dem Gemahl zuflüstert, der sie
beherrscht? – Ja ja Liebchen, du trägst meinen Ring am Finger, aber die da unten bewahrt in ihrem tiefsten Busen den

Trauring, den ich ihr zuwarf.« »Ach mein fürstlicher Herr«,
fing Annunziata an, »ach wie sollte denn die kalte böse Flut
deine Gemahlin sein, es wird mir gar schauerlich zumute dabei, daß du dich dem stolzen herrischen Element vermähl-
test.« Der alte Falieri lachte, daß Kinn und Bart wackelten.
»Ängstige dich nicht, Täubchen«, sprach er dann, »besser
ruht sich's ja wohl in deinen weichen warmen Armen als in
dem eiskalten Schoß der Gattin da unten, aber schön ist's zu
schiffen auf dem Meer mit dem Herrn des Meers.« In dem
Augenblick, als der Doge dies sprach, fing eine ferne Musik
zu säuseln an. Über die Meereswellen gleitend, kamen näher
die Töne einer sanften Männerstimme, es wurden die Worte
gesungen:

> Ah! senza amare
> Andare sul mare
> Col sposo del' mare
> Non può consolare

Andere Stimmen fielen ein und in stetem Wechselgesange
wurden jene Worte immer und immer wiederholt, bis der Gesang wie im Hauch des Windes starb. Der alte Falieri schien
auf den Gesang gar nicht zu achten, er erzählte der Dogaressa
vielmehr sehr weitläuftig, was es mit der Feierlichkeit am
Himmelfahrtstage, wenn der Doge von dem Bucentoro den
Ring hinabwerfend, sich dem Meer vermähle, für eine Bewandtnis habe.

Er sprach von den Siegen der Republik, wie ehemals Istrien
und Dalmatien erobert worden unter der Regentschaft Peter
Urseolus des Zweiten, und wie in dieser Eroberung jener Feierlichkeit erster Ursprung liege. Achtete nun der alte Falieri
aber nicht auf jenen Gesang, so ging dafür seine Erzählung
ganz verloren der Dogaressa. *Die* saß da, den Sinn ganz zuge-
wendet den süßen Tönen, die über das Meer schwammen; sie

starrte als der Gesang geendet, mit seltsamem Blick vor sich hin, wie jemand der aus tiefem Traum erwacht, die Bilder noch zu schauen, zu deuten strebt, die ihn umgaukelten. – »*Senza amare – senza amare – non può consolare*«, lispelte sie leise und Tränen glänzten wie helle Perlen in den Himmelsaugen und Seufzer entflohen der Brust, die auf- und niederwallte vor innerer Beklemmung. – Noch immer in vollem Schmunzeln und Lächeln forterzählend trat der Alte, die Dogaressa an der Seite, heraus auf die Balustrade vor seinem Hause bei San Giorgio Maggiore und gewahrte nicht, wie von seltsamen dunklen Gefühlen im Innern aufgeregt, Annunziata sprachlos, den tränenschweren Blick in ein fernes Land gerichtet, wie im Traume neben ihm stand. – Ein junger Mensch in Schifferkleidung stieß in ein muschelartig gewundenes Horn, daß die Töne weit über das Meer hin hallten. Auf dies Zeichen näherte sich eine andere Gondel. Unterdessen war ein Mann, der einen Sonnenschirm trug und eine Frau herangetreten, und so begleitet schritt der Doge mit der Dogaressa nach dem Palast. Jene Gondel landete, Marino Bodoeri mit vielen Personen, unter denen sich Kaufleute, Künstler, ja Leute aus der niedrigsten Volksklasse befanden, stieg aus und folgte dem Doge.

Antonio konnte kaum den andern Abend erwarten, weil er auf frohe Botschaft hoffte von seiner geliebten Annunziata. Endlich, endlich hinkte die Alte herein, setzte sich keuchend in den Lehnsessel, schlug die dürren Knochenhände ein Mal über das andere zusammen und rief: »Tonino – ach Tonino, was ist denn geschehen mit unserm armen Täubchen! – Sowie ich heute hineintrete, liegt sie da auf dem Polster mit halbgeschlossenen Augen, das Köpfchen auf den Arm gestützt, nicht schlummernd, nicht wachend, nicht krank, nicht gesund. – Ich nahe mich ihr, ›ei gnädige Frau Dogaressa‹, spreche ich, ›was ist Euch denn Schlimmes begegnet? – schmerzt Euch wohl noch die kaum geheilte Wunde?‹ – Aber da blickt

sie mich an mit Augen – Tonino! – mit Augen, wie ich sie
noch gar nicht gesehen und kaum hab ich hineingeschaut in
die feuchten Mondesstrahlen, so bergen sie sich hinter die
seidnen Wimpern, wie hinter dunkles Gewölk. Und dann
seufzt sie aus tiefster Brust, und kehrt das holde blasse Antlitz
der Wand zu und lispelt leise, ganz leise, aber so wehmütig,
daß es mir gerade ins Herz sticht: ›*Amare – amare – ah senza
amare!*‹ – Ich hole mir einen kleinen Stuhl, ich setze mich hin
zu ihr, ich fange an von dir zu erzählen. – Sie hüllt sich ein in
die Polster – die schnelleren und schnelleren Atemzüge werden zu Seufzern. – Ich sag's ihr unverholen, daß du verklei-
det bei ihr warst in der Gondel, daß ich dich, der vor Liebe
und Sehnsucht verschmachtet, nun ungesäumt zu ihr bringen
würde. Da fährt sie plötzlich auf von den Polstern und indem
ein Strom heißer Tränen aus ihren Augen stürzt, ruft sie heftig: ›Um Christus, um aller Heiligen willen – nein – nein ich
kann ihn nicht sehen – Alte! – ich beschwöre dich, sag ihm, er
solle niemals, niemals mehr sich mir nahen – niemals, das sag
ihm, er solle Venedig verlassen, schnell verlassen.‹ – ›Nun‹, fall
ich ihr ins Wort, ›nun, so muß denn mein armer Tonino sterben.‹ Da sinkt sie wie von den unsäglichsten Schmerzen gefaßt in die Polster und schluchzt mit von Tränen erstickter
Stimme: ›Muß ich denn nicht auch sterben des bittersten Todes?‹ Da trat der alte Herr Falieri ins Gemach und ich mußte
mich auf seinen Wink entfernen.« »Sie hat mich verworfen –
fort – fort aufs Meer«, schrie Antonio auf in heller Verzweiflung. Die Alte kicherte und lachte nach ihrer gewöhnlichen
Art und rief: »Du einfältig Kind, du einfältig Kind! – wirst du
denn nicht geliebt von der holden Annunziata mit aller Inbrunst, mit aller Liebesqual, die jemals ein weiblich Herz ergriff? – Einfältig Knäblein, morgen am tiefen Abend schleiche
dich in den herzoglichen Palast. In der zweiten Galerie rechts
der großen Treppe wirst du mich finden – und dann wollen
wir sehen was sich weiter begibt.«

Als Antonio bebend vor Sehnsucht am andern Abend die große Treppe hinaufschlich, war es ihm plötzlich als wolle er einen ungeheuern Frevel beginnen. Ganz betäubt vermochte er kaum zitternd und schwankend die Stufen zu ersteigen. Er mußte sich dicht vor der ihm bezeichneten Galerie an einer Säule lehnen. Plötzlich umfloß ihn heller Fackelschein und noch ehe er seinen Platz verlassen konnte, stand der alte Bodoeri dicht vor ihm, von einigen Dienern begleitet, die Fackeln trugen. Bodoeri sah dem Jünglinge starr ins Angesicht und sprach dann: »Ha! du bist Antonio, man hat dich herbestellt, ich weiß es, folge mir nur!« – Antonio, überzeugt, daß die Zusammenkunft mit der Dogaressa verraten, folgte nicht ohne Zagen. Wie erstaunte er, als in ein entferntes Gemach getreten, Bodoeri ihn umarmte und von dem wichtigen Posten sprach, der ihm anvertraut worden und den er noch in dieser Nacht mit Mut und Entschlossenheit behaupten solle. Sein Erstaunen ging aber in Angst über und Entsetzen, da er erfuhr, daß schon seit langer Zeit eine Verschwörung wider die Signorie gereift, an deren Spitze der Doge selbst stehe, daß, wie es in Falieris Hause auf der Giudecca beschlossen, noch in dieser Nacht die Signorie fallen und der alte Marino Falieri als souveräner Herzog von Venedig ausgerufen werden solle. Antonio starrte den Bodoeri sprachlos an, dieser hielt des Jünglings Schweigen für eine Weigerung teilzunehmen an der Ausführung der entsetzlichen Tat, und rief entrüstet: »Feigherziger Tor! aus dem Palast kommst du nun nicht mehr, entweder du stirbst oder ergreifst mit uns die Waffen, aber sprich erst mit diesem!« Aus dem dunklen Hintergrunde des Zimmers trat eine hohe edle Gestalt hervor. Sowie Antonio das Antlitz des Mannes, den er nur erst im Schein der Kerzen bemerken und erkennen konnte, erblickte, stürzte er nieder auf die Knie und rief, ganz außer sich selbst gebracht durch die nicht geahnte Erscheinung: »O heiliger Herr des Himmels! mein Vater Bertuccio Nenolo, mein teurer Pfle-

ger!« – Nenolo hob den Jüngling auf, schloß ihn in seine
Arme und sprach dann mit sanfter Stimme: »Wohl bin ich
Bertuccio Nenolo, den du vielleicht auch in dem Meeresgrunde begraben glaubtest und der erst seit kurzer Zeit der
schmählichen Gefangenschaft des wilden Morbassan entgangen. Bertuccio Nenolo, der dich aufnahm und der nicht ahnen
konnte, daß die unvernünftigen Diener, die Bodoeri abschick-
te, als er das ihm verkaufte Landhaus in Besitz nehmen wollte, dich hinausstoßen würden aus dem Hause. – Verblendeter
Jüngling! du stehst an, die Waffen zu ergreifen gegen eine despotische Kaste, deren Grausamkeit dir den Vater raubte? – Ja,
gehe hin in den Hof des Fontego, es ist deines Vaters Blut,
dessen Spuren du noch schauen kannst auf den Steinen des
Bodens. Als die Signorie den deutschen Kaufleuten das Kaufhaus, welches du unter dem Namen des Fontego kennst,
übermachte, wurde jedem, dem man Gemächer einräumte,
verboten, die Schlüssel bei der Abreise an sich zu behalten,
er mußte sie bei dem Fontegaro lassen. Diesem Gesetz hatte
dein Vater entgegengehandelt und war schon deshalb schwerer Strafe verfallen. Als nun aber bei der Rückkunft des Vaters
die Gemächer geöffnet wurden, fand sich unter seinen Waren
eine Kiste venezianischer falsch ausgeprägter Münzen. Vergebens beteuerte er seine Unschuld, es war nur zu gewiß, daß irgendein hämischer Teufel, vielleicht der Fontegaro selbst, die
Kiste hineingebracht hatte, um deinen Vater zu verderben. –
Die unerbittlichen Richter mit dem Beweise, daß die Kiste in
deines Vaters Gemächern gefunden, zufrieden, verurteilten
ihn zum Tode! – Auf dem Hofe des Fontego wurde er hingerichtet. – Auch *du* wärst nicht mehr, wenn die treue Margare-
the dich nicht rettete. – Ich, deines Vaters treuster Freund,
nahm dich auf; damit du dich der Signorie nicht selbst verraten möchtest, verschwieg man dir deines Vaters Namen. –
Aber nun, nun Anton Dalbirger, nun ist es Zeit, nun ergreife
die Waffen und räche an den Häuptern der Signorie den

schmählichen Tod deines Vaters.« Antonio, vom Geist der
Rache beseelt, gelobte den Verschwornen Treue und unbe-
zwingbaren Mut. – Es ist bekannt, daß der Schimpf, den Bertuccio Nenolo von dem über die Seerüstungen gesetzten
Dandulo, der ihm bei einem Streit ins Gesicht schlug, erfahren, ihn bewog, mit dem ehrgeizigen Schwiegersohn sich wider die Signorie zu verschwören. Beide, Nenolo und Bodoeri
wünschten dem alten Falieri den Fürstenmantel, um selbst
mit ihm zu steigen. – Man wollte (so war der Plan der Verschwornen) die Nachricht ausbreiten, die genuesische Flotte
liege vor den Lagunen. In der Nacht sollte dann die große
Glocke auf dem Marcusturm gezogen und die Stadt zu er-
dichteten Verteidigungen gerufen werden. Auf dieses Zeichen
sollten die Verschwornen, deren Anzahl beträchtlich und
durch ganz Venedig verbreitet war, den Marcusplatz beset-
zen, sich der Hauptplätze der Stadt bemächtigen, die Häupter
der Signorie ermorden, und den Dogen als souveränen Herzog von Venedig ausrufen. Der Himmel wollte aber nicht,
daß dieser Mordanschlag gelingen und die Grundverfassung
des bedrängten Staats durch den alten von Stolz und Übermut
entflammten Falieri in den Staub getreten werden sollte. Die
Versammlungen auf der Giudecca in Falieris Hause waren der
Wachsamkeit des Rats der Zehen nicht entgangen, aber unmöglich blieb es, etwas Gewisses zu erfahren. Da rührte einen
der Verschwornen, einen Pelzhändler aus Pisa, Bentian geheißen, das Gewissen, er wollte seinen Freund und Gevatter, den
Nicolao Leoni, der im Rate der Zehen saß, vom Untergange
retten. In der Abenddämmerung begab er sich zu ihm, und
beschwor ihn in der Nacht nicht das Haus zu verlassen, es
möge auch geschehen was da wolle. Leoni, von Argwohn ergriffen, hielt den Pelzhändler fest und erfuhr, als er in ihn
drang, den ganzen Anschlag. In Gemeinschaft mit Giovanni
Gradenigo und Marco Cornaro berief er nun den Rat der Zehen nach St. Salvator und von hier aus wurden in weniger als

drei Stunden Maßregeln ergriffen, die alle Unternehmungen der Verschwornen im ersten Aufglimmen ersticken mußten.

Dem Antonio war es aufgetragen, mit einem Trupp nach dem Marcusturm zu gehen und die Glocken anziehen zu lassen. Sowie er hinkam, fand er den Turm stark besetzt von Arsenaltruppen, die, als er sich nahen wollte, mit Hellebarden auf ihn eindrangen. Von plötzlichem Todesschreck ergriffen stäubte sein Haufen auseinander, er selbst entwischte in der Dunkelheit der Nacht. Dicht hinter sich hörte er Tritte eines Menschen, der ihm nachsetzte, er fühlte sich ergriffen, schon wollte er den Verfolger niederstoßen, als er bei einem plötzlich aufschimmernden Licht den Pietro erkannte. »Rette dich«, rief dieser, »rette dich Antonio! in meine Gondel, es ist alles verraten – Bodoeri – Nenolo – sind in der Gewalt der Signorie – die Tore des herzoglichen Palastes geschlossen – der Doge eingesperrt in sein Gemach – wie ein Verbrecher bewacht von seinen eignen treulosen Trabanten – fort fort.« – Halb sinnlos ließ sich Antonio hineinschleppen in die Gondel. – Dumpfe Stimmen – Klirren der Waffen – einzelne Angstrufe – dann trat mit der tiefsten Finsternis der Nacht lautlose schauerliche Stille ein. Am andern Morgen erblickte der von Todesschrecken zermalmte Pöbel das entsetzliche Schauspiel, das jedes Blut in den Adern gerinnen machte. Der Rat der Zehen hatte noch in derselben Nacht das Todesurteil über die Häupter der Verschwornen, die ergriffen worden, gefällt. Erdrosselt wurden sie auf dem kleinen Platze zur Seite des Palastes von der Galerie herabgelassen, wo der Doge sonst den Feierlichkeiten zuzuschauen pflegte – ach! wo Antonio vor der holden Annunziata schwebte, wo sie von ihm den Blumenstrauß empfing. – Unter den Leichnamen befanden sich Marino Bodoeri und Bertuccio Nenolo. Zwei Tage nachher wurde der alte Marino Falieri von dem Rate der Zehen verurteilt und auf der sogenannten Riesentreppe des Palastes hingerichtet. –

Wie bewußtlos war Antonio umhergeschlichen, niemand griff ihn an, denn niemand kannte ihn als einen der Verschwornen. Als er des alten Falieri graues Haupt fallen sah, da fuhr er auf, wie aus schwerem Todestraum. – Mit dem Schrei des wildesten Entsetzens – mit dem Ausruf: »Annunziata!« stürzte er in den Palast, durch die Galerieen. – Niemand hielt ihn auf, die Trabanten starrten ihn an wie betäubt von dem Fürchterlichen, das sich soeben zugetragen. Die Alte hinkte ihm entgegen laut jammernd und klagend, sie ergriff seine Hand, noch einige Schritte und er trat mit ihr in Annunziatas Gemach. Da lag die Arme entseelt auf den Polstern. Antonio stürzte hin zu ihr, er bedeckte ihre Hände mit glühenden Küssen, er rief die Geliebte mit den süßesten, zärtlichsten Namen. Da schlug sie die holden Himmelsaugen langsam auf, sie sah Antonio – erst war es, als müsse sie sich auf ihn besinnen, doch plötzlich raffte sie sich auf, umschlang ihn mit beiden Armen, drückte ihn an ihre Brust – benetzte ihn mit heißen Tränen – küßte seine Wangen – seine Lippen. »Antonio – mein Antonio – ich liebe dich unaussprechlich – ja es gibt noch einen Himmel auf Erden! – Was ist des Vaters – des Oheims – des Gatten Tod gegen die Seligkeit deiner Liebe – o laß uns fliehen – von dieser blutigen Mordstätte!« – So rief Annunziata, zerrissen von dem bittersten Schmerz und der glühendsten Liebe. Unter tausend Küssen, unter tausend Tränen schwuren sich die Liebenden ewige Treue, sie vergaßen die furchtbaren Ereignisse der schrecklichsten Tage, den Blick von der Erde abgewandt schauten sie auf in den Himmel, den ihnen der Geist der Liebe erschlossen. Die Alte riet nach Chiozza zu fliehen, Antonio wollte dann zu Lande in umgekehrter Richtung weiter herauf nach seinem Vaterlande. Freund Pietro verschaffte ihm eine kleine Barke, die an der Brücke bei der hintern Seite des Palastes angelegt wurde. Eingehüllt in tiefe Schleier schlich Annunziata als es Nacht worden, mit dem Geliebten, von der alten Margaretha, die in der Kapuze reiche Juwelenkästchen trug, begleitet, über die Treppen hinab. Unbemerkt kamen sie an die Brücke, stiegen sie hinein in die Barke. Antonio ergriff das Ruder und fort ging es in schneller rüstiger Fahrt. Wie ein fröhlicher Liebesbote tanzte der helle Mondesschimmer auf den Wellen vor ihnen her. Sie waren auf hoher See. Da begann es seltsam zu pfeifen und zu sausen in hoher Luft – finstere Schatten kamen gezogen und hingen sich wie dunkle Schleier über das leuchtende Antlitz des Mondes. Der tanzende Schimmer, der fröhliche Liebesbote sank herab in die schwarze Tiefe voll dumpfer Donner. Der Sturm erhob sich und jagte die düstern, zusammengeballten Wolken mit zornigem Toben vor sich her. Hoch auf und nieder flog die Barke. »O hilf, o Herr des Himmels!« schrie die Alte. Antonio, des Ruders nicht mehr mächtig, umschlang die holde Annunziata, die, von seinen glühenden Küssen erweckt, ihn mit der Inbrunst der seligsten Liebe an ihren Busen drückte. »O mein Antonio!« – »o meine Annunziata!« So riefen sie des Sturms nicht achtend, der immer entsetzlicher tobte und brauste. Da streckte das Meer, die eifersüchtige Witwe des enthaupteten Falieri, die schäumenden Wellen wie Riesenarme empor, erfaßte die Liebenden und riß sie samt der Alten hinab in den bodenlosen Abgrund! –

Als der Mann im Mantel auf diese Weise seine Erzählung geendet hatte, sprang er schnell auf und verließ mit starken raschen Schritten das Zimmer. Die Freunde sahen ihm stillschweigend und ganz verwundert nach, dann traten sie aufs neue vor das Gemälde. Der alte Doge schmunzelte sie wieder an, in törichtem Prunk und faselnder Eitelkeit, aber als sie nun der Dogaressa recht ins Antlitz schauten, da gewahrten sie wohl, wie die Schatten eines unbekannten, nur geahnten Schmerzes auf der Lilienstirn lagen, wie sehnsüchtige Liebesträume unter den dunklen Wimpern hervorleuchteten und um die süßen Lippen schwebten. Aus dem fernen Meer, aus den duftigen Wolken, die San Marco einhüllten, schien die feindliche Macht Tod und Verderben zu drohen. Die tiefere Bedeutung des anmutigen Bildes ging ihnen klar auf, aber auch alle Wehmut der Liebesgeschichte Antonios und Annunziatas kehrte, sooft sie das Bild auch noch anblicken mochten, wieder und erfüllte ihr innerstes Gemüt mit süßen Schauern.

## Edgar Allan Poe
# Die Verabredung

Unglücklicher und geheimnisvoller Mann! – verirrt in den Strahlengängen deiner eignen Phantasie, versehrt-versunken in den Flammen deiner eignen Jugend! Im Geiste noch wieder einmal schaue ich dich! Noch einmal ist deine Gestalt mir erstanden! – nicht – oh, nicht wie du bist – im kalten Tale jetzt und Schatten – doch wie du sein *solltest* – verschwendend ein Leben prächtiger Meditation in jener Stadt trübdämmriger Gesichte, deinem eignen Venedig – das da ein stern-geliebtes Elysium ist der See, und dessen palladionische Paläste aus weiten Fensteraugen mit tiefem und bitterm Sinn hinab blicken auf die Geheimnisse ihrer schweigenden Wasser. Ja! Ich wiederhol' es – wie du sein *solltest*! Gewißlich gibt es andre Welten denn diese – andre Gedanken denn die Gedanken der Menge – andre Grübeleien als die des Sophisten. Wer denn soll deinen Wandel in Frage stellen? wer dich schelten für deine visionär-verträumten Stunden, oder jene Beschäftigungen, die nur das überschwengliche Verströmen deiner unerschöpflichen Wirkenskräfte warn, als Vergeudung des Lebens verklagen?

Es war zu Venedig, unter jenem Bogengewölb, das dort der *Ponte dei Sospiri* heißt, daß ich zum dritten oder vierten Male die Person traf, von der ich spreche. Nur verwirrt ist meine Erinnerung, da ich nun die Umstände jener Begegnung mir wieder zu Gedächtnis bringe. Doch ich entsinn' mich – ah, wie sollte ich das vergessen? – der tiefen Mitternacht, der

Seufzerbrücke, der Frauenschönheit und des Genius der Romantik, der in dem engen Kanale auf und nieder schritt.

Es war eine Nacht von ungewöhnlicher Düsternis. Die große Uhr der Piazza hatte tönend die fünfte Stunde des italienischen Abends geschlagen. Das Platzgeviert vor dem Campanile lag schweigend und verlassen, und die Lichter im alten Dogenpalast schwanden rasch und verloschen. Ich befand mich auf dem Heimwege von der Piazzetta, auf dem Canal Grande. Als nun meine Gondel gegenüber der Mündung des Canal San Marco anlangte, brach plötzlich aus seinen tiefdunkeln Winkeln eine weibliche Stimme über die Nacht herein, in einem wilden, hysterischen und lang hinhallenden Gellschrei. Verwirrt von dem Laut sprang ich auf die Füße: indessen der Gondoliere sein einziges Ruder, das er hatte fahren lassen, in der pechschwarzen Dunkelheit verlor, ohne die mindeste Aussicht, es wiederzuerlangen, und wir in Folge dessen der Strömung anheim gegeben waren, die hier von dem größern in den kleinern Kanal drängt. Wie ein ungeheurer und schwarzgefiederter Kondor trieb unsre Gondel nun langsam abwärts auf die Seufzerbrücke zu, als wohl tausend Fackeln, aufblitzend hinter den Fenstern und niederhastend in den Treppenhäusern des Dogenpalasts, jäh plötzlich jenes tiefe Finsterdunkel in bleichlich violettes und übernatürliches Taglicht tauchten.

Ein Kind war den Armen seiner Mutter entglitten und von einem obern Fenster des hochragenden Baus ins tiefe Dunkel des Kanals gefallen. Die stillen Wasser hatten sich sanftmilde über ihrem Opfer geschlossen; und wiewohl meine Gondel die einzige war, die in Sicht, suchte bereits so mancher wakkere Schwimmer im Strome vergeblich an der Oberfläche den Schatz, der ach! allein im Abgrundsschlunde noch gefunden werden konnte. Auf den breiten, schwarzmarmornen Pflasterplatten aber am Eingang des Palasts, und ein paar wenige Stufen nur über dem Wasser, stand eine Gestalt, die niemand,

der sie damals erblickte, seither vergessen haben kann. Es war
die Marchesa Aphrodite – die Anbetung von ganz Venedig –
die Fröhlichste der Fröhlichen – die Lieblichste, wo alles
Schönheit war – und aber doch die Frau des alten und ränke-
vollen Mentoni, und die Mutter jenes zarten Kindes, ihres ersten und einzigen, das nun tief unter dem trübdüstern Wasser
in Herzensbitternis ihrer süßen Zärtlichkeiten gedachte und
sein kleines Leben in Anstrengungen verhauchte, ihren Namen zu rufen. […]

Alle Anstrengungen erwiesen sich als vergeblich. Mochten
auch viele auf das tatkräftigste die Suche betreiben, schließlich
erschlafften sie doch in ihrem Bemühn und ergaben sich einem dumpfen Kummer. Nur wenig Hoffnung schien noch
für das Kind zu bestehen; (wieviel weniger denn für die Mutter!) doch da trat aus dem Innern jener dunkeln Nische, von
der bereits erwähnt ward, daß sie einen Teil des Gefängnisses
der alten Republik bildete und dem Gitterfenster der Marchesa gegenüber lag, hin in den Lichtbereich eine mit einem
Mantel vermummte Gestalt und stürzte sich, indem sie nur einen Augenblick lang am Rande des schwindelnden Schlundes
verhielt, kopfüber in den Kanal. Und als der Unbekannte im
Augenblick später mit dem noch lebenden und atmenden
Kinde in den Armen auf den Marmorstufen neben der Marchesa stand, da löste sich sein vom aufgesogenen Wasser
schwerer Mantel und entdeckte, zu Füßen ihm in Falten nie-
derfallend, den staunenden Zuschauern die anmutige Gestalt
eines sehr jungen Mannes, dessen Namens Klang im größern
Teile Europas damals in aller Munde war.

Kein Wort sprach der Erretter. Doch die Marchesa! Sie will
nun ihr Kind entgegennehmen – sie will es ans Herz drük-
ken – sie will sich klammern an seine kleine Gestalt und will
es ersticken mit ihren Zärtlichkeiten. Aber ach! *eines Andern*
Arme haben es dem Fremden abgenommen – *eines Andern*
Arme haben es weggenommen und es davongetragen, unbe-

merkt, weit fort in den Palast! Und die Marchesa! Ihre
Lippe – ihre schöngeschwungene Lippe zittert: Tränen sam-
meln sich in ihren Augen – jenen Augen, die wie des Plinius
Akanthus »sanft sind und fast fließend«. Ja! Tränen sammeln
sich in jenen Augen – und siehe! das ganze Weib erbebt im
Grunde seiner Seele, und die Statue erwacht zum Leben! Die
Blässe der marmornen Züge, das Schwellen des marmornen
Busens, die reine Keuschheit der marmornen Füße sehn wir
plötzlich überströmt von einer Flutwelle wild-unbändigen
Rots; und ein leichter Schauder zittert über ihre köstliche Gestalt, wie wohl zu Napoli ein sanftes Lüftchen hin über die
üppigen Silberlilien im Grase streicht.

Was hatte die Dame denn Grund, so zu erröten? Auf diese
Frage gibt es keine Antwort – es sei denn die, daß sie in der
brennenden Hast und im Erschrecken des Mutterherzens
beim Verlassen der Abgeschiedenheit ihres *boudoir* nicht
daran gedacht hat, ihre winzig-zierlichen Füße den Fesseln
der Pantoffeln zu unterwerfen, und gänzlich vergaß, ihren venetianischen Schultern jene Gewandung überzuwerfen, die
ihnen zukommt. Welcher andere Grund wäre denkbar für ein
solches Erröten? – für das Glänzen jener wilden flehenden
Augen? für den ungewöhnlichen Aufruhr jenes pochend be-
benden Busens? – den krampfhaften Druck jener zitternden
Hand? – jener Hand, die wie zufällig niedersank auf die Hand
des Fremden, als Mentoni sich in den Palast wandte. Was
mochte der Grund sein für den leisen – den einzigartig leisen
Ton jener sinnleeren Worte, welche die Dame hastig äußerte,
da sie Abschied von ihm nahm? »Du hast gesiegt –« sagte sie,
oder das Murmeln des Wassers täuschte mich – »du hast gesiegt – eine Stunde nach Sonnaufgang – werden wir uns wie-
dersehn – so laß es sein!«

Der Aufruhr hatte sich gelegt, die Lichter im Palaste waren
langsam erloschen, und der Fremde, den ich nun grüßte, stand
allein auf den Stufen. Eine unbegreifliche Erregung schüttelte

ihn, und sein Auge ging unstet suchend nach einer Gondel in die Runde. Das mindeste, das ich tun konnte, war, ihm die Dienste meiner eigenen anzutragen; er nahm diese Höflichkeit an. Nachdem wir sodann beim Wassertore ein Ruder erhalten hatten, fuhren wir zusammen zu seiner Wohnung, währenddem er rasch seine Selbstbeherrschung zurückgewann und von unserer frühern flüchtigen Bekanntschaft in Ausdrücken von ersichtlich großer Herzlichkeit sprach. [...]

Als ich ihn in der Nacht unseres Abenteuers verließ, ersuchte er mich, und zwar in einer, so fand ich, fast nötigenden Weise, doch am nächsten Morgen in aller Frühe schon bei ihm vorbeizukommen. Kurz nach Sonnaufgang stellte ich mich demgemäß bei seinem Palazzo ein, einem jener ungeheuern Bauwerke von düsterem, doch phantastischem Gepränge, die sich in der Nähe des Rialto über den Wassern des Canal Grande türmen. Ich ward eine breite, gewundene Mosaiktreppe hinan in ein Gemach gewiesen, dessen unvergleichliche Pracht mit einem förmlichen Blendschein durch die sich öffnende Türe brach und mich blind und schwindeln machte vor schier verschwenderischer Überfülle. [...]

Obgleich, ich sagte es, die Sonne bereits aufgegangen, war doch der Raum noch strahlend erleuchtet. Ich urteile aus diesem Umstande, wie auch aus einer gewissen Blässe der Erschöpfung auf den Zügen meines Freundes, daß er während der ganzen vergangenen Nacht nicht das Bett aufgesucht habe. Nach Architektur und Ausschmückung war das Gemach mit der offenbaren Bestimmung entworfen worden, zu blenden und zu verblüffen. Nur wenig hatte man auf die *decora* dessen geachtet, was technisch ›harmonische Wohnlichkeit‹ heißt, oder auf nationale Eigentümlichkeiten. Das Auge wanderte von Gegenstand zu Gegenstand und blieb auf keinem ruhen – weder auf den Grotesken der griechischen Maler, noch den Skulpturen der besten italienischen Tage, noch den gewaltigen Bildwerken des rohen Egypten. Reiche Vorhänge

in jedem Teil des Raums zitterten zur Schwingung leiser,
schwermütiger Musik, deren Ursprung sich nicht erkennen
ließ. Die Sinne wurden bedrückt von vermischten und wider-
streitenden Düften, die von sonderbaren konvoluten Weih-
rauchfässern aufwallten, im Verein mit mannigfaltigen flak-
kernden und flimmernden Zungen von smaragdfarbenem
und violettem Feuer. […]

»Kommen Sie!« sagte er jäh, »lassen Sie uns trinken! Es ist
noch früh – doch lassen Sie uns trinken. Es ist *tatsächlich* noch
früh«, fuhr er träumerisch fort, als ein Cherub mit schwerem
goldenen Hammer das Gemach vom Schlag der ersten Stunde
nach Sonnaufgang widerhallen ließ – »es ist *tatsächlich* noch
früh, doch was tut's? lassen Sie uns trinken! Lassen Sie uns ein
Trankopfer darbringen jener solemnen Sonne, deren Licht
zu dämpfen diese prunkenden Lampen und Rauchgefäße so
eifernd bemüht sind!« Und nachdem er mich genötigt, ihm
mit einem Humpen Bescheid zu tun, stürzte er in rascher
Folge verschiedentliche Becher von dem Wein hinunter.

»Zu träumen«, fuhr er fort, nun wieder im Tone seiner un-
zusammenhängenden Konversation, und hielt ans reiche
Licht eines Räuchergefäßes eine der prächtigen Vasen – »zu
träumen ist das Geschäft meines Lebens gewesen. Ich habe
mir darum, Sie sehen's, ein Gehäuse aus Träumen erbaut.
Konnt' ich im Herzen Venedigs ein besseres errichten? Sie
sehn hier in der Runde, es ist wahr, ein Wirrgemisch architek-
tonischer Ausschmückungen. Die Reinheit Ioniens wird beleidigt von antediluvianischen Einfällen, und die Sphinxe
Egyptens liegen ausgestreckt auf Teppichen von Gold. Doch
allein dem Furchtsamen macht das einen ungereimten Effekt.
Eigenheiten von Ort und besonders von Zeit sind die Schreck-
gespenster, welche die Menschheit von der Betrachtung des
Herrlichen abhalten. Einstmals war ich selbst ein Dekorist:
doch jene Veredelung des Unsinns hat für meine Seele ihren
Reiz verloren. All dies hier paßt nun um so besser für meinen

Zweck. Wie bei diesen arabesken Räucherfässern windet sich
mein Geist in Feuer, und das Delirium dieser Szene bereitet
mich für die wilderen Visionen jenes Lands wirklicher Träume, dahin ich nun in Eile scheide.« Hier hielt er jählich inne,
ließ den Kopf auf die Brust sinken und schien einem Laut zu
lauschen, den ich nicht vernehmen konnte. Schließlich reckte
sich seine Gestalt hoch auf, er blickte empor und stieß die
Verse des Bischofs von Chichester hervor: –

> »In jenem hohlen Tale harre mein
> Und sei gewiß: einst stell' auch ich mich ein!«

Im nächsten Augenblick warf er sich, die Macht des Weins be-
kennend, in voller Länge auf eine Ottomane.

Ein rascher Schritt ließ da sich auf der Treppe hören, und
alsbald folgte ein lautes Klopfen an der Tür. Ich eilte, einer
zweiten Störung zuvorzukommen, doch da brach schon ein
Page von Mentonis Haushalt in das Zimmer und stammelte
mit vor Bewegung halberstickter Stimme die unzusammen-
hängenden Worte: »Meine Herrin! – meine Herrin! – vergiftet! Oh schöne – oh herrliche Aphrodite!«

Voller Verstörung flog ich zu der Ottomane und mühte
mich, den Schläfer zu einem Bewußtsein der erschreckenden
Kunde wachzurütteln. Doch seine Glieder warn steif – seine
Lippen warn leichenbleich – seine vor kurzem noch strahlenden Augen waren *im Tode* erstarrt. Ich taumelte zurück
zum Tisch – meine Hand fiel auf einen zersprungenen und
schwarz angelaufenen Becher – und die Erkenntnis der ganzen entsetzlichen Wahrheit zuckte wie ein Blitz durch meine
Seele.

HONORÉ DE BALZAC
# Massimilla Doni

Wie die Kenner wissen, ist der venezianische Adel der erste
Europas. Sein Goldenes Buch ist älter als die Kreuzzüge – die
Zeit, da Venedig, ein Überrest des kaiserlichen und christlichen Rom, sich in die Fluten stürzte, um den Barbaren zu entrinnen, schon damals mächtig, damals schon berühmt, eine
Beherrscherin der Welt der Politik und des Handels. Mit einigen Ausnahmen ist dieser Adel heute völlig verarmt. Unter
den Gondolieri, die die Engländer dort rudern, wo die Welt-
geschichte ihnen ihre eigene Zukunft zeigt, finden sich Söhne
ehemaliger Dogen, deren Geschlecht älter ist als das der regierenden Häuser. Auf der Brücke, unter der unsere Gondel hin-
durchgleitet, falls man einmal nach Venedig reist, kann man
ein wundervolles, schlicht gekleidetes junges Mädchen anschauen, ein armes Kind, das vielleicht einer der erlauchtesten
Patrizierfamilien angehört. Wenn es so um ein Volk von Königen bestellt ist, finden sich darin, wie es nicht anders sein
kann, absonderliche Charaktere. Es ist nicht weiter ungewöhnlich, daß inmitten der Aschenreste Funken aufsprühen.
Diese Bemerkungen sollen dazu dienen, die Seltsamkeit der in
dieser Geschichte auftretenden Gestalten zu rechtfertigen; sie
sollen nicht weitergeführt werden, da nichts unerträglicher ist
als die Wiederholungen an häufig Gesagtem durch diejenigen,
die nach so vielen großen Dichtern und kleinen Vergnügungs-
reisenden über Venedig reden. Lediglich im Interesse der Erzählung war es erforderlich, auf den auffälligsten Gegensatz

im menschlichen Dasein hinzuweisen: auf die Größe und die
bittere Not, die sich dort bei gewissen Menschen wie in der
Mehrzahl der Wohnstätten findet. Die Adligen Venedigs und
Genuas, wie ehedem auch diejenigen Polens, trugen keine Titel. Quirini, Doria, Brignole, Morosini, Sauli, Fieschi (Fies-
ko), Cornaro oder Spinola zu heißen genügte dem höchsten
Stolz. Alles fällt der Verderbnis anheim, und so tragen heute
einige Familien Adelstitel. Immerhin bestand in den Zeiten, da die Adligen der aristokratischen Republiken einander
gleichgestellt waren, in Genua ein Fürstentitel für die Familie
Doria, die über Amalfi die volle Souveränität besaß, und in
Venedig gab es einen ähnlichen Titel, der durch Besitz von alters her legitimiert war, für das Geschlecht der Facino Cane,
nämlich den Titel eines Fürsten von Varese. Sehr viel später
erst bemächtigten sich die Grimaldi Monacos und herrschten
dort als unabhängige Fürsten. Der letzte Cane aus der älteren
Linie verschwand dreißig Jahre vor dem Sturz der Republik
aus Venedig; er war mehr oder weniger verbrecherischer Fre-
veltaten wegen verurteilt worden. Diejenigen, an die jenes Ti-
tular-Fürstentum fiel, die Cane Memmi, gerieten während der
verhängnisvollen Zeitspanne zwischen 1797 und 1814 in tief-
ste Not. Im zwanzigsten Jahre dieses Jahrhunderts waren sie
nur noch durch einen jungen Mann namens Emilio vertreten und durch einen Palazzo, der als eines der schönsten
Schmuckstücke des Canale Grande galt. Dieser Sproß des
schönen Venedigs besaß als ganzes Vermögen jenen unnützen
Palazzo und fünfzehnhundert Francs Einkünfte, die von einem Landhaus an der Brenta herrührten, dem letzten Besitz,
den die Familie ehedem auf der Terra ferma besessen hatte; es
war an die österreichische Regierung verkauft worden. Diese Leibrente schützte den schönen Emilio vor der Schmach,
gleich vielen Adligen die Unterstützung von täglich zwanzig
Soldi entgegenzunehmen, wie sie der Abtretungsvertrag mit
Österreich allen bedürftigen Patriziern zugestanden hatte.

Zu Beginn der Wintersaison befand jener junge Herr sich auf einem Landgut am Fuß der Tiroler Alpen, das im letzten Frühling von der Herzogin Cataneo gekauft worden war. Das von Palladio für die Familie Tiepolo gebaute Haus besteht aus einem viereckigen Pavillon reinsten Stils. Man gewahrt dort eine grandiose Treppe, marmorne Säulenhallen an jeder Fassade, Säulengänge mit von Fresken bedeckten Gewölben, die durch das Ultramarin des Himmels schwerelos gemacht werden; es schweben darin entzückende Gestalten, üppig in der Ausführung, aber so gut proportioniert, daß das Bauwerk sie trägt wie eine Frau ihren Kopfputz, mit einer Leichtigkeit, die das Auge erfreut; kurzum, alles ist von jener edlen Anmut, die in Venedig die Prokurazien an der Piazzetta auszeichnet. Wundervoll entworfene Stuckornamente bewahren in den Gemächern eine Kühle, die die Luft angenehm macht. Die äußeren, mit Fresken bemalten Umgänge bilden Lichtschirme. Überall ist der kühle venezianische Bodenbelag vorhanden, bei dem Marmorstückchen sich in unveränderliche Blumen verwandeln. Das Mobiliar bot, wie das italienischer Palazzi, die schönsten überreich verwendeten Seidenstoffe dar, sowie gut gehängte, kostbare Gemälde: einige von dem Genueser Priester, genannt »il Capucino«, mehrere von Lionardo da Vinci, von Carlo Dolci, von Tintoretto und Tizian. Die gestaffelten Gartenanlagen stellen jene Wunderwerke dar, bei denen das Gold in Grotten mit inkrustierten Muscheln und kleinen Steinen verwandelt worden ist, in Schmuckwerk aus winzigen Kieseln, die wie zur Narrheit entartete Mühewaltung anmuten; Terrassen, wie sie Feen hätten erbauen können; streng getönte Boskette, wo hohe, fest wurzelnde Zypressen, dreieckige Pinien, der bekümmerte Ölbaum bereits geschickt mit Orangenbäumen, Lorbeersträuchern und Myrten gemischt sind; klare Wasserbecken, in denen azurblaue und zinnoberrote Fische schwimmen. Was man auch zugunsten englischer Gärten sagen möge, diese schirmförmig ge-

stutzten Bäume, diese beschnittenen Taxusgebilde, dieser Luxus an Kunsterzeugnissen, der sich so raffiniert demjenigen
einer drapierten Natur vermählt; diese Kaskaden aus Marmorstufen, die das Wasser zaghaft hinabgleitet und dabei an-
mutet wie eine vom Wind entführte Schärpe, die jedoch immerfort ersetzt wird; diese Figuren aus vergoldetem Blei,
die so diskret verschwiegene Zufluchtsstätten ausschmücken;
kurzum, dieser kühne Palazzo, der von allen Seiten her dadurch den Blickpunkt bildet, daß er sein Spitzenwerk am Fuß
der Alpen entfaltet; diese lebendigen Gedanken, die den Stein,
die Bronze und die Gewächse beleben oder sich in Beetanla-
gen bekunden, dieser ganze poetische Überschwang paßte
vortrefflich zu der Liebe einer Herzogin und eines gut aus-
sehenden jungen Mannes; einer Liebe, die ein den Zwecken
der rohen Natur entrücktes Dichtwerk ist. Wer etwas für
Phantasie übrig hat, hätte nur zu gern auf einer dieser schönen
Treppen neben einer Vase, die ringsum mit Reliefs geschmückt war, einen bis zur Körpermitte mit einem roten
Schurz drapierten kleinen Neger erblickt, der mit der einen
Hand der Herzogin einen Sonnenschirm über den Kopf hielt
und mit der andern die Schleppe ihres langen Kleides, während sie den Worten Emilio Memmis lauschte. Und wieviel
hätte der Venezianer nicht gewonnen, wenn er gekleidet gewesen wäre wie einer der Senatoren, die Tizian gemalt hat?
Leider gehorchte in diesem Feenpalast, der dem der Peschiere
in Genua recht ähnlich sieht, die Cataneo den Fermanen der
Victorine und den französischen Modistinnen. Sie trug ein
Musselinkleid und einen Hut aus Reisstroh, hübsche, tauben-
halsfarbene Schuhe und Zwirnstrümpfe, die der leichteste Ze-
phir hinweggetragen hätte; sie hatte um die Schultern einen
schwarzen Spitzenschal! Aber was in Paris nie verstanden
worden wäre, wo die Frauen in ihre Kleider eingezwängt sind
wie die Wasserjungfern in ihre geringelten Puppenfutterale,
das ist die köstliche Ungezwungenheit, mit der diese schöne

Tochter Toskanas das französische Gewand trug; sie hatte es italianisiert. Die Französin legt einen unglaublichen Ernst in ihren Rock, während eine Italienerin sich wenig darum kümmert, ihn durch keinen steifen Blick verteidigt; denn sie weiß sich unter dem Schutz einer einzigen Liebe, einer Leidenschaft, die für sie so heilig und ernst ist wie für andere.

Es war gegen elf Uhr vormittags; sie war von einem Spaziergang heimgekehrt und lag auf einem Sofa hingestreckt, vor einem Tisch, auf dem die Überbleibsel eines eleganten Frühstücks zu sehen waren; so überließ die Herzogin Cataneo dem Blick ihres Liebhabers völlig jenen Musselin, ohne ihm durch die leiseste Geste ein »Pst!« zu gebieten. Emilio saß neben ihr auf einer Bergère, hielt eine der Hände der Herzogin in den seinen und betrachtete sie völlig hingerissen. Man frage nicht, ob sie einander liebten; das taten sie nur zu sehr. Sie waren nicht damit beschäftigt, im Buch zu lesen wie Paolo und Francesca; davon waren sie weit entfernt; Emilio wagte nicht zu sagen: »Wir wollen weiterlesen!« Beim Leuchten jener Augen, in denen zwei grüne Pupillen schimmerten, getigert durch Goldfäden, die von der Mitte ausgingen wie das Aufglänzen von Rissen und die dem Blick das weiße Geflimmer eines Sterns zuteil werden ließen, verspürte er in sich eine nervöse Wollust, die ihn bis zur Verkrampfung gelangen ließ. Dann und wann begnügte er sich damit, das schöne, schwarze Haar dieses vergötterten Kopfs anzuschauen, das, durch einen schlichten Goldreif zusammengehalten, zu beiden Seiten einer stark gewölbten Stirn in leuchtenden Flechten niederfiel, und dabei belauschte er in seinen Ohren das beschleunigte Pochen seines aufwallenden Blutes; es drohte, die Adern des Herzens zu zersprengen. Durch welches geistige Phänomen hatte seine Seele sich so sehr seines Körpers bemächtigt, daß er sich nicht mehr in sich selbst, sondern bei dem geringsten Wort, das sie mit einer Stimme sagte, die in seinem Innern die Quellen des Lebens aufwühlte, gänzlich in dieser Frau fühlte? Wenn in der Einsamkeit eine unablässig eingehend gemusterte Frau von mäßiger Schönheit zu etwas Erhabenem und Eindrucksvollem wird, dann gelangt vielleicht eine so wunderbar schöne Frau wie die Herzogin dahin, einen jungen Menschen, bei dem der Überschwang einen Antrieb gefunden hatte, förmlich zu betäuben; denn sie hatte diese junge Seele tatsächlich in sich eingesogen.

Massimilla war die Erbin des Florentiner Geschlechts der Doni und hatte den sizilischen Herzog Cataneo geheiratet. Beim Vermitteln dieser Ehe hatte ihre betagte, inzwischen verstorbene Mutter sie entsprechend den Gepflogenheiten des Florentiner Lebens reich und glücklich machen wollen. Sie hatte gemeint, daß ihre Tochter, als sie das Kloster verließ, um ins Leben einzutreten, den Gesetzen der Liebe gemäß jene zweite Herzensehe eingehen werde, die für eine Italienerin alles bedeutet. Allein Massimilla Doni hatte im Kloster großes Gefallen an einem frommen Leben gefunden, und als sie vor dem Altar dem Herzog von Cataneo Treue gelobt, hatte sie sich christlich damit abgefunden, seine Frau zu sein. Das nun aber war unmöglich. Cataneo, der nichts als eine Herzogin hatte haben wollen, fand es höchst dumm, ein Ehemann zu sein; als Massimilla sich über sein Verhalten beschwert hatte, da hatte er ihr in aller Ruhe gesagt, sie solle sich doch auf die Suche nach einem *primo cavaliere servente* machen, und sich sogar erboten, ihr mehrere zur Auswahl vorzuführen. Die Herzogin hatte geweint, der Herzog sich von ihr abgewandt. Massimilla musterte die sie umdrängende Welt, wurde von ihrer Mutter zur Pergola, in ein paar Diplomatenhäuser, in die Cascine geführt, überallhin, wo man jungen hübschen Kavalieren begegnete; sie fand niemanden, der ihr gefiel, und begab sich auf Reisen. Sie verlor ihre Mutter, erbte, trug Trauer, kam nach Venedig, und dort sah sie Emilio; er ging an ihrer Loge vorüber und wechselte mit ihr einen neugierigen Blick. Damit war alles geregelt. Der Venezianer fühlte sich wie vom Blitz

getroffen; der Herzogin rief eine Stimme zu: »Der ist's!«
Überall anders hätten zwei vorsichtige, gebildete Menschen
einander geprüft und beschnuppert; aber diese beiden Ah-
nungslosen verschmolzen wie zwei Substanzen gleicher Art,
die nur noch eine einzige bilden, wenn sie einander begegnen.
Massimilla wurde sogleich Venezianerin und kaufte den Palazzo, den sie am Cannaregio gemietet hatte. Da sie nicht
wußte, wozu sie ihre Einkünfte verwenden sollte, hatte sie
auch Rivalta erworben, den Landbesitz, wo sie sich gegenwärtig befand. Emilio, der der Cataneo durch die Vulpato
vorgestellt worden war, kam während des ganzen Winters
höchst ehrerbietig in die Loge seiner Freundin. Nie zuvor ist
in zwei Seelen die Liebe heftiger gewesen, und nie schüchter-
ner in ihren Ausdrücken. Diese beiden kindhaften Menschen
zitterten voreinander. Massimilla kokettierte nicht; sie hatte
weder einen »secondo«, einen »terzo«, noch einen »papio«.
Ein Lächeln oder ein Wort nahmen sie ein; sie bewunderte
ihren jungen Venezianer mit dem spitzigen Gesicht, der langen, schmalen Nase, den schwarzen Augen und der edlen
Stirn, der, ungeachtet ihrer naiven Ermutigungen, erst nach
drei Monaten, die sie benutzt hatten, um miteinander vertraut
zu werden, zu ihr ins Haus gekommen war. Der Sommer wartete mit seinem morgenländischen Himmel auf, die Herzogin
klagte, daß sie allein nach Rivalta übersiedeln müsse. Emilio,
den dieses Alleinsein mit ihr gleichzeitig beglückte und beunruhigte, hatte Massimilla zu ihrem Zufluchtsort begleitet.
Dort weilte das hübsche Paar jetzt seit einem halben Jahr.

Massimilla hatte mit ihren zwanzig Jahren nicht ohne hef-
tige Gewissensbisse ihre frommen Skrupel der Liebe aufgeop-
fert; aber langsam hatte sie sich entwaffnet; sie wünschte, die
von ihrer Mutter so sehr gerühmte Herzenssehe jetzt zu vollziehen, nun Emilio ihre schöne, edle, schmale, seidigweiße
Hand hielt, die in gut geformte Fingernägel auslief; sie waren
gefärbt, als habe sie aus Asien ein wenig von dem Henna emp-

fangen, das den Sultansfrauen dazu dient, sie lebhaft rosarot zu färben. Ein Massimilla unbekanntes Unglück, unter dem jedoch Emilio grausam litt, hatte sich sonderbarerweise zwischen sie geworfen. Massimilla war zwar jung, hatte jedoch das Majestätische, das die mythologische Tradition der Juno zuschreibt, der einzigen Göttin, der die Mythologie keinen Liebhaber gegeben hat; denn Diana ist geliebt worden, die keusche Diana hat geliebt! Einzig Jupiter hat sich darauf verstanden, vor seiner göttlichen Ehehälfte nicht die Fassung zu verlieren, nach der so viele englische Ladies sich geformt haben. Emilio hatte seine Geliebte viel zu hoch gestellt, als daß er ihr zu nahe getreten wäre. Ein Jahr später wäre er vielleicht nicht mehr der edlen Krankheit anheimgefallen, die nur sehr junge oder sehr alte Männer überkommt. Aber wie derjenige, der weit übers Ziel hinausschießt, von diesem ebenso weit entfernt ist wie der, dessen Pfeil es nicht erreicht, befand die Herzogin sich zwischen einem Ehemann, der sich vom Ziel so weit entfernt wußte, daß er sich überhaupt nicht mehr darum kümmerte, und einem Liebhaber, der mit weißen Engelsfittichen so schnell darüber hinausflog, daß er nicht dazu zurückzugelangen vermochte. Massimilla war glücklich, geliebt zu werden, sie genoß das Begehren, ohne sich vorzustellen, worauf es hinauslaufen könne, während ihr im Glück unglücklicher Liebhaber seine junge Freundin von Zeit zu Zeit durch eine Verheißung an den Rand dessen führte, was alle Frauen als »den Abgrund« bezeichnen, und sie sah sich gezwungen, die ihn säumenden Blumen zu pflücken, ohne etwas anderes tun zu können, als sie zu zerzupfen und dabei in ihrem Herzen eine Wut zu verspüren, die sie nicht auszudrücken wagte. Sie waren beide miteinander gelustwandelt und hatten sich in den Morgen hinein immer wieder einen Liebeshymnus gesagt, wie ihn die in den Bäumen nistenden Vögel singen. Nach der Rückkehr hatte der Jüngling, dessen Situation nur dadurch gekennzeichnet werden kann, daß man sie mit derjeni-

gen der Engel vergleicht, denen die Maler nur einen Kopf und
Flügel geben, sich so heftig verliebt gefühlt, daß er die ganze
Zuneigung der Herzogin in Zweifel gezogen, bis er sie dahin
gebracht hatte, ihn zu fragen: »Welchen Beweis dafür ver-
langst du?« Dieser Ausspruch war mit königlicher Miene getan worden, und Memmi hatte glühend die schöne, ahnungs-
lose Hand geküßt. Plötzlich sprang er voller Wut über sich
selber auf und ließ Massimilla allein. Die Herzogin verblieb in
ihrer lässigen Pose auf dem Sofa; aber sie weinte dabei, sie
überlegte, in was sie, die doch jung und schön war, Emilio
mißfallen könne. Der arme Memmi seinerseits stieß mit dem
Kopf gegen die Bäume wie eine angegriffene Krähe. Eben
jetzt war ein Diener auf der Suche nach dem jungen Venezianer, und er lief ihm nach, um ihm einen Brief zu übergeben,
den ein Eilbote gebracht hatte.

Marco Vendramini, welcher Name im venezianischen Dialekt, der gewisse Endlaute unterdrückt, einfach Vendramin
ausgesprochen wird, sein einziger Freund, teilte ihm mit, daß
Marco Facino Cane, der Fürst von Varese, in einem Pariser
Spital gestorben sei. Die Bestätigung seines Abscheidens sei
eingetroffen. Auf diese Weise wurden die Cane Memmi Fürsten von Varese. In den Augen der beiden Freunde war ein Titel ohne Geld bedeutungslos; deshalb verkündete Vendramin
Emilio als eine sehr viel wichtigere Nachricht, das Teatro Fenice habe den berühmten Tenor Genovese und die hochbe-
rühmte Signora Tinti engagiert. Emilio las den Brief nicht zu
Ende, sondern zerknitterte ihn und steckte ihn in die Tasche;
dann lief er zur Herzogin Cataneo, um ihr die große Neuig-
keit mitzuteilen; seine heraldische Erbschaft vergaß er. Die
Herzogin wußte nichts von der merkwürdigen Geschichte,
die die Tinti der Neugier von ganz Italien empfahl; der Fürst
erzählte sie ihr in ein paar Worten. Jene berühmte Sängerin
war eine einfache Gasthofsmagd gewesen, deren wundervolle
Stimme einen auf Reisen befindlichen großen Herrn aus Sizi-

lien überrascht hatte. Die Schönheit jenes damals zwölfjähri-
gen Mädchens hatte sich als ihrer Stimme würdig erwiesen,
und so hatte der große Herr die Standhaftigkeit besessen, jene
kleine Person erziehen zu lassen wie vormals Ludwig XV.
Mademoiselle de Romans. Er hatte geduldig gewartet, bis
Claras Stimme von einem berühmten Lehrer ausgebildet worden und bis das Mädchen sechzehn Jahre alt war, um dann alle
diese so sorgsam gehegten Schätze zu genießen. Bei ihrem ersten Auftreten im Vorjahr hatte die Tinti die drei am schwie-
rigsten zu befriedigenden Großstädte Italiens entzückt.

»Ich bin sicher, daß jener große Herr nicht mein Mann ist«,
sagte die Herzogin.

Sogleich wurden Pferde bestellt, und die Cataneo reiste un-
verzüglich nach Venedig ab, um der Eröffnung der Wintersaison beizuwohnen. So überquerte denn an einem schönen No-
vemberabend der neugebackene Fürst von Varese von Mestre
aus die Lagune nach Venedig, zwischen der Pfahlbreite mit
den österreichischen Farben, die von der Zollbehörde den
Gondeln eingeräumt worden ist. Der arme Emilio sah zu der
Gondel der Cataneo hinüber, die ein livrierter Lakai ruderte
und die etwa in Büchsenschußweite vor ihm das Meer durch-
furchte, während die seine von einem alten Gondoliere gelenkt wurde, der bereits seinen Vater gerudert hatte, damals,
als Venedig noch am Leben gewesen war; Emilio konnte bitterer Gedanken nicht Herr werden, die die Bekleidung mit
seinem Titel ihm eingab.

»Welch ein Hohn des Schicksals! Fürst zu sein und fünfzehnhundert Francs Einkünfte zu haben. Einen der schönsten
Palazzi der Welt zu besitzen und nicht über den Marmor, die
Treppen, die Gemälde, die Bildwerke verfügen zu können,
weil ein österreichisches Dekret sie unlängst als unveräußer-
lich bezeichnet hat! Auf einem Pfahlrost von Kampeschen-
holz zu wohnen, dessen Wert auf nahezu eine Million geschätzt wird, und kein Mobiliar zu besitzen! Der Herr prunk-

voller Wandelgänge zu sein und in einer Kammer über dem
höchsten Arabeskenfries zu wohnen, der aus Marmor erbaut
worden ist, der von Morza stammt, das schon zu Römerzei-
ten ein Memmius erobernd durchstreift hat! In einer der herr-
lichsten Kirchen Venedigs seine Vorfahren auf ihren Gräbern
in kostbaren Marmor gemeißelt zu sehen, in einer Kapelle, die
mit Malereien von Tizian, Tintoretto, den beiden Palma, Bellini und Paolo Veronese geschmückt ist, und keinen marmornen Memmi nach England verkaufen zu können, damit der
Fürst von Varese sein Brot hat! Genovese, der berühmte Tenor, bekommt innerhalb einer Saison für seine Triller das Ka-
pital der Zinsen, von denen ein Abkömmling des Geschlechts
der Memmii, die römische Senatoren waren und genauso alt
wie das Geschlecht Caesars und Sullas, in Freuden leben
könnte! Genovese kann eine Huka mit westindischem Tabak
rauchen, und der Fürst von Varese kann nicht mal nach Belie-
ben Zigarren kaufen!«

Und er warf seinen Zigarrenstummel ins Meer. Der Fürst
von Varese fand seine Zigarren bei der Cataneo vor, der er so
gern alle Reichtümer der Erde dargebracht hätte; die Herzogin unterrichtete sich über alle seine Neigungen und war
glücklich, sie zu befriedigen! Bei ihr mußte er seine einzige
Mahlzeit einnehmen, das Abendessen; denn sein Geld ging
für seine Kleidung und seine Eintrittsgelder für das Fenice
drauf. Dabei war er noch genötigt, jährlich hundert Francs für
seines Vaters alten Gondoliere abzuzweigen, der, um ihn bei
dieser Entlohnung rudern zu können, von nichts als Reis lebte. Und schließlich mußte er doch auch die Tassen schwarzen
Kaffees bezahlen können, die er allmorgendlich im Café Florian zu sich nahm, um bis zum Abend in einer nervösen Erregung verbleiben zu können, ein Mißbrauch, an dem er zu
sterben gedachte, wie Vendramin seinerseits am Opium.

»Und dabei bin ich Fürst!« Als Emilio Memmi sich das sagte, warf er Marco Vendraminis Brief in die Lagune, wo er

schwamm wie ein Papierschiffchen, das ein Kind hinein-
gesetzt hat. – »Dabei ist dieser Emilio erst dreiundzwanzig
Jahre alt«, fuhr er fort. »Das ist besser, als wie Lord Welling-
ton die Gicht zu haben, wie der Regent Paralytiker zu sein,
wie die kaiserlich österreichische Familie an der Fallsucht zu
kranken, wie der König von Frankreich …« Doch als ihm der
König von Frankreich einfiel, legte Emilios Stirn sich in Falten, sein elfenbeinfarbener Teint wurde gelb, aus seinen
schwarzen Augen rollten Tränen und feuchteten die langen
Lider; er schob mit einer Hand, die würdig gewesen wäre,
von Tizian gemalt zu werden, seinen dichten braunen Haar-
schwall zurück, und richtete den Blick wieder auf die Gondel
der Cataneo.

»Dabei wiederholt der Hohn, den das Schicksal sich gegen
mich herausnimmt, sich gar noch in meiner Liebe«, sagte er
sich. »Mein Herz und meine Phantasie sind reich an Schätzen,
Massimilla weiß nichts von ihnen; sie ist Florentinerin, sie
wird sich von mir abwenden. In ihrer Nähe zu Eis erstarren,
wenn ihre Stimme und ihr Blick in mir himmlische Gefühle
entfachen! Ich sehe ihre Gondel kaum hundert Handlängen
von der meinen entfernt, und dabei ist mir, als werde mir ein
glühendes Eisen ins Herz gestoßen. Ein unsichtbares Flui-
dum fließt in meine Nerven und setzt sie in Glut, über meine
Augen breitet sich eine Wolke, die Luft scheint mir die gleiche
Farbe zu haben, die sie in Rivalta hatte, wenn das Tageslicht
durch einen rotseidenen Vorhang glitt und wenn ich, ohne
daß sie mich sah, sie bewunderte, wenn sie träumte und klug
lächelte wie Lionardos Mona Lisa. Entweder endet meine
Herrlichkeit durch einen Pistolenschuß, oder der Sproß der
Cane folgt dem Rat seines alten Carmagnola; wir werden Seeleute, Piraten, und wir machen uns den Spaß, mitanzusehen,
wie lange wir am Leben bleiben, ehe wir gehängt werden.«

Der Fürst nahm eine neue Zigarre und schaute den Arabesken ihres Rauchs nach, die er in den Wind blies, gleich als wolle

er in den launischen Wirbeln eine Wiederholung seines letzten
Gedankens erblicken. Schon von weitem nahm er die maurischen Spitzen der Ornamente wahr, die seinen Palazzo krön-
ten; da wurde er wieder traurig. Die Gondel der Herzogin
war im Cannaregio verschwunden. Die phantastischen Aus-
malungen eines romantischen, gefahrvollen Lebens, zu dem
er als Lösung seiner Liebe gegriffen hatte, erloschen wie seine
Zigarre, und die Gondel seiner Freundin wies ihm nicht länger den Weg. Da sah er abermals die Gegenwart so vor sich,
wie sie war: als einen Palazzo ohne Seele, als eine Seele ohne
Einwirkung auf den Körper, als ein Fürstentum ohne Geldmittel, als einen leeren Körper und ein volles Herz, als tausend zur Verzweiflung treibende Gegensätze. Der Unglückliche beweinte sein altes Venedig, wie es, bitterer noch, Vendramini beweinte; denn ein gemeinsamer, tiefer Schmerz und ein
gleiches Schicksal hatten eine gegenseitige, lebendige Freundschaft zwischen den beiden jungen Menschen entstehen lassen, den Überbleibseln zweier erlauchter Familien. Emilio
konnte nicht umhin, an die Tage zu denken, da der Palazzo
Memmi aus allen Fenstern Licht gespien und von Musik wi-
dergehallt hatte, die weit hinaus über die Wogen der Adria getragen worden war; da man an den Pfählen Hunderte von
Gondeln vertäut gesehen; da man auf den von den Fluten ge-
küßten Stufen seiner Freitreppe elegante Masken und die
Würdenträger der Republik sich in Massen hatte drängen sehen; da seine Salons und seine Wandelgänge von einer Ränke schmiedenden und Ränken unterworfenen Gesellschaft
erfüllt waren; da der große Festsaal, in dem Tafeln mit la-
chenden, spottenden Gästen standen, und seine Galerien mit
dem luftigen, von Musik durchklungenen Umgang ganz Venedig zu bergen schienen, das die von Gelächter erdröhnen-
den Treppen hinauf und hinab schritt. Der Meißel der besten
Künstler hatte von Jahrhundert zu Jahrhundert die Bronze zi-
seliert, die jetzt die langhalsigen oder bauchigen, in China ge-

kauften Vasen trug, und die der Kandelaber mit den tausend
Kerzen. Jedes Land hatte seinen Anteil an dem Luxus geliefert, der die Wände und Decken schmückte. Heute schwiegen
und weinten die ihrer schönen Stoffbespannungen beraubten
Wände, die düsteren Zimmerdecken. Keine türkischen Tep-
piche mehr, keine Kronleuchter mit Blumengewinden, keine Statuen, keine Gemälde, weder Freude noch Geld, dieses
große Beförderungsmittel der Freude! Venedig, dieses London des Mittelalters, verfiel von Stein zu Stein, von Mensch
zu Mensch. Das finstere Grün, das das Meer am Fuß der Palazzi beibehält und hegt, war für die Augen des Fürsten jetzt
wie eine dunkle Franse, die die Natur dort als Zeichen des Todes angebracht hatte. Schließlich war dann noch ein großer
englischer Dichter gekommen und hatte sich auf Venedig niedergelassen wie ein Rabe auf einem Leichnam, um ihm in lyrischer Dichtung, dieser ersten und letzten Sprache der
menschlichen Gemeinschaften, die Stanzen eines *De profun-
dis*« zuzukrächzen! Englische Poesie einer Stadt ins Antlitz
geworfen, die die italienische Poesie erzeugt hatte…! Armes
Venedig!

Man stelle sich das Erstaunen eines in solcherlei Gedanken
versunkenen jungen Menschen vor, als Carmagnola glücklich
ausrief: »Erlauchte Herrlichkeit, der Palazzo brennt, oder die
alten Dogen sind wiedergekehrt. Die Fenster der obersten
Galerie sind hell!«

Der Fürst Emilio glaubte, sein Traum sei durch den Schlag
eines Zauberstabs verwirklicht worden. Bei hereinbrechender
Dunkelheit konnte der alte Gondoliere, der seine Gondel an
der ersten Stufe angehalten hatte, seinen jungen Herrn absetzen, ohne daß er von einem der vielen Leute bemerkt worden
wäre, die sich im Palazzo zu schaffen machten, einige von ihnen summten auf der Freitreppe umher wie Bienen am Flug-
loch eines Bienenkorbs. Emilio schlüpfte in die riesige Säulen-
vorhalle, in der die schönste Treppe Venedigs begann, und

durchschritt sie geschmeidig, um der Ursache dieses seltsamen Abenteuers auf den Grund zu gehen. Eine ganze Heerschar von Arbeitern beeilte sich, die Möblierung und Ausschmückung des Palazzo zu vollenden. Das erste, Venedigs altem Glanz würdige Stockwerk bot Emilios Blicken all die schönen Dinge dar, die er sich kurz zuvor erträumt hatte, und die Fee hatte sie mit erlesenem Kunstsinn verteilt. Eine Pracht, die des Schlosses eines königlichen Emporkömmlings würdig gewesen wäre, funkelte auch in den winzigsten Einzelheiten. Emilio schritt umher, ohne daß er im mindesten beachtet wurde, und er schritt von Überraschung zu Überraschung. Er war neugierig zu sehen, was im zweiten Stockwerk vor sich ging; er stieg hinauf und sah, daß die Einrichtung fix und fertig war. Unbekannte, die der Zauberer damit beauftragt hatte, die Wunder von Tausendundeiner Nacht zugunsten eines armen italienischen Fürsten aufs neue erstehen zu lassen, brachten Ersatz für ein paar dürftige Möbelstücke, die in der ersten Hast hereingebracht worden waren. Fürst Emilio gelangte in das Schlafzimmer der Gemächerfolge; es lächelte ihm entgegen wie eine Muschel, der Venus hätte entstiegen sein können. Jenes Zimmer war auf eine so köstliche Weise schön, so trefflich herausgeputzt, so kokett, so erfüllt von liebenswürdigen, raffinierten Zierlichkeiten, daß er sich in eine Bergère aus vergoldetem Holz sinken ließ, vor der das leckerste kalte Souper serviert worden war; er machte keine großen Umstände, er fing an zu essen.

»Auf der ganzen Welt wüßte ich niemanden, der sich dieses Fest ausgedacht haben könnte, als Massimilla. Sie hat erfahren, daß ich Fürst geworden bin, vielleicht ist der Herzog von Cataneo gestorben und hat ihr seine Güter hinterlassen; jetzt ist sie doppelt so reich, sie wird mich heiraten, und ...« Und er aß, daß ein kranker Millionär ihn sicherlich gehaßt haben würde, wenn er ihm beim Verschlingen dieses Soupers zugeschaut hätte, und er trank in Strömen einen ausgezeichneten

Portwein. – »Jetzt kann ich mir die verschmitzte Miene erklären, die sie aufgesetzt hatte, als sie mir sagte: ›Bis heute
abend!‹ Vielleicht wird sie kommen und mich entzaubern.
Welch schönes Bett, und unter dem Betthimmel, welch hübsche Laterne…! Pah! So recht der Einfall einer Florentinerin.«

CHARLES DICKENS
# Ein italienischer Traum

Ich bin einige Tage lang fortwährend gereist und habe in der
Nacht kaum geruht, noch weniger am Tage. Neue Eindrücke
waren an mir in schneller, ununterbrochener Folge vorüber-
gezogen, kehrten in traumhafter Weise wieder zurück und
durchwanderten in verwirrender Menge meinen Geist, während ich auf einer einsamen Straße weiterreiste. Hie und da
hielten einige von diesen Bildern in ihrem rastlosen Kommen
und Gehen inne und verstatteten es mir, sie eingehender zu
betrachten und deutlicher wahrzunehmen. Nach einigen Augenblicken verschwand alles wieder wie bei einer Laterna ma-
gica. Und indem ich einige Bilder sehr klar sah, andere ver-
schwommen und wieder andere überhaupt nicht, erspähte ich
kürzlich geschaute Orte, wie noch immer hinter mir verwei-
lend und wie neu vor mir auftauchend. Doch kaum von mir
wahrgenommen, verwandelte sich alles sogleich in etwas anderes.

Einmal stand ich wieder vor den altersgrauen Kirchen Mo-
denas. Als ich die sonderbaren Säulen mit ihren greulichen
Bestien als Sockel wiedererkannte, schien es mir, als stünden
sie auf einem der stillen Plätze Paduas, wo sich die ehrwürdige
alte Universität erhob, und die dort befindlichen Gestalten
gruppierten sich, sittsam gekleidet, auf dem weiten Gelände ringsum. Dann schlenderte ich am Rand dieser reizvollen
Stadt umher und bewunderte die ungewöhnlich schmucken
Wohnhäuser, Gärten und Obsthaine, wie ich sie wenige Stun-

den vorher erblickt hatte. Gleich darauf ragten an ihrer Stelle vor mir die beiden Türme Bolognas empor, aber die beeindruckendste dieser Sehenswürdigkeiten konnte nicht eine Minute standhalten vor dem gewaltigen, an eine Festung gemahnenden Schloß in Ferrara. Gleich einer Illustration zu einem Schauerroman erschien es wieder im rötlichen Licht der aufgehenden Sonne, über die verödete Stadt mit ihren grasbewachsenen Straßen gebietend. Kurzum, in meinem Kopf herrschte jener zusammenhanglose, doch keineswegs unangenehme Wirrwarr, der allen Italienreisenden eigentümlich ist und dem sie sich meist willig überlassen. Jedes Rütteln und Schütteln der Kutsche, in der ich, vor mich hindösend, im Finstern saß, schien eine neue Erinnerung von ihrem Platz zu verdrängen und eine noch neuere an deren Stelle treten zu lassen, und in dieser Verfassung schlummerte ich ein.

Wie ich glaube, erwachte ich nach einiger Zeit durch ein plötzliches Anhalten des Wagens. Es war schon völlig Nacht, und wir befanden uns dicht am Meer. Dort lag ein schwarzes Boot mit einer Kajüte von der gleichen tristen Farbe. Kaum daß ich darin Platz genommen hatte, wurde das Boot von zwei Männern auf ein großes, weit draußen im Meer glänzendes Licht zugerudert.

Dann und wann vernahm man ein schauerliches Seufzen des Windes. Der Wind kräuselte das Wasser, wiegte das Boot und jagte die dunklen Wolken an den Sternen vorüber. Ich konnte nicht umhin zu denken, wie seltsam es wäre, zu solch einer Stunde hinauszufahren, das Land hinter sich zu lassen und auf jenes Licht draußen im Meer zuzusteuern. Bald begann es immer heller zu leuchten, und aus einem Licht wurde mit einem Male ein ganzer Wald brennender Kerzen, die auf dem Wasser glänzten und funkelten, während das Boot auf einer traumhaften, durch Pfosten und Pfähle bezeichneten Fahrtrinne immer näher an sie heranglitt.

Wir mochten etwa fünf Meilen auf dem dunklen Wasser zu-

rückgelegt haben, als ich die See in meinem Traum ganz nahe
gegen irgendein Hindernis branden hörte. Aufmerksam
hinausspähend, erkannte ich durch die Dunkelheit etwas
Schwarzes, Massiges, an eine Büste gemahnend, aber glatt auf
dem Wasser liegend wie ein Floß. Wir glitten daran vorüber,
und der ältere der Ruderer sagte, daß es sich um einen Friedhof handele.

Voller Erstaunen und Verwunderung über einen Friedhof
hier draußen auf dem einsamen Meer wandte ich mich um,
damit ich ihn mir nochmals näher betrachten könnte, aber er
war bereits meinen Augen entschwunden. Bevor ich noch
recht wußte wie, entdeckte ich, daß wir durch eine Straße glitten – eine wahrhaft gespenstische Straße. Zu beiden Seiten erhoben sich Häuser aus dem Wasser, und das schwarze Boot
glitt unter den Fenstern dahin. In einigen der Fenster brannten Kerzen, die sich in der schwarzen Flut spiegelten.
Ringsum herrschte tiefes Schweigen.

So gelangten wir mehr und mehr in die geisterhafte Stadt
hinein, immerzu durch enge, vom Wasser durchflutete Straßen und Gassen. Manchmal waren die Ecken, um die wir fahren mußten, so spitz und schmal, daß es schier unmöglich
schien, mit dem langen, schlanken Boot hier zu wenden. Aber
mit einem leisen, melodischen Warnungsruf ließen die Ruderer das Boot ohne jede Unterbrechung weitergleiten. Zuweilen beantworteten die Ruderer eines anderen schwarzen Bootes den Ruf, und indem sie ihre Fahrt – wir taten, glaube ich,
ein gleiches – verlangsamten, glitten sie wie ein dunkler Schatten an uns vorüber. Andere Boote von der gleichen düsteren
Farbe lagen an bemalten Pfeilern vertäut vor Toren, die sich
unmittelbar zum Wasser hin öffneten. Einige dieser Boote waren leer, in anderen hatten sich die Ruderer zum Schlaf ausgestreckt. Einem dieser Boote sah ich einige Gestalten sich nähern; in festlichen Gewändern und von Fackelträgern begleitet, kamen sie durch einen finsteren Torweg aus einem Palast.

Ich konnte nur einen flüchtigen Blick auf sie werfen, denn eine Brücke, die so tief und nah auf das Boot herabreichte, als wollte sie auf uns herabstürzen und uns zerschmettern – eine der vielen Brücken, die durch den Traum spukten –, entzog sie sogleich wieder meiner Sicht. Weiter fuhren wir in diese merkwürdige Stadt hinein – überall Wasser, wo es sonst kein Wasser gibt – ganze Häusergruppen, Kirchen, Paläste, mitten aus der Flut emporsteigend – und überall dieselbe ungewöhnliche Stille. Jetzt schossen wir quer über einen breiten, offenen Strom und glitten dann, so glaube ich, an einem großen gepflasterten Kai vorbei, wo strahlende Lampen lange Reihen massiger, starker Bogen und Pfeiler beleuchteten, die dem Auge so leicht erschienen, als bestünden sie aus Reif oder Spinnweben. Dort sah ich auch zum ersten Male Menschen gehen. Dann erreichten wir eine Treppenflucht, die vom Wasser zu einem großen Haus hinaufführte, in dem ich mich, nachdem ich unzählige Korridore und Galerien durchwandert hatte, zur Ruhe legte und noch dem Hin- und Herhuschen der schwarzen Boote unter meinem Fenster auf dem plätschernden Wasser lauschte, bis ich einschlief.

Die Herrlichkeit des Tages, die in meinen Traum hereinbrach mit ihrer Frische, ihrer Bewegtheit, ihrer Heiterkeit, ihren im Wasser glitzernden Sonnenstrahlen, ihrem klaren blauen Himmel und der erquickenden Luft, kann im wachen Zustand mit Worten nicht beschrieben werden. Aber von meinem Fenster aus sah ich auf Boote und Barken hinab, auf Masten, Segel, Tauwerk und Flaggen, auf emsige Matrosen, die mit der Ladung dieser Fahrzeuge beschäftigt waren, auf langgestreckte Kais, übersät mit Ballen, Fässern und Waren aller Art, auf große Schiffe, in stolzer Gelassenheit vor Anker liegend, auf Inseln, mit prächtigen Kuppeln und Türmen gekrönt, deren goldene Kreuze auf herrlichen, aus dem Meer aufsteigenden Kirchen im Sonnenlicht funkelten. Und als ich hinabging an die Küste des grünen Meeres, das bis an die Tore

wogte und alle Straßen füllte, gelangte ich auf einen Platz von
solcher Schönheit und Erhabenheit, daß seine mit nichts zu
vergleichende Lieblichkeit alles übrige armselig und verbli-
chen erscheinen ließ.

Es war eine große Piazza, so schien es mir, wie alles andere
hier vom Meer umgeben. Auf ihrem mächtigen Grund erhob
sich ein Palast, majestätischer und stattlicher in seinem hohen
Alter als alle Gebäude der Erde in der Kraft und Blüte ihrer
Jugend. Klöster und Säulenhallen, so schwerelos, als wären sie
von Elfenhänden gebildet, doch wiederum so fest gefügt, daß
Jahrhunderte vergeblich gegen sie angestürmt waren, umgaben diesen Palast und dazu einen Dom, der in der üppigen,
ausschweifenden Phantasie des Orients erbaut war. Nicht
weit von seiner Vorhalle erhob ein hoher, einzeln stehender
Turm sein stolzes Haupt in den Himmel und schaute auf das
Adriatische Meer hinaus. Nahe dem Ufer standen zwei Säulen
aus rotem Granit von unheildräuender Bedeutung; auf der einen reckte sich eine Gestalt mit Schwert und Schild, auf der
anderen ein geflügelter Löwe. Nicht weit davon ein zweiter
Turm; in seinem Schmuck der reichste der Reichen, selbst
hier, wo alles reich war; auf seiner Spitze eine große Kugel, er-
glänzend in Gold und Blau; darauf waren die zwölf Himmels-
zeichen gemalt, und um diese drehte sich eine Sonne, während darüber zwei bronzene Riesen die Stunden auf einer laut
tönenden Glocke anschlugen. Ein längliches Viereck hoher
Häuser aus dem weißesten Marmor, umgeben von schön ge-
schwungenen reizenden Arkaden, bildete einen Teil der bezaubernden Szenerie, und hie und da stiegen bunte, spitz zu-
laufende Flaggenmasten aus dem Pflaster des so wenig festen
Bodens empor.

Mir schien es, ich wanderte durch den Dom und wandelte
unter seinen vielen Bogengängen auf und ab. Ein mächtiger,
traumhafter Bau von gewaltigen Proportionen, voll des goldenen Glanzes alter Mosaiken, duftend von Wohlgerüchen,

verdunkelt von Weihrauchwolken, reich an Schätzen von kostbaren Steinen und Edelmetallen, die durch Eisengitter schimmerten, geheiligt durch Reliquien von Märtyrern, von Regenbogenfarben erfüllt durch bemalte Glasfenster, düster durch sein geschnitztes Gestühl und den bunten Marmor, geheimnisvoll in seinen hohen Gewölben und weiten Ausmaßen, beleuchtet von silbernen Lampen und flackernden Kerzen; unwirklich, feierlich, phantastisch, unbegreiflich in jeder Hinsicht. Mir war, als beträte ich den alten Palast und wanderte durch verlassene Gänge und Beratungszimmer, wo die alten Herrscher dieser »Königin der Meere« finster von den Wänden herabblickten und wo ihre hochberühmten Galeeren auf der Leinwand weiterhin noch ihre Kämpfe ausfochten. Ich glaubte, ich durchstreifte die jetzt kahlen und leeren Pracht- und Siegeshallen, und wie ich über die entschwundene Macht und Herrlichkeit nachsann – alles, alles war ja vergangen –, hörte ich eine Stimme sagen: »Einige Zeichen der alten Herrschaft und einiges, was über ihren Niedergang tröstet, kann man hier noch finden.«

Mir träumte, man führte mich in ein paar unheimliche Gemächer, die mit einem Gefängnis in der Nähe des Palastes in Verbindung standen, und zwar durch eine hoch über eine enge Straße sich wölbende Brücke, die, so träumte mir, Seufzerbrücke genannt wurde.

Zunächst aber kam ich an zwei gezackten Schlitzen in einer steinernen Mauer vorüber, den Löwenmäulern – nunmehr zahnlos –, wo, wie ich im Alpdruck meines Traumes wähnte, viele Bezichtigungen unschuldiger Menschen, wenn finstere Nacht herrschte, hineingeworfen wurden. Als ich dann das Zimmer sah, in das man die Gefangenen zum Verhör brachte, und die Tür gewahrte, durch die man sie hinausschaffte, wenn sie verurteilt worden waren, und die sich nie hinter einem Menschen schloß, der noch Leben und Hoffnung vor sich hatte – da war es mir, als sollte mir das Herz stillestehen.

Kaum weniger stark durchschauerte es mich, als ich, den strahlenden Tag verlassend, mit der Fackel in der Hand zu den zwei Reihen – eine unter der anderen liegend – schrecklicher, grauenvoller steinerner Zellen hinabstieg, wo undurchdringliche Finsternis herrschte. Jede der Zellen hatte in ihren dicken Mauern ein Loch, in das man, wie mir träumte, in alten Zeiten tagtäglich eine Fackel hineinsteckte, um den Gefangenen eine halbe Stunde zu leuchten. Beim Schein des so kurz gewährten Lichtes hatten die Gefangenen in die geschwärzten Wände Inschriften gekritzelt und eingegraben. Ich sah sie. Ihre mühselige Arbeit mit einem rostigen Nagel hatte die Qualen dieser Ärmsten und schließlich sie selber überlebt, und zwar schon seit vielen Generationen.

Eine Zelle wurde mir gezeigt, in der kein Mensch länger als vierundzwanzig Stunden verblieb, denn wer dort hineingeschafft wurde, war vom Tod gezeichnet. Dicht daneben befand sich ein besonders düsteres Gelaß, in das um Mitternacht der Beichtvater trat – ein Mönch in brauner Kutte und Kapuze; grauenhaft schon am Tag in der hellen Sonne, aber zu Mitternacht in dem entsetzlichen Kerker war er in Wahrheit der Vernichter der Hoffnung und der Vorbote des Todes. Ich setzte meinen Fuß auf die Stelle, wo zur selben furchtbaren Stunde der Gefangene nach abgelegter Beichte erdrosselt wurde. Ich legte meine Hand auf die versteckte, niedriggewölbte, schuldbelastete Pforte, durch die ein unförmiger Sack zu einem Boot geschafft, fortgerudert und an einer Stelle versenkt wurde, wo es Tod im Gefolge gehabt hätte, ein Netz auszuwerfen.

Um diese Kerkerfestung und über einen Teil derselben floß das Wasser – außen die rauhen Mauern bespülend, innen sie mit Moder und Schimmel bedeckend, Pflanzenreste und allerlei Abfall in Spalten und Risse pressend, als müßte auch den Steinen und Balken der Mund gestopft werden, eine glatte Straße bildend, um die Leichen der geheimen Opfer des

Staates fortzuschaffen, eine Straße, so dienstwillig, daß sie mit ihnen ging, ja ihnen vorauseilte, wie ein grausamer Wärter – und so floß auch das Wasser durch meinen Traum.

Als ich vom Dogenpalast eine Treppe hinabstieg – mich dünkt, sie heißt die Treppe der Giganten –, gewahrte ich vor mir die Gestalt eines alten Mannes, der gerade abgedankt hatte. Er kam diese Treppe immer langsamer und zittriger herab, als er die Glocke die Einsetzung seines Nachfolgers verkünden hörte. In einer schwarzen Barke glitt ich sodann weiter, bis wir zu dem von vier marmornen Löwen bewachten Arsenal gelangten. Um meinen Traum noch seltsamer und unwahrscheinlicher zu machen, entdeckte ich auf einem der Tiere Worte und Sprüche aus einer unbekannten Zeit, so daß ihr Sinn allen Menschen verborgen blieb.

Man hörte kaum ein Hämmern von der Werft und sah nur wenig in Angriff genommene Arbeiten, denn, wie schon gesagt, die Größe der Stadt war längst nicht mehr die gleiche wie früher. Ja, sie kam mir wie ein auf dem Meer treibendes Wrack vor. Eine fremde Flagge war auf ihrem Topp gehißt, und Fremde standen an ihrem Steuerruder. Eine prächtige Barke, in der einst das Staatsoberhaupt mit allem Prunk zu einem bestimmten Zeitpunkt hinausgefahren war, um sich dem Meere zu vermählen, lag, wie mir schien, vor dem Arsenal nicht mehr vor Anker. Doch zeigte man statt dessen ein zierliches Modell, angefertigt zur Erinnerung an die einstige Macht und Größe, und es berichtete davon – so vermengt sich Stärke und Schwäche im gleichen Staub – fast so eindringlich wie die mächtigen Pfeiler, Bogen und Dächer, vormals errichtet, um stattlichen Schiffen Schatten zu spenden, Schiffen, von denen nun kein Schatten auf dem Wasser und auf der Erde mehr zu finden war.

Ein Zeughaus jedoch gab es noch dort, ausgeplündert und verfallen, aber dennoch ein Zeughaus. Eine den Türken entrissene blutrote Fahne hing in der dumpfen Luft ihres Gefängnisses schlaff hernieder; reich verzierte Rüstungen großer Krieger waren dort gehortet, desgleichen Armbrüste, Pfeile, Bolzen, Speere, Schwerter, Dolche, Schilde und Streitäxte, überdies Stahl- und Eisenplatten, um ein edles Roß in ein gepanzertes Ungeheuer zu verwandeln. Auch eine Waffe mit einer Spannfeder gab es zu sehen, so leicht, daß man sie unschwer an der Brust tragen konnte; sie war dazu bestimmt, lautlos ihr Werk zu verrichten und Menschen mit vergifteten Pfeilen zu töten.

Einen Schrank oder eine Truhe entdeckte ich dort, voll schändlicher Marterwerkzeuge, fürchterlicherweise nur dazu ersonnen, eines Menschen Gebeine zu zerquetschen und zu zerpressen, zu zerfleischen und zu verrenken, um ihm die Qualen eines tausendfachen Todes zu bereiten. Unter ihnen befanden sich zwei eiserne Helme samt Brustpanzern, derart angefertigt, daß sie sich eng um das Haupt der Gemarterten schließen; daran waren ein paar Stützen befestigt, auf die der Folterknecht bequem seine Ellbogen aufstemmen und das Jammern wie die Geständnisse des armen Opfers aus nächster Nähe anhören konnte. Da gab es etwas an diesem Marterwerkzeug, das in schrecklicher Weise an die menschliche Gestalt erinnerte. Man meinte, darin noch ein schweißtriefendes, schmerzverzerrtes, eingezwängtes Gesicht wahrzunehmen, und es fiel einem schwer, sich Helm und Brustpanzer leer zu denken. Schrecklich zugerichtete, dort noch hausende Gestalten schienen mir zu folgen, als ich mich wieder zu meinem Boot begab und zu einer mitten im Meer gelegenen Art Garten oder öffentlichen Promenade fuhr, wo es Rasen und Bäume gab. Aber all dies entschwand meinem Gedächtnis, als ich am äußersten Ende dieser Insel stand – mein Traum währte weiter – und über die sich kräuselnden Wellen in die untergehende Sonne blickte: vor mir am Himmel eine purpurne Glut und hinter mir die ganze Stadt in roten und goldenen Farbstreifen verschwimmend.

In dem verschwenderischen Zauber eines so kostbaren Traumes achtete ich nur wenig auf den Gang der Zeit und merkte kaum, wie sie mir verflog. Aber es gab Tage und Nächte, so schien es mir, und wenn die Sonne hoch am Himmel stand oder wenn sich der Schein der Laternen im strömenden Wasser brach, meinte ich immer weiter dahinzutreiben, und die Wellen plätscherten an den glitschigen Mauern und Hauswänden, während meine schwarze Barke durch die Straßen schwamm.

Zuweilen stieg ich vor den Toren der Kirchen oder riesiger Paläste aus und wanderte durch Hallen und Säle, durch ein Labyrinth von Altären und alten Denkmälern, durch verfallene Räume, deren Einrichtung – ein halb schauerlicher, halb grotesker Anblick – unaufhaltsam vermoderte. Gemälde waren dort zu sehen, von solcher Schönheit und so viel Ausdruck, von so viel Leidenschaft, Wahrheit und Eindringlichkeit, daß sie mir wie etwas Junges, Frisches, Wirkliches unter einer Schar von Gespenstern vorkamen. Sie vermischten sich in meinem Traum mit den alten Zeiten der Stadt: mit ihren schönen Frauen, Tyrannen, Feldherren, Patrioten, Kaufleuten, Hofleuten, Priestern, ja selbst mit ihren Mauern, Dächern und öffentlichen Plätzen – all dies wurde mir beim Anblick der Wände wieder lebendig. Dann schritt ich eine Marmortreppe hinab, an deren unterste Stufe das Wasser leckte, stieg wieder in mein Boot und träumte meinen Traum weiter.

Es ging durch einige enge Gassen, wo Zimmerleute, die in ihren Werkstätten mit Hobel und Stechbeitel hantierten, die leichten Späne gleich ins Wasser warfen; sie lagen darauf wie Seegras und schwammen, ineinander verwickelt, in Haufen vor mir her. Vorbei an offenstehenden Türen, morsch und verfault durch Feuchtigkeit, durch die man leuchtend grünes Weinlaub sah, das mit seinen zitternden Blättern unruhige Schatten auf den Fußboden warf. Vorbei an Kais und Terrassen, auf denen anmutig verschleierte Frauen auf und ab wan-

delten und Müßiggänger auf Steinplatten oder Treppenstufen
herumlungerten; unter Brücken hindurch, auf denen wiederum Nichtstuer standen und ins Wasser starrten; an steinernen Altanen vorbei, die in schwindelnder Höhe vor den
höchsten Fenstern der höchsten Häuser hingen, an Gärten
vorüber, an Theatern, Heiligennischen, gewaltigen Bauten go-
tischen oder maurischen Stils, mit phantastischem Schmuck,
ersonnen von der Phantasie aller Zeiten und Völker, an Gebäuden vorbei, hoch und niedrig, schwarz und weiß, gerade
und schief, ärmlich und prächtig, baufällig und solide. Nun
schlängelten wir uns durch einen wirren Haufen von Booten
und Barken bis in den großen Kanal. Dort sah ich im wunderlichen Wechsel meines Traums den alten Shylock auf der
Brücke hin- und hergehen, die ganz mit Läden bebaut war
und wo es nur so summte vom Geschwirr vieler Menschen-
zungen. Auch eine Frauengestalt gewahrte ich – es schien
Desdemona zu sein: sie beugte sich aus einem Gitterfenster,
um eine Blume zu pflücken. Und in meinem Traum wollte es
mir nun sogar vorkommen, als schwebte Shakespeares Geist
irgendwo über den Wassern und durchstreifte verstohlen die
Stadt.

Nachts, wenn zwei Lampen vor einem Bild der Madonna
auf einer Balustrade unter dem Dach des mächtigen Domes
brannten, schien mir die große Piazza des geflügelten Löwen
von strahlendem Licht überflutet und die Arkaden voller
Menschen, die sich in den prächtigen Cafés am Platze, die nie
geschlossen wurden und die ganze Nacht geöffnet blieben,
aufs heiterste vergnügten. Wenn die ehernen Giganten um
Mitternacht die Glocke anschlugen, spielte sich, so kam es mir
vor, hier alles Leben und aller Verkehr der Stadt ab. Und wie
ich dann von den veröderten Kais wieder wegruderte, sah ich
hier und da wie dunkle Tupfen nur noch einige schlafende
Gondolieri, in ihre Decken gehüllt, auf den Steinplatten liegen.

Aber dicht an den Kais und Kirchen, den Palästen und Gefängnissen, an ihre Mauern spülend und in die geheimsten Winkel der Stadt dringend, schlich sich das Wasser überall hin. Geräuschlos und lauernd, wie eine Riesenschlange mit vielen Umarmungen alles umschlingend, harrte es, wie mir schien, des Zeitpunkts, an dem die Menschen auf seinen Grund spähen würden nach einem einzigen Stein, dem letzten einer Stadt, die sich einst die Königin der Meere genannt hatte.

So trug das Wasser mich dahin, bis ich auf dem alten Marktplatz in Verona erwachte. Seither habe ich viele, viele Male an diesen wunderbaren Traum auf dem Wasser zurückgedacht und mich gefragt, ob die Stadt sich noch dort befände – und ob ihr Name Venedig sei.

RICHARD WAGNER

Tristan in Venedig

Als wir am 29. August bei Sonnenuntergang zuerst von dem
Eisenbahndamme herab *Venedig* aus dem Wasserspiegel heraus vor unsren Blicken auftauchen sahen, verlor *Karl* bei einer
enthusiastischen Bewegung aus dem Waggon den Hut vor
Freude; ich glaubte dahinter nicht zurückbleiben zu müssen
und warf meinen Hut ebenfalls hinaus: so kamen wir beide
barhäuptig in *Venedig* an und bestiegen sogleich eine Gondel,
um den ganzen *Canale Grande* entlang bis zur *Piazzetta* bei
*S. Marco* vorzudringen. Das Wetter war plötzlich etwas unfreundlich geworden, das Aussehen der Gondel selbst hatte
mich aufrichtig erschreckt; denn soviel ich auch von diesen
eigentümlichen, schwarz in schwarz gefärbten Fahrzeugen
gehört hatte, überraschte mich doch der Anblick eines derselben in Natur sehr unangenehm: als ich unter das mit schwarzem Tuch verhängte Dach einzutreten hatte, fiel mir zunächst
nichts andres als der Eindruck einer früher überstandenen
Cholera-Furcht ein; ich vermeinte entschieden an einem Leichenkondukte in Pestzeiten teilnehmen zu müssen. *Karl* versicherte: ja, das ginge jedem so; aber man gewöhne sich sehr
schnell daran. Nun kam die sehr lange Fahrt durch den vielge-
bogenen *Canale Grande*: die Eindrücke, welche alles hier auf
mich machte, wollten mich nicht von meiner bangen Stimmung befreien. Wo *Karl* neben zerfallenen Mauern nur ein *Ca
d'oro* der *Fanny Elßler* oder ein andres berühmtes Palais er-
sah, fiel mein wehmütiger Blick immer nur auf die zerschell-

ten Ruinen zwischen diesen interessanten Gebäuden. Ich schwieg endlich und ließ es mir gefallen, an der weltberühmten *Piazzetta* auszusteigen und mir den *Dogen-Palast* zeigen zu lassen, welchen bewundern zu können ich mir vorbehielt, sobald ich zunächst von der ganzen melancholischen Stimmung, in welche ich mich durch die Ankunft in Venedig versetzt fühlte, befreit sein würde.

Von dem Hotel *Danieli* aus, wo wir ebenfalls nur ein düsteres Unterkommen in Zimmern nah den engen kleinen Kanälen zu gefunden hatten, suchte ich am andern Morgen zuallernächst eine Wohnung für meinen längern Aufenthalt zu finden. Von einem der drei Paläste *Giustiniani,* unweit des *Palazzo Foscari,* hörte ich, daß er zur Zeit wegen seiner im Winter nicht sehr günstigen Lage wenig und fast gar nicht von Fremden bewohnt sei: ich fand dort außerordentlich weite und bedeutende Räume, von denen man mir sagte, daß sie sämtlich unbewohnt bleiben würden; hier mietete ich denn einen stattlichen großen Saal mit daranliegendem geräumigem Schlafzimmer, ließ mein Gepäck schnell dort hinbringen und sagte mir am 30. August abends, daß ich nun in *Venedig* wohne. – Die Sorge dafür, hier ungestört arbeiten zu können, bestimmte mich in allem. Ich schrieb sogleich nach Zürich, mir meinen *Erard*schen Flügel und mein Bett nachzuschicken, da ich im Betreff des letzteren wohl fühlte, daß ich in Venedig kennenlernen würde, was Kälte sei. Außerdem ward mir sehr bald die graugeweißte Wand meines großen Saals verdrießlich, da sie so übel zu dem vollständig und, wie mich dünkte, in gutem Geschmack *al fresco* ausgemalten Plafond paßte. Ich entschloß mich, dieses große Zimmer mit einer, wenn auch sehr ordinären, doch in vollständiges Dunkelrot gefärbten Tapete überziehen zu lassen: dies brachte zunächst viele Unruhe; doch schien es mir sie zu überstehen wohl der Mühe wert, wenn ich von dem Balkon aus mit allmählich immer größerem Behagen auf den wunderbaren Kanal hinabblickte und mir nun sagte, hier wollte ich den »*Tristan*« vollenden. Ich ließ auch sonst noch einiges tapezieren; namentlich um die gemeinen Türen, welche der ungarische Wirt dem gänzlich verfallenen Palaste statt der jedenfalls entwendeten kostbaren älteren hatte einsetzen lassen, zu verdecken, besorgte ich dunkelrote Portieren, wenn auch vom wohlfeilsten Kattun. Im übrigen hatte der Wirt schon für einige theatralische Ausstattung durch das Ameublement gesorgt: es fanden sich nämlich vergoldete Stühle, wenn auch mit gemeinem baumwollenem Plüsch überzogen, vor allem aber ein schön geschnitzter und vergoldeter Tischfuß, auf welchen ein gemeines Tannenholzblatt gesetzt war; darüber mußte denn nun auch ein erträglich roter Teppich angeschafft werden. – Endlich kam der *Erard* an; er ward in die Mitte des großen Saales gestellt, und nun sollte das wunderbare Venedig musikalisch in Angriff genommen werden.

Alsbald stellte sich aber die bereits von Genua her mir bekannte Dysenterie ein und machte mich auf Wochen zu jeder geistigen Tätigkeit unfähig. Bereits hatte ich jedoch die unvergleichliche Schönheit Venedigs zu würdigen begonnen, und ich war voller Hoffnung, aus dem Genusse derselben schöne Kräfte für meine wiederkehrende künstlerische Lebenslust zu ziehen. Auf einer meiner ersten Promenaden auf der *Riva* war ich von zwei Fremden angesprochen worden, von denen der eine sich als einen Grafen *Edmund Zichy,* der andere als einen *Fürsten Dolgorukow* vorstellte. Beide hatten vor kaum acht Tagen Wien verlassen, wo sie den ersten Aufführungen meines »*Lohengrin*« beigewohnt hatten: über den Ausfall derselben meldeten sie mir nun das Erfreulichste, und ihrem Enthusiasmus konnte ich wohl anmerken, daß der dort empfangene Eindruck ein ungewöhnlich günstiger gewesen sei. Graf *Zichy* verließ bald wieder Venedig; *Dolgorukow* jedoch hatte es für den ganzen Winter zu seinem Aufenthalte gewählt. Lag es durchaus in meiner Stimmung, jedem Umgange auszuweichen, so verstand dieser etwa fünfzigjährige Russe es jedoch bald, in seinem Betracht mich nachgiebig zu stimmen. Er hatte eine ernste, sehr ausdrucksvolle Physiognomie (er rühmte sich von unmittelbarer kaukasischer Abstammung zu sein) und zeigte nach jeder Seite hin eine wirklich vortreffliche Bildung, hierzu feine Weltkenntnis und vor allen Dingen auch Verständnis der Musik, mit deren besondrer Literatur er wiederum so bekannt war, daß es auf eine andauernd dafür gepflogene Leidenschaft schließen ließ. Ich hatte ihm alsbald erklärt, daß ich meiner Gesundheit wegen auf jede Gesellschaft verzichte und durchaus der Einsamkeit bedürfe; war es nun schwer, auf den beschränkten Promenaden Venedigs ihm gänzlich auszuweichen, so führte außerdem das Restaurant im *Albergo S. Marco*, wo ich mit Ritter täglich für die Mahlzeit zusammentraf, zu unvermeidlicher Berührung mit dem endlich aufrichtig liebgewonnenen Fremden, welcher in diesem Hotel seine Wohnung genommen hatte und dem ich unmöglich verwehren konnte, dort auch seine Mahlzeit zu nehmen. Wir blieben für die Zeit meines Aufenthaltes in Venedig in fast täglichem und wirklich angenehmem Verkehr.

Bedenklicher ward ich andererseits überrascht, als ich eines Abends in meine Wohnung zurückkam und mir die soeben erfolgte Ankunft *Liszts* in unserm Palaste gemeldet wurde. Ich stürzte eifrig nach dem mir angezeigten Zimmer und erblickte dort zu meinem Schrecken den Klavierspieler *Winterberger,* welcher sich bei meinem Wirte als mein und *Liszts* Freund eingeführt und ihn in der ersten Konfusion dazu verleitet hatte, anzunehmen, der Ankömmling selbst sei *Liszt.* Diesen jungen Mann hatte ich allerdings in *Liszts* Gefolge zuletzt bei dem längern Besuche meines Freundes in Zürich kennengelernt; er galt als vortrefflicher Orgelspieler und wurde außerdem, wenn Arrangements für zwei Pianofortes zu spielen waren, als Sekundarius am Klaviere verwendet. Außer einigem albernen Benehmen hatte ich sonst an ihm nicht viel beachtet. Vor allen Dingen war ich nun aber darüber verwundert, daß er gerade meine Wohnung für seine Unterkunft in Venedig aufgesucht hatte. Er behauptete, er sei nur der Vorbote einer Fürstin *Gallitzin*, für welche er in Venedig Winterquartier zu machen habe; da er hier niemand kenne, in Wien aber von meinem Aufenthalte Kenntnis erhalten hätte, sei es sehr natürlich, daß er sich zuallernächst in mein Hotel gewandt habe. Ich bestritt ihm nun durchaus, daß dies ein »Hotel« sei, und erklärte, daß, wenn seine russische Fürstin sich hier neben mir auszubreiten gedenke, ich sofort ausziehen würde. Da beruhigte er mich nun wieder und bekannte, er habe von der Fürstin nur dem Wirte etwas vorgemacht; er glaube, diese habe schon woanders gemietet. Da ich ihn nun wieder frug, was er selbst denn gerade in diesem Palais wolle, ihn auch darauf aufmerksam machte, daß es hier sehr teuer sei und ich die großen Kosten meiner Wohnung nur aus dem Grunde trüge, weil es mir vor allem darauf ankäme, ungestört zu wohnen, keinen Nachbarn zu haben und vor allen Dingen nicht Klavier spielen zu hören, suchte er mich durch die Versicherung zu besänftigen, er werde mir gewiß nicht lästig fallen; ich möge nur zunächst über seine Anwesenheit in dem gleichen Hause bis dahin, wo er die Mittel zur Beziehung einer andern Wohnung gefunden haben werde, mich beruhigen. – Seine nächste Bemühung war, sich bei *Karl Ritter* einzuschmeicheln; beide suchten ein Wohngemach des Palastes auf, welches genügend von meinen Zimmern getrennt war, um jede Klangverbindung abzuschneiden. Somit ergab ich mich darein, diesen Gast in meiner Nähe zu wissen, doch bedurfte es langer Zeit, ehe ich *Ritter* erlaubte, ihn einmal des Abends zu mir mitzubringen.

Besser als ihm glückte es einem venezianischen Klavierlehrer, *Tessarin* mit Namen, meine Geneigtheit zu gewinnen. Dieser war ein typisch schöner Venezianer-Kopf mit einem sonderbaren Stammeln in der Sprache; übrigens von leiden-

schaftlicher Vorliebe für die deutsche Musik, mit *Liszts* neueren Kompositionen sowie auch mit meinen Opern gut bekannt. Er selbst erkannte sich im Betreff der Musik als einen
»Weißen Raben« in seiner italienischen Umgebung. Seine Annäherung an mich erlangte er ebenfalls durch *Ritter,* welcher
überhaupt in Venedig sich mehr dem Studium der Menschenkenntnis als der Arbeit selbst zu ergeben schien. Er hatte sich
an der *Riva dei Schiavoni* eine kleine, höchst bescheidene
Wohnung in der Sonnenlage, welche er deshalb nie zu heizen
nötig hatte, gemietet, weniger für sich als für sein schmales
Reisegepäck, da er fast nie zu Hause war, am Tage nach Bildern und Sammlungen, des Nachts aber nach Menschen in
den Cafés des Markusplatzes herumlief. Er blieb der einzige,
welchen ich regelmäßig jeden Tag sah. Mit Strenge hielt ich im
übrigen darauf, jeden weiteren Umgang, ja jede Bekanntschaft von mir fernzuhalten. Von dem Leibarzt der Fürstin
*Gallitzin,* welche selbst bald wirklich in Venedig eintraf und
dort, wie es schien, ein großes Haus hielt, ward mir ein
Besuch dieser Dame wiederholt nahegelegt; da ich einmal
die Klavierauszüge von »Tannhäuser« und »Lohengrin« ge-
brauchte und mir gesagt wurde, daß die Fürstin die einzige
Person in Venedig sei, welche sie besäße, war ich unbefangen
genug, sie mir von ihr auszubitten, ohne deswegen mich jedoch für verpflichtet zu halten, der Dame einen Besuch zu
machen. Nur einmal drang ein Fremder zu mir hindurch,
da mir seine Physiognomie, nachdem ich ihm im *Albergo S.
Marco* begegnet, gefallen hatte: dies war der Maler *Rahl* aus
Wien. Für diesen, den Fürsten *Dolgorukow* und den Klavierlehrer *Tessarin* veranstaltete ich einmal sogar etwas einer
Soirée Ähnliches, wobei einiges von mir musiziert wurde.
Hier debütierte auch *Winterberger.*

Auf diese wenigen Berührungen beschränkten sich alle
meine äußeren Erlebnisse in den sieben Monaten, welche ich
in Venedig verlebte, während außerdem meine Tagesordnung

mit der höchsten Regelmäßigkeit die ganze Zeit über einge-
halten wurde. Ich arbeitete bis zwei Uhr, bestieg dann die be-
reitgehaltene Gondel, um den ernsten *Canale Grande* entlang
nach der heiteren *Piazzetta* zu fahren, deren ungemein reiche
Anmut jeden Tag von neuem belebend auf mich einwirkte.
Dort suchte ich mein Restaurant auf dem *Markusplatze* auf,
promenierte nach der Mahlzeit einsam oder mit *Karl* die *Riva*
entlang nach dem *Giardino pubblico,* der einzigen mit Bäumen bepflanzten Anlage Venedigs, um dann mit dem Einbru-
che der Nacht auf der Gondel wieder in den immer ernster
und schweigender sich anlassenden Kanal hinabzufahren, bis
dahin, wo ich aus der nächtlichen Fassade des alten *Palazzo
Giustiniani* einzig meine Lampe mir entgegenleuchten sah.
Wenn ich dann einiges noch gearbeitet hatte, traf regelmäßig
um acht Uhr, vom Plätschern der Gondel angemeldet, *Karl*
bei mir ein, um beim Tee einige Stunden mit mir zu verplau-
dern. Nur selten unterbrach ich diese Lebensweise durch den
Besuch eines der Theater, von welchen ich dem Schauspiel im
Theater *Camploi,* wo Goldonische Stücke sehr gut aufgeführt
wurden, den entschiedenen Vorzug gab, wogegen der Oper
nur aus Neugierde eine vorübergehende Aufmerksamkeit ge-
widmet wurde. Am häufigsten, namentlich wenn schlechtes
Wetter an der Promenade hinderte, besuchten wir das am
Tage sich produzierende Volksschauspiel im Theater *Mali-
bran;* dort, wo der Eintritt *sechs Kreuzer* betrug, befanden wir
uns unter einem vortrefflichen Publikum (meistens in Hemd-
ärmeln), welchem am häufigsten Ritterstücke vorgespielt
wurden. Doch sah ich hier auch eines Tages zu meinem wahr-
haften Erstaunen und völligen Entzücken das groteske Lustspiel »*Le baruffe Chiozziote*«, welches bereits *Goethe* am
gleichen Orte zu seiner Zeit so sehr angesprochen hatte und
welches mit einer Naturtreue gegeben wurde, wie ich dem
nichts Ähnliches aus meiner Erfahrung zur Seite stellen kann.
   Im übrigen bot sich aus dem so sehr bedrückten und entar-

teten venezianischen Volksleben wenig Fesselndes meiner Aufmerksamkeit dar, da ich von der prachtvollen Ruine dieser wundervollen Stadt in bezug auf menschliche Regung nur den Eindruck eines für Fremde feilgehaltenen Badeortes gewinnen konnte. Sonderbarerweise war es das recht deutsche Element der guten Militärmusik, wie es in der österreichischen Armee so vorzüglich gepflegt wird, welches mich hier auch in eine gewisse Berührung mit der Öffentlichkeit brachte. Die Kapellmeister der beiden in Venedig kantonierten österreichischen Regimenter gingen damit um, Ouvertüren von mir, wie die zu »Rienzi« und »Tannhäuser«, spielen zu lassen, und ersuchten mich darum, in ihren Kasernen den Einübungen ihrer Leute beizuwohnen. Hier traf ich denn auch ganze Offizierskorps versammelt, welche sich bei dieser Gelegenheit recht ehrerbietig gegen mich benahmen. Ihre Musikbanden spielten abwechselnd des Abends bei glänzender Beleuchtung in Mitte des Markusplatzes, welcher für diese Art von Musikproduktionen einen wirklich vorzüglich akustischen Raum abgab. Mehre Male wurde ich am Schlusse der Mahlzeit durch das plötzliche Erklingen meiner Ouvertüren überrascht; ich wußte dann, wenn ich vom Fenster des Restaurants aus mich dem Eindrucke hingab, nicht, was berauschender auf mich wirkte: der unvergleichliche, prachtvoll erleuchtete, von unzähligen sich ergehenden Menschen erfüllte Platz oder die alles dieses wie in brausender Verklärung den Lüften zutragende Musik. Nur fehlte es hierbei gänzlich an dem, was man so leicht sich sonst von einem italienischen Publikum hätte erwarten müssen: zu Tausenden scharte man sich um die Musik und hörte ihr mit großer Spannung zu; nie aber vergaßen sich zwei Hände so weit, zu applaudieren, weil jedes Zeichen des Beifalls an einer österreichischen Militärmusik als ein Verrat am Vaterlande gegolten haben würde. – An dieser sonderbaren Spannung zwischen Publikum und Behörde litt nun eben alles öffentliche Leben in *Venedig*, und

namentlich äußerte sich dies auffallend in dem Verhalten der
Bevölkerung gegen die österreichischen Offiziere, welche in
der venezianischen Öffentlichkeit wie Öl auf dem Wasser
herumschwammen. Nicht minder zurückhaltend, ja feindse-
lig benahm sich das Volk jedoch auch gegen die Geistlichkeit,
die doch meistens italienischer Herkunft war. Ich sah eine
über den Markusplatz dahinziehende geistliche Prozession in
hohem Festornat von dem Volke mit unverhohlenem Hohn-
gelächter aufgenommen und begleitet.

Während ich von *Ritter* nur sehr schwierig zu bewegen
war, zu Zeiten einmal meine Tagesordnung zu unterbrechen,
um eine Galerie oder eine Kirche mir anzusehen, obgleich auf
jeder nötigen Wanderung durch die Stadt die namenlos mannigfaltigen architektonischen Eigentümlichkeiten und Schönheiten derselben stets von neuem mich entzückten, boten fast
die ganze Dauer meines Aufenthaltes in *Venedig* über häufige
Gondelfahrten nach dem *Lido* mir die Hauptgenüsse. Vor allem war es dann die Heimfahrt während des Sonnenunter-
ganges, bei welcher ich stets von den unvergleichbaren Ein-
drücken überwältigt wurde. Sogleich in der ersten Zeit, noch
im September dieses Jahres, genossen wir bei solcher Gelegenheit die zauberhafte Erscheinung des großen Kometen,
welcher damals in seinem hellsten Glanze sich zeigte und allgemein auf eine bevorstehende kriegerische Katastrophe ge-
deutet wurde. Dann nahm sich wieder der Gesang eines populären Chorvereines, welcher sich unter der Leitung eines
venezianischen Arsenalbeamten gebildet hatte, wie ein echtes
Lagunen-Idyll aus. Diese Sänger führten, meist nur dreistim-
mig, natürlich harmonisierte Volkslieder aus. Neu war es mir,
die Oberstimme nicht bis über den Umfang des Altes, also
ohne den Sopran zu berühren, sich erheben zu hören, wodurch der Chorklang eine mir bis dahin unbekannte männli-
che Jugendlichkeit erhielt. Sie fuhren an schönen Abenden, in
erleuchteter großer Gondel singend, den *Canale Grande* ent-

lang, hielten, wohl gegen Bestellung und Bezahlung, vor einzelnen Palästen wie zur Serenade an und zogen gewöhnlich eine Unzahl anderer Gondeln als Begleitung nach sich. – In einer schlaflosen Nacht, wo es mich gegen drei Uhr des Morgens auf den Balkon meiner Wohnung hinaustrieb, hörte ich denn auch zum ersten Male den altberühmten Naturgesang der *Gondolieri*. Mich dünkte, ungefähr von dem eine kleine Viertelstunde entfernten *Rialto* her den ersten, wie rauhe Klage klingenden Anruf durch die lautlose Nacht zu vernehmen; aus wiederum weiterer Entfernung ward diesem von anderer Richtung her gleichmäßig geantwortet. In oft längeren Pausen wiederholte sich dieser merkwürdig melancholische Dialog, welcher mich zu sehr ergriff, als daß ich seine jedenfalls sehr einfachen musikalischen Bestandteile in meinem Gedächtnis hätte fixieren können. Doch war ich ein anderes Mal durch eine besondere Erfahrung auch darüber belehrt, daß dieser Volksgesang von überwiegend poetischem Interesse sei. Als ich einmal spät des Nachts durch den düstren Kanal heimfuhr, trat plötzlich der Mond hervor und beleuchtete mit den unbeschreiblichen Palästen zugleich den sein gewaltiges Ruder langsam bewegenden, auf dem hohen Hinterteile meiner Gondel ragenden Schiffer. Plötzlich löste sich aus seiner Brust ein dem Tiergeheul nicht unähnlicher, von tief her anschwellender Klagelaut, und dieser mündete sich nach einem lang gedehnten »Oh!« in den einfach musikalischen Ausruf »*Venezia!*«. Dem folgte noch einiges, wovon ich aber infolge der großen Erschütterung, die ich empfand, keine deutliche Erinnerung bewahrt habe. Die hiermit zuletzt berührten Eindrücke waren es, welche *Venedig* während meines Aufenthaltes daselbst für mich charakterisierten und bis zur Vollendung des zweiten Aktes von »*Tristan*« mir treu blieben, ja vielleicht die schon hier entworfene, langgedehnte Klageweise des Hirtenhornes im Anfang des dritten Aktes mir unmittelbar eingaben.

IPPOLITO NIEVO
# Die sterbende Gottheit

Der erste Mensch, den ich in Venedig umarmte, war Pisana,
der erste, der zu mir sprach, die Frau Gräfin, die von hinten
aus der Wohnung auf mich zugelaufen kam und voll Eifer rief:
»Carlino, liebster Carlino! Welche Freude, dich zu sehen!
Komm, laß dich küssen, bester Neffe!« Ich wechselte höchst
ungern von den Küssen meiner Pisana zu denen der Gräfin,
die ich noch gelber und hakennasiger fand als das letztemal.
Aber auch in diesem Aufruhr der Gefühle wunderte ich mich
in einem Winkel meiner Seele über den völlig ungewohnten
Empfang und nahm mir vor, das Warum später zu ergründen.
Die Gräfin hatte inzwischen Rosa, der treuen Kammerfrau,
befohlen, meinen Vater zu suchen. Auch das überraschte
mich, um so mehr als diese, nicht mehr jung und immer ein
wenig launisch, den Auftrag mit ziemlichem Brummen ent-
gegennahm. Es wäre ja doch Sache des Dieners gewesen, und
ich begann zu ahnen, daß das Gefolge der Gräfin nicht eben
zahlreich war. Nun ich so dastand und wartete, bemerkte ich
im Zimmer eine schauerliche Unordnung trotz größtmög-
licher Kahlheit; Staub und Spinnweben waren der Haupt-
schmuck des Raumes; an der Wand ein paar Möbel, ein paar
Spiegel, hie und da ein magerer, schwindsüchtiger Stuhl –
wirklich das graue Elend in einem Palast. Das einzige, was
mich von so traurigen Betrachtungen ablenkte, war der Anblick Pisanas. Nie hatte ich sie schöner, frischer, heiterer gesehen, und sie wußte sehr wohl, daß sie so war, wenn sie auch

für mein Gefühl durch tausend in Venedig hinzugelernte Künste den Glanz dieser Vorzüge eher trübte. Aber war es nun eine besondere Gabe der Natur, oder hatte meine blinde Liebe Schuld – auch die allzu weiblichen Künste gewannen durch ihr Wesen einen zauberischen Reiz. Doch fand ich Pisana stiller und noch weniger mitteilsam als sonst; bisweilen schaute sie mich seelenvoll an, darauf senkte sie errötend den Blick, ihr Ohr schien meine Worte wollüstig zu trinken, ohne daß ihr Verstand so weit kam, sie zu begreifen. Auf alles das gab ich acht, während mich die Gräfin mit einem Schwall von Geschwätz überschüttete, von dem nun wieder ich kein Jota begriff; höchstens erreichte mein Ohr der Name meines Vaters, den sie oft nannte. Sie war offenbar über seine unerwartete und wundersame Rückkehr recht vergnügt.

»Ach, wann kommt nun endlich diese schreckliche Rosa!« seufzte die Gräfin. »Du solltest nicht auf die Suche gehen, denn ich selbst möchte dich deinem Papa zuführen und an der Freude, wenn ihr euch wiederfindet, teilnehmen. O mein Carlino, was hast du für einen guten Papa!«

Mich dünkte, Pisana erröte bei diesen Worten noch mehr und sei verwirrt von den Blicken, die ich fest auf sie gerichtet hielt. Endlich erschien Rosa mit der Nachricht, mein Herr Vater werde, sowie er ein Geschäft auf dem Markusplatz abgeschlossen habe, zu uns kommen, und nun wäre ich ihm gern entgegengeeilt, um die Freude des Wiederfindens vorwegzunehmen; doch die Gräfin plagte mich so, daß ich bleiben mußte. Eine Stunde später schellte die Glocke, und ins Vorzimmer hüpfte ein kleiner, rüstiger Mann, auf einem Beine hinkend, halb als Türke und halb als Christ gekleidet. Ich war ihm flugs entgegengesprungen; die Gräfin kam hinter mir drein und schrie: »Carlino, hier ist dein Vater!« Natürlich warf ich mich dem Ankömmling in die Arme und weinte in den Falten seines armenischen Rockes die ersten Freudentränen meines Lebens. Mein Vater zeigte sich mir gegenüber we-

der besonders herzlich noch allzu gesprächig; er war höchlich
verwundert, daß ich mit meinem Namen mich in ein so dunkles Loch, wie eine Kanzlei auf dem Lande es war, verkrochen
hatte, und versprach mir, ich solle, sowie ich als sein rechtmä-
ßiger Sohn in das Goldene Buch eingetragen sei, im Großen
Rat die Rolle spielen, die mir zukomme. Von solchen Dingen
redete der kluge kleine Mann in einer Art, daß man nicht
wußte, war es Spaß oder Ernst; und bei jedem Absatz pflegte
er, wie um seine Aussage zu bekräftigen, mit dem Hand-
rücken auf die Seitentasche seines Rockes zu schlagen, woher
ihm ein liebliches Geklingel von Goldzechinen und Dublonen antwortete. Bei diesem metallischen Klang erstrahlte das
gelbe Gesicht der Gräfin in einem rosigen Widerschein, wie
der schwarze Gewitterhimmel rötlich erglänzt unter einem
schrägen Blick der Sonne.

Ich hörte und sah das alles wie im Traum. Dieser plötzlich
aus der Türkei aufgekreuzte Herr Papa, Reichtum in der einen, Macht in der anderen Hand und eine gehörige Dosis
Spott in der ganzen Art seines Auftretens, machte auf mich
einen außerordentlichen Eindruck. Ich wurde nicht müde,
diese grauen, ein wenig kurzsichtigen Augen zu betrachten,
die so lange Jahre die Sonne des Orients geschaut hatten, diese
eigenwilligen, tiefen Falten, die sich auf der turbanbekränzten
Stirn von der Grabarbeit Gott weiß welcher Gedanken gebildet hatten, diese halb großartigen, halb seemannsmäßigen Gebärden, die ein mehr arabisches als venezianisches Kauder-
welsch erläutern sollten. Er war ein Mann, der das Leben
kannte, das heißt, der sich über nichts mehr wundert, an wenig glaubt, noch weniger hofft, der sich durch lange Zeit mühsam eine bequeme Zukunft bereitet hat und nun Wohlstand
und Bequemlichkeit mit Gleichmut genießt, weil ja doch alles
zum selben Ende führt. Denn bisweilen übt und schult das
Geld die Menschen darin, das Ende geringzuschätzen. So wenigstens beurteilte ich meinen Vater, und ich gestehe aufrich-

tig, daß ich ihm gegenüber von Anfang an mehr Neugier als
Liebe empfand. Ähnlich mußten jene alten venezianischen
Händler in Tana oder Smyrna gewesen sein, die den Ungläu-
bigen an Gaunerei, Schwatzhaftigkeit und Eifer in nichts
nachstanden. Kaufleute allüberall, zugleich Türken in Konstantinopel und Christen in San Marco, hatten sie Venedig zur
Mittlerin zwischen den beiden Welten der damaligen Zeit gemacht. Aber mein Vater war zum Auftritt auf der Bühne jener
Welt zu spät gekommen; er wirkte wie eine der komischen
Personen, die, als Perser oder Mamelucken gekleidet, nach
dem Spiel vor den Vorhang treten, um die Komödie für den
nächsten Tag anzukündigen. Auch äußerlich ähnelte er mit
seinem spärlichen grauen, im Zorn zitternden Bärtchen der
Maske des Pantalone; all dies natürlich, ohne daß es seiner vä-
terlichen Autorität im geringsten Abbruch tat.

[...]

»Unsere Vorfahren waren unter den Gründern von Venedig«,
sagte er. »Sie kamen aus Aquileja und waren Römer vom Geschlecht Metella. Jetzt, da Venedig wieder zu Kräften kommen will, muß ein Altoviti mit Hand anlegen. Laß mich nur
machen!«

Der Herr Vater versprudelte in solchen Worten all den
sprichwörtlichen Hochmut des armen Adels von Torcello;
doch die Levantiner Dublonen arbeiteten so gut, daß mein
Recht auf Einschreibung ins Goldene Bach sofort anerkannt
wurde, und ich erschien als stimmberechtigter Patrizier im
Großen Rat zum erstenmal in der Sitzung am 22. April 1797.
Mein Vater selbst wollte nicht in der Öffentlichkeit auftreten;
er ließ sich daran genügen, mich mit den Mitteln dafür auszustatten. Die wenigen Tage, die ich in Venedig als großer Herr
und dank der Gräfin von Fratta und des Senators von Frumier
in der höchsten Gesellschaft zugebracht, hatten mir ungewöhnlichen Ruhm eingetragen. Ich war keine häßliche Er-

scheinung, mein Benehmen frei von der üblichen Ziererei,
ebensowenig fehlte mir eine gewisse Bildung, die jedoch die
mir von der Natur verliehene bescheidene Munterkeit keineswegs erstickte; doch mehr als alle Reize war an solchem
Ruhme wohl das Gerücht des Reichtums schuld, der mich bei
allen Mädchen und Müttern als vorzügliche Partie bezeichnete. Auch zeigte sich mir manches hübsche Bräutchen geneigt,
ich hätte nur zu wählen brauchen. Für den Augenblick wählte
ich nicht, denn die Neuheit dieses Lebens bewirkte sogar, daß
ich Pisana vergaß, die ihrerseits zu stolz war, ihrem Ärger
hierüber Luft zu machen, den armen Giulio jedoch gelegentlich darunter leiden ließ.

Inzwischen verwirrte sich die Lage in Italien immer mehr.
Schon länger als ein halbes Jahr hatten Modena, Bologna und
Ferrara, gereizt von den Franzosen, das Beispiel einer knech-
tischen Nachahmung Frankreichs gegeben: Sie hatten wie eine
Seifenblase die »Republik diesseits des Po« ins Leben gepu-
stet. Im Königreich Sardinien, das bereits von den Feinden besetzt und zu einer französischen Militärprovinz herabge-
sunken war, folgte auf Vittorio Amedeo Carlo Emanuele.
Ganz Italien besudelte sich die Knie in dem Staube, den der
Triumphzug Bonapartes aufgewirbelt hatte, und dieser betrog
die einen und höhnte die anderen mit Bündnissen, Schmeicheleien und halben Maßnahmen. Die venezianischen Staaten des
Festlandes, ein Opfer seiner Ränke, standen gegen das Lö-
wenbanner auf; überall schossen Freiheitsbäume in die Höhe,
und nur er wußte, wie tief in Wahrheit ihre Wurzeln reichten.
Es gab in der Unsicherheit dieser Verhältnisse einen Augenblick, wo er an seinem Glück zweifelte; vor ihm lag eine dichte
Wolke von Feinden, die durchstoßen werden mußte, hinter
ihm eine Zahl nicht allzu treuer und auch nicht völlig ge-
täuschter Provinzen – und Frankreich war weit. Aber als man
die bereits verhandelten Vorschläge zurückwies, warf er alle
Furcht beiseite, ging bis nach Leoben und zwang Österreich

die vorläufigen Friedensbedingungen auf. Die Allerdurch-
lauchtigste Signoria hatte diesen Kriegssturm vor sich vor-
überziehen sehen, etwa wie ein Mensch, der mit dem Sterben
ringt, undeutlich in der umnebelten Phantasie das Schreckbild
des Todes sieht. Sie hatte sich immer nur erniedrigt, hatte ge-
duldet, gebeten und gefleht vor dem übermächtigen Feinde,
der sie Stück für Stück zerschlug und sie schändlich täuschte
und beschimpfte. Auf dem Festland war Francesco Battaja,
der besonders ernannte Provveditore, der würdigste Vertreter
solcher überaus erbärmlichen Gefühle von Knechtschaft und
beschmutzte seinen feigen Gehorsam in der Folge mit einem
noch feigeren Ungehorsam und Verrat. Auf die demütigenden
Beschwerden über die Einnahme der Städte, die Besetzung
von Burgen und Festungen, die Aufstände der Bevölkerung,
den Raub der öffentlichen Gelder und die allgemeine Verwü-
stung erwiderte Bonaparte mit höhnischen Bündnisvorschlä-
gen, spöttischen Klagen und Tributforderungen. Der Prokurator Francesco Pesaro und Giambattista Corner, der im Rate
der Weisen das Festland vertrat, führten vor dem General Napoleon Beschwerde über die Rolle, die französische Offiziere
bei den Umstürzen von Brescia und Bergamo gespielt hatten,
sowie über die Raubzüge französischer Freibeuter in den innersten Winkeln des Golfs von Venedig. Die Antwort, die sie
erhalten, war von der Art, daß die beiden Gesandten am Ende
ihres Berichtes versicherten, da von jener Seite keinerlei Milde
zu erwarten sei, müsse man nur noch auf die Hilfe des Himmels hoffen. Francesco Pesaro besaß aufrechten Sinn und sah
klar voraus, was kam; doch ihm fehlten, wie sich hernach zeigte, Ausdauer und Kraft des vaterländischen Gefühls, und darum vermochte er die Republik weder zu retten noch ihrem
Fall einige Größe zu verleihen.

Inzwischen schlugen die Heißsporne Lärm, die Ängstli-
chen suchten ihr Heil in der Stimmabgabe, und so bot sich
im Großen Rat das merkwürdige Bild, daß Philosophie und

Furcht Front gegen Mut und Festigkeit machten. Aber die
wahre Philosophie in jenen Tagen hätte raten müssen, das
Heil in der eigenen Würde zu suchen, statt es auf den Knien
von der politischen Weisheit eines Condottiere zu erwarten.
Auch ich gehörte zu den Betrogenen und empfinde hierüber
Reue und Schmerz; doch ich handelte in guter Absicht, und
auf meinem Wege bestärkten mich Freund Amilcare, der noch
im Gefängnis war, Lucilio als Vertrauter des französischen
Botschafters und zumal mein Vater, alles Menschen, die ihr
Vertrauen auf die nahe bevorstehende Erneuerung Venedigs
setzten. Eine entsetzliche Lehre! Die alten Tugenden verhöh-
nen und sie verwerfen, ohne sich zuvor das Herz mit neuen
gewappnet zu haben, Freiheit erstreben, wo die Seelen nur
noch von Knechtschaft aufgebläht sind! Es gibt Rechte, die
man sich erst erwerben muß, um sie zu besitzen; die Freiheit
erbittet man nicht, man kann sie nur fordern: Wer sie feige er-
fleht, darf sich nicht wundern, wenn er angespien wird; Bonaparte hatte recht, Venedig unrecht. Nur kann auch ein Heros,
der im Recht ist, feige sein im Nehmen seines Rechtes. Die
demokratische Partei, die sich damals die französische nannte
und es wirklich war, mochte in Venedig an Zahl nicht das
Übergewicht haben; wohl aber hatte sie es durch Mut, Tatkraft und zumal durch mächtige Hilfe. Ihre Gegner bildeten
keine Partei, sondern eine träge, erbärmliche, breite Masse,
die aus ihrer Menge keinen Zuwachs an Kraft erhielt. Nicht
der Senat und nicht der Rat der Weisen hatte damals die
Macht, sondern die Französische Gesandtschaft. Diese wob,
unter den Augen der Inquisition und ihrer Tätigkeit spottend,
die Fäden des Netzes, in das die geschwächte Aristokratie
stürzen mußte, und die meisten Menschen, die Kenntnisse
und Verstand besaßen, gingen ihr bei solchen Machenschaften
zur Hand. Bleikammern und Brunnenschächte vermochten
nicht mehr zu schrecken; eine Warnung des Botschafters Val-
lemant öffnete den Staatsverbrechern die Pforten, die sich

sonst nur für Leichen auftaten oder für Menschen, die man zum Tode führte.

[…]

Tag für Tag kam die Kunde von einem neuen Abfall, einem neuen Verrat. Der Doge schob vor Erregung auch bei großen Feierlichkeiten seine Mütze hin und her, die Weisen Väter verloren den Kopf und gaben dem Edelmanne, der sie in Paris vertrat, den Auftrag, er solle von irgendeinem Türhüter die Geheimnisse des Direktoriums erkaufen. Auch suchten sie zu Bonaparte selbst vorzudringen mittels einer langen Reihe von Freunden, deren höchster ein in Venedig lebender französischer Bankier war, und zahlten ihm dafür, glaube ich, etliche tausend Dukaten. Schöne Stützen fürwahr, um eine Regierung, die zu stürzen drohte, aufzuhalten!

Mit der Geschichte der Stadt Venedig stand es ähnlich wie mit den komischen Theaterstücken im Winter: Eine Tragödie allein vermag den langen Abend nicht zu füllen; man braucht hinterher noch eine Farce. Und die gab es auch, wenngleich sie stellenweise durchaus nicht zum Lachen reizte. Es befaßten sich viele Taugenichtse damit, Satiren über diese hirnlosen Perücken zu schreiben, nicht etwa, weil sie eine selbständige Meinung besessen hätten, sondern aus reinem Übermut. Und wie das allen Großen zustößt, die zu Fall kommen, allen Mächtigen dieser Welt, die zur Ohnmacht verurteilt sind, hatten die Perücken zu dem Schaden die Verwünschungen und den Spott. Die Schmähschriften, Knüttelverse und endlosen Traktate, die in jenen Tagen von Hand zu Hand gingen, dienten hinterher noch lange zum Einwickeln von Sardellen.

[…]

Eines Tages kommt die Nachricht vom Einzug der Franzosen in Verona, das bis dahin für eine Stadt gegolten hatte, die Neuerungen besonders abhold war. Die bewaffneten Land-

leute hatten sich zerstreut, die Truppen, mit denen man Bergamo und Brescia wiedergewinnen wollte, waren nach Padua
und Vicenza zurückgegangen. Es war für die Freunde Frankreichs ein großes Fest. Einige Tage später ereignet sich das
entsetzliche Veroneser Ostern mit all den Grausamkeiten
gegen die Franzosen, die dieses Fest besudelt haben. Es folgt
der wütende Protest Bonapartes und die Kriegserklärung in
aller Form. Senatoren, Weise Väter, Ratsherren, alle beginnen
einzusehen, daß, was lange gedauert hat, auch einmal ein
Ende nehmen könne, und geben sich einträchtig Mühe, die al-
lerdurchlauchtigste Hauptstadt mit Lebensmitteln zu versor-
gen; an ihre Verteidigung freilich denken sie wenig, weil, offen gesagt, niemand an einen solchen Ernstfall glaubt. Schließlich umzingelt der General Baraguay d'Hilliers mit seinem
Heer die Lagune und unterbricht die Verbindungen; Donà
und Justinian werden zum General Bonaparte entsandt und
erfahren von seiner Absicht, in der Republik eine neue, libera-
lere Verwaltung einzuführen. Weiter fordert er, daß ihm der
Hafenadmiral und die Staatsinquisitoren ausgeliefert werden,
weil sie Schuld trügen an Feindseligkeiten gegen ein französi-
sches Schiff, das die Einfahrt in den Hafen am Lido erzwingen
wollte. Die Herren Weisen verstanden den Wink und schrie-
ben dem General de- und wehmütig einen verschnörkelten
Brief; und da sie fanden, der Große Rat fasse seine Entschlüsse
langsamer, als die gefährliche Lage erlaube, schufen sie in Eile
eine Art Leichenobrigkeit, eine Totengräbergenossenschaft
für die sterbende Republik, die sich aus allen Ämtern der Signoria zusammensetzte, aus den Weisen Vätern, den drei
Häuptern des Rates der Zehn und den drei Avogadoren der
Gemeinde, alles in allem einundvierzig Personen mit dem erlauchten Dogen an der Spitze und dem höchst passenden Titel
einer Konferenz. Indes lief in Venedig das Gerücht, sechzehntausend Verschworene, den Dolch im Gürtel, ständen schon
in der Stadt bereit, das Gemetzel unter dem ganzen Adel, ob

schuldig oder nicht, zu beginnen. Stellt euch vor, was für ein
Trost für diese Konferenz! – Ich erinnere mich, Lucilio spitz-
bübisch nach der Wahrheit des Gerüchtes gefragt zu haben.
»O Carlino«, erwiderte er und zuckte die Achseln, »meint Ihr,
die Franzosen wären so verrückt, sechzehntausend Verschworene zu bezahlen, wenn sie mit deren Schreckgespenst
in den Gemütern dasselbe erreichen? Diese Patrizier braucht
niemand umzubringen, sie sind schon so gut wie tot.«

[...]

Eines Abends (schon näherte man sich dem Sturz in den Abgrund des zwölften Mai) rief mich mein Vater in sein Zimmer
und sagte, er habe mir etwas Wichtiges mitzuteilen, ich solle
gut aufmerken und alles genau abwägen, denn von meiner Ge-
wandtheit hänge mein Glück und der Glanz der Familie ab.
»Morgen«, sagte er, »vollzieht man in Venedig die Revolution.«

Ich fuhr überrascht auf, denn bei der Unterwürfigkeit des
Großen Rates, der noch eben Unterhändler nach Mailand ge-
sandt hatte, wollte mir nicht in den Sinn, daß eine Revolution
notwendig sei.

»Darüber brauchst du dich nicht weiter zu wundern«, fuhr
mein Vater fort, »heute abend wird dir alles klar sein. Doch
will ich dir ein wenig auf die Sprünge helfen, damit du dich im
entscheidenden Augenblick zu fassen weißt. Sage mir, mein
Sohn, was ist eigentlich eine demokratische Republik?«

»Oh«, rief ich mit der arglosen Begeisterung eines jungen
Mannes von vierundzwanzig Jahren, »sie ist der Einklang der
idealen Gerechtigkeit mit dem praktischen Leben, ist das Reich
nicht dieses oder jenes Herrschers, sondern das Reich des
freien Denkens, das von der Gesamtheit der menschlichen Gesellschaft ausgeht. Wer richtig denkt, hat das Recht zu regieren
und wird gut regieren. Das ist der Wahlspruch dieses Reiches.«

»Nun ja, gewiß doch, Carlino«, murmelte mein Vater vor

sich hin. »Das ist vielleicht eine schöne wissenschaftliche Idee, aber laß sie einmal beiseite, damit du beim Herrn Giulio keinen Spott erntest. Eine Herrschaft aller, von wenigen Menschen erstrebt, von ganz wenigen als Pflicht empfunden, geschaffen von einem Korsengeneral, ein freies Reich von Menschen, die weder frei sein wollen noch können – was für eine Wendung müßte dieses Reich wohl nehmen?«

Ich sah ihn verwirrt an, denn mit solchen Ideen pflegte ich zu rechnen, ohne daran zu denken, welche Gestalt sie unter Menschen annehmen würden.

»Höre«, fuhr er fort mit der Geduld des Lehrers, der mit den Anfangsgründen beginnt. »Diese Dinge, die du mit Trug und Träumereien ausschmückst, habe ich seit Jahren, so wie sie sein müssen, vorhergesehen. Offen gestanden verstehe ich die Bilder deiner Phantasie nicht ganz und will sie auch gar nicht verstehen, ich sehe darin nur eine gute Dosis jugendlicher Unerfahrenheit. Hättest du einige Zeit mit einem Pascha oder Großwesir zu tun gehabt, so spucktest du, meine ich, weniger Philosophie, sähest aber die Dinge klarer und mit mehr Abstand. Die große Spitzbüberei der Mamelucken lehrt uns die kleine, feine der Christen erkennen. Glaub es mir, ich habe es ausprobiert. Und ich habe es nicht probiert um nichts und wieder nichts, sondern in bestimmter Absicht, und ich wäre jetzt schon längst in der angedeuteten Weise tätig, hätte ich mich nicht bei meiner Rückkehr nach Venedig deiner erinnert. Ich will dir sagen, was mir da durch den Kopf ging. Bei Allah, dachte ich, da bietet dir doch die Vorsehung eine tolle Chance! Du bist alt, und sie verjüngt dich im Handumdrehen um vierzig Jahre. Munter, Bey! Überlaß das Rennen dem jüngeren Pferd, und ihr kommt früher ans Ziel. Kurz, Carlino, ich habe dich als meinen rechten und rechtmäßigen Sohn anerkannt und will dir, noch bevor ich sterbe, die Erbschaft meiner politischen Hoffnungen hinterlassen. Wirst du imstande sein, sie zu nutzen? Eben das wird sich in Kürze zeigen.«

Nach dieser halb mohammedanischen Ansprache entstand eine lange Pause. Schließlich unterbrach ich sie und bat meinen Vater, er möge reden.

»Reden… reden… das ist nicht so leicht, wie du meinst, Es handelt sich um Dinge, die man im Flug erhaschen muß. Doch ich sehe deine Unkenntnis und will mich näher erklären. So wisse, ich habe einige Verdienste um diese zu Franzosen werdenden Herren und auch um die Franzosen selbst, die jetzt in Italien regieren. Geheime Verdienste, etwas weitab liegende, wenn du willst, aber immerhin Verdienste. Obendrein krönen mich ein paar Millionen Piaster, die mit ihren goldfunkelnden Strahlen das Kernfeuer meines Ruhms nicht übel umgeben. Carlino, das alles erhältst du zum Geschenk, wenn du mir nur einen Diwan, eine Pfeife und zehn Täßchen Kaffee am Tage zusicherst. Alles erhältst du, zum größeren Glanze des Hauses Altoviti. Was willst du, das ist nun einmal meine fixe Idee. Einen Dogen in der Familie! Ich sage dir, es glückt, wenn du dich nur in meine Hände gibst.«

»Was, ich… ich ein Doge?« Ich wagte nicht zu atmen und brachte diese Worte kaum über die Lippen. »Soll ich von heute auf morgen Doge werden?«

»Bravo, Carlino, du verstehst mich so flink, wie ich nicht gehofft hätte. Das Dogenamt wird um so gewinnreicher werden, je weniger langweilig und gefährlich du die Sache nimmst. Du verdienst Dukaten, ich lasse sie Zinsen bringen. Nach sechs Jahren kaufen wir ganz Torcello, und die Familie Altoviti wird eine Dynastie.«

»Mein Vater, was sagt Ihr da?« Mir schien, er war nahe daran, überzuschnappen.

»Nun ja, was ist da groß zu staunen! In der neuen Ordnung, in die man uns hineinzwängt, muß doch jeder, der Verdienste hat, den überlisten, der keine hat. Dies abstrakt gesprochen. Nun konkret: Ihr in Venedig mit euern Gewohnheiten, euern Sitten… meinst du, da gelte der reichste Spitzbube nicht auch als der Mann von den größten Verdiensten? Jede Zeit, mein Sohn, hat ihre Glücksgötter, und wir wären schön dumm, wollten wir sie uns nicht zunutze machen.«

»Um Himmels willen, wie ist in Euern Augen alles häßlich und verdorben. Was für eine traurige Rolle habt Ihr mir zugedacht, mir, der sich anschickte zum Kampf für Freiheit und Gerechtigkeit.«

»Ganz gut und schön, Carlino. Zu Freiheit und Gerechtigkeit führt nur der Weg, den ich dir weise; denn wenn du unten bleibst und womöglich kämpfst, wirst du zerquetscht. Willst du also, daß das Wahre und Gute triumphiert, so mußt du dir unter den Ersten Platz schaffen, und sei es mit Ellbogen, das ist nicht wichtig. Stelle dir doch den Schaden vor, wenn an solche Stellen erbärmliche Kerle und Faulpelze kämen! Erst, mein Sohn, heißt es selbst vorangehen, sollen hernach die andern vorwärtskommen; der Zweck heiligt die Mittel. Ich will dich ja auch nicht morgen oder übermorgen zum Dogen machen; aber gedulde dich ein Weilchen, und die Mispeln reifen rascher, als man glaubt. Nur müßtest du inzwischen deine Freunde in ihren Plänen unterstützen und dürftest dich nicht aus falscher Bescheidenheit zurückhalten. Bist du des Glaubens, du habest einen rechtschaffenen Sinn und gute beharrliche Absichten? Bist du des Glaubens, es sei nützlich, an die Spitze des Gemeinwesens einen Mann zu stellen, der sein Land liebt und nicht so tief sinkt, daß er mit den Feinden Verträge schließt?«

»O ja, mein Vater, das glaube ich.«

»Gut, Carlino. Heute abend wird der Herr Lucilio deutlicher mit dir sprechen. Dann verstehst und siehst du selbst und kannst entscheiden. Halte dich an ihn. Zögere nicht, weiche nicht zurück. Wer Herz und Gewissen besitzt, muß tapfer und edelmütig vorangehen, nicht aus Stolz, sondern zum Nutzen für alle.«

»Habt keine Furcht. Ich werde vorangehen.«

»Für jetzt genügt es, wenn du dich schieben läßt. Wir haben uns also verstanden. Du wirst vom Adel gedeckt und von den Demokraten begünstigt; es kann dir nicht fehlgehen. Ich gehe zu Herrn Villetard, um noch ein paar Dinge zu ordnen. Heute abend sehen wir uns.«

Nach diesem Gespräch war ich so durcheinander, daß ich nicht wußte, wo mir der Kopf stand. Das Schlimmste war, ich hatte herzlich wenig davon verstanden. Ich zu den ersten Stellen aufsteigen, womöglich auf den Ehrensitz der Republik? Was sollten solche Träume? Gewiß hatte mein Vater aus dem Orient einen dicken Anhang zu »Tausendundeiner Nacht« mitgebracht; was sollten diese Winke über eine Revolution, und was war zu ordnen mit Herrn Villetard, einem jungen Sekretär bei der Französischen Gesandtschaft? Wie kam mein Vater dazu, sich mit ihm in Staatsgeschäfte einzulassen?

Je mehr ich darüber nachdachte, desto höher verloren sich meine Gedanken in die Wolken. [...]

Jener denkwürdige Abend des elften Mai wird mir immer im Gedächtnis bleiben. Es war ein so schöner Abend, lind und heiter, wie geschaffen für nichts als Liebesgeflüster, einsame Träumereien, fröhliche Serenaden. Doch in all dieser Stille des Himmels und der Erden, in einem solchen Zauber von Leben und Frühling fiel eine gewaltige Republik wie ein verfaulter Leib auseinander, starb eine große Königin, die vierzehn Jahrhunderte regiert hatte, starb ohne jemandes Tränen, ohne Würde, ohne Totenfeier. Ihre Söhne schliefen gleichgültig oder bebten vor Furcht. Die tote »Königin der Meere« irrte auf einem gespenstischen Bucintoro durch den Canale Grande; allmählich hob sich die Woge, und Dogenschiff und Schattenkönigin versanken in dem feuchten Grabe. Ach, wäre es wenigstens so gewesen! Statt dessen blieb die tote Hülle einige Monate hindurch den Beschimpfungen der Welt ausgesetzt; das Meer, ihr Gatte von alters her, wies ihre Asche zurück; und ein Korporal aus Frankreich streute sie in alle vier Winde, eine verhängnisvolle Gabe für den, der sie zu sammeln wagte. Ich hob die Augen zum Dogenpalast; der Mond umglänzte die langen Loggien und hohen, seltsamen Fenster mit einem Schimmer von Poesie. Mir schien, Häupter, bedeckt mit der alten Seemannskappe oder der kriegerischen Sturmhaube, starrten mit leeren Gespensteraugen zum letztenmal aus den durchbrochenen Steinornamenten; und vom Meer wehte ein Luftzug, der einer Klage glich. Ich zitterte; und doch haßte ich die Aristokratie und hoffte von ihrer Vernichtung den Triumph der Freiheit und der Gerechtigkeit. Trotzdem erfaßt unser Gemüt unaussprechliche Trauer, wenn wir spüren, wie sich eine große Vergangenheit von uns löst und endlich für immer entschwindet. Lange hatte sie, ein balsamierter Leichnam, Gegenwart vorgetäuscht; nun war der Stoß gekommen, der sie zerfallen machte. Freilich – wer weinte jetzt noch um die große Republik Venedig, die Erbin der römischen Staatskunst und Weisheit, die Mittlerin der Christenheit durchs ganze Mittelalter? Seit Foscaris Abdankung war sie der Welt entschwunden. Nun also hingen meine Blicke am Dogenpalast, und ich zitterte. Warum nicht diesen stolzen, geheimnisumwitterten Bau zertrümmern, nun der letzte Geist, der ihn beseelt hatte, von ihm gewichen war? Ich spürte in dem strengen weißen Marmor nicht nur das Gedächtnis großer Zeiten, ich spürte einen Vorwurf. Und weiter unten an der Riva schifften sich die treuen Slawonier ein, traurig und schweigend; vielleicht trösteten nur ihre Tränen die sterbende Gottheit Venedig. Da erhob sich mir in der Seele eine bestimmtere Angst. Was wurde aus dieser neuen Freiheit, dieser glücklichen Gleichheit, dieser unparteiischen Gerechtigkeit, wenn die Franzosen in Venedig waren? Lucilio tat recht daran, die Revolution zu vollziehen, bevor uns Bonaparte aus Mailand Befehl und Vorschriften schickte; doch das änderte nichts daran, daß die Franzosen von Mestre herüberkommen würden, und was geschah, wenn sie einmal da waren? Gern hätte ich den großherzigen Stolz Amilcares herbeigerufen, mich von diesen Ängsten zu befreien. Aber – schließlich waren wir Menschen wie andere auch; das neue Feuer der Freiheit konnte Wunder wirken, und Europa würde es uns in seinem eigenen Interesse danken. Der neugeborene Wille würde unser ganzes Wesen wandeln; und von Steuerbord oder Backbord mußte Hilfe kommen.

Unter solchen tröstlichen Gedanken kehrte ich heim. Mein Vater zeigte sich mit dem Amte, das ich künftig bekleiden sollte, sehr zufrieden; ich sollte nur achtgeben, mich klug aufführen und auf seine Ratschläge hören, dann würde ich schon vorankommen. Ich weiß nicht mehr, was ich ihm darauf erwiderte; ich ging zu Bett und fand bis zum Morgen keinen Schlaf. Es mochte um acht dreiviertel sein, als die Glocke zum Großen Rat läutete, und ich machte mich auf den Weg nach der Treppe der Giganten. So viel Eile auch die edlen Herren haben mochten, den Mord an der erlauchten Mutter zu begehen, so gestatteten doch die Freuden des Bettes keineswegs, daß man ihn um mehr als eine Viertelstunde früher ansetzte, als man zu beginnen gewohnt war. Die Zahl der Beiwohner betrug fünfhundertsiebenunddreißig, eine ungesetzliche Zahl, weil nach unverletzlicher Satzung jeder Beschluß, der nicht in einer Versammlung von mindestens sechshundert Mitgliedern beraten wurde, als ungültig und nichtig galt. Der größte Teil der edlen Herren zitterte vor Furcht und Ungeduld; sie hatten es eilig, nach Hause zu kommen und diese Toga, das nunmehr zu gefährliche Zeichen eines gefallenen Reiches, abzulegen. Einige trugen offen Sicherheit und Freude zur Schau, das waren die Verräter; andere erglänzten in einer stillen Zufriedenheit, einem ruhigen Stolz auf das Opfer, das sie brachten. Es strich ihre Namen aus dem Goldenen Buch, machte sie jedoch frei und gab ihnen den Ehrennamen des Bürgers. Unter diesen Zufriedenen saßen Agostino Frumier und ich und drückten uns die Hand. In einer Ecke des Saales standen etwa zwanzig Patrizier ernst und schweigsam in ihre Togen gehüllt. Es waren ein

paar ehrwürdige Greise, die seit Jahren nicht mehr im Rat erschienen und an diesem Morgen gekommen waren, um das
Vaterland bei der letzten Stimmabgabe zu ehren; zwischen
ihnen hie und da junge oder reifere angesehene Männer, die
sich am Beispiel der Seelengröße des Ahnen, des Vaters, des
Schwiegervaters begeisterten. Ich war nicht wenig verwundert, unter ihnen den Senator Frumier und seinen ältesten
Sohn Alfonso zu erblicken; wenn ich auch ihre Ergebenheit
für San Marco kannte, so hatte ich ihnen doch nicht so viel Mut
zugetraut. Diese edlen Herren bildeten einen Kreis für sich; sie
sahen auf die anderen nicht mit Verachtung oder Haß, sondern
mit der Festigkeit und Milde von Menschen, die sich bewußt
einem Martyrium unterziehen. Hier also waren Vaterland und
Schwur noch heilig, hier leuchtete ein letzter Strahl von Treue
und Würde. Diese Menschen waren nicht mehr nur Aristokra-
ten, Gebieter, Inquisitoren, sie waren die Enkel eines Zeno
und Dandolo, die in den fürstlichen Sälen zum letztenmal an
Ruhm, Opfer und Tatkraft der Vorfahren mahnten. Damals
betrachtete ich sie mit feindlichem Staunen; jetzt denke ich mit
Bewunderung an sie zurück, denn ich weiß, daß die Geschichte, die alle Patrizier jener Zeit als Feiglinge darstellt, lügt. Der
letzte Große Rat von Venedig läßt nicht zu, daß ich die
menschliche Natur ganz und gar verfluche.

In dem großen Saale war ein unbestimmtes Geschwirr
summender, brummender Laute; nur in jener entfernten Ecke
herrschten Trauer und Schweigen. Draußen lärmte das Volk;
die Schiffe, die von der Abrüstung der Lagune zurückkehr-
ten, einige letzte Fähnlein Slawonier, die sich einschifften, die
Wachen, die wider jede Gewohnheit die Zugänge zum Dogenpalast schützten, alles deutete auf das Verhängnis. Ach,
der Schlaf des Todes ist tief; die Helden, Dogen, Kapitäne der
alten Republik stiegen nicht aus ihrem Grabe.

Jetzt erhob sich der Doge bleich und zitternd von seinem
Throne vor der höchsten Staatsgewalt, dem Großen Rate,

dessen Vertreter er war, und wagte, ihm diese Schmach ohnegleichen anzubieten. Er hatte die Bedingungen gelesen, in denen Villetard vorschlug, wie man den Wünschen des französischen Direktoriums entgegenkommen und den Zorn des Generals Bonaparte besänftigen könnte. Er billigte sie aus Unerfahrenheit, er stützte sie aus Trägheit und wußte nicht, daß Villetard, notwendigerweise Verräter, versprach, was niemand zu halten die Absicht hatte, am allerwenigsten Bonaparte. Lodovico Manin stammelte ein paar Worte über die Notwendigkeit, die Bedingungen anzunehmen, über unnützen, ja unmöglichen Widerstand, über den Edelmut des Generals Bonaparte, über die Hoffnung, daß man mit den vorgeschlagenen Verbesserungen mehr Glück haben werde. Schließlich forderte er ohne Scheu die Abschaffung der alten Regierungsform und die Gründung der Demokratie. Für die Hälfte eines solchen Verbrechens war Marin Faliero vom Henker hingerichtet worden; Lodovico Manin entehrte mit seinem Gestammel ungestraft sich, den Großen Rat, das Vaterland, und nicht ein Mann wagte die Hand zu erheben, ihm den Dogenmantel von den Schultern zu reißen und seinen Kopf auf diesem Estrich, wo die Minister der Könige und die Gesandten der Päpste das Haupt gebeugt hatten, zu zerschmettern! Selbst mir, der ich damals in der Erniedrigung und Furcht eines Dogen nichts weiter als den Triumph der Freiheit und Gleichheit sah, tat der alte Mann leid.

Plötzlich dröhnen ein paar Musketensalven; der Doge hält bestürzt inne und will die Stufen des Thrones herabsteigen, eine Schar erschrockener Patrizier umdrängt ihn und ruft: »Zum Vorschlag! Abstimmen!« Draußen lärmt das Volk; drinnen wachsen Verwirrung und Angst. […] Kurz, unter solchen Rufen und Schreien, in Eile, in Furcht, kam man zur Abstimmung. Fünfhundertzwölf Stimmen bejahten den noch nicht verlesenen Vorschlag, der die Abdankung des Adels und die Errichtung einer vorläufigen demokratischen Regierung enthielt, vorausgesetzt, daß sie den Wünschen des Generals Bonaparte entsprach. Als Grund dafür, daß man seinen allerhöchsten Beschluß aus Mailand nicht abgewartet und selbst einen Vertrag aufgesetzt hatte, gab man die Dringlichkeit der Gefahr im Innern an. Nur zwanzig enthielten sich bei diesem feigen Untergang der Stimme, und fünf davon waren nicht aufrichtig. Das Schauspiel dieses Beschlusses wird mir immer unvergeßlich bleiben; noch heute, nach sechzig Jahren, kann ich manchem Ratsherrn, der damals unwürdig zitternd in der Schar der Feigen stand, vor Scham nicht offen ins Gesicht sehen. Einige hatten ganz bleiche, entstellte Züge, andere schauten verwirrt und wie betäubt, und viele wären wohl gern aus den Fenstern gesprungen, nur um den Schauplatz ihrer Schmach so rasch wie möglich zu verlassen. Der Doge stürzte nach seinen Zimmern, legte schon auf dem Wege die Zeichen seines Amtes ab und befahl, man solle diesen Schmuck auch von den Wänden entfernen; viele scharten sich um ihn, fast als wollten sie die eigene Schmach im Anblick einer größeren vergessen. Wer auf den Markusplatz trat, trug Sorge, Perücke und Patriziertoga vorher abzuwerfen. Nur wir wenigen, enttäuschten Anbeter der Freiheit unter dieser Herde von Sklaven (wir waren fünf oder sechs) liefen an die Fenster und auf die Treppe und riefen: »Es lebe die Freiheit!« Aber dieser Ruf, um den es uns heilig ernst war, wurde sofort von denen, die darin eine Möglichkeit sahen, mit herauszuschlüpfen, aufgenommen und entweiht. Furchtsame und Verräter mischten sich unter uns; Lärm und Geschrei wuchsen ständig. Ich glaubte noch immer, eine reine, starke Begeisterung könne diese kleinen Menschen in Helden wandeln, stürzte auf den Markusplatz, warf meine Perücke in die Luft und schrie aus Leibeskräften: »Es lebe die Freiheit!« Der General Salimbeni stand schon mit einigen anderen unter dem Volk und schrie und suchte es zu Freude und Freiheitsrausch anzufeuern. Doch die Menge warf sich ihm voller Wut entgegen und

zwang ihn, zu rufen: »Es lebe San Marco!« Diese neuen Rufe
erstickten die ersten. Viele, zumal die weiter entfernt standen,
meinten, die alte Republik habe die schreckliche Gefahr der
Abstimmung unversehrt überstanden. »Es lebe die Republik!
Es lebe San Marco!« riefen die Menschen, die dichtgedrängt
auf dem Platze standen, wie aus einem Munde. An den drei
Rahen wurden die Fahnen gehißt; das Bild des Evangelisten
wurde im Triumph umhergetragen; eine drohende Volkswoge
wälzte sich zu den Häusern der Patrizier, die im Verdacht
standen, sich mit dazu verschworen zu haben, daß die Franzosen gerufen würden. Mitten in der Menge, unsicher, verwirrt, von den Gefährten getrennt, traf ich auf meinen Vater
und auf Lucilio, die wohl weniger überrascht, aber niederge-
schlagener waren als ich. Sie nahmen mich in die Mitte und
zogen mich nach der Frezzeria. Die wenigen Patrizier, die mit
ihrer Stimmenthaltung für Unabhängigkeit und Bestand der
Republik eingetreten waren, schritten mit ihren langen Perücken, ihren nachschleppenden Togen dicht an uns vorüber.
Das Volk machte ihnen ohne Schimpfreden, doch auch ohne
Zeichen der Zufriedenheit Platz. Lucilio drückte meinen
Arm. »Hast du gesehen?« flüsterte er mir ins Ohr. »Das Volk
ruft: Es lebe San Marco! und besitzt dann nicht den Mut, einen dieser letzten, Lobes würdigen Herren, die ihm bleiben,
im Triumph umherzutragen und zum Dogen zu machen.
Sklaven, ewige Sklaven!«

Mein Vater verlor sich nicht in weise Betrachtungen; er ging
so rasch wie möglich, er konnte es nicht erwarten, bis er sicher in seinem Zimmer säße und über Für und Wider in Ruhe
nachdächte.

Ein Erlaß der neuen Regierung, der die feige Nachgiebig-
keit der Patrizier als ein freiwilliges Opfer bezeichnete, das sie
aus Einsicht in die Zeit für die Gerechtigkeit zum Wohle aller
gebracht hätten, brachte das gute Völkchen von Venedig wieder zur Ruhe. Wie der Zahn einer Ratte genügt, daß ein Schiff

dank dieses kleinen Loches sinkt, so hatte der Plan eines jäm-
merlichen Pariser Sekretärs, von vier oder fünf Verrätern und
einigen Republikanern genügt, ein Staatsschiff zum Sinken zu
bringen, das Soliman dem Zweiten und der Liga von Cambrai
widerstanden hatte. Umwälzungen ohne Größe, weil ohne
Ziel; um so etwas ins Werk zu setzen, müßten die Anführer
einer Partei vom Lichte der Erfahrung erleuchtet sein, wenn
das Schicksal ihren Händen das Geschick des Vaterlandes anvertraut.

Vier Tage danach brachten venezianische Barken französische Truppen nach Venedig, und eine Stadt, die wenige Tage
zuvor von elftausend Slawoniern, achthundert Geschützen
und zweihundert bewaffneten Schiffen verteidigt war, lieferte
sich entblößt, freiwillig, militärisch machtlos der Gewalt von
viertausend von Baraguay d'Hilliers befehligten Abenteurern
aus. Die Obrigkeit gab ihnen unter der schweigenden Verachtung der Menge das Ehrengeleit. Auch ich als Sekretär empfing mein Teil an dieser stummen Beschimpfung; doch Pisanas Begeisterung und der Zuspruch meines Vaters machten
mir Mut, alles der Freiheit zuliebe zu ertragen. Ich bemitlei-
dete Unwissende und dachte nicht, daß ich bald würde
Elende zu bedauern haben. Von der Antwort der Provinzen
des Festlandes auf die Aufforderung, unserer neuen Regierung beizustimmen, wurde mein Zutrauen leicht erschüttert.
Die Städte zögerten, die französischen Generale bedachten
uns mit ihrem Spott. Venedig blieb mit seiner Freiheit falschen Gepräges allein.

Inzwischen wurden Istrien und Dalmatien gemäß den
Geheimverhandlungen von Leoben von Österreich besetzt.
Auch das behagte mir durchaus nicht. Mit venezianischen
Schiffsgeschwadern bemächtigte sich Frankreich unseres Be-
sitzes in Albanien und im Ionischen Meer; es war nur der Anfang zu schlimmerer Anmaßung. Ich armer kleiner Sekretär
fand mich in dem allen nicht zurecht, denn ich war nicht er-

fahren genug, die Widersprüche auf einen Nenner zu bringen und mir so ein Urteil zu bilden. Ich seufzte, mühte mich und wartete auf bessere Zeiten. Allmählich habe ich freilich eingesehen, was, glaube ich, noch niemand vor mir bemerkt hat, warum die »Königin der Meere« nach vierzehn Jahrhunderten eines verdienstvollen, ruhmreichen Lebens untergehen mußte. Venedig wollte ein Volk sein, und es war nur noch eine Stadt. Nur Völker leben, kämpfen, und wenn sie fallen, so fallen sie stark und in Ehren; denn sie sind dessen gewiß, daß sie auferstehen.

# Venedig trauert

»Venedig.«

Und wahrhaftig, schwimmend auf dem stillen Meer, das nur eine Meile entfernt war, lag da eine große Stadt, deren Kastelle und Kuppeln und Kirchtürme im goldenen Dunst des Sonnenuntergangs schlummerten.

Dieses Venedig, das fast vierzehnhundert Jahre lang eine hochmütige, unbesiegbare, hochherrliche Republik war, dessen Armeen sich den Beifall der Welt erzwangen, wann und wo auch immer sie kämpften, dessen Kriegsflotte die Meere fast ganz beherrschte und dessen Handelsflotte auf den entferntesten Ozeanen das Weiß ihrer Segel aufleuchten ließ und auf diesem Landeplatz hier die Erzeugnisse aller Zonen stapelte, ist nun eine Beute der Armut, der Vernachlässigung und des traurigen Verfalls geworden. Vor sechshundert Jahren war Venedig der unumschränkte Beherrscher des Handels; sein Markt war das große Handelszentrum, der Verteilungsplatz, von wo aus sich der ungeheure Orienthandel über die westliche Welt ausbreitete. Heute sind seine Kais verlassen, seine Lager leer, seine Handelsflotte ist verschwunden, seine Armee und Kriegsflotte sind nur noch Erinnerungen. Dahin ist sein Ruhm, und von der verfallenden Pracht seiner Landungsplätze und Paläste umgeben, sitzt es verloren zwischen seinen trägen Lagunen, zum Bettler geworden und von der Welt vergessen. Dies Gemeinwesen, das in seinen glücklichen Tagen den Handel einer ganzen Hemisphäre beherrschte und mit einem Wink seiner mächtigen Hand das Wohl oder Wehe von Nationen bestimmte, ist das bescheidenste unter den Völkern der Erde geworden – ein Hausierer mit Glasperlen für Frauen und mit unbedeutendem Spielzeug und Kinkerlitzchen für Schulmädchen und Kinder.

Die ehrwürdige Mutter der Republiken ist kaum ein geeignetes Thema für leichtfertige Redensarten oder den müßigen Klatsch von Touristen. Es erscheint uns wie eine Art Entweihung, den Zauber der alten Romantik zu stören, die uns ihr Bild mit verwischten Umrissen wie aus großer Entfernung durch einen farbigen Nebel hindurch vor Augen führt und ihren Untergang und ihren Verfall vor unseren Blicken verhüllt. Man sollte sich wahrlich von ihren Lumpen, ihrer Armut und ihrer Demütigung abwenden und sich die Stadt nur vorstellen, wie sie war, als sie die Flotte Karls des Großen versenkte, als sie Friedrich Barbarossa demütigte oder ihre siegreichen Banner über den Zinnen Konstantinopels wehen ließ.

Wir erreichten Venedig um acht Uhr abends und bestiegen einen Leichenwagen, der zum Grand Hôtel d'Europa gehörte. Zumindest glich er mehr einem Leichenwagen als etwas anderem, obwohl er, wenigstens auf dem Papier, eine Gondel war. Das also war die gefeierte Gondel von Venedig! – das Märchenboot, in dem die fürstlichen Kavaliere der guten alten Zeit das Wasser der mondbeschienenen Kanäle durchpflügten und mit der Beredsamkeit der Liebe in die sanften Augen patrizischer Schönheiten blickten, während der fröhliche Gondoliere in seidenem Wams seine Gitarre zupfte und sang, wie eben nur Gondolieri singen können! Das also ist die berühmte Gondel und das der prächtige Gondoliere! – das eine ein tintenschwarzes, verschossenes altes Kanu mit einem daraufgesetzten düsteren Leichenwagenaufbau, und der andere ein schäbiger, barfüßiger Gassenjunge, an dem Teile der Kleidung zur Schau gestellt waren, die einer öffentlichen Inspek-

tion hätten vorenthalten bleiben sollen. Während er um eine
Ecke bog und seinen Leichenwagen in einen schaurigen Gra-
ben zwischen zwei Reihen hochaufragender, unbewohnter
Gebäude schießen ließ, begann der fröhliche Gondoliere
plötzlich, getreu den Traditionen seiner Gattung, zu singen.
Ich hielt es nur eine kurze Zeit aus. Dann sagte ich:

»Jetzt hör mal her, Roderigo Gonzales Michelangelo, ich
bin ein Pilger, und ich bin ein Fremder, aber ich bin nicht ge-
willt, meine Gefühle von einem solchen Gejaule zerfleischen
zu lassen. Wenn das nicht aufhört, muß einer von uns ins
Wasser. Es genügt, daß meine langgehegten Träume von Venedig für immer dahin sind, was die romantische Gondel und
den prächtigen Gondoliere angeht; diese systematische Vernichtung soll nicht weiterschreiten; ich werde unter Protest
den Leichenwagen akzeptieren, und du magst unbehelligt
deine Parlamentärsflagge wehen lassen, aber hiermit ver-
künde ich einen finsteren und blutigen Schwur, daß du nicht
mehr singst. Noch ein Quieksen, und du gehst über Bord.«

Ich begann zu glauben, daß es mit dem alten Venedig der
Lieder und Geschichten für immer vorbei sei. Aber ich war
zu voreilig. Binnen weniger Minuten trieben wir elegant hinaus auf den Canale Grande, und da lag im milden Mondlicht
das Venedig der Dichtung und Romantik vor uns. Direkt am
Rand des Wassers erhoben sich lange Reihen stattlicher Mar-
morpaläste; Gondeln glitten schnell hierhin und dahin und
verschwanden plötzlich durch unvermutete Tore und Gäßchen; schwere Steinbrücken warfen ihre Schatten quer über
die glitzernden Wellen. Überall herrschte Leben und Treiben,
und doch lag über allem eine Stille, eine Art verstohlener Stille, die an heimliche Geschäfte gedungener Mörder und Lie-
bender denken ließ; halb in Mondstrahlen und halb in geheimnisvolle Schatten gehüllt, schienen die düsteren, alten
herrschaftlichen Häuser der Republik einen Ausdruck an sich
zu haben, als blickten sie in demselben Moment mit einem

Auge solchen Ereignissen entgegen. Musik schwebte über das
Wasser herüber – Venedig war vollkommen.

Es war ein zauberhaftes Bild – sehr weich und verträumt
und schön. Aber was war dieses Venedig im Vergleich zum
mitternächtlichen Venedig? Nichts. Es gab ein Fest – ein großes Fest zu Ehren irgendeines Heiligen, der vor dreihundert
Jahren dazu beigetragen hatte, der Cholera Einhalt zu gebieten, und ganz Venedig war draußen auf dem Wasser. Es war
keine gewöhnliche Angelegenheit, denn die Venezianer wußten nicht, wie bald sie die Dienste des Heiligen vielleicht wieder brauchen würden, da sich zur Zeit die Cholera überall
ausbreitete. So waren also auf einer weiten Fläche – sagen wir
eine Drittelmeile breit und zwei Meilen lang – zweitausend
Gondeln versammelt, und jede einzelne führte zwei bis zehn,
zwanzig und sogar dreißig bunte Laternen, die über dem
Boot aufgehängt waren, und vier bis zwölf Insassen mit sich.
So weit das Auge nur reichte, drängten sich diese farbigen
Lichter – wie ein weiter Garten vielfarbiger Blumen, nur daß
diese Blüten nie stillstanden; sie glitten unaufhörlich ineinander und auseinander, vermischten sich miteinander und ver-
leiteten uns zu dem verwirrenden Versuch, ihren verwickelten
Bewegungen zu folgen. Hier und da übergoß das grelle rote,
grüne oder blaue Licht einer Rakete, die sich schwerfällig
vom Boden löste, alle umliegenden Boote mit strahlendem
Glanz. Jede Gondel, die an uns vorbeischwamm, hoch be-
hängt mit halbmond-, pyramiden- und kugelförmigen bunten
Lampions, welche die Gesichter der jungen und duftenden
und lieblichen Welt unter sich beleuchteten, war ein Bild für
sich; und die Spiegelbilder dieser Lichter, so lang, so schlank,
so zahllos und so von den Wellen verzerrt und gefaltet, waren
auch ein Gemälde, und ein bezaubernd schönes dazu. Viele,
viele Gruppen junger Damen und Herren hatten ihre Pracht-
gondeln stattlich geschmückt und nahmen an Bord ihr Abendessen ein, wobei sie von ihren eigens dazu mitgebrachten be-

frackten Dienern in weißen Krawatten bedient wurden und
wozu sie ihre Tafeln wie für ein Hochzeitsmahl herausgeputzt
hatten. Die kostbaren Kugellampen hatten sie, glaube ich, aus
ihren Salons mitgebracht, desgleichen die Spitzen- und Sei-
denvorhänge. Sie hatten auch Klaviere und Gitarren mit, und
sie spielten und sangen Opern, während die plebejischen, nur
mit Papierlaternen ausgestatteten Gondeln aus den Vorstädten
und Seitengassen sich um sie drängten, um hinüberzustarren
und zu lauschen.

Überall war Musik – Chöre, Streichorchester, Blaskapel-
len, Flöten, alles. Ich war so umringt, ummauert von Musik,
Pracht und lieblicher Schönheit, daß mich der Geist dieses
Schauspiels überkam und ich selbst eine Melodie anstimmte.
Als ich jedoch bemerkte, daß die anderen Gondeln weggefahren waren und mein Gondoliere im Begriff war, sich ins Wasser zu stürzen, hörte ich auf.

Das Fest war herrlich. Es dauerte die ganze Nacht, und ich
habe mich nie besser unterhalten als in diesen Stunden.

Was würde man wohl spontan als erstes in Venedig sehen
wollen? Natürlich die Seufzerbrücke – und als nächstes die
Markuskirche und den großen Platz gleichen Namens, die
bronzenen Rosse und den berühmten Löwen des Heiligen
Markus.

Wir wollten eigentlich zur Seufzerbrücke, gerieten aber
durch Zufall zuerst in den Dogenpalast – ein Gebäude, das
notwendigerweise einen breiten Raum in der venezianischen
Dichtung und Überlieferung einnimmt. Im Senatssaal der alten Republik wurden unsere Augen von der Betrachtung der
vielen Quadratmeter von Historiengemälden Tintorettos und
Paolo Veroneses müde, aber keines machte einen wirklich tiefen Eindruck auf uns mit Ausnahme des einen, das *alle* Fremden tief beeindruckt – ein schwarzes Rechteck inmitten einer
Porträtgalerie. In einer langen Reihe, rund um die große Hal-

le, waren die Konterfeis der Dogen von Venedig hingemalt (ehrwürdige Burschen mit wallenden weißen Bärten, denn aus den dreihundert Senatoren, die für das Amt in Frage kamen, wurde gewöhnlich der älteste zum Dogen gewählt), und unter jedem stand eine schmeichelhafte Inschrift – bis man zu der Stelle kam, wo eigentlich das Konterfei Marino Falieris hätte hängen müssen, und die war leer und schwarz – leer, bis auf eine knappe Inschrift, aus der hervorging, daß der Verschwörer für sein Verbrechen mit dem Tod gebüßt hatte. Es schien mir grausam, daß diese mitleidlose Inschrift noch immer von der Wand herabstarren mußte, wo doch der arme Teufel schon seit fünfhundert Jahren in seinem Grabe lag.

Am oberen Absatz der riesenhaften Treppe, wo man Marino Falieri enthauptet hatte und wo die Dogen in alter Zeit gekrönt wurden, wies man uns auf zwei kleine Spalten in der Steinmauer hin – zwei harmlose, belanglose Öffnungen, die wohl nie die Aufmerksamkeit eines Fremden auf sich ziehen würden –, und doch standen wir vor den schrecklichen Löwenrachen! Die Köpfe waren nicht mehr vorhanden (abgeschlagen von den Franzosen während ihrer Besetzung Venedigs), aber hierbei handelte es sich um die Schlünde, durch die die anonymen Anschuldigungen hinunterfielen, die, in tiefer Nacht heimlich von einem Feind eingeworfen, so manchen Unschuldigen dazu verdammten, über die Seufzerbrücke zu gehen und in den Kerker hinabzusteigen, den niemand mit der Hoffnung betrat, die Sonne jemals wiederzusehen. Das war in den alten Zeiten, als in Venedig die Patrizier allein regierten – das gemeine Volk hatte kein Wahlrecht und keine Stimme. Es gab eintausendfünfhundert Patrizier; aus diesen wurden dreihundert Senatoren gewählt; unter den Senatoren wurde ein Doge und ein Rat der Zehn auserkoren; und in geheimer Wahl bestimmten die Zehn aus ihren eigenen Reihen einen Rat der Drei. Alle diese Männer waren damals Regierungsspitzel, und jeder Spitzel stand selbst unter Überwa-

chung – man verständigte sich in Venedig im Flüsterton, kein
Mensch traute seinem Nachbarn – zuweilen nicht einmal dem
eigenen Bruder. Kein Mensch wußte, wer dem Rat der Drei
angehörte – nicht einmal der Senat, nicht einmal der Doge
selbst; die Mitglieder dieses gefürchteten Tribunals fanden
sich des Nachts zu dritt in einem Zimmer ein, mit Gesichts-
masken und von Kopf bis Fuß in scharlachrote Mäntel gehüllt, und kannten sich gegenseitig nur an der Stimme. Es war
ihre Pflicht, über abscheuliche politische Verbrechen zu Gericht zu sitzen, und gegenüber ihrem Urteilsspruch gab es
keine Berufung. Ein Kopfnicken zum Henker hin genügte.
Der Verurteilte wurde abgeführt in eine Halle und von dort
durch ein kleines Tor auf die überdachte Seufzerbrücke und
über sie hinweg und in den Kerker und in den Tod. Während
seiner Überführung sah ihn nur sein Bewacher. Wenn jemand
in diesen alten Zeiten einen Feind hatte, so konnte er nichts
Klügeres tun, als eine kleine Mitteilung an den Rat der Drei
durch das Löwenmaul zu werfen, auf dem stand: »Dieser
Mann schmiedet gerade ein Komplott gegen die Regierung.«
Auch wenn die furchtbaren Drei keinen Beweis dafür fanden,
war zehn zu eins damit zu rechnen, daß sie ihn dennoch er-
tränken ließen, weil er ein ganz durchtriebener Schuft war,
da seine Ränke nicht zu durchschauen waren. Von maskierten Richtern und maskierten Henkern mit unbeschränkter
Machtbefugnis, gegen deren Urteil es keine Berufungsmög-
lichkeit gab, war in jenen harten, grausamen Tagen kaum zu
erwarten, daß sie milde umgehen würden mit Leuten, die sie
verdächtigten und doch nicht überführen konnten.

Wir durchquerten die Halle des Rates der Zehn, und gleich
darauf traten wir in die teuflische Höhle des Rates der Drei.

Der Tisch, um den sie gesessen hatten, stand noch da, und
ebenso waren noch die Stellen zu sehen, wo die maskierten
Inquisitoren und Henker standen, starr, hochaufgerichtet und
stumm, bis sie den blutigen Befehl erhielten und sich dann,

wie unerbittliche Automaten, die sie ja auch waren, davon-
machten, um ihn auszuführen. Die Fresken an den Wänden
paßten erschreckend gut zu dem Ort. In allen anderen Sälen,
den Hallen, den prunkvollen Staatsgemächern des Palastes,
erstrahlten die Wände und Decken in Gold, reich verziert mit
erlesenem Schnitzwerk; sie blendeten das Auge mit prächtigen Bildern von venezianischen Siegen und venezianischem
Pomp an fremden Höfen, waren geheiligt durch Bilder der
Jungfrau und des Erlösers der Menschheit und der Heiligen,
die das Evangelium des Friedens auf der Erde predigten – aber
hier, in bedrückendem Kontrast dazu, gab es nur Darstellungen des Todes und des schrecklichen Leidens! – kein lebendes
Wesen war abgebildet, das sich nicht unter der Folter wand,
kein totes, das nicht mit Blut beschmiert, mit klaffenden
Wunden übersät und von den Todesqualen entstellt war, unter denen es sein Leben ausgehaucht hatte!

Vom Palast bis zum düsteren Gefängnis ist es nur ein
Schritt – fast könnte man über den schmalen Kanal springen,
der dazwischenliegt. Die massige, steinerne Seufzerbrücke
quert ihn auf der Höhe des zweiten Stockes – eine Brücke, die
mit ihrer Überdachung eigentlich ein Tunnel ist – wenn man
sie überquert, kann man nicht gesehen werden. Sie ist der
Länge nach unterteilt, und durch den einen Gang schritten
einstmals diejenigen, die milde Strafen erhalten hatten, und
durch den anderen zogen traurig die Elenden, die vom Rat
der Drei dazu verurteilt worden waren, von aller Welt vergessen, langsam in den Kerkern dahinzudarben oder einen plötzlichen und geheimen Tod zu erleiden. Dort drunten unter der
Wasseroberfläche zeigte man uns beim Schein qualmender
Fackeln die feuchten, dickwandigen Zellen, wo das Leben so
manches stolzen Patriziers von der Trübsal der Einzelhaft
aufgezehrt wurde – ohne Licht, Luft, Bücher; nackt, unra-
siert, ungekämmt, von Ungeziefer bedeckt, vegetierte er dahin; da es niemanden gab, mit dem er hätte sprechen können,

vergaß seine untätige Zunge, wozu sie bestimmt ist; die Tage und Nächte seines Lebens unterschieden sich nicht mehr
voneinander, sondern verschmolzen zu ewiger, einförmiger
Nacht; fernab von allen heiteren Klängen war er begraben in
der Stille einer Gruft; vergessen von seinen hilflosen Freunden, denen sein Schicksal für immer ein Rätsel bleiben sollte,
verlor er schließlich sein Gedächtnis und wußte nicht mehr,
wer er war und wie er hierher gekommen war; er verschlang
den Laib Brot und trank das Wasser, was ihm von unsichtbaren Händen in die Zelle geschoben wurde, und plagte sein
zermürbtes Gemüt nicht länger mehr mit Hoffnungen und
Ängsten und Zweifeln und der Sehnsucht nach Freiheit; er
hörte auf, vergebliche Gebete und Klagen in Wände zu ritzen,
wo niemand, nicht einmal er selbst, sie sehen konnte, und
überließ sich einer hoffnungslosen Apathie, einem kindischen
Stammeln, dem Wahnsinn! Viele solcher beklagenswerten
Geschichten wüßten diese Wände zu erzählen, wenn sie nur
reden könnten.

In einem kleinen schmalen Gang, nicht weit davon entfernt, zeigte man uns, wo manch ein Gefangener, nachdem er
so lange im Kerker gelegen hatte, bis er von allen mit Ausnahme seiner Verfolger vergessen worden war, erdrosselt oder
eingenäht in einen Sack von vermummten Henkern in tiefster
Nacht durch ein kleines Fenster in ein Boot geschafft, zu einem entlegenen Punkt gerudert und ertränkt wurde.

Wie immer zeigte man den Besuchern die Folterwerkzeuge,
womit die Drei den Angeklagten die Würmer aus der Nase zu
ziehen pflegten – gräßliche Apparaturen, um jemandem die
Daumen zu zerquetschen; die Pflöcke, in denen ein Gefangener bewegungsunfähig eingeklemmt saß, während ihm unent-
wegt Wasser auf den Kopf tropfte, bis es die menschliche Natur nicht länger ertragen konnte; und eine teuflische Vorrich-
tung aus Stahl, die das Haupt eines Gefangenen wie eine Muschel umschloß und es mit Hilfe einer Schraube langsam zu-

sammendrückte. Es hafteten noch die Flecken des Bluts an ihr, das vor langer Zeit durch ihre Fugen geronnen war, und an der einen Seite hatte sie einen Vorsprung, auf den der Folterknecht bequem seinen Ellbogen aufstützen und sich mit dem Ohr herabbeugen konnte, um das Stöhnen des darin sterbenden Dulders zu erhaschen.

Die venezianische Gondel ist so gelöst und anmutig in ihrer gleitenden Bewegung wie eine Schlange. Sie ist zwanzig oder dreißig Fuß lang und schmal und tief wie ein Kanu; ihr scharfer Bug und ihr Heck schwingen sich vom Wasser empor wie die Hörner einer Mondsichel, wenn man sich den Bogen der Krümmung leicht gemildert denkt.

Den Bug schmückt ein Stahlkamm mit angebauter Streitaxt, die gelegentlich vorbeifahrende Boote in zwei Teile zu schneiden droht, es aber niemals tut. Die Gondel ist schwarz angestrichen, weil zur Zeit des Höhepunktes venezianischer Herrlichkeit die Gondeln insgesamt zu prunkvoll geworden waren und der Senat verordnet hatte, daß mit dem ganzen Aufwand Schluß zu machen sei und ein feierliches, schmuckloses Schwarz an seine Stelle zu treten habe. Wenn die Wahrheit bekannt wäre, würde es sich zweifellos erweisen, daß irgendwelche reichen Plebejer die patrizische Prachtentfaltung auf dem Canale Grande zu auffällig nachgeäfft hatten und ihnen mal gehörig der Kopf gewaschen werden mußte. Ehrfurcht vor der ehrwürdigen Vergangenheit und ihren Traditionen hält die düstere Mode auch jetzt noch aufrecht, wo kein Zwang mehr dahintersteht. So laßt es bleiben. Es ist die Farbe der Trauer. Venedig trauert. Das Heck des Bootes ist mit einem Deck versehen, und darauf steht der Gondoliere. Er benutzt ein einziges Ruder – ein langes Blatt natürlich, denn er steht beinahe aufrecht. Ein hölzerner Pflock, anderthalb Fuß hoch, mit zwei flachen Krümmungen an der einen Seite und einer an der anderen, ragt über das rechte Dollbord

hinaus. Gegen diesen Pflock drückt der Gondoliere das Ruder, wobei er es mal auf die andere Seite des Pflockes nimmt
oder es in eine andere Krümmung einlegt, wie es das Lenken
des Fahrzeuges erfordert – und wie in aller Welt er rückwärts-
gleiten und beschleunigen, geradeaus schießen oder plötzlich
um eine Ecke huschen kann und wie er es fertigbringt, das
Ruder in diesen kümmerlichen Kerben zu halten, ist mir ein
Rätsel und beschäftigt mich unaufhörlich. Ich fürchte, ich
studiere die wunderbare Geschicklichkeit des Gondoliere eif-
riger als die mit Bildhauerwerk geschmückten Paläste, zwischen denen wir umhergleiten. Er schneidet ab und zu eine
Ecke so scharf oder verfehlt eine andere Gondel nur um eine
Haaresbreite, daß ich das »Kribbeln« kriege, wie die Kinder
sagen – genau wie man es bekommt, wenn das Rad eines Ein-
spänners einem den Ellbogen streift. Aber er berechnet alles
mit der peinlichsten Genauigkeit und schießt mit dem ruhigen Selbstvertrauen des gelernten Droschkenkutschers in einem dem Broadway ähnlichen Durcheinander von eiligen
Fahrzeugen hin und her. Er macht niemals einen Fehler.

Manchmal sausen wir die großen Kanäle in einem solchen
Tempo entlang, daß wir nur einen ganz flüchtigen Blick in die
Haustore werfen können; dagegen nehmen wir in mancher
verborgenen Gasse in den Vororten eine Feierlichkeit an, die
der Stille, dem Moder, dem trägen Wasser, dem festhaftenden
Tang, den verlassenen Häusern und der allgemeinen Leblosig-
keit der Gegend angepaßt ist, und stimmen unsere Bewegung
auf den Geist ernster Meditation ab.

Der Gondoliere *ist* ein malerischer Kerl – wenn er auch
keine Atlasweste, keinen Federhut, keine seidenen Kniehosen
trägt. Seine Haltung ist stattlich, er ist geschmeidig und bieg-
sam, all seine Bewegungen sind voller Anmut. Wenn sein langes Kanu und seine schöne, von ihrem hohen Standort am
Heck aufragende Gestalt sich gegen den Abendhimmel ab-
zeichnen, geben sie ein Bild ab, das für ein fremdes Auge ganz
neuartig und sehr eindrucksvoll ist.

Wir sitzen hinter vorgezogenen Vorhängen in der gepolsterten, kutschkastenähnlichen Kabine und rauchen oder lesen oder schauen hinaus auf die vorbeifahrenden Boote, die Häuser, die Brücken, die Menschen und unterhalten uns viel besser, als es in einem Einspänner möglich wäre, der über unser Kopfsteinpflaster zu Hause holpert. Dies ist die ruhigste, angenehmste Art der Fortbewegung, die wir je kennengelernt haben.

Aber es wirkt sonderbar – außerordentlich sonderbar –, wenn man sieht, daß ein Boot die Dienste einer Privatkutsche leistet. Wir sehen die Geschäftsleute an die Haustür kommen, in eine Gondel statt in einen Straßenwagen steigen und in die Stadt zum Büro fahren.

Wir sehen junge Damen, die sich besuchten, auf der Freitreppe stehen und lachen und sich zum Abschied küssen und fächeln und sagen: »Komm doch bald mal – aber bestimmt – du bist ja so garstig gewesen, wie du nur sein kannst – Mutter möchte dich gar zu gern sehen – und wir sind in das neue Haus gezogen, oh, so eine entzückende Wohnung! – so günstig zum Postamt und zur Kirche gelegen und zum Christlichen Verein Junger Männer; und wir haben so viele Angelpartien und soviel Betrieb und so viele Schwimmwettkämpfe im Hinterhof – oh, du *mußt* einfach kommen – es ist doch gar keine Entfernung, und wenn du an der Markuskirche und unter der Seufzerbrücke entlangfährst und durch die Seitengasse abschneidest und an der Kirche Santa Maria dei Frari herauskommst und in den Canale Grande biegst, da ist nicht ein *bißchen* Strömung – also, komm bestimmt, Sally Maria – adieu!«, und dann trippelt die kleine Schwindlerin die Stufen hinab, springt in die Gondel, flüstert: »Scheußliches altes Ding, hoffentlich *kommt* sie nicht!« und gleitet um die Ecke herum davon; und das andere Mädchen knallt die Haustüre zu und sagt: »Na, *diese* Plage ist wenigstens überstanden – aber ich glaube, ich muß doch hinfahren und sie besuchen –

ein unangenehmes, hochnäsiges Ding!« Die menschliche Natur scheint sich überall gleich zu sein. Wir sehen den schüchternen jungen Mann mit flaumweichem Schnurrbart, reichem Haarwuchs, spärlichem Geist und eleganter Kleidung am Wohnsitz *ihres* Vaters vorfahren, seinen Kutscher anweisen, zu warten und auszuschöpfen, furchtsam die Stufen hochsteigen und direkt an der Schwelle auf den »alten Herrn« prallen! – hören ihn fragen, in welcher Straße sich die neue Britische Bank befinde –, als ob *das* der Zweck seines Kommens gewesen wäre – und dann in sein Boot plumpsen und schnellstens abhauen, das feige Herz in den Hosen! – sehen ihn gleich darauf wieder um die Ecke zurückgeschlichen kommen, den Vorhang in Richtung der entschwindenden Gondel des alten Herrn einen Spalt geöffnet, und schon kommt seine Susanne herausgesprungen, wobei ein Schwarm kleiner italienischer Zärtlichkeiten von ihren Lippen flattert, und fährt mit ihm aus, in den wäßrigen Alleen auf den Rialto zu.

Wir sehen die Damen in der natürlichsten Weise einkaufen fahren und wie seit eh und je von Straße zu Straße und von Laden zu Laden flitzen, nur daß sie die Gondel statt eines Privatwagens ein paar Stunden lang an der Bordkante auf sich warten lassen, während sie die netten jungen Verkäufer tonnenweise Seide und Samt und alte Moiréstoffe und solche Sachen herunterholen lassen; und dann kaufen sie ein Päckchen Nadeln und paddeln davon, um den Rest ihrer verheerenden Kundengönnerschaft einer anderen Firma angedeihen zu lassen. Und sie lassen sich ihre Einkäufe immer in der guten alten Weise nach Hause schicken. Die menschliche Natur ist sich auf der ganzen Welt *sehr* ähnlich; und es gleicht so sehr meiner lieben Heimat, wenn eine venezianische Dame in einen Laden geht und blaues Band im Wert von zehn Cent kauft und es in einem Prahm nach Hause schicken läßt. Ach, es sind diese kleinen Pinselstriche der Natur, die einen in diesen fernen, fremden Ländern zu Tränen rühren.

Wir sehen kleine Mädchen und Jungen mit ihren Kindermädchen in Gondeln an die frische Luft fahren. Wir sehen gesetzte Familien in Sonntagskleidern mit Gebetbuch und Rosenkranz die Gondel besteigen und zur Kirche treiben. Und um Mitternacht sehen wir, wie die Theater schließen und ein Schwarm heiterer Jugend und Schönheit aus ihnen quillt; wir hören die Rufe der Taxi-Gondolieri und sehen die kämpfende Menge an Bord springen und die schwarze Masse der Boote die mondbeschienenen Alleen entlanggleiten; wir sehen sie hier und da abbiegen und in sich verzweigenden Straßen verschwinden; hören noch die schwachen Laute des Gelächters und der Abschiedsrufe aus der Ferne herüberwehen; und dann, wenn das seltsame Schauspiel vorüber ist, haben wir nichts mehr vor uns als einsame Flächen glitzernden Wassers – stattliche Bauwerke – dunkle Schatten – geisterhafte Steingesichter, die in das Mondlicht kriechen – verlassene Brücken – bewegungslos vor Anker liegende Boote. Und über allem brütet jene geheimnisvolle Stille, jene verstohlene Stille, die diesem alten, verträumten Venedig so gut ansteht.

Wir sind mit unserer Gondel so ziemlich überall gewesen. Wir haben in den Geschäften Glasperlen und Ansichtskarten gekauft und auf dem Markusplatz Wachshölzer. Diese letzte Bemerkung regt mich zu einer Abschweifung an. Abends zieht alles zu diesem weiten Platz. In der Mitte spielt die Militärkapelle, und an den Seiten promenieren zahllose Damen und Herren paarweise auf und ab. Ständig treiben einige Gruppen in Richtung auf die alte Kirche ab, vorbei an der ehrwürdigen Säule mit dem geflügelten Löwen des heiligen Markus und hinaus zu der Stelle, wo die Boote festgemacht liegen. Andere Gruppen nähern sich von den Gondeln her und schließen sich dem großen Strom an. Zwischen den Spaziergängern und den Bürgersteigen sitzen Hunderte von Menschen an kleinen Tischen, rauchen und essen Granita (eine Halbschwester der Eiskrem), auf den Bürgersteigen sind

andere in der gleichen Weise beschäftigt. Die Läden im Erdgeschoß der hochragenden Häuserfronten, die an drei Seiten den Platz umgeben, sind strahlend erleuchtet, die Luft
schwirrt von Musik und fröhlichen Stimmen, und die ganze
Szene ist so hell und beschwingt und heiter, wie man es sich
nur wünschen kann. Wir genießen sie in vollen Zügen.

Sehr viele der jungen Frauen sind außerordentlich hübsch
und kleiden sich sehr geschmackvoll. Wir eignen uns allmählich und eifrig die schlechte Sitte an, ihnen unverwandt in das
Gesicht zu starren – nicht, weil uns dieses Benehmen zusagt,
sondern weil es Landessitte ist und die Mädchen es angeblich
gern haben. Wir möchten alle die seltsamen und fremdländi-
schen Sitten der verschiedenen Völker kennenlernen, damit
wir nachher zu Hause angeben und die Leute in Erstaunen
versetzen können. Mit unseren fremdartigen ausländischen
Angewohnheiten, die wir nicht mehr abschütteln können,
möchten wir den Neid unserer zu Hause gebliebenen Freunde erregen. Alle unsere Mitreisenden schenken diesem Punkt
in der gleichen Absicht die größte Aufmerksamkeit. Erst,
wenn er ins Ausland fährt, wird der freundliche Leser erfahren, zu welch ausgewachsenem Esel er werden kann. Ich spreche jetzt natürlich unter der Voraussetzung, daß der freundliche Leser noch nicht im Ausland gewesen und daher nicht
schon ein ausgewachsener Esel ist. Sollte das jedoch nicht zu-
treffen, so bitte ich ihn um Entschuldigung, reiche ihm die
Freundeshand und nenne ihn Bruder. Ich werde mich immer
freuen, einen Esel nach meinem eigenen Muster zu treffen,
wenn ich meine Reisen beendet habe.

# VENEDIG IM GEDICHT
## II

CONRAD FERDINAND MEYER
# Auf dem Canal Grande

Auf dem Canal grande betten
Tief sich ein die Abendschatten,
Hundert dunkle Gondeln gleiten
Als ein flüsterndes Geheimnis.

Aber zwischen zwei Palästen
Glüht herein die Abendsonne,
Flammend wirft sie einen grellen
Breiten Streifen auf die Gondeln.

In dem purpurroten Lichte
Laute Stimmen, hell Gelächter,
Überredende Gebärden
Und das frevle Spiel der Augen.

Eine kurze kleine Strecke
Treibt das Leben leidenschaftlich
Und erlischt im Schatten drüben
Als ein unverständlich Murmeln.

# Venedig

## I

Fremdes Rufen. Und wir wählen
eine Gondel, schwarz und schlank:
Leises Gleiten an den Pfählen
einer Marmorstadt entlang.

Still. Die Schiffer nur erzählen
sich. Die Ruder rauschen sacht,
und aus Kirchen und Kanälen
winkt uns eine fremde Nacht.

Und der schwarze Pfad wird leiser,
fernes Ave weht die Luft, –
traun: Ich bin ein toter Kaiser,
und sie lenken mich zur Gruft.

## II

Immer ist mir, daß die leisen
Gondeln durch Kanäle reisen
irgend jemand zum Empfang.
Doch das Warten dauert lang,
und das Volk ist arm und krank,
und die Kinder sind wie Waisen.

Lange harren die Paläste
auf die Herren, auf die Gäste,
und das Volk will Kronen sehn.
Auf dem Markusplatze stehn
möcht ich oft und irgendwen
fragen nach dem fernen Feste.

RAINER MARIA RILKE

Spätherbst in Venedig

Nun treibt die Stadt schon nicht mehr wie ein Köder,
der alle aufgetauchten Tage fängt.
Die gläsernen Paläste klingen spröder
an deinen Blick. Und aus den Gärten hängt

der Sommer wie ein Haufen Marionetten
kopfüber, müde, umgebracht.
Aber vom Grund aus alten Waldskeletten
steigt Willen auf: als sollte über Nacht

der General des Meeres die Galeeren
verdoppeln in dem wachen Arsenal,
um schon die nächste Morgenluft zu teeren

mit einer Flotte, welche ruderschlagend
sich drängt und jäh, mit allen Flaggen tagend,
den großen Wind hat, strahlend und fatal.

# MYTHOS VENEDIG

# Rainer Maria Rilke

## Eine Szene
## aus dem Ghetto von Venedig

Herr Baum, Hausbesitzer, Bezirksobmann, Ehrenoberster der freiwilligen Feuerwehr und noch verschiedenes andere, aber, um es kurz zu sagen: Herr Baum muß eines meiner Gespräche mit Ewald belauscht haben. Es ist kein Wunder; ihm gehört das Haus, darin mein Freund zu ebener Erde wohnt. Herr Baum und ich, wir kennen uns längst vom Sehen. Neulich aber bleibt der Bezirksobmann stehen, hebt ein wenig den Hut, so daß ein kleiner Vogel hätte ausfliegen können, im Falle einer drunter gefangen gewesen wäre. Er lächelt höflich und eröffnet unsere Bekanntschaft: »Sie reisen manchmal?« »Oh ja –«, erwiderte ich, etwas zerstreut, »das kann wohl sein.« Nun fuhr er vertraulich fort: »Ich glaube, wir sind die beiden Einzigen hier, die in Italien waren.« »So –«, ich bemühte mich, etwas aufmerksamer zu sein –, »ja, dann ist es allerdings dringend notwendig, daß wir miteinander reden.«

Herr Baum lachte. »Ja, Italien – das ist doch noch etwas. Ich erzähle immer meinen Kindern –. Zum Beispiel nehmen Sie Venedig!« Ich blieb stehen: »Sie erinnern sich noch Venedigs?« »Aber, ich bitte Sie«, stöhnte er, denn er war etwas zu dick, um sich mühelos zu entrüsten, – »wie sollte ich nicht – wer das einmal gesehen hat –. Diese Piazzetta – nicht wahr?« »Ja«, entgegnete ich, »ich erinnere mich besonders gern der Fahrt durch den Kanal, dieses leisen lautlosen Hingleitens am Rande von Vergangenheiten.« »Der Palazzo Franchetti«, fiel ihm ein. »Die Cà d'Oro«, – gab ich zurück. »Der

Fischmarkt –« »Der Palazzo Vendramin –« »Wo Richard Wagner« – fügte er rasch, als ein gebildeter Deutscher, hinzu. Ich nickte: »Den Ponte, wissen Sie?« Er lächelte mit Orientierung: »Selbstverständlich, und das Museum, die Akademie, nicht zu vergessen, wo ein Tizian ...«

So hat sich Herr Baum einer Art Prüfung unterzogen, die etwas anstrengend war. Ich nahm mir vor, ihn durch eine Geschichte zu entschädigen. Und begann ohne weiteres:

»Wenn man unter dem Ponte di Rialto hindurchfährt, an dem Fondaco de' Turchi und an dem Fischmarkt vorbei, und dem Gondoliere sagt: ›rechts!‹, so sieht er etwas erstaunt aus und fragt wohl gar: ›Dove?‹ Aber man besteht darauf, nach rechts zu fahren, und steigt in einem der kleinen schmutzigen Kanäle aus, handelt mit ihm, schimpft und geht durch gedrängte Gassen und schwarze verqualmte Torgänge auf einen leeren freien Platz hinaus. Alles das einfach aus dem Grunde, weil dort meine Geschichte handelt.«

Herr Baum berührte mich sanft am Arm: »Verzeihen Sie, welche Geschichte?« Seine kleinen Augen gingen etwas beängstigt hin und her.

Ich beruhigte ihn: »Irgendeine, verehrter Herr, keine irgendwie nennenswerte. Ich kann Ihnen auch nicht sagen, wann sie geschah. Vielleicht unter dem Dogen Alvise Mocenigo IV., aber es kann auch etwas früher oder später gewesen sein. Die Bilder von Carpaccio, wenn Sie solche gesehen haben sollten, sind wie auf purpurnem Samt gemalt, überall bricht etwas Warmes, gleichsam Waldiges durch, und um die gedämpften Lichter darin drängen sich horchende Schatten. Giorgione hat auf mattem, alterndem Gold, Tizian auf schwarzem Atlas gemalt, aber in der Zeit, von der ich rede, liebte man lichte Bilder, auf einem Grund von weißer Seide gesetzt, und der Name, mit dem man spielte, den schöne Lippen in die Sonne warfen und den reizende Ohren auffingen, wenn er zitternd niederfiel, dieser Name ist Gian Battista Tiepolo.

Aber das alles kommt in meiner Geschichte nicht vor. Es geht nur das wirkliche Venedig an, die Stadt der Paläste, der Abenteuer, der Masken und der blassen Lagunennächte, die, wie keine anderen Nächte sonst, den Ton von heimlichen Romanzen tragen. – In dem Stück Venedig, von dem ich erzähle, sind nur arme tägliche Geräusche, die Tage gehen gleichförmig darüber hin, als ob es nur ein einziger wäre, und die Gesänge, die man dort vernimmt, sind wachsende Klagen, die nicht aufsteigen und wie ein wallender Qualm über den Gassen lagern. Sobald es dämmert, treibt sich viel scheues Gesindel dort herum, unzählige Kinder haben ihre Heimat auf den Plätzen und in den engen kalten Haustüren und spielen mit den Scherben und Abfällen von buntem Glasfluß, demselben, aus dem die Meister die ernsten Mosaiken von San Marco fügten. Ein Adeliger kommt selten in das Ghetto. Höchstens zur Zeit, wenn die Judenmädchen zum Brunnen kommen, kann man manchmal eine Gestalt, schwarz, im Mantel und mit Maske, bemerken. Gewisse Leute wissen aus Erfahrung, daß diese Gestalt einen Dolch in den Falten verborgen trägt. Jemand will einmal im Mondlicht das Gesicht des Jünglings gesehen haben, und es wird seither behauptet, dieser schwarze schlanke Gast sei Marcantonio Priuli, Sohn des Proveditore Nicolò Priuli und der schönen Catharina Minelli. Man weiß, er wartet unter dem Torweg des Hauses von Isaak Rosso, geht dann, wenn es einsam wird, quer über den Platz und tritt bei dem alten Melchisedech ein, dem reichen Goldschmied, der viele Söhne und sieben Töchter und von den Söhnen und Töchtern viele Enkel hat. Die jüngste Enkelin, Esther, erwartet ihn, an den greisen Großvater geschmiegt, in einem niederen, dunklen Gemach, in welchem vieles glänzt und glüht, und Seide und Samt hängt sanft über den Gefäßen, wie um ihre vollen, goldenen Flammen zu stillen. Hier sitzt Marcantonio auf einem silbergestickten Kissen, dem greisen Juden zu Füßen, und erzählt von Venedig, wie von einem Märchen, das

es nirgendwo jemals ganz so gegeben hat. Er erzählt von den
Schauspielen, von den Schlachten des venetianischen Heeres,
von fremden Gästen, von Bildern und Bildsäulen, von der
›Sensa‹ am Himmelfahrtstage, von dem Karneval und von der
Schönheit seiner Mutter Catharina Minelli. Alles das ist für
ihn von ähnlichem Sinn, verschiedene Ausdrücke für Macht
und Liebe und Leben. Den beiden Zuhörern ist alles fremd;
denn die Juden sind streng ausgeschlossen von jedem Verkehr,
und auch der reiche Melchisedech betritt niemals das Gebiet
des Großen Rates, obwohl er, als Goldschmied, und weil er
allgemeine Achtung genoß, es hätte wagen dürfen. In seinem
langen Leben hat der Alte seinen Glaubensgenossen, die ihn
alle wie einen Vater fühlten, manche Vergünstigung vom Rate
verschafft, aber er hatte auch immer wieder den Rückschlag
erlebt. So oft ein Unheil über den Staat hereinbrach, rächte
man sich an den Juden; die Venezianer selbst waren von viel
zu verwandtem Geiste, als daß sie, wie andere Völker, die Juden für den Handel gebraucht hätten, sie quälten sie mit Ab-
gaben, beraubten sie ihrer Güter und beschränkten immer
mehr das Gebiet des Ghetto, so daß die Familien, die sich mitten in aller Not fruchtbar vermehrten, gezwungen waren, ihre
Häuser aufwärts, eines auf das Dach des anderen, zu bauen.
Und ihre Stadt, die nicht am Meere lag, wuchs so langsam in
den Himmel hinaus, wie in ein anderes Meer, und um den
Platz mit dem Brunnen erhoben sich auf allen Seiten die steilen Gebäude, wie die Wände irgendeines Riesenturms.

   Der reiche Melchisedech, in der Wunderlichkeit des hohen
Alters, hatte seinen Mitbürgern, Söhnen und Enkeln einen
befremdlichen Vorschlag gemacht. Er wollte immer das je-
weilig höchste dieser winzigen Häuser, die sich in zahllosen
Stockwerken übereinanderschoben, bewohnen. Man erfüllte
ihm diesen seltsamen Wunsch gerne, denn man traute ohnehin nicht mehr der Tragkraft der unteren Mauern und setzte
oben so leichte Steine auf, daß der Wind die Wände gar nicht

zu bemerken schien. So siedelte der Greis zwei- bis dreimal im Jahre um und Esther, die ihn nicht verlassen wollte, immer mit ihm. Schließlich waren sie so hoch, daß, wenn sie aus der Enge ihres Gemachs auf das flache Dach traten, in der Höhe ihrer Stirnen schon ein anderes Land begann, von dessen Gebräuchen der Alte in dunklen Worten, halb psalmend, sprach. Es war jetzt sehr weit zu ihnen hinauf; durch viele fremde Leben hindurch, über steile und glitschige Stufen, an scheltenden Weibern vorüber und über die Überfälle hungernder Kinder hinaus ging der Weg, und seine vielen Hindernisse beschränkten jeden Verkehr. Auch Marcantonio kam nicht mehr zu Besuch, und Esther vermißte ihn kaum. Sie hatte ihn in den Stunden, da sie mit ihm allein gewesen war, so groß und lange angeschaut, daß ihr schien, er wäre damals tief in ihre dunklen Augen gestürzt und gestorben, und jetzt begänne, in ihr selbst, sein neues, ewiges Leben, an das er als Christ doch geglaubt hatte. Mit diesem neuen Gefühl in ihrem jungen Leib stand sie tagelang auf dem Dache und suchte das Meer. Aber, so hoch die Behausung auch war, man erkannte zuerst nur den Giebel des Palazzo Foscari, irgendeinen Turm, die Kuppel einer Kirche, eine fernere Kuppel, wie frierend im Licht, und dann ein Gitter von Masten, Balken, Stangen vor dem Rand des feuchten, zitternden Himmels.

Gegen Ende dieses Sommers zog der Alte, obwohl ihm das Steigen schon schwer fiel, allen Widerreden zum Trotz, dennoch um; denn man hatte eine neue Hütte, hoch über allen, gebaut. Als er nach so langer Zeit wieder über den Platz ging, von Esther gestützt, da drängten sich viele um ihn und neigten sich über seine tastenden Hände und baten ihn um seinen Rat in vielen Dingen; denn er war ihnen wie ein Toter, der aus seinem Grabe steigt, weil irgendeine Zeit sich erfüllt hat. Und so schien es auch. Die Männer erzählten ihm, daß in Venedig ein Aufstand sei, der Adel sei in Gefahr, und über ein kurzes würden die Grenzen des Ghetto fallen, und alle würden sich der gleichen Freiheit erfreuen. Der Alte antwortete nichts und nickte nur, als sei ihm dieses alles längst bekannt und noch vieles mehr. Er trat in das Haus des Isaak Rosso, auf dessen Gipfel seine neue Wohnung lag, und stieg, einen halben Tag lang, hinauf. Oben bekam Esther ein blondes, zartes Kind. Nachdem sie sich erholt hatte, trug sie es auf den Armen hinaus auf das Dach und legte zum erstenmal den ganzen goldenen Himmel in seine offenen Augen. Es war ein Herbstmorgen von unbeschreiblicher Klarheit. Die Dinge dunkelten, fast ohne Glanz, nur einzelne fliegende Lichter ließen sich, wie auf große Blumen, auf sie nieder, ruhten eine Weile und schwebten dann über die goldlinigen Konturen hinaus in den Himmel. Und dort, wo sie verschwanden, erblickte man von dieser höchsten Stelle, was noch keiner vom Ghetto aus je gesehen hatte, – ein stilles, silbernes Licht: das Meer. Und erst jetzt, da Esthers Augen sich an die Herrlichkeit gewöhnt hatten, bemerkte sie am Rande des Daches, ganz vorn, Melchisedech. Er erhob sich mit ausgebreiteten Armen und zwang seine matten Augen, in den Tag zu schauen, der sich langsam entfaltete. Seine Arme blieben hoch, seine Stirne trug einen strahlenden Gedanken; es war, als ob er opferte. Dann ließ er sich immer wieder vornüberfallen und preßte den alten Kopf an die schlechten kantigen Steine. Das Volk aber stand unten auf dem Platze versammelt und blickte herauf. Einzelne Gebärden und Worte erhoben sich aus der Menge, aber sie reichten nicht bis zu dem einsam betenden Greise. Und das Volk sah den Ältesten und den Jüngsten wie in den Wolken. Der Alte aber fuhr fort, sich stolz zu erheben und aufs neue in Demut zusammenzubrechen, eine ganze Zeit. Und die Menge unten wuchs und ließ ihn nicht aus den Augen: Hat er das Meer gesehen oder Gott, den Ewigen, in seiner Glorie?«

Herr Baum bemühte sich, recht schnell etwas zu bemerken. Es gelang ihm nicht gleich. »Das Meer wahrscheinlich«, –

sagte er dann trocken, »es *ist* ja auch ein Eindruck« – wodurch
er sich besonders aufgeklärt und verständig erwies.

Ich verabschiedete mich eilig, aber ich konnte mich doch
nicht enthalten, ihm nachzurufen: »Vergessen Sie nicht, die
Begebenheit Ihren Kindern zu erzählen.« Er besann sich:
»Den Kindern? Wissen Sie, da ist dieser junge Adlige, dieser
Antonio, oder wie er heißt, ein ganz und gar nicht schöner
Charakter und dann: das Kind, dieses Kind! Das dürfte
doch – für Kinder –« »Oh«, beruhigte ich ihn, »Sie haben ver-
gessen, verehrter Herr, daß die Kinder von Gott kommen!
Wie sollten die Kinder zweifeln, daß Esther eines bekam, da
sie doch so nahe am Himmel wohnt!«

Auch *diese* Geschichte haben die Kinder vernommen, und
wenn man sie fragt, wie *sie* darüber denken, was der alte Jude
Melchisedech wohl erblickt haben mag in seiner Verzückung,
so sagen sie ohne nachzusinnen: »Oh, das Meer auch.«

## Maurice Barrès
# Der Tod von Venedig

Der kaufmännische Genius von Venedig, seine despotische und republikanische Regierung, die Eleganz seiner Gotik, seine erfinderischen Verzierungen, dies sind die festverankerten Pfeiler seines Ruhmes: Keines dieser Wunder allein jedoch vermag jene melancholische Wollust zu vermitteln, die nur Venedig zu eigen ist. Die Macht dieser Stadt über Träumer liegt darin begründet, daß das in Schaum getauchte byzantinische, sarazenische, lombardische, gotische, romanische, ja rokokohafte Mauerwerk sich im Spiel der Sonne, des Regens und des Gewittersturms auf rätselhafte Weise wandelt und, reicher noch an künstlerischer Anmut, sich beginnt aufzulösen. Es ist wie mit den Rosen und Magnolienblüten, deren Geruch niemals so berauschend, deren Farben niemals so kräftig sind wie in dem Augenblick, da der Tod sein erstes geheimnisvolles Licht auf sie wirft und uns in seine schwindelnden Tiefen lockt. […]

Wir sollten jene bewundern und ermutigen, die Venedig erhalten wollen, aber alle »Restaurierungen« fürchten, da diese fast immer Verwüstungen sind. Wir wollen nicht, daß etwas gelähmt werde, sei es eine tote Stadt, sei es eine Form von Regsamkeit, die ich das Leben einer Leiche zu nennen wage. Keinesfalls sollte eine übergreifende Ordnung diese fiebrigen Kanäle disziplinieren und über der Schönheit jene konventionelle Perfektion verbreiten, die einen in den Museen vor Kälte erstarren läßt.

Diese geraden, dunklen, geheimnisvollen, sich schlängelnden Seitenwege sind die Reserven, mit denen Venedig, sich wandelnd unter der Wirkung von Sonne, Regen, Wind und Alter, sein Spiel der Kombinationen weiterführt.

Erkennen wir an, daß die Stadt uns weitzurückliegende Bilder ihrer großartigen, historischen Blütezeiten vorführt, deren Geist uns – wie ihr selbst – fremd geworden ist. Auch die Sonne geht von ihrer gleißenden, gelben Phase in jene rote über, die die Astronomen Altersschwäche nennen. Den rätselhaften Mittelpunkt der mit Romaneskem erfüllten Freuden, die wir auf den Lagunen finden, bilden all jene Schönheiten, die dem Tode entgegengehen und uns anregen, das Leben zu genießen. […]

Mit seinen orientalischen Palästen, seinem unermeßlichen, leuchtenden Zierat, seinen Gassen, seinen Plätzen, seinen überraschenden Durchgängen, mit seinen Pfählen, seinen Kuppeln, seinen in den Himmel sich reckenden Masten, mit seinen Schiffen an den Kais singt Venedig der Adria, die mit ihren seichten Wogen die Stadt küßt, eine ewige Oper.

Verzweiflung einer Schönheit, die dem Tode entgegengeht. Ist es der Gesang einer alten Verführerin oder einer geopferten Jungfrau? Manchmal, des Morgens, vernahm ich in Venedig die Stimme Iphigeniens, aber das Abendrot trug Isebel heran. Solche Verzauberungen, in denen sich die ewige Jugend der Wolken und des Wassers mit der gesetzten Künstlichkeit der Ruinen mischt, vermögen es, unsere verborgensten Kräfte zu mobilisieren.

Mit jedem Besuch habe ich die Herrschaft einer Stadt besser verstanden, besser ertragen, die ihren Glanz – gleich einer Rakete am Ende ihrer Flugbahn – auf jene Kräfte gründet, die sie hinter sich läßt.

Im gleichen Augenblick, da Venedig mir wie eine untergehende Pracht erschien, war es mir meine vergangene Jugend: seine Eingebungen stehen am Grunde vieler meiner Gefühle.

Seit einem Jahrhundert lebt Venedig nur mehr für ein Dutzend Träumer, die meine Nahrung waren. Putridini dixi: pater
meus es; mater mea et soror mea vermibus. »Ich habe dieser
Grabstätte erklärt, sie sei mein Vater, den Würmern, sie seien
mir Mutter und Schwester.«

Jedesmal, wenn ich die Stufen des Bahnhofs zu den Gondeln hinabsteige, von dieser ersten Minute an, wo die Lagune
mein Gesicht erfrischt – umsonst habe ich mich mit Chinin
gerüstet – meine ich zu fühlen, wie Millionen von Bakterien
in mir zum Leben erweckt werden. Ein schlummerndes Gift
entfaltet seine ganze Virulenz. Das Orchester stimmt das Prä-
ludium an. Ein Gesang, von dessen Existenz ich kaum etwas
wußte, erhebt sich aus dem Grunde meines inneren Lothrin-
gens.

Jene, die sich am Leben verwunden müssen, sich in ihren
Gedanken zerreißen, gefallen sich in einer Stadt, in der keine
Schönheit ohne Makel ist. Überall erkennt man die Eroberun-
gen des Todes. Wie sollte man das moderne Venedig in seine
Seele aufnehmen und dabei auch nur zu einem Teil unschuldig
bleiben? […]

Daß dieser langsame Tod – der der Hirschkuh die Tränen in
die Augen treibt und ihr damit Einlaß in unser intimes Pantheon verschafft – ein Prinzip der Schönheit sei, gebe ich zu.
[…]

Die Kirchen mit ihren Mauerrissen, die verfallenden, weit-
läufigen Paläste, die kleinen Inseln der Lebensfreude, auf denen allein das Elend und das Fieber sich den Hof machen, die
romantischen Poeten, die ihre Verwünschungen skandieren,
erheben ein Konzert in Venedig, das lauter, aber nicht ein-
dringlicher klingt als monotone Kammermusik; es wiegt den
Besiegten, da er in den Lagunen die Einsamkeit in sich auf-
saugt.

Immer weniger vermag ich mich, wenn ich alleine bin, dem
nebelhaften Roman des Todes zu entziehen. Tage- und wo-

chenlang isoliert mich ein Zaubertrank der Gefühllosigkeit vom Leben. Gehärtet durch die Gleichgültigkeit, fühle ich mich mit Trübsal überzogen, während, im Verborgenen meiner Seele, die zehn schmerzendsten und stärksten Erinnerungen an meine Unzufriedenheit durcheinander wirbeln. In der Tiefe, unter einer ruhigen Oberfläche. Glänzende Lagune, die Sie zwei Palastreihen widerspiegeln, was machen Sie unter diesem lügnerischen Spiegel mit dem verfallenen Venedig? Genüßlich gebe ich mich der sinnlosesten Melancholie hin und erleide dabei alle Schmerzen und alle Bitterkeit, die mein Zustand mir eröffnet. Schmerzhafte Träumereien, aber unerschöpflich, berauschend. Büßerhemd unter Brokat; aber welche Gold- und Silberstoffe, welche Musik, welche harmonischen Verbindungen! […]

Ich liebe es, den Boden unter den Füßen zu verlieren, das Schilfrohr an den Ufern loszulassen, mich dem starken Strom hinzugeben, der mich überwältigt, um mich zu seinem Spielzeug zu machen, ich liebe es, halb zu versinken und mich für ein paar Wochen in der Weite des Lebens dahingehen zu lassen. Nach manchen dieser Ausflüge fühle ich mich um zehn Jahre gealtert. Daher mein hohes Alter. In diesen unermeßlichen Zeitverläufen, und während der Fluß der Traurigkeit, das steile Ufer emporklimmend und sich wie das Meer ausbreitend, mich die normalen Grenzen eines Schicksals überschreiten läßt, wurde ich von dunklen Wellen, deren machtvolle gleichförmige Bewegungen unsere magere Sprache nicht wiederzugeben vermag, gebadet, bedeckt, überwältigt, gesättigt. Diese ganze Traurigkeit steigerte sich noch und trug mich ohne jedes Geräusch in unermeßliche Räume, denen ich Bewußtsein war. Wo bin ich? Ist es die Nacht der Lagunen? Sollte ich Venedig verlassen haben? Ach, was bedeutet mir schon diese vergängliche Stadt! Sie war nur ein marmorner Kai, an dem ich für einige Minuten mein Boot festmachte. Ich habe alle Taue losgemacht, ich habe mich von den mir ver-

trauten Ufern und Himmeln gelöst. Was bedeutet im Vergleich zu dieser Stunde die Agonie der schönsten Sonne, die
Venedig in Flammen setzt. Hier gelangen wir wahrhaftig an
die äußersten Punkte der Sensibilität, wenn das Außerge-
wöhnliche sich im Allgemeinen ausbreitet und auflöst; hier
stürzt sich unsere Imagination, um jenes Ziel zu verfolgen,
von dem uns unser Verlangen ohne Unterlaß entfernt, in eine
unaussprechliche Müdigkeit.

Das Fieber in Venedig glich einer verborgenen Dynamit-
kartusche im Felsgestein. Alles ist geborsten, fliegt durch die
Lüfte; dann folgt die Auflösung. Leg dich nieder, Venedig,
unter deine Lagune. Die Klage erklingt noch, aber der schöne
Mund ist tot. Der Ozean wälzt sich in der Nacht. Und seine
sich brechenden Wellen spielen das ewige Todesmotiv aus exzessiver Liebe zum Leben.

# Thomas Mann
# Der Tod in Venedig

Mehrere Geschäfte weltlicher und literarischer Natur hielten den Reiselustigen noch etwa zwei Wochen nach jenem Spaziergang in München zurück. Er gab endlich Auftrag, sein Landhaus binnen vier Wochen zum Einzuge instand zu setzen, und reiste an einem Tage zwischen Mitte und Ende des Mai mit dem Nachtzuge nach Triest, wo er nur vierundzwanzig Stunden verweilte und sich am nächstfolgenden Morgen nach Pola einschiffte.

Was er suchte, war das Fremdartige und Bezuglose, welches jedoch rasch zu erreichen wäre, und so nahm er Aufenthalt auf einer seit einigen Jahren gerühmten Insel der Adria, unfern der istrischen Küste gelegen, mit farbig zerlumptem, in wildfremden Lauten redendem Landvolk und schön zerrissenen Klippenpartien dort, wo das Meer offen war. Allein Regen und schwere Luft, eine kleinweltliche, geschlossen österreichische Hotelgesellschaft und der Mangel jenes ruhevoll innigen Verhältnisses zum Meere, das nur ein sanfter, sandiger Strand gewährt, verdrossen ihn, ließen ihn nicht das Bewußtsein gewinnen, den Ort seiner Bestimmung getroffen zu haben; ein Zug seines Innern, ihm war noch nicht deutlich, wohin, beunruhigte ihn, er studierte Schiffsverbindungen, er blickte suchend umher, und auf einmal, zugleich überraschend und selbstverständlich, stand ihm sein Ziel vor Augen. Wenn man über Nacht das Unvergleichliche, das märchenhaft Abweichende zu erreichen wünschte, wohin ging man? Aber das war klar. Was sollte er hier? Er war fehlgegangen. Dorthin hatte er reisen wollen. Er säumte nicht, den irrigen Aufenthalt zu kündigen. Anderthalb Wochen nach seiner Ankunft auf der Insel trug ein geschwindes Motorboot ihn und sein Gepäck in dunstiger Frühe über die Wasser in den Kriegshafen zurück, und er ging dort nur an Land, um sogleich über einen Brettersteg das feuchte Verdeck eines Schiffes zu beschreiten, das unter Dampf zur Fahrt nach Venedig lag.

Es war ein betagtes Fahrzeug italienischer Nationalität, veraltet, rußig und düster. In einer höhlenartigen, künstlich erleuchteten Koje des inneren Raumes, wohin Aschenbach sofort nach Betreten des Schiffes von einem buckligen und unreinlichen Matrosen mit grinsender Höflichkeit genötigt wurde, saß hinter einem Tische, den Hut schief in der Stirn und einen Zigarettenstummel im Mundwinkel, ein ziegenbärtiger Mann von der Physiognomie eines altmodischen Zirkusdirektors, der mit grimassenhaft leichtem Geschäftsgebaren die Personalien der Reisenden aufnahm und ihnen die Fahrscheine ausstellte. »Nach Venedig!« wiederholte er Aschenbachs Ansuchen, indem er den Arm reckte und die Feder in den breiigen Restinhalt eines schräg geneigten Tintenfasses stieß. »Nach Venedig erster Klasse! Sie sind bedient, mein Herr.« Und er schrieb große Krähenfüße, streute aus einer Büchse blauen Sand auf die Schrift, ließ ihn in eine tönerne Schale ablaufen, faltete das Papier mit gelben und knochigen Fingern und schrieb aufs neue. »Ein glücklich gewähltes Reiseziel!« schwatzte er unterdessen. »Ah, Venedig! Eine herrliche Stadt! Eine Stadt von unwiderstehlicher Anziehungskraft für den Gebildeten, ihrer Geschichte sowohl wie ihrer gegenwärtigen Reize wegen!« Die glatte Raschheit seiner Bewegungen und das leere Gerede, womit er sie begleitete, hatten etwas Betäubendes und Ablenkendes, etwa als besorge er, der Reisende möchte in seinem Entschluß, nach Venedig zu fahren, noch wankend werden. Er kassierte eilig und ließ mit

Croupiergewandtheit den Differenzbetrag auf den flecki-
gen Tuchbezug des Tisches fallen. »Gute Unterhaltung, mein
Herr!« sagte er mit schauspielerischer Verbeugung. »Es ist
mir eine Ehre, Sie zu befördern... Meine Herren!« rief er sogleich mit erhobenem Arm und tat, als sei das Geschäft im
flottesten Gange, obgleich niemand mehr da war, der nach
Abfertigung verlangt hätte. Aschenbach kehrte auf das Verdeck zurück.

Einen Arm auf die Brüstung gelehnt, betrachtete er das mü-
ßige Volk, das, der Abfahrt des Schiffes beizuwohnen, am
Quai lungerte, und die Passagiere am Bord. Diejenigen der
zweiten Klasse kauerten, Männer und Weiber, auf dem Vor-
derdeck, indem sie Kisten und Bündel als Sitze benutzten.
Eine Gruppe junger Leute bildete die Reisegesellschaft des
ersten Verdecks, Polesaner Handelsgehilfen, wie es schien,
die sich in angeregter Laune zu einem Ausfluge nach Italien
vereinigt hatten. Sie machten nicht wenig Aufhebens von
sich und ihrem Unternehmen, schwatzten, lachten, genossen
selbstgefällig das eigene Gebärdenspiel und riefen den Kameraden, die, Portefeuilles unterm Arm, in Geschäften die Ha-
fenstraße entlanggingen und den Feiernden mit dem Stöck-
chen drohten, über das Geländer gebeugt, zungengeläufige
Spottreden nach. Einer, in hellgelbem, übermodisch geschnittenem Sommeranzug, roter Krawatte und kühn aufgebogo-
nem Panama, tat sich mit krähender Stimme an Aufgeräumt-
heit vor allen andern hervor. Kaum aber hatte Aschenbach ihn
ein wenig genauer ins Auge gefaßt, als er mit einer Art von
Entsetzen erkannte, daß der Jüngling falsch war. Er war alt,
man konnte nicht zweifeln. Runzeln umgaben ihm Augen
und Mund. Das matte Karmesin der Wangen war Schminke,
das braune Haar unter dem farbig umwundenen Strohhut
Perücke, sein Hals verfallen und sehnig, sein aufgesetztes
Schnurrbärtchen und die Fliege am Kinn gefärbt, sein gelbes
und vollzähliges Gebiß, das er lachend zeigte, ein billiger Er-

satz, und seine Hände, mit Siegelringen an beiden Zeige-
fingern, waren die eines Greises. Schauerlich angemutet sah
Aschenbach ihm und seiner Gemeinschaft mit den Freunden
zu. Wußten, bemerkten sie nicht, daß er alt war, daß er zu Unrecht ihre stutzerhafte und bunte Kleidung trug, zu Unrecht
einen der Ihren spielte? Selbstverständlich und gewohnheits-
mäßig, wie es schien, duldeten sie ihn in ihrer Mitte, behandelten ihn als ihresgleichen, erwiderten ohne Widerwillen seine neckischen Rippenstöße. Wie ging das zu? Aschenbach bedeckte seine Stirn mit der Hand und schloß die Augen, die
heiß waren, da er zuwenig geschlafen hatte. Ihm war, als lasse
nicht alles sich ganz gewöhnlich an, als beginne eine träumeri-
sche Entfremdung, eine Entstellung der Welt ins Sonderbare
um sich zu greifen, der vielleicht Einhalt zu tun wäre, wenn er
sein Gesicht ein wenig verdunkelte und aufs neue um sich
schaute. In diesem Augenblick jedoch berührte ihn das Gefühl des Schwimmens, und mit unvernünftigem Erschrecken
aufsehend, gewahrte er, daß der schwere und düstere Körper
des Schiffes sich langsam vom gemauerten Ufer löste. Zoll-
weise, unter dem Vorwärts- und Rückwärtsarbeiten der Maschine, verbreitete sich der Streifen schmutzig schillernden
Wassers zwischen Quai und Schiffswand, und nach schwer-
fälligen Manövern kehrte der Dampfer seinen Bugspriet dem
offenen Meere zu. Aschenbach ging nach der Steuerbordseite
hinüber, wo der Bucklige ihm einen Liegestuhl aufgeschlagen
hatte und ein Steward in fleckigem Frack nach seinen Befehlen fragte.

Der Himmel war grau, der Wind feucht. Hafen und Inseln
waren zurückgeblieben, und rasch verlor sich aus dem dunsti-
gen Gesichtskreise alles Land. Flocken von Kohlenstaub gingen, gedunsen von Nässe, auf das gewaschene Deck nieder,
das nicht trocknen wollte. Schon nach einer Stunde spannte
man ein Segeldach aus, da es zu regnen begann.

In seinen Mantel geschlossen, ein Buch im Schoße, ruhte

der Reisende, und die Stunden verrannen ihm unversehens. Es hatte zu regnen aufgehört; man entfernte das leinene Dach. Der Horizont war vollkommen. Unter der trüben Kuppel des Himmels dehnte sich rings die ungeheure Scheibe des öden Meeres. Aber im leeren, im ungegliederten Raume fehlt unserem Sinn auch das Maß der Zeit, und wir dämmern im Ungemessenen. Schattenhaft sonderbare Gestalten, der greise Geck, der Ziegenbart aus dem Schiffsinnern, gingen mit unbestimmten Gebärden, mit verwirrten Traumworten durch den Geist des Ruhenden, und er schlief ein.

Um Mittag nötigte man ihn zur Kollation in den korridorartigen Speisesaal hinab, auf den die Türen der Schlafkojen mündeten und wo am Ende des langen Tisches, zu dessen Häupten er speiste, die Handelsgehilfen, einschließlich des Alten, seit zehn Uhr mit dem munteren Kapitän pokulierten. Die Mahlzeit war armselig, und er beendete sie rasch. Es trieb ihn ins Freie, nach dem Himmel zu sehen: ob er denn nicht über Venedig sich erhellen wollte.

Er hatte nicht anders gedacht, als daß dies geschehen müsse, denn stets hatte die Stadt ihn im Glanze empfangen. Aber Himmel und Meer blieben trüb und bleiern, zeitweilig ging neblichter Regen nieder, und er fand sich darin, auf dem Wasserwege ein anderes Venedig zu erreichen, als er, zu Lande sich nähernd, je angetroffen hatte. Er stand am Fockmast, den Blick im Weiten, das Land erwartend. Er gedachte des schwermütig-enthusiastischen Dichters, dem vormals die Kuppeln und Glockentürme seines Traumes aus diesen Fluten gestiegen waren, er wiederholte im stillen einiges von dem, was damals an Ehrfurcht, Glück und Trauer zu maßvollem Gesange geworden, und von schon gestalteter Empfindung mühelos bewegt, prüfte er sein ernstes und müdes Herz, ob eine neue Begeisterung und Verwirrung, ein spätes Abenteuer des Gefühles dem fahrenden Müßiggänger vielleicht noch vorbehalten sein könne.

Da tauchte zur Rechten die flache Küste auf, Fischerboote belebten das Meer, die Bäderinsel erschien, der Dampfer ließ sie zur Linken, glitt verlangsamten Ganges durch den schmalen Port, der nach ihr benannt ist, und auf der Lagune, angesichts bunt armseliger Behausungen, hielt er ganz, da die Barke des Sanitätsdienstes erwartet werden mußte.

Eine Stunde verging, bis sie erschien. Man war angekommen und war es nicht; man hatte keine Eile und fühlte sich doch von Ungeduld getrieben. Die jungen Polesaner, patriotisch angezogen auch wohl von den militärischen Hornsignalen, die aus der Gegend der öffentlichen Gärten her über das Wasser klangen, waren auf Deck gekommen, und, vom Asti begeistert, brachten sie Lebehochs auf die drüben exerzierenden Bersaglieri aus. Aber widerlich war es zu sehen, in welchen Zustand den aufgestutzten Greisen seine falsche Gemeinschaft mit der Jugend gebracht hatte. Sein altes Hirn hatte dem Weine nicht wie die jugendlich rüstigen standzuhalten vermocht, er war kläglich betrunken. Verblödeten Blicks, eine Zigarette zwischen den zitternden Fingern, schwankte er, mühsam das Gleichgewicht haltend, auf der Stelle, vom Rausche vorwärts und rückwärts gezogen. Da er beim ersten Schritte gefallen wäre, getraute er sich nicht vom Fleck, doch zeigte er einen jammervollen Übermut, hielt jeden, der sich ihm näherte, am Knopfe fest, lallte, zwinkerte, kicherte, hob seinen beringten, runzeligen Zeigefinger zu alberner Neckerei und leckte auf abscheulich zweideutige Art mit der Zungenspitze die Mundwinkel. Aschenbach sah ihm mit finsteren Brauen zu, und wiederum kam ein Gefühl von Benommenheit ihn an, als zeige die Welt eine leichte, doch nicht zu hemmende Neigung, sich ins Sonderbare und Fratzenhafte zu entstellen: ein Gefühl, dem nachzuhängen freilich die Umstände ihn abhielten, da eben die stampfende Tätigkeit der Maschine aufs neue begann und das Schiff seine so nah dem Ziel unterbrochene Fahrt durch den Kanal von San Marco wieder aufnahm.

So sah er ihn denn wieder, den erstaunlichsten Landungs-platz, jene blendende Komposition phantastischen Bauwerks, welche die Republik den ehrfürchtigen Blicken nahender See-fahrer entgegenstellte: die leichte Herrlichkeit des Palastes und die Seufzerbrücke, die Säulen mit Löw' und Heiligem am Ufer, die prunkend vortretende Flanke des Märchentempels, den Durchblick auf Torweg und Riesenuhr, und anschauend bedachte er, daß zu Lande, auf dem Bahnhof in Venedig an-langen einen Palast durch eine Hintertür betreten heiße, und daß man nicht anders, als wie nun er, als zu Schiffe, als über das hohe Meer die unwahrscheinlichste der Städte erreichen sollte.

Die Maschine stoppte, Gondeln drängten herzu, die Fall-reepstreppe ward hinabgelassen, Zollbeamte stiegen an Bord und walteten obenhin ihres Amtes; die Ausschiffung konnte beginnen. Aschenbach gab zu verstehen, daß er eine Gondel wünsche, die ihn und sein Gepäck zur Station jener klei-nen Dampfer bringen solle, welche zwischen der Stadt und dem Lido verkehren; denn er gedachte am Meere Wohnung zu nehmen. Man billigt sein Vorhaben, man schreit seinen Wunsch zur Wasserfläche hinab, wo die Gondelführer im Dialekt miteinander zanken. Er ist noch gehindert, hinabzu-steigen, sein Koffer hindert ihn, der eben mit Mühsal die lei-terartige Treppe hinuntergezerrt und geschleppt wird. So sieht er sich minutenlang außerstande, den Zudringlichkeiten des schauderhaften Alten zu entkommen, den die Trunken-heit dunkel antreibt, dem Fremden Abschiedshonneurs zu machen. »Wir wünschen den glücklichsten Aufenthalt«, mek-kert er unter Kratzfüßen. »Man empfiehlt sich geneigter Erin-nerung! Au revoir, excusez und bon jour, Euer Exzellenz!« Sein Mund wässert, er drückt die Augen zu, er leckt die Mundwinkel, und die gefärbte Bartfliege an seiner Grei-senlippe sträubt sich empor. »Unsere Komplimente«, lallt er, zwei Fingerspitzen am Munde, »unsere Komplimente dem

Liebchen, dem allerliebsten, dem schönsten Liebchen...«
Und plötzlich fällt ihm das falsche Obergebiß vom Kiefer auf
die Unterlippe. Aschenbach konnte entweichen. »Dem Liebchen, dem feinen Liebchen«, hörte er in girrenden, hohlen
und behinderten Lauten in seinem Rücken, während er, am
Strickgeländer sich haltend, die Fallreepstreppe hinabklomm.

Wer hätte nicht einen flüchtigen Schauder, eine geheime
Scheu und Beklommenheit zu bekämpfen gehabt, wenn es
zum ersten Male oder nach langer Entwöhnung galt, eine venezianische Gondel zu besteigen? Das seltsame Fahrzeug,
aus balladesken Zeiten ganz unverändert überkommen und so
eigentümlich schwarz, wie sonst unter allen Dingen nur Särge
es sind, – es erinnert an lautlose und verbrecherische Abenteuer in plätschernder Nacht, es erinnert noch mehr an den
Tod selbst, an Bahre und düsteres Begängnis und letzte,
schweigsame Fahrt. Und hat man bemerkt, daß der Sitz einer
solchen Barke, dieser sargschwarz lackierte, mattschwarz ge-
polsterte Armstuhl, der weichste, üppigste, der erschlaffend-
ste Sitz von der Welt ist? Aschenbach ward es gewahr, als er
zu Füßen des Gondoliers, seinem Gepäck gegenüber, das am
Schnabel reinlich beisammen lag, sich niedergelassen hatte.
Die Ruderer zankten immer noch; rauh, unverständlich, mit
drohenden Gebärden. Aber die besondere Stille der Wasser-
stadt schien ihre Stimmen sanft aufzunehmen, zu entkörpern,
über der Flut zu zerstreuen. Es war warm hier im Hafen. Lau
angerührt vom Hauch des Scirocco, auf dem nachgiebigen
Element in Kissen gelehnt, schloß der Reisende die Augen
im Genusse einer so ungewohnten als süßen Lässigkeit. Die
Fahrt wird kurz sein, dachte er; möchte sie immer währen! In
leisem Schwanken fühlte er sich dem Gedränge, dem Stimmengewirr entgleiten.

Wie still und stiller es um ihn wurde! Nichts war zu vernehmen als das Plätschern des Ruders, das hohle Aufschlagen
der Wellen gegen den Schnabel der Barke, der steil, schwarz

und an der Spitze hellebardenartig bewehrt über dem Wasser stand, und noch ein drittes, ein Reden, ein Raunen, – das Flüstern des Gondoliers, der zwischen den Zähnen, stoßweise, in Lauten, die von der Arbeit seiner Arme gepreßt waren, zu sich selber sprach. Aschenbach blickte auf, und mit leichter Befremdung gewahrte er, daß um ihn her die Lagune sich weitete und seine Fahrt gegen das offene Meer gerichtet war. Es schien folglich, daß er nicht allzu sehr ruhen dürfe, sondern auf den Vollzug seines Willens ein wenig bedacht sein müsse.

»Zur Dampferstation also«, sagte er mit einer halben Wendung rückwärts. Das Raunen verstummte. Er erhielt keine Antwort.

»Zur Dampferstation also!« wiederholte er, indem er sich vollends umwandte und in das Gesicht des Gondoliers emporblickte, der hinter ihm, auf erhöhtem Borde stehend, vor dem fahlen Himmel aufragte. Es war ein Mann von ungefälliger, ja brutaler Physiognomie, seemännisch blau gekleidet, mit einer gelben Schärpe gegürtet und einen formlosen Strohhut, dessen Geflecht sich aufzulösen begann, verwegen schief auf dem Kopfe. Seine Gesichtsbildung, sein blonder, lockiger Schnurrbart unter der kurz aufgeworfenen Nase ließen ihn durchaus nicht italienischen Schlages erscheinen. Obgleich eher schmächtig von Leibesbeschaffenheit, so daß man ihn für seinen Beruf nicht sonderlich geschickt geglaubt hätte, führte er das Ruder, bei jedem Schlage den ganzen Körper einsetzend, mit großer Energie. Ein paarmal zog er vor Anstrengung die Lippen zurück und entblößte seine weißen Zähne. Die rötlichen Brauen gerunzelt, blickte er über den Gast hinweg, indem er bestimmten, fast groben Tones erwiderte:

»Sie fahren zum Lido.«

Aschenbach entgegnete:

»Allerdings. Aber ich habe die Gondel nur genommen, um mich nach San Marco übersetzen zu lassen. Ich wünsche den Vaporetto zu benutzen.«

»Sie können den Vaporetto nicht benutzen, mein Herr.«

»Und warum nicht?«

»Weil der Vaporetto kein Gepäck befördert.«

Das war richtig; Aschenbach erinnerte sich. Er schwieg.
Aber die schroffe, überhebliche, einem Fremden gegenüber
so wenig landesübliche Art des Menschen schien unleidlich.
Er sagte:

»Das ist meine Sache. Vielleicht will ich mein Gepäck in
Verwahrung geben. Sie werden umkehren.«

Es blieb still. Das Ruder plätscherte, das Wasser schlug
dumpf an den Bug. Und das Reden und Raunen begann wieder: der Gondolier sprach zwischen den Zähnen mit sich
selbst.

Was war zu tun? Allein auf der Flut mit dem sonderbar
unbotmäßigen, unheimlich entschlossenen Menschen, sah
der Reisende kein Mittel, seinen Willen durchzusetzen. Wie
weich er übrigens ruhen durfte, wenn er sich nicht empörte!
Hatte er nicht gewünscht, daß die Fahrt lange, daß sie immer
dauern möge? Es was das klügste, den Dingen ihren Lauf zu
lassen, und es war hauptsächlich höchst angenehm. Ein Bann
der Trägheit schien auszugehen von seinem Sitz, von diesem
niedrigen, schwarzgepolsterten Armstuhl, so sanft gewiegt
von den Ruderschlägen des eigenmächtigen Gondoliers in
seinem Rücken. Die Vorstellung, einem Verbrecher in die
Hände gefallen zu sein, streifte träumerisch Aschenbachs Sinne, – unvermögend, seine Gedanken zu tätiger Abwehr auf-
zurufen. Verdrießlicher schien die Möglichkeit, daß alles auf
simple Geldschneiderei angelegt sei. Eine Art von Pflichtge-
fühl oder Stolz, die Erinnerung gleichsam, daß man dem vor-
beugen müsse, vermochte ihn, sich noch einmal aufzuraffen.
Er fragte:

»Was fordern Sie für die Fahrt?«

Und über ihn hinsehend, antwortete der Gondolier:

»Sie werden bezahlen.«

Es stand fest, was hierauf zurückzugeben war. Aschenbach sagte mechanisch:

»Ich werde nichts bezahlen, durchaus nichts, wenn Sie mich fahren, wohin ich nicht will.«

»Sie wollen zum Lido.«

»Aber nicht mit Ihnen.«

»Ich fahre Sie gut.«

Das ist wahr, dachte Aschenbach und spannte sich ab. Das ist wahr, du fährst mich gut. Selbst wenn du es auf meine Barschaft abgesehen hast und mich hinterrücks mit einem Ruderschlage ins Haus des Aides schickst, wirst du mich gut gefahren haben.

Allein nichts dergleichen geschah. Sogar Gesellschaft stellte sich ein, ein Boot mit musikalischen Wegelagerern, Männern und Weibern, die zur Gitarre, zur Mandoline sangen, aufdringlich Bord an Bord mit der Gondel fuhren und die Stille über den Wassern mit ihrer gewinnsüchtigen Fremdenpoesie erfüllten. Aschenbach warf Geld in den hingehaltenen Hut. Sie schwiegen dann und fuhren davon. Und das Flüstern des Gondoliers ward wieder vernehmbar, der stoßweise und abgerissen mit sich selber sprach.

So kam man denn an, geschaukelt vom Kielwasser eines zur Stadt fahrenden Dampfers. Zwei Munizipalbeamte, die Hände auf dem Rücken, die Gesichter der Lagune zugewandt, gingen am Ufer auf und ab. Aschenbach verließ am Stege die Gondel, unterstützt von jenem Alten, der an jedem Landungsplatze Venedigs mit seinem Enterhaken zur Stelle ist; und da es ihm an kleinerem Gelde fehlte, ging er hinüber in das der Dampferbrücke benachbarte Hotel, um dort zu wechseln und den Ruderer nach Gutdünken abzulohnen. Er wird in der Halle bedient, er kehrt zurück, er findet sein Reisegut auf einem Karren am Quai, und Gondel und Gondolier sind verschwunden.

»Er hat sich fortgemacht«, sagte der Alte mit dem Enterhaken. »Ein schlechter Mann, ein Mann ohne Konzession, gnädiger Herr. Er ist der einzige Gondolier, der keine Konzession besitzt. Die anderen haben hierher telephoniert. Er sah, daß er erwartet wurde. Da hat er sich fortgemacht.«

Aschenbach zuckte die Achseln.

»Der Herr ist umsonst gefahren«, sagte der Alte und hielt den Hut hin. Aschenbach warf Münze hinein. Er gab Weisung, sein Gepäck ins Bäder-Hotel zu bringen, und folgte dem Karren durch die Allee, die weißblühende Allee, welche, Tavernen, Basare, Pensionen zu beiden Seiten, quer über die Insel zum Strande läuft.

Er betrat das weitläufige Hotel von hinten, von der Gartenterrasse aus, und begab sich durch die große Halle und die Vorhalle ins Office. Da er angemeldet war, wurde er mit dienstfertigem Einverständnis empfangen. Ein Manager, ein kleiner, leiser, schmeichelnd höflicher Mann mit schwarzem Schnurrbart und in französisch geschnittenem Gehrock, begleitete ihn im Lift zum zweiten Stockwerk hinauf und wies ihm sein Zimmer an, einen angenehmen, in Kirschholz möblierten Raum, den man mit stark duftenden Blumen geschmückt hatte und dessen hohe Fenster die Aussicht aufs offene Meer gewährten. Er trat an eins davon, nachdem der Angestellte sich zurückgezogen, und während man hinter ihm sein Gepäck hereinschaffte und im Zimmer unterbrachte, blickte er hinaus auf den nachmittäglich menschenarmen Strand und die unbesonnte See, die Flutzeit hatte und niedrige, gestreckte Wellen in ruhigem Gleichtakt gegen das Ufer sandte.

[...]

Das Wetter ließ sich am folgenden Tage nicht günstiger an. Landwind ging. Unter fahl bedecktem Himmel lag das Meer in stumpfer Ruhe, verschrumpft gleichsam, mit nüchtern nahem Horizont und so weit vom Strande zurückgetreten, daß

es mehrere Reihen langer Sandbänke frei ließ. Als Aschenbach sein Fenster öffnete, glaubte er den fauligen Geruch der
Lagune zu spüren.

Verstimmung befiel ihn. Schon in diesem Augenblick dachte
er an Abreise. Einmal, vor Jahren, hatte nach heiteren Früh-
lingswochen hier dies Wetter ihn heimgesucht und sein Befinden so schwer geschädigt, daß er Venedig wie ein Fliehender
hatte verlassen müssen. Stellte nicht schon wieder die fiebrige
Unlust von damals, der Druck in den Schläfen, die Schwere der
Augenlider sich ein? Noch einmal den Aufenthalt zu wechseln,
würde lästig sein; wenn aber der Wind nicht umschlug, so war
seines Bleibens hier nicht. Er packte zur Sicherheit nicht völlig
aus. [...]

Er verbrachte zwei Stunden auf seinem Zimmer und fuhr
am Nachmittag mit dem Vaporetto über die faul riechende
Lagune nach Venedig. Er stieg aus bei San Marco, nahm den
Tee auf dem Platze und trat dann, seiner hiesigen Tagesordnung gemäß, einen Spaziergang durch die Straßen an. Es war
jedoch dieser Gang, der einen völligen Umschwung seiner
Stimmung, seiner Entschlüsse herbeiführte.

Eine widerliche Schwüle lag in den Gassen; die Luft war so
dick, daß die Gerüche, die aus Wohnungen, Läden, Garkü-
chen quollen, Öldunst, Wolken von Parfum und viele andere
in Schwaden standen, ohne sich zu zerstreuen. Zigaretten-
rauch hing an seinem Orte und entwich nur langsam. Das
Menschengeschiebe in der Enge belästigte den Spaziergänger,
statt ihn zu unterhalten. Je länger er ging, desto quälender bemächtigte sich seiner der abscheuliche Zustand, den die
Seeluft zusammen mit dem Scirocco hervorbringen kann,
und der zugleich Erregung und Erschlaffung ist. Peinlicher
Schweiß brach ihm aus. Die Augen versagten den Dienst, die
Brust war beklommen, er fieberte, das Blut pochte im Kopf.
Er floh aus den drangvollen Geschäftsgassen über Brücken in
die Gänge der Armen. Dort behelligten ihn Bettler, und die

üblen Ausdünstungen der Kanäle verleideten das Atmen. Auf
stillem Platz, einer jener vergessen und verwunschen anmu-
tenden Örtlichkeiten, die sich im Innern Venedigs finden, am
Rande eines Brunnens rastend, trocknete er die Stirn und sah
ein, daß er reisen müsse.

Zum zweitenmal und nun endgültig war es erwiesen, daß
diese Stadt bei dieser Witterung ihm höchst schädlich war.
Eigensinniges Ausharren erschien vernunftwidrig, die Aussicht auf ein Umschlagen des Windes ganz ungewiß. Es galt
rasche Entscheidung. Schon jetzt nach Hause zurückzukeh-
ren, verbot sich. Weder Sommer- noch Winterquartier war
bereit, ihn aufzunehmen. Aber nicht nur hier gab es Meer und
Strand, und anderwärts fanden sie sich ohne die böse Zutat
der Lagune und ihres Fieberdunstes. Er erinnerte sich eines
kleinen Seebades nicht weit von Triest, das man ihm rühmlich
genannt hatte. Warum nicht dorthin? Und zwar ohne Verzug,
damit der abermalige Aufenthaltswechsel sich noch lohne. Er
erklärte sich für entschlossen und stand auf. Am nächsten
Gondel-Halteplatz nahm er ein Fahrzeug und ließ sich durch
das trübe Labyrinth der Kanäle, unter zierlichen Marmorbal-
konen hin, die von Löwenbildern flankiert waren, um glitschige Mauerecken, vorbei an trauernden Palastfassaden, die
große Firmenschilder im Abfall schaukelnden Wasser spiegelten, nach San Marco leiten. Er hatte Mühe, dorthin zu gelangen, denn der Gondolier, der mit Spitzenfabriken und Glas-
bläsereien im Bunde stand, versuchte überall, ihn zu Besichti-
gung und Einkauf abzusetzen, und wenn die bizarre Fahrt
durch Venedig ihren Zauber zu üben begann, so tat der beu-
telschneiderische Geschäftsgeist der gesunkenen Königin das
Seine, den Sinn wieder verdrießlich zu ernüchtern.

Ins Hotel zurückgekehrt, gab er noch vor dem Diner im
Bureau die Erklärung ab, daß unvorhergesehene Umstände
ihn nötigten, morgen früh abzureisen. Man bedauerte, man
quittierte seine Rechnung. Er speiste und verbrachte den

lauen Abend Journale lesend in einem Schaukelstuhl auf der
rückwärtigen Terrasse. Bevor er zur Ruhe ging, machte er sein
Gepäck vollkommen zur Abreise fertig.

Er schlief nicht zum besten, da der bevorstehende Wieder-
aufbruch ihn beunruhigte. Als er am Morgen die Fenster öffnete, war der Himmel bezogen nach wie vor, aber die Luft
schien frischer, und – es begann auch schon seine Reue. War
diese Kündigung nicht überstürzt und irrtümlich, die Handlung eines kranken und unmaßgeblichen Zustandes gewesen?
Hätte er sie ein wenig zurückbehalten, hätte er es, ohne so
rasch zu verzagen, auf den Versuch einer Anpassung an die
venezianische Luft oder auf Besserung des Wetters ankom-
men lassen, so stand ihm jetzt, statt Hast und Last, ein Vormittag am Strande gleich dem gestrigen bevor. Zu spät. Nun
mußte er fortfahren, zu wollen, was er gestern gewollt hatte.
Er kleidete sich an und fuhr um acht Uhr zum Frühstück ins
Erdgeschoß hinab.

Der Büffetraum war, als er eintrat, noch leer von Gästen.
Einzelne kamen, während er saß und das Bestellte erwartete.
Die Teetasse am Munde, sah er die polnischen Mädchen nebst
ihrer Begleiterin sich einfinden: streng und morgenfrisch, mit
geröteten Augen, schritten sie zu ihrem Tisch in der Fenster-
ecke. Gleich darauf näherte sich ihm der Portier mit gezoge-
ner Mütze und mahnte zum Aufbruch. Das Automobil stehe
bereit, ihn und andere Reisende nach dem Hotel Excelsior zu
bringen, von wo das Motorboot die Herrschaften durch den
Privatkanal der Gesellschaft zum Bahnhof befördern werde.
Die Zeit dränge. – Aschenbach fand, daß sie das keineswegs
tue. Mehr als eine Stunde blieb bis zur Abfahrt seines Zuges.
Er ärgerte sich an der Gasthofssitte, den Abreisenden vorzei-
tig aus dem Hause zu schaffen, und bedeutete den Portier, daß
er in Ruhe zu frühstücken wünsche. Der Mann zog sich zö-
gernd zurück, um nach fünf Minuten wieder aufzutreten. Unmöglich, daß der Wagen länger warte. Dann möge er fah-

ren und seinen Koffer mitnehmen, entgegnete Aschenbach
gereizt. Er selbst wolle zur gegebenen Zeit das öffentliche
Dampfboot benutzen und bitte, die Sorge um sein Fortkom-
men ihm selber zu überlassen. Der Angestellte verbeugte sich.
Aschenbach, froh, die lästigen Mahnungen abgewehrt zu haben, beendete seinen Imbiß ohne Eile, ja, ließ sich sogar noch
vom Kellner eine Zeitung reichen. Die Zeit war recht knapp
geworden, als er sich endlich erhob. Es fügte sich, daß im selben Augenblick Tadzio durch die Glastür hereinkam.

Er kreuzte, zum Tische der Seinen gehend, den Weg des
Aufbrechenden, schlug vor dem grauhaarigen, hochgestirnten
Mann bescheiden die Augen nieder, um sie nach seiner lieblichen Art sogleich wieder weich und voll zu ihm aufzuschla-
gen, und war vorüber. Adieu, Tadzio! dachte Aschenbach. Ich
sah dich kurz. Und indem er gegen seine Gewohnheit das Gedachte wirklich mit den Lippen ausbildete und vor sich hin-
sprach, fügte er hinzu: »Sei gesegnet!« – Er hielt dann Abreise, verteilte Trinkgelder, ward von dem kleinen, leisen Manager im französischen Gehrock verabschiedet und verließ das
Hotel zu Fuß, wie er gekommen, um sich, gefolgt von dem
Handgepäck tragenden Hausdiener, durch die weiß blühende
Allee quer über die Insel zur Dampferbrücke zu begeben. Er
erreicht sie, er nimmt Platz, – und was folgte, war eine Lei-
densfahrt, kummervoll, durch alle Tiefen der Reue.

Es war die vertraute Fahrt über die Lagune, an San Marco
vorbei, den Großen Kanal hinauf. Aschenbach saß auf der
Rundbank am Buge, den Arm aufs Geländer gestützt, mit der
Hand die Augen beschattend. Die öffentlichen Gärten blieben zurück, die Piazzetta eröffnete sich noch einmal in fürstlicher Anmut und ward verlassen, es kam die große Flucht
der Paläste, und als die Wasserstraße sich wendete, erschien
des Rialto prächtig gespannter Marmorbogen. Der Reisende
schaute, und seine Brust war zerrissen. Die Atmosphäre der
Stadt, diesen leis fauligen Geruch von Meer und Sumpf, den

zu fliehen es ihn so sehr gedrängt hatte, – er atmete ihn jetzt in tiefen, zärtlich schmerzlichen Zügen. War es möglich, daß er nicht gewußt, nicht bedacht hatte, wie sehr sein Herz an dem allen hing? Was heute morgen ein halbes Bedauern, ein leiser Zweifel an der Richtigkeit seines Tuns gewesen war, das wurde jetzt zum Harm, zum wirklichen Weh, zu einer Seelennot, so bitter, daß sie ihm mehrmals Tränen in die Augen trieb, und von der er sich sagte, daß er sie unmöglich habe vorhersehen können. Was er als so schwer erträglich, ja zuweilen als völlig unleidlich empfand, war offenbar der Gedanke, daß er Venedig nie wiedersehen solle, daß dies ein Abschied für immer sei. Denn da sich zum zweiten Male gezeigt hatte, daß die Stadt ihn krank mache, da er sie zum zweiten Male Hals über Kopf zu verlassen gezwungen war, so hatte er sie ja fortan als einen ihm unmöglichen und verbotenen Aufenthalt zu betrachten, dem er nicht gewachsen war und den wieder aufzusuchen sinnlos gewesen wäre. Ja, er empfand, daß, wenn er jetzt abreise, Scham und Trotz ihn hindern müßten, die geliebte Stadt je wiederzusehen, vor der er zweimal körperlich versagt hatte; und dieser Streitfall zwischen seelischer Neigung und körperlichem Vermögen schien dem Alternden auf einmal so schwer und wichtig, die physische Niederlage so schmählich, so um jeden Preis hintanzuhalten, daß er die leichtfertige Ergebung nicht begriff, mit welcher er gestern, ohne ernstlichen Kampf, sie zu tragen und anzuerkennen beschlossen hatte.

Unterdessen nähert sich das Dampfboot dem Bahnhof, und Schmerz und Ratlosigkeit steigen bis zur Verwirrung. Die Abreise dünkt den Gequälten unmöglich, die Umkehr nicht minder. So ganz zerrissen betritt er die Station. Es ist sehr spät, er hat keinen Augenblick zu verlieren, wenn er den Zug erreichen will. Er will es und will es nicht. Aber die Zeit drängt, sie geißelt ihn vorwärts; er eilt, sich sein Billett zu verschaffen, und sieht sich im Tumult der Halle nach dem hier

stationierten Beamten der Hotelgesellschaft um. Der Mensch
zeigt sich und meldet, der große Koffer sei aufgegeben. Schon
aufgegeben? Ja, bestens, – nach Como. Nach Como? Und aus
hastigem Hin und Her, aus zornigen Fragen und betretenen
Antworten kommt zutage, daß der Koffer, schon im Gepäck-
beförderungsamt des Hotels Excelsior, zusammen mir anderer, fremder Bagage, in völlig falsche Richtung geleitet wurde.

Aschenbach hatte Mühe, die Miene zu bewahren, die unter
diesen Umständen einzig begreiflich war. Eine abenteuerliche
Freude, eine unglaubliche Heiterkeit erschütterte von innen
fast krampfhaft seine Brust. Der Angestellte stürzte davon,
um möglicherweise den Koffer noch anzuhalten, und kehrte,
wie zu erwarten gewesen, unverrichteter Dinge zurück. Da
erklärte denn Aschenbach, daß er ohne sein Gepäck nicht zu
reisen wünsche, sondern umzukehren und das Wiedereintref-
fen des Stückes im Bäder-Hotel zu erwarten entschlossen sei.
Ob das Motorboot der Gesellschaft am Bahnhof liege. Der
Mann beteuerte, es liege vor der Tür. Er bestimmte in italienischer Suade den Schalterbeamten, den gelösten Fahrschein
zurückzunehmen, er schwor, daß depeschiert werden, daß
nichts gespart und versäumt werden solle, um den Koffer in
Bälde zurückzugewinnen, und – so fand das Seltsame statt,
daß der Reisende, zwanzig Minuten nach seiner Ankunft am
Bahnhof, sich wieder im Großen Kanal auf dem Rückweg
zum Lido sah.

ARTHUR SCHNITZLER

# Casanovas Heimfahrt

Es war am dritten Tag seiner Reise, daß er, von Mestre aus, den Glockenturm nach mehr als zwanzig Jahren der Sehnsucht zum erstenmal wieder erschaute, – ein graues Steingebilde, das einsam ragend aus der Dämmerung wie aus weiter Ferne vor ihm auftauchte. Aber er wußte, daß ihn jetzt nur mehr eine Fahrt von zwei Stunden von der geliebten Stadt trennte, in der er jung gewesen war. Er entlohnte den Kutscher, ohne zu wissen, ob es der vierte, fünfte oder sechste war, mit dem er seit Mantua abzurechnen hatte, und eilte, von einem Jungen gefolgt, der ihm das Gepäck nachtrug, durch die armseligen Straßen zum Hafen, um das Marktschiff zu erreichen, das heute noch, wie vor fünfundzwanzig Jahren, um sechs Uhr nach Venedig abging. Es schien nur noch auf ihn gewartet zu haben; kaum hatte er unter Weibern, die ihre Ware zur Stadt brachten, kleinen Geschäftsleuten, Handwerkern auf einer schmalen Bank seinen Platz eingenommen, als sich das Schiff in Bewegung setzte. Der Himmel war trüb; Dunst lag auf den Lagunen; es roch nach faulem Wasser, nach feuchtem Holz, nach Fischen und nach frischem Obst. Immer höher ragte der Campanile, andre Türme zeichneten sich in der Luft ab, Kirchenkuppeln wurden sichtbar; von irgendeinem Dach, von zweien, von vielen glänzte der Strahl der Morgensonne ihm entgegen; – Häuser rückten auseinander, wuchsen in die Höhe; Schiffe, größere und kleinere, tauchten aus dem Nebel; Grüße von einem zum andern wurden getauscht.

Das Geschwätz rings um ihn wurde lauter; ein kleines Mädchen bot ihm Trauben zum Kauf; er verzehrte die blauen Beeren, spuckte die Schalen nach der Art seiner Landsleute hinter sich über Bord und ließ sich in ein Gespräch mit irgendeinem Menschen ein, der seine Befriedigung darüber äußerte, daß nun endlich schönes Wetter anzubrechen scheine. Wie, es hatte hier drei Tage lang geregnet? Er wußte nichts davon; er kam aus dem Süden, aus Neapel, aus Rom... Schon fuhr das Schiff durch die Kanäle der Vorstadt; schmutzige Häuser starrten ihn aus trüben Fenstern wie mit blöden fremden Augen an, zwei-, dreimal hielt das Schiff an, ein paar junge Leute, einer mit einer großen Mappe unterm Arm, Weiber mit Körben stiegen aus; – nun kam man in freundlichere Bezirke. War dies nicht die Kirche, in der Martina zur Beichte gegangen war? – Und dies nicht das Haus, in dem er die blasse, todkranke Agathe auf seine Weise wieder rot und gesund gemacht hatte? – Und hatte er in jenem nicht den schuftigen Bruder der reizenden Silvia braun und blau geprügelt? Und in jenem Seitenkanal das kleine gelbliche Haus, auf dessen wasserbespülten Stufen ein dickes Frauenzimmer mit nackten Füßen stand... Ehe er sich noch zu besinnen vermochte, welche Erscheinung aus fernen Jugendtagen er dahin zu versetzen hatte, war das Schiff in den großen Kanal eingelenkt und fuhr nun auf der breiten Wasserstraße langsam zwischen Palästen weiter. Es war Casanova, von seinem Traume her, als wär' er erst tags vorher denselben Weg gefahren. An der Rialtobrücke stieg er aus; denn eh' er sich zu Herrn Bragadino begab, wollte er in einem nahen kleinen wohlfeilen Gasthof, dessen er sich der Lage, aber nicht dem Namen nach erinnerte, sein Gepäck unterbringen und sich eines Zimmers versichern. Er fand das Haus verfallener, oder mindestens vernachlässigter, als er es im Gedächtnis bewahrt hatte; ein verdrossener unrasierter Kellner wies ihm einen wenig freundlichen Raum mit der Aussicht auf die fensterlose Mauer eines gegenüberliegenden Hauses an. Doch Casanova wollte keine Zeit verlieren; auch war ihm, da sich seine Barschaft auf der Reise beinahe gänzlich erschöpft hatte, der niedrige Preis des Zimmers sehr erwünscht; so beschloß er, vorläufig hier zu bleiben, befreite sich vom Staub und Schmutz der langen Reise, überlegte eine Weile, ob er sich in sein Prachtgewand werfen sollte, fand es dann doch angemessen, wieder das bescheidenere anzulegen, und verließ endlich den Gasthof. Nur hundert Schritte waren es, durch ein schmales Gäßchen und über eine Brücke, zu dem kleinen vornehmen Palazzo, in dem Bragadino wohnte. Ein junger Bedienter mit einem ziemlich unverschämten Gesicht nahm Casanovas Anmeldung entgegen, tat, als wenn er den berühmten Namen niemals gehört hätte, kam aber mit einer etwas freundlicheren Miene aus den Gemächern seines Herrn wieder und ließ den Gast eintreten. Bragadino saß an einem nah ans offene Fenster gerückten Tisch beim Frühstück; er wollte sich erheben, was Casanova nicht zuließ. – »Mein teuerer Casanova«, rief Bragadino aus, »wie glücklich bin ich, Sie wiederzusehen! Ja, wer hätte gedacht, daß wir uns überhaupt jemals wiedersehen würden?« Und er streckte ihm beide Hände entgegen. Casanova ergriff sie, als wenn er sie küssen wollte, tat es aber nicht und erwiderte die herzliche Begrüßung mit Worten heißen Dankes in der etwas hochtrabenden Art, von der seine Ausdrucksweise bei solchen Gelegenheiten nicht frei war. Bragadino forderte ihn auf, Platz zu nehmen, und er fragte ihn vor allem, ob er schon gefrühstückt habe. Als Casanova verneinte, klingelte Bragadino dem Diener und gab ihm die entsprechende Weisung. Als der Diener sich entfernt hatte, äußerte Bragadino seine Befriedigung darüber, daß Casanova das Anerbieten des Hohen Rats ohne Vorbehalt angenommen; es werde ihm gewiß nicht zum Nachteil gereichen, daß er sich entschlossen habe, dem Vaterland seine Dienste zu widmen. Casanova erklärte, daß er sich glücklich schätzen werde, die Zufriedenheit des Hohen Rats zu erwerben. – So sprach er und dachte sich sein Teil dabei. Freilich von irgendwelchem Haß gegen Bragadino verspürte er nichts mehr in sich; eher eine gewisse Rührung über den einfältig gewordenen uralten Mann, der ihm da gegenübersaß mit dünn gewordenem weißen Bart und rotgeränderten Augen, und dem die Tasse in der mageren Hand zitterte. Als Casanova ihn zum letztenmal gesehen hatte, mochte Bragadino etwa so viele Jahre zählen als Casanova heute; freilich war er ihm schon damals wie ein Greis erschienen.

Nun brachte der Diener das Frühstück für Casanova, der sich's, ohne sich viel zureden zu lassen, vortrefflich schmekken ließ, da er auf seiner Reise nur hier und da einen spärlichen Imbiß in Hast zu sich genommen. – Ja, Tag und Nacht war er von Mantua bis hierher gereist; – so eilig hatte er's, dem Hohen Rat seine Bereitwilligkeit, dem edlen Gönner seine unauslöschliche Dankbarkeit zu beweisen: dies brachte er zur Entschuldigung vor für die beinahe unanständige Gier, mit der er die dampfende Schokolade schlürfte. Durchs Fenster drangen die tausendfältigen Geräusche des Lebens von den großen und kleinen Kanälen; die Rufe der Gondelführer schwebten eintönig über alle andern hin; irgendwo, nicht zu weit, vielleicht in dem Palast gegenüber – war es nicht der des Fogazzari? – sang eine schöne, ziemlich hohe Frauenstimme Koloraturen; sie gehörte offenbar einem sehr jungen Wesen, einem Wesen, das noch nicht einmal geboren war zur Zeit, da Casanova aus den Bleikammern entflohen war. – Er aß Zwieback und Butter, Eier, kaltes Fleisch; und entschuldigte sich immer wieder ob seiner Unersättlichkeit bei Bragadino, der ihm vergnügt zusah. »Ich liebe es«, sagte er, »wenn junge Leute Appetit haben! Und soviel ich mich erinnere, mein teurer Casanova, hat es Ihnen daran nie gefehlt!« Und er entsann sich eines Mahls, das er in den ersten Tagen ihrer Bekanntschaft gemeinsam mit Casanova genossen – vielmehr, bei dem

er seinem jungen Freunde bewundernd zugeschaut hatte –
wie heute; denn er selbst war damals noch nicht so weit gewesen, es war nämlich, kurz nachdem Casanova den Arzt
hinausgeworfen, der den armen Bragadino durch die ewigen
Aderlässe fast ins Grab gebracht hatte … Sie redeten von vergangenen Zeiten; ja – damals war das Leben in Venedig schöner gewesen als heute. – »Nicht überall«, sagte Casanova und
spielte durch ein feines Lächeln auf die Bleidächer an. Bragadino wehrte mit einer Handbewegung ab, als wäre nun nicht
die Stunde, sich solcher kleiner Unannehmlichkeiten zu erinnern. Übrigens, er, Bragadino, hatte auch damals alles mögli-
che versucht, um Casanova vor der Strafe zu retten, wenn
auch leider vergeblich. Ja, wenn er schon damals dem Rat der
Zehn angehört hätte! –

So kamen sie auf politische Angelegenheiten zu reden, und
Casanova erfuhr von dem alten Mann, der, von seinem Thema
entzündet, den Witz und die ganze Lebendigkeit seiner jüngeren Jahre wiederzufinden schien, gar vieles und merkwürdiges über die bedenkliche Geistesrichtung, der ein Teil der
Venezianer Jugend neuerdings anzuhängen, und über die gefährlichen Umtriebe, die sich in unverkennbaren Zeichen anzukündigen begännen; und er war gar nicht übel vorbereitet, als er sich noch am Abend desselben Tages, den er, in
sein trübseliges Gasthofzimmer eingeschlossen, nur zur Be-
schwichtigung seiner vielfach aufgestörten Seele mit dem Ordnen und teilweisen Verbrennen von Papieren verbracht hatte,
in das Café Quadri am Markusplatz verfügte, das als Haupt-
versammlungsort der Freidenker und Umstürzler galt. Durch
einen alten Musiker, der ihn sofort wiedererkannte, den ein-
stigen Kapellmeister des Theaters San Samuele, desselben, in
dem Casanova vor dreißig Jahren Geige gespielt hatte, wurde
er auf die ungezwungenste Weise in eine Gesellschaft von
meist jüngern Leuten eingeführt, deren Namen ihm von seinem Morgengespräch mit Bragadino her als besonders ver-

dächtige in Erinnerung verblieben waren. Sein eigener Name
aber schien auf die andern keineswegs in der Art zu wirken,
die zu erwarten er berechtigt gewesen wäre; ja die meisten
wußten offenbar nicht mehr von Casanova, als daß er vor langer Zeit aus irgendeinem Grunde oder vielleicht auch ganz
unschuldig in den Bleikammern gefangen gesessen und unter
allerlei Fährlichkeiten von dort entkommen war. Das Büch-
lein, in dem er schon vor Jahren seine Flucht so lebendig geschildert hatte, war zwar nicht unbekannt geblieben, doch mit
der gebührenden Aufmerksamkeit schien es niemand gelesen
zu haben. Es machte Casanova einigen Spaß, zu denken, daß
es nur von ihm abhinge, jedem dieser jungen Herrn baldigst
zu persönlichen Erfahrungen über die Lebensbedingungen
unter den Bleidächern von Venedig und über die Schwierigkeiten des Entkommens zu verhelfen; aber fern davon, einen
so boshaften Einfall durchschimmern oder gar erraten zu lassen, verstand er es vielmehr, auch hier den Harmlosen und
Liebenswürdigen zu spielen, und unterhielt bald die Gesellschaft nach seiner Art mit der Erzählung von allerlei heitern
Abenteuern, die ihm auf seiner letzten Reise von Rom hierher
begegnet waren; – Geschichten, die, wenn auch im ganzen
ziemlich wahr, in Wirklichkeit immerhin fünfzehn bis zwanzig Jahre zurücklagen. Während man ihm noch angeregt zu-
hörte, brachte irgendwer mit andern Neuigkeiten die Kunde,
daß ein Offizier aus Mantua in der Nähe des Landguts eines
Freundes, wo er zu Besuch geweilt, umgebracht und die Leiche von den Räubern bis aufs Hemd ausgeplündert worden
wäre. Da dergleichen Überfälle und Mordtaten zu jener Zeit
nicht gerade selten vorkamen, erregte der Fall auch in diesem
Kreise kein sonderliches Aufsehen, und Casanova fuhr in seiner Erzählung fort, wo man ihn unterbrochen hatte – als
ginge ihn die Sache so wenig an wie die übrigen; ja von einer
Unruhe befreit, die er sich nur nicht recht eingestanden hatte,
fand er noch lustigere und frechere Worte als vorher.

Mitternacht war vorbei, als er nach flüchtigem Abschied von seinen neuen Bekannten unbegleitet auf den weiten leeren Platz hinaustrat, über dem sternenlos, doch ruhelos flimmernd ein dunstschwerer Himmel hing. Mit einer Art von schlafwandlerischer Sicherheit, ohne sich eigentlich bewußt zu werden, daß er ihn in dieser Stunde nach einem Vierteljahrhundert zum ersten Male wieder ging, fand er den Weg durch enge Gäßchen zwischen dunklen Häusermauern und über schmale Brückenstege, unter denen die schwärzlichen Kanäle den ewigen Wassern zuzogen, nach seinem elenden Gasthof, dessen Tor erst auf wiederholtes Klopfen sich träg und unfreundlich vor ihm öffnete; – und wenige Minuten später, in einer schmerzenden Müdigkeit, die durch seine Glieder lastete, ohne sie zu lösen, mit einem bittern Nachgeschmack auf den Lippen, den er gleichsam aus dem Innersten seines Wesens nach oben steigen fühlte, warf er sich, nur halb ausgekleidet, auf ein schlechtes Bett, um nach fünfundzwanzig Jahren der Verbannung den ersten, so lang ersehnten Heimatschlaf zu tun, der endlich, bei anbrechendem Morgen, traumlos und dumpf, sich des alten Abenteurers erbarmte.

Hugo von Hofmannsthal

# Die wunderbare Freundin

Es hat in unsrer Mitte Zauberer
Und Zauberinnen, aber niemand weiß sie.
*Ariost*

»Das geht gut«, dachte der junge Herr Andreas von Ferschengelder, als der Barkenführer ihm am 7. September 1778 seinen
Koffer auf die Steintreppe gestellt hatte und wieder abstieß,
»das wird gut, läßt mich der stehen, mir nichts dir nichts, einen
Wagen gibts nicht in Venedig, das weiß ich, ein Träger, wie
käme da einer her, es ist ein öder Winkel, wo sich die Füchse
gute Nacht sagen. Als ließe man einen um sechs Uhr früh auf
der Rossauerlände oder unter den Weißgärbern aus der Fahr-
post aussteigen, der sich in Wien nicht auskennt. Ich kann die
Sprache, was ist das weiter, deswegen machen sie doch aus mir
was sie wollen! Wie redt man denn wildfremde Leute an, die in
ihren Häusern schlafen – klopf ich an, und sag: Herr Nach-
bar?« Er wußte, er würde es nicht tun, – indem kamen Schritte
näher, scharf und deutlich in der Morgenstille auf dem steinernen Erdboden; es dauerte lange, bis sie näher kamen, da trat
aus einem Gäßchen ein Maskierter hervor, wickelte sich fester
in seinen Mantel, nahm ihn mit beiden Händen zusammen und
wollte quer über den Platz gehen. Andreas tat einen Schritt vor
und grüßte, die Maske lüftete den Hut und zugleich die Halb-
larve, die innen am Hut befestigt war. Es war ein Mann, der
vertrauenswürdig aussah, und nach seinen Bewegungen und

Manieren gehörte er zu den besten Ständen. Andreas wollte sich beeilen, es dünkte ihn unartig, einen Herrn, der nach Hause ging, zu dieser Stunde lang aufzuhalten, er sagte schnell, daß er ein Fremder sei, eben vom festen Land herübergekommen, aus Wien über Villach und Görz. Sogleich erschien ihm überflüssig, daß er dies erwähnt hatte, er wurde verlegen und verwirrte sich im Italienischreden.

Der Fremde trat mit einer sehr verbindlichen Bewegung näher und sagte, daß er ganz zu seinen Diensten sei. Von dieser Gebärde war vorne der Mantel aufgegangen, und Andreas sah, daß der höfliche Herr unter dem Mantel im bloßen Hemde war, darunter nur Schuhe ohne Schnallen und herabhängende Kniestrümpfe, die die halbe Wade bloß ließen. Schnell bat er den Herrn, doch ja bei der kalten Morgenluft sich nicht aufzuhalten und seinen Weg nach Hause fortzusetzen, er werde schon jemanden finden, der ihn nach einem Logierhaus weise oder zu einem Wohnungsvermieter. Der Maskierte schlug den Mantel fester um die Hüften und versicherte, er habe durchaus keine Eile. Andreas war tödlich verlegen im Gedanken, daß der andere nun wisse, er habe sein besonderes Negligé gesehen; durch die alberne Bemerkung von der kalten Morgenluft und vor Verlegenheit wurde ihm ganz heiß, so daß er unwillkürlich auch seinerseits den Reisemantel vorne auseinanderschlug, indessen der Venezianer aufs höflichste vorbrachte, daß es ihn besonders freue, einem Untertan der Kaiserin und Königin Maria Theresia einen Dienst zu erweisen, um so mehr, als er schon mit mehreren Österreichern sehr befreundet gewesen sei, so mit dem Baron Reischach, Obersten der kaiserlichen Panduren, und mit dem Grafen Esterhazy. Diese wohlbekannten Namen, von dem Fremden hier so vertraulich ausgesprochen, flößten Andreas großes Zutrauen ein. Freilich kannte er selber so große Herren nur vom Namenhören und höchstens vom Sehen, denn er gehörte zum Klein- oder Bagatelladel.

Als der Maskierte versicherte, er habe, was der fremde Kavalier brauche, und das ganz in der Nähe, so war es Andreas ganz unmöglich, etwas Ablehnendes vorzubringen. Auf die beiläufig schon im Gehen gestellte Frage, in welchem Teil der Stadt sie hier seien, erhielt er die Antwort, zu Sankt Samuel. Und die Familie, zu der er geführt werde, sei eine gräflich patrizische und habe zufällig das Zimmer der ältesten Tochter zu vergeben, die seit einiger Zeit außer Hause wohne. Indem waren sie auch schon in einer sehr engen Gasse vor einem sehr hohen Hause angelangt, das wohl ein vornehmes, aber recht verfallenes Ansehen hatte und dessen Fenster anstatt mit Glasscheiben alle mit Brettern verschlagen waren. Der Maskierte klopfte ans Tor und rief mehrere Namen, hoch oben sah eine Alte herunter, fragte nach dem Begehren, und die beiden parlamentierten sehr schnell. Der Graf selbst wäre schon ausgegangen, sagte der Maskierte zu Andreas, er gehe immer so früh aus, um das Nötige für die Küche zu besorgen. Aber die Gräfin sei zu Hause; so werde man wegen des Zimmers unterhandeln und auch gleich Leute nach dem zurückgelassenen Gepäck schicken können.

Der Riegel am Tor öffnete sich, sie kamen in einen engen Hof, der voll Wäsche hing, und stiegen eine offene und steile Steintreppe empor, deren Stufen ausgetreten waren wie Schüsseln. Das Haus gefiel Andreas nicht, und daß der Herr Graf so früh ausgegangen war, um das Nötige für die Küche zu besorgen, verwunderte ihn, aber daß es der Freund der Herren von Reischach und Esterhazy war, der ihn einführte, machte einen hellen Schein über alles und ließ keine Traurigkeit aufkommen.

Oben stieß die Treppe an ein ziemlich großes Zimmer, in dem an einem Ende der Herd stand, an dem anderen ein Alkoven abgeteilt war. An dem einzigen Fenster saß ein junges halberwachsenes Mädel auf einem niedrigen Stuhl, und eine nicht mehr junge, aber noch ganz hübsche Frau war bemüht,

aus dem schönen Haar des Kindes einen höchst künstlichen
Chignon aufzutürmen. Als Andreas und sein Führer das
Zimmer betraten und die Hüte abnahmen, stob das Kind laut
aufschreiend davon ins Nebenzimmer und ließ Andreas ein
mageres Gesicht mit dunklen reizend gezeichneten Augenbrauen gewahren, indessen der Maskierte sich an die Frau
Gräfin wandte, die er als Cousine anredete, und ihr seinen
jungen Freund und Schützling vorstellte.

Es gab ein kurzes Gespräch, die Dame nannte einen Preis
für das Zimmer, den Andreas ohne weiteres zugestand. Er
hätte um alles gern gewußt, ob es ein Zimmer nach der Gasse
hin sei, oder ein Hofzimmer, denn in einem solchen seine Zeit
in Venedig zu verbringen hätte ihm traurig geschienen, auch
ob er hier in der inneren Stadt sei oder in der Vorstadt. Aber
er fand nicht den Augenblick für seine Frage, denn das Gespräch zwischen den beiden anderen ging immer weiter, und
das verschwundene junge Geschöpf wippte mit der Tür und
rief energisch von innen heraus, da müßte sofort der Zorzi aus
dem Bett herausgebracht werden, denn er liege oben und habe
seinen Magenkrampf. Darauf hieß es, die Herren sollten nur
hinaufgehen; den unnützen Menschen aus dem Zimmer zu
entfernen, das würden schon die Buben besorgen. Er werde
auf der Stelle ausziehen und das Gepäck des Ankömmlings
dafür hinaufgeschafft werden. Sie bat entschuldigt zu sein,
wenn sie den Herrn nicht selbst hinaufbegleite, sondern dies
dem Cousin überlasse, denn sie habe alle Hände voll zu tun,
weil sie die Zustina zurichten müsse, um mit ihr die Besuche
wegen der Lotterie zu machen. Es müßten heute sämtliche
Protektoren der Liste nach im Laufe des Vor- und Nachmit-
tags besucht werden.

Andreas hätte nun wieder gerne gewußt, was es mit diesen Protektoren und der Lotterie auf sich habe, doch da sein
Mentor die Sache mit lebhaftem und beifälligem Nicken als
bekannt hinzunehmen schien, fand er keine schickliche Gele-

genheit zu einer Frage, und man stieg hinter den zwei halb-
wüchsigen Jungen, die Zwillinge sein mußten, die steile Holz-
treppe hinauf nach Fräulein Ninas Zimmer.

Vor der Tür machten die Knaben halt, und als ein mattes
Stöhnen herausdrang, sahen sie einander mit den flinken
Eichhörnchenaugen an und schienen sehr befriedigt. Auf dem
Bett, dessen Vorhänge zurückgeschlagen waren, lag ein blei-
cher junger Mensch. Ein Holztisch an der Wand und ein Stuhl
waren mit schmutzigen Pinseln und Farbtöpfchen besetzt,
eine Palette hing an der Wand. Gegenüber hing ein klarer sehr
hübscher Spiegel, sonst war der Raum leer, aber licht und
freundlich. »Ist dir besser?« sagten die Knaben. – »Besser«,
stöhnte der Liegende. – »So kann man den Stein wegheben?« –
»Ja, ihr könnt ihn wegheben.« – »Wenn einer Magenkrampf
hat, muß man ihm den Stein auf den Magen heben, dann wird
er gesund«, meldete der eine der beiden Knaben, indes der zunächst Dabeistehende den Stein, den abzuheben kaum ihre
angespannten vereinten Kräfte hinreichten, von dem Kranken
wälzte.

Andreas war es greulich, daß man einen leidenden Menschen so um seinetwillen aus dem Bette warf. Er trat ans Fenster und schlug den halbangelehnten Laden vollends zurück:
unten war Wasser, und kleine besonnte Wellen schlugen an
die breiten Stufen eines recht großen Gebäudes gerade gegenüber, und an einer Mauer tanzte ein Netz von Lichtkringeln.
Er beugte sich hinaus, da war noch ein Haus, dann noch eins,
dann mündete die Gasse in eine große breite Wasserstraße,
auf der die volle Sonne lag. An dem Eckhaus sprang ein Balkon vor, mit einem Oleanderbaum darauf, dessen Zweige der
Wind bewegte, auf der anderen Seite hingen Tücher und Tep-
piche aus luftigen Fenstern. Über dem großen Wasser drüben
stand ein Palast mit schönen Steinfiguren in Nischen.

Er trat ins Zimmer zurück, da war der im Domino verschwunden, der junge Mensch stand auf und beaufsichtigte

die Buben, die von dem einzigen Tisch und Stuhl des Zimmers eifrig Farbentöpfchen und Bündel schmutziger Pinsel wegräumten. Er war blaß und ein wenig verwahrlost, aber wohlgestaltet; in seinem Gesicht nichts Häßliches als eine schiefe Unterlippe nach einer Seite herabgezogen, das gab ihm einen hämischen Ausdruck. – »Haben Sie bemerkt«, wandte er sich an Andreas, »daß er unter dem Domino nichts anhat als sein Hemd? Auch die Schnallen an den Schuhen weggeschnitten. So geht es ihm alle Monat einmal. Nun, Sie verstehen wohl, was wirds sein? Er ist ein verzweifelter Spieler. Was sonst? Sie hätten ihn gestern sehen sollen. Er hatte einen gestickten Rock, eine Weste mit Blumen, zwei Uhren mit Berloquen daran, eine Dose, Ringe an jedem Finger, hübsche silberne Schuhschnallen. So ein Kujon!« Und er lachte, aber sein Lachen war nicht hübsch. – »Sie werden ein bequemes Zimmer haben. Wenn Sie sonst noch etwas brauchen, ich bin stets zu Ihrer Verfügung. Ich kann Ihnen ein Kaffeehaus zeigen, hier nahebei, wo man Sie anständig bedienen wird, wenn ich Sie einführe. Sie können dort Ihre Briefe schreiben, Ihre Bekannten hinbestellen und alles abmachen, außer dem, was man lieber hinter geschlossenen Türen abmacht.« – Hier lachte er wieder, und die beiden Buben fanden den Witz vortrefflich und lachten laut, dabei strengten sie alle Kräfte an, um den schweren Stein aus dem Zimmer zu schleppen; ihre Gesichter sahen der Schwester unten ähnlich.

»Wenn Sie eine Kommission haben, die einen vertrauenswürdigen Menschen erfordert«, fuhr der Maler fort, »so wird es mir eine Ehre sein, wenn Sie mir sie übergeben. Wenn ich nicht zur Hand bin, so nehmen Sie nur einen Furlaner, das sind die einzig verläßlichen Dienstmänner. Sie finden ihrer am Rialto und an jedem größeren Platz und werden sie an der bäurischen Tracht erkennen. Es sind zuverlässige Leute und verschwiegen, merken sich Namen und erkennen auch eine Maske, an ihrem Gang und an den Schuhschnallen. Wenn Sie von da drüben etwas brauchen, so sagen Sie es mir, ich bin Maler des Hauses und habe freien Zutritt zu allen Räumen.«

Andreas verstand, daß er von dem grauen Gebäude gegenüber sprach, das ihm zu groß für ein Bürgerhaus, zu dürftig für einen Palast erschienen war und vor dessen Tor breite Steinstufen ins Wasser führten. »Ich spreche vom Theater zu Sankt Samuel, dem Haus hier gegenüber. Ich dachte, Sie wüßten das längst. Wir sind alle da drüben beschäftigt. Ich, wie gesagt, bin Dekorationsmaler und Feuerwerker, Ihre Hausfrau ist Logenschließerin, der Alte ist Lichtputzer.« – »Welcher?« – »Der Graf Prampero, bei dem Sie wohnen, wer sonst? Zuerst war die Tochter Schauspielerin, die hat sie alle hineingebracht – nicht diese, die Sie gesehen haben – die Ältere, Nina. Diese ist der Mühe wert, und ich werde Sie heute nachmittag zu ihr führen. Die Kleine tritt im nächsten Karneval auf. Die Buben machen dringende Wege. – Jetzt will ich mich aber nach Ihrem Gepäck umsehen.«

Andreas blieb allein, schlug die Fensterläden zurück und hakte sie ein. Von dem einen war der Haken zerbrochen, er nahm sich vor, ihn sogleich richten zu lassen. Dann räumte er was noch von Farbtöpfen und Büchsen herumstand vor die Tür und reinigte mit einem Lappen Leinwand, der unter dem Bett lag, seinen Tisch von den Farbenflecken, bis die polierte Fläche sauber glänzte; dann trug er den bunten Lappen hinaus, suchte ein Eck, ihn zu verstecken, und fand dort einen Reisbesen, mit dem er sein Zimmer kehrte. Als dies geschehen war, rückte er den hübschen kleinen Spiegel lotrecht, streifte die Bettvorhänge zurück und setzte sich auf den einzigen Stuhl am Fußende des Bettes, das Gesicht dem Fenster zugewandt. Die freundlich bewegte Luft kam herein, berührte sein junges Gesicht mit leisem Geruch von Algen und Meeresfrische.

Er dachte an seine Eltern und den Brief, den er im Kaffeehaus an sie schreiben müßte. Er nahm sich vor, beiläufig zu schreiben: »Verehrungswürdigste, gnädige Eltern, – ich melde, daß ich in Venedig glücklich eingetroffen. Ich bewohne ein freundliches, sehr reines und luftiges Zimmer bei einer adeligen Familie, die es zufällig zu vergeben hat. Das Zimmer geht auf die Gasse, aber anstatt des Erdbodens ist unten Wasser, und die Leute fahren in Gondeln oder das arme Volk in großen Trabakeln, ähnlich wie Donauzillen; die sind statt der Lastträger. Daher werde ichs auch sehr ruhig haben. Peitschenknall oder Geschrei hört man nicht.« Er dachte noch zu erwähnen, daß es hier Dienstmänner gäbe, die so findig seien, daß sie im Stand wären, eine Maske am Gang und an den Schuhschnallen wiederzuerkennen. Das würde seinem Vater Vergnügen machen zu erfahren, denn er war sehr darauf aus, das Besondere und Kuriose fremder Länder und Gebräuche zu sammeln. Zweifelhaft war ihm, ob er berichten solle, daß er ganz nahe einem Theater wohne. Das war in Wien immer sein sehnsüchtiger Wunsch gewesen. [...]

Er beschloß bei sich, daß er die Nähe des Theaters nicht erwähnen würde, auch nicht den sonderbaren Aufzug des Herren, der ihn eingeführt hatte. Er hätte sagen müssen, daß er ein Spieler war, der alles bis aufs Hemd verspielt hatte, oder diesen Umstand auf künstliche Weise verschweigen. So konnte er freilich nicht von Esterhazy erzählen, das hätte die Mutter gefreut. Den Mietpreis wollte er gern erwähnen, zwei Zechinen monatlich, das war auch nach seinem Gelde nicht viel. –

Als er zu seinen Hausleuten herunterkam, fand er das Mädchen Zustina in eifrigem Handel mit einem kleinen Mann in mittleren Jahren, dessen Gesicht durch eine fast halbmondförmig gekrümmte Nase ein verwegenes und besonderes Aussehen erhielt, und der in einem baumwollenen Schnupftuch etwas in der Hand trug, wovon das Zimmer mit Fischgeruch erfüllt war. »Nein, es geht wirklich nicht, was Sie sich von den Leuten aufschwätzen lassen«, hörte er sie sagen. »Wenn es ein anderer Tag wäre, würde ich es vor der Mutter verantworten. Aber heute müssen Sie mir wieder herunter. Und vergessen Sie dann auch den Tapezierer nicht. Verhandeln Sie es mit ihm Punkt für Punkt, genau so wie ich gesagt habe. Tapezierer sind verschlagene Leute und ohne Gewissen, aber ein Mann, der sich auszudrücken versteht, wie Sie sind, muß jedem gewachsen sein. Die Ziehung ist genau eine Woche nach Mariä Geburt, also muß am Abend vorher der Altar geliefert sein. Fehlt das geringste, so wird ihm ein halber Silberdukaten abgezogen. Genau wie einen Fronleichnamsaltar will ichs haben, vorne eine Draperie mit Girlanden, und in die Mitte zwischen frischen Blumenarrangements kommt die Urne, aus der die Lose gezogen werden. Für die Aufstellung darf er nichts separat rechnen. Er hats ins Haus zu liefern, beim Zurichten und Dekorieren muß Zorzi helfen. Jetzt gehen Sie und richten es so aus, daß man Sie beglückwünschen muß, und lassen Sie mir Ihr Ausgabenbuch da, ich werde es durchsehen.«

Der Alte entfernte sich, als Andreas eintrat. »Da sind Sie ja«, sagte Zustina. »Ihr Gepäck liegt schon unten. Zorzi wird Leute holen, die es heraufschaffen. Dann wird er Ihnen ein gutes Kaffeehaus zeigen und Sie, wenn Sie wollen, zu meiner Schwester begleiten, die sich sehr freuen wird, Ihre Bekanntschaft zu machen. – Zu solchen Diensten ist er gut«, setzte sie hinzu, »im übrigen ist es durchaus nicht nötig, daß Sie gleich Ihren Vertrauten aus ihm machen. Das ist übrigens Ihre Sache, es gibt allerlei Menschen auf der Welt, und jeder muß sehen, wie er sich durchfindet. Ich sage, man muß die Welt nehmen wie sie ist.« Sie lief zum Herd, sah in der Röhre nach, begoß den Braten; ein paar Kleidungsstücke, die der Mutter und dem Bruder zu gehören schienen, verschwanden in einem großen Schrank. Sie jagte die Katze vom Speisebrett und besorgte einen Vogel, der im Fenster hing. »Eines wollte ich Ihnen auch sagen«, fuhr sie fort und blieb einen Augenblick vor Andreas stehen, »ich weiß nicht, ob Sie eine größere Summe

Geldes bei sich haben oder einen Brief an einen Herrn Bankier. Wenn es das erstere ist, so geben Sie es einem Geschäftsfreund oder wen immer Sie hier in der Stadt kennen zum Aufheben. Nicht als ob es unehrliche Leute im Hause gäbe, aber ich will keine Verantwortung haben. Ich habe genug zu tun, das Haus in Ordnung zu halten, meine zwei Brüder zu unterrichten und für meinen Vater zu sorgen; denn meine Mutter ist meist auswärts beschäftigt. Auch können Sie denken, daß mir die Vorbereitung für die Lotterie Mühe und Denken genug kostet. Wie leicht beleidigt man ... – Sie müssen entschuldigen, daß es uns nicht möglich ist, Ihnen ein Los anzubieten, obwohl Sie bei uns wohnen, aber Sie sind ein Fremder, und in einem solchen Punkt sind unsere Protektoren sehr genau. Der zweite Preis ist auch sehr anständig, es ist eine goldene emaillierte Dose; ich werde sie Ihnen zeigen, sobald der Juwelier sie abliefert.«

Sie rechnete unterweilen stehend das kleine Ausgabenbuch nach und bediente sich dazu eines winzigen Bleistifts, den sie in irgendeiner Locke ihres Toupets verborgen gehabt hatte; denn sie war frisiert wie zu einem Ball mit einem hohen Toupet und trug Tuchpantoffel, einen Taffetrock mit Silberspitzen, oben aber eine karierte Hausjacke, die ihr viel zu weit war und den reizenden schlanken, aber gar nicht kindlichen Hals völlig zeigte. Ihre Augen gingen unterm halbblauten Rechnen, mit dem sie ihre Rede unterbrach, bald auf Andreas, bald auf den Herd, bald auf die Katze. Auf einmal schoß ihr etwas durch den Kopf, sie flog ans Fenster, bog sich weit hinaus und rief durchdringend hinunter: »Graf Gasparo! Graf Gasparo! Hören Sie mich noch! Ich möchte Ihnen noch etwas sagen.«

»Hier bin ich«, sagte der Herr mit der Hakennase und den Fischen und trat unvermutet durch die Tür ins Zimmer. »Was schreist du nach mir durchs Fenster? – hier stehe ich«, und er wandte sich zu Andreas: »ich habe soeben unten erst vernommen, daß Sie der ansehnliche junge Fremde sind, den ich die

Ehre habe, als meinen Gast zu begrüßen. Ich wünsche Ihnen und uns, es möge Ihnen unter unserem bescheidenen Dache wohlergehen. Sie bewohnen die Zimmer meiner Tochter Nina. Sie kennen sie noch nicht, und so können Sie den Beweis der Hochschätzung und des Vertrauens noch nicht ermessen, den wir Ihnen geben, indem wir dieses Appartement zu Ihrer Verfügung stellen. Das Zimmer eines solchen Menschen ist wie das Kleid eines Heiligen, an dem Kräfte haften. Was immer Sie in dieser Stadt erleben werden – und Sie sind hergekommen, um Erlebnisse und Erfahrungen zu sammeln –, in diesen Wänden wird die Ruhe des Gemüts und das Gleichgewicht der Seele Ihnen zurückkehren. Die Luft selber in diesen Zimmern atmet, wie soll ich sagen, eine unüberwindliche Tugend. Lieber zu sterben als diese Tugend zu opfern, war der eherne Vorsatz meines Kindes. Ich, mein Herr«, er berührte Andreas mit seiner Hand, die weiß und außerordentlich wohlgeformt, nur zu klein für einen Mann und dadurch unerfreulich war, »war weder imstande, meine Tochter in einer solchen Gesinnung zu bestärken, noch sie dafür zu belohnen. Ich bin eine gescheiterte Existenz, herabgestürzt in Stürmen von der Höhe meiner Familie.« Er trat zurück und ließ die Hand mit einer unnachahmlichen Gebärde sinken. Mit einer Verneigung verließ er das Zimmer.

Zustinas Gesicht strahlte vor Bewunderung über die Rede des Grafen. Wirklich war die Art, wie er die wenigen Sätze vorgebracht hatte, ein Meisterwerk von Anstand und Abstufung: Würde mischte sich in ihr mit Menschlichkeit, Ernst und Erfahrung war durch Zutrauen gemildert. Der Ältere sprach zum Jüngeren, der Hausherr zu seinem Gast, der vom Leben geprüfte Greis väterlich zum ungeprüften Jüngling und ein venezianischer Edelmann zum Edelmann: – das alles war darin. »Was sagen Sie dazu, wie mein Vater sich ausdrückt?« fragte sie. Über dem aufrichtigen und kindlichen Vergnügen, das sie empfand, schien sie vergessen zu haben, daß sie den Vater um irgendeiner Sache willen zurückgerufen hatte. »So findet er in jeder Lage«, rief sie mit leuchtenden Augen, »das richtige Wort. Er hat viel Unglück gehabt und viele Feinde, aber seine großen Talente kann ihm niemand abstreiten.« War sie früher quecksilbern und eifrig gewesen, aber dabei trocken, so war sie nun erst ganz belebt von innen heraus, ihre Augen leuchteten, und ihr Mund bewegte sich mit einem unbeschreiblichen, kindhaften Eifer. Etwas in ihr ließ an ein Eichhörnchen denken, doch war sie eine resolute brave kleine Frau.

»Nun kennen Sie also auch meinen Vater, und ehe eine Stunde vergeht, werden Sie meine Schwester kennenlernen und sicher auch einige ihrer Freunde. Der vornehmste darunter ist der Herzog von Camposagrado, der spanische Gesandte. Er ist ein so großer Herr, daß, wenn der König von Spanien mit ihm spricht, so setzt er seinen Hut auf. Erschrecken Sie nicht, wenn Sie ihn sehen, er sieht aus wie ein wildes Tier, aber er ist ein sehr großer Herr. Da hat sie einen unter ihren Freunden, der mir selbst gefiele, – aber wozu von mir sprechen. Es ist ein österreichischer Hauptmann, ein Slawonier, das heißt, er besitzt ein österreichisches Hauptmannspatent und hat Privilegien, die Vieheinfuhr für ungarische und steirische Ochsen über Triest, ein schönes Geschäft, und er ist auch ein schöner Mann und in Nina verliebt über alle Begriffe. Denken Sie, daß er nie von Tisch aufsteht ohne auf ihr Wohl zu trinken und daß er dann jedesmal sein Glas durch die Scheiben in den Kanal oder gegen die Mauer wirft, wenn es aber ein besonderer Tag ist, so zerschlägt er in der gleichen Weise alles Glas was auf dem Tisch ist, und alles Nina zu Ehren. Natürlich bezahlt er dann die Gläser. Ist das nicht eine Bestialität? – aber in seinem Land ist das größte Höflichkeit. Er ist ein großer Spieler – nun, Sie werden ihn selbst kennenlernen und werden leben wie die andern. Wäre er mein Mann, würde ich ihms schon abgewöhnen. Eines aber«, fuhr

sie fort und sah ihn ernsthaft und wichtig an, mit einem reizenden Ausdruck, »wenn Sie Händel bekommen, Mißver-
ständnisse, Zank und Streit, so setzen Sie Ihren Willen durch.
Lassen Sie sich nicht durch Tränen herumkriegen, weder
durch die Tränen von Weibern noch von Männern. Das ist
eine läppische Schwachheit, die ich nicht leiden kann. Aber
ich spreche nicht von Ninas Tränen. Ninas Tränen sind echt
wie Gold. Wenn sie weint, da ist sie wie ein kleines Kind. Man
hat nicht das Herz, ihr zu versagen, was sie sich wünscht,
denn sie hat ein zehnmal besseres Herz als ich, obwohl sie
schon einundzwanzig ist und ich noch nicht sechzehn. Aber
was kann das Sie interessieren«, setzte sie mit einem schelmi-
schen Blick hinzu, indem sie den Vogel am Fenster versorgte,
»mich über mich reden zu hören – dazu sind Sie nicht nach
Venedig gekommen. Gehen Sie hinunter, Zorzi wird unten
stehen und auf Sie warten.«

Andreas war schon auf der Treppe, als sie ihm nachkam.
»Noch eins – es ist mir nur so durch den Kopf gegangen. Sie
sehen gutmütig aus, und einen Guten muß man beim ersten
Schritt warnen. Lassen Sie sich niemals von einem andern
Wechsel zum Akzeptieren aufschwätzen, wenn er Ihnen auch
zur Deckung andere zugleich anbietet, die vor den seinigen
fällig sind, – niemals, verstehen Sie mich.« Einen Augenblick
legte sie ihre Hand leicht auf Andreas' Arm – es war ganz die
gleiche Gebärde, die vorhin der Vater gehabt hatte, aber wie
wahr ist das Sprichwort, wenn zwei dasselbe tun, ist es nicht
dasselbe. Es war eine so reizende kleine Hand und die mütter-
liche, frauenhafte Gebärde bezaubernd. – Sie war schon wieder drin, und als Andreas die Treppe hinabging, hörte er sie
auf der andern Seite durchs Fenster Zorzi zurufen.

»Ist sie nicht eine allerliebste kleine Frau«, sagte Zorzi, der
unten stand, als hätte er erraten, womit sich Andreas' Gedanken beschäftigten. – »Aber was hat es mit der Lotterie auf
sich«, fragte Andreas nach den ersten Schritten, »wer gibt die

Preise aus, und was hat die Familie damit zu schaffen? es sieht ja aus, als wären sie selber die Veranstalter.« Der Maler antwortete nicht sogleich. »Das sind sie auch«, sagte er, indem er seine Schritte an einer Straßenecke verlangsamte und Andreas an sich herankommen ließ. »Warum soll ich es Ihnen nicht sagen? die Lotterie geht in einem kleinen Kreise von vornehmen und reichen Herren vor sich, und der erste Preis ist die Kleine selber.« – »Wie, sie selber?« – »Nun, ihre Jungfernschaft, wenn Sie ein anderes Wort wollen. Sie ist ein gutes Geschöpf und hat sich in den Kopf gesetzt, ihren Leuten aus dem Elend zu helfen. Sie sollten hören, wie schön sie über die Sache redet und welche Mühe sie sich mit der Subskription gegeben hat. Denn bei ihr muß alles nett und ordentlich zugehen. Ein großer Herr, der ein alter Gönner der Familie ist, hat das Protektorat übernommen«, hier dämpfte er die Stimme, »– es ist der Patrizier Herr Sacramozo, der zuletzt Gouverneur von Korfu war. Ein Los kostet nicht weniger als vierundzwanzig Zechinen, und es ist kein Name auf die Subskriptionsliste gesetzt worden, der nicht von Herrn Sacramozo gebilligt worden wäre.«

Andreas war plötzlich heftig errötet, so daß die Sehkraft seiner Augen durch ein Flimmern geschwächt war und er über einen zertretenen Paradeisapfel, der vor seinen Füßen lag, fast ausgeglitten wäre. Der andere sah ihn im Gehen von der Seite an. »Eine solche Sache«, fuhr er fort, »kann sich im Kreis von vornehmen Leuten abspielen, und die den Anstand haben, nichts davon verlauten zu lassen; andernfalls würde die Behörde sich dreinmischen. So wird von den hiesigen Herren nicht gern ein Fremder in eine Verabredung dieser Art hineingezogen. Wenn Ihnen aber sehr viel daran liegt, so will ich mir Mühe geben, und vielleicht kann ich Ihnen indirekt ein Los verschaffen, ich meine in der Weise, daß einer der Subskribenten Ihnen gegen eine Abfindung, die nicht wenig sein wird, seine Chance abtritt, ohne daß Ihr Name genannt wird.« Andreas wußte nicht, was er antworten sollte, und ging schnell auf etwas anderes über, indem er sein Erstaunen darüber aussprach, daß die ältere Tochter keinen besseren Weg wußte, ihrer Familie beizuspringen, und es der kleinen Schwester überließ, sich in dieser ungewöhnlichen Weise aufzuopfern.

[...]

Andreas entfernte sich ein paar Schritte von dem Haus, durch dessen Tür Zorzi verschwunden war, und ging bis ans Ende der ziemlich engen Gasse. Sie endete in einem Schwibbogen, unter diesem aber führte seltsamerweise eine Steinbrücke über einen Kanal auf einen kleinen eiförmigen Platz hinüber, auf dem eine kleine Kirche stand. Andreas ging wieder zurück und war ärgerlich, daß er nun schon nach wenigen Minuten unter den ziemlich einfachen und gleichartigen Häusern das richtige nicht wiedererkennen konnte. Die Tür des einen, dunkelgrün, mit einem bronzenen Türklopfer in Gestalt eines Delphins, schien ihm die zu sein, durch welche Zorzi verschwunden war, doch war die Tür geschlossen und Andreas meinte jenen noch vor sich zu sehen, wie er durch eine offene Tür in einen Hausflur trat. Immerhin war keine Gefahr, daß sie einander verfehlten, wenn Andreas nochmals bis an die Brücke vorging und den kleinen Platz mit der Kirche in Augenschein nahm. Gasse und Platz waren völlig menschenleer, man mußte einen Schritt hören, geschweige einen Ruf oder wiederholte Rufe, wenn Zorzi ihn suchte. So überschritt er die Brücke; unter ihr hing auf dem dunklen Wasser eine kleine Barke angebunden, nirgend war ein Mensch zu sehen oder zu hören: der ganze kleine Platz hatte etwas Verlorenes und Verlassenes.

Die Kirche war aus Backsteinen, niedrig und alt; vorn gegen den Platz zu hatte sie einen Aufgang, der wenig zu ihr paßte: breite Stufen trugen eine Kolonnade aus weißem Marmor, einen antiken Giebel mit einer Inschrift. An den lateini-

schen Worten waren einzelne der vergoldeten Buchstaben
groß. Andreas versuchte, sich daraus eine Jahreszahl zusam-
menzusetzen.

Als er die Augen wieder senkte, stand in beträchtlicher
Entfernung von ihm, seitlich neben der Kirche, eine Frau, die
ihn ansah. Er konnte sich nicht recht erklären, wo sie hergekommen war; aus einer Seitentür der Kirche konnte sie nicht
wohl hervorgetreten sein, denn sie stand so, als wollte sie vielmehr auf die Kirche zu und wäre unschlüssig oder wie er-
schrocken über Andreas' Gegenwart stehengeblieben. Tritte
eines den Platz Überschreitenden oder Herankommenden
hatte er nicht gehört. Und er fand sich nachdenkend, ob sie zu
ihrer anständigen einfachen Tracht Hausschuhe trug, die ihre
Schritte lautlos gemacht hatten, und er verwunderte sich
selbst, daß ihn dieser Gedanke beschäftigte. Denn es war doch
nichts weiter als eine anscheinend junge Frau aus den bescheidenen Ständen, mit dem schwarzen Tuch über Kopf und
Schultern, aus deren ziemlich blassem, aber wie es schien
recht hübschem Gesicht zwei dunkle Augen allerdings mit
sonderbarer, wenn die Entfernung nicht trog, ängstlicher
Spannung unverwandt auf den Fremden gerichtet waren –
mit der gleichen Spannung, das fühlte er, ob er sich nun das
Ansehen gab, die Kapitelle der korinthischen Säulen zu betrachten, oder ob er den Blick erwiderte. Immerhin war kein
Grund, hier zu verharren, und schon setzte er den Fuß auf die
unterste Steintreppe und war nun aus dem Gesichtsfeld der
Stehenden verschwunden.

Aber als er den schweren Vorhang hebend in die Kirche
eintrat, so war die Frau zu gleicher Zeit durch eine Seitentür
eingetreten und ging auf einen Betstuhl zu, der vorn gegen
den Altar zu stand. Nun kam von ihr für Andreas der bestimmte Eindruck, es handle sich um eine durch Krankheit sei
es am Leibe, sei es an der Seele bedrückte Frauensperson, welche hier im Gebete Linderung ihrer Leiden suche.

Er wünschte jetzt nichts anderes, als die Kirche so leise als möglich wieder zu verlassen, denn es schien ihm, die Frau sehe sich manchmal ängstlich nach ihm um, als nach einem ungewünschten Zeugen ihrer schmerzvollen Einsamkeit. Nun war in der Kirche, verglichen mit dem Platz, auf dem der grelle Sonnenschein lag, Halbdunkel; auch hing in der kühlen eingeschlossenen Luft noch ein wenig Weihrauchduft, und Andreas hielt seinen Blick, da er um alles nicht beobachten, sondern nur den Raum verlassen wollte, sicher nicht völlig scharf, nicht spähend auf die Betende gerichtet – aber abgesehen davon, das ist sicher, er hätte geschworen, sie habe sich nun mit gerungenen, flehentlich erhobenen Händen nicht gegen den Altar, sondern nirgend anders als gegen ihn hin gewandt, ja sich auf ihn zuzubewegen gestrebt, mit einer Hemmung aber, als wäre ihr Körper von den Hüften hinab mit schweren Ketten umwunden. Zugleich glaubte er ein Stöhnen, wenn auch leise, doch außer jeder Sinnestäuschung, deutlich gehört zu haben. Im nächsten Augenblick freilich mußte er wenn nicht die Gebärde, so doch jeden Bezug auf seine Person als Einbildung ansehen. Denn die Fremde war nun wieder in dem Betstuhl zusammengesunken und blieb völlig still.

Er tat lautlos die wenigen Schritte, die ihn vom Ausgang trennten, und bestrebte sich, den Vorhang so wenig zu heben, daß kein Strahl vom grellen Licht hineindringend die heilige Dämmerung, in welcher er die Bekümmerte zurückließ, verstörte. Dabei ging sein Blick unwillkürlich noch zum Betstuhl zurück, und was er nun wahrnahm, erstaunte ihn freilich so, daß er in den Falten des Vorhangs selber, und atemlos, stehenblieb: – dort saß jetzt, genau an der gleichen Stelle, eine andere Person, saß nicht mehr, sondern war im Betstuhl aufgestanden, kehrte dem Altar den Rücken und spähte auf Andreas hinüber, duckte sich nach vorn und sah sich dann wieder verstohlen nach ihm um. In ihrem Anzug unterschied sich diese

Person nicht allzusehr von der früheren, welche sich mit einer fast unbegreiflichen Schnelle und Lautlosigkeit entfernt haben mußte. Auch die Neue trug sich in den gleichen bescheidenen dunklen Farben – so hatte Andreas auf dem Wege die kleinen Bürgersfrauen und Mädchen in einer anständigen Gleichförmigkeit sich kleiden sehen –, aber diese hier hatte kein Kopftuch. Ihr schwarzes Haar hing in Locken zu seiten des Gesichtes, und ihr Gehaben war von der Art, daß es nicht möglich war, sie mit dem gedrückten und bekümmerten Wesen zu verwechseln, dessen Platz sie plötzlich und geräuschlos eingenommen hatte. Es war etwas Freches und fast Kindisches in der Art, wie sie sich mehrmals unwillig umblickte und dann geduckt über die Schulter die Wirkung ihres zornigen Umblickens ausspähte. Sie konnte ebenso im Sinn haben, einen Neugierigen fortzuscheuchen als einen Gleichgiltigen neugierig zu machen, ja als sich Andreas nun wirklich wegwandte, um zu gehen, so war ihm, sie habe hinter seinem Rücken her mit offenen Armen ihm zugewinkt.

Er stand auf dem Platz, ein wenig geblendet, da kam jemand hinter ihm aus der Kirche herausgetreten und streifte mit schnellen Schritten so dicht an ihm vorbei, daß er den Luftzug fühlte. Er sah die eine Seite eines jungen blassen Gesichtes, das sich jäh von ihm abkehrte, die Locken flogen dabei, daß sie fast seine Wangen streiften, in dem Gesicht zuckte es wie von verhaltenem Lachen. Der rasche, fast laufende Gang, dies dichte Vorüberstreifen und jähe Abwenden, alles war viel zu gewaltsam, um nicht absichtlich zu sein, aber schien viel mehr der Übermut eines Kindes als die Frechheit einer erwachsenen Person. Dennoch war es die Gestalt einer solchen, ja so seltsam die kecke Freiheit des Körpers, als sie nun die schlanken Beine werfend, daß die Röcke flogen, vor Andreas auf die Brücke zusprang, daß Andreas einen Augenblick dachte, er habe mit einem verkleideten jungen Mann zu tun, der mit ihm, als einem augenscheinlich Fremden, seinen

Übermut treibe. Doch sagte ihm dann weiter ein Etwas über
allem Zweifel, daß er ein Mädchen oder eine Frau in dem Wesen vor sich habe, das nun auf der kleinen Brücke selber
standhielt, wie um ihn zu erwarten. In dem Gesicht, das ihm
hübsch genug schien, glaubte er einen frechen Zug zu sehen,
das ganze Betragen schien ihm völlig dirnenhaft, und doch
war etwas dabei, das ihn mehr anzog als abstieß. Er wollte der
jungen Person nicht auf der schmalen Brücke begegnen, einen
andern Weg zurück in das Gäßchen hatte er nicht. So drehte
er sich jäh um und stieg in die Kirche zurück und dachte damit dem Frauenzimmer ein entschiedenes Zeichen der Abwehr gegeben zu haben und sie los zu sein. Sonderbar genug
war es ihm, daß er nun in der stillen Kirche die andere Person
nicht wieder vorfand. Er ging ganz vorn bis an den Altar, warf
einen Blick in die kleinen Kapellen links und rechts, sah hinter die Pfeiler – nirgends eine Spur: es war, als hätte der Steinboden sich geöffnet und die Bekümmerte eingesogen, an ihrer
Stelle aber jenes andere sonderbare Geschöpf hervorgelassen.

Als Andreas wieder auf den Platz heraustrat, sah er zu seiner Erleichterung, daß die Brücke frei war. Er ging in das
Gäßchen zurück und fragte sich, ob er nicht doch indessen
Zorzis Heraustreten versäumt habe und dieser ihn nicht etwa
in der Richtung, aus welcher sie gekommen waren, suchen
gegangen sei. Ein reinliches Haus neben dem mit dem
messingnen Türklopfer schien ihm nun das richtige, weil hier
die Tür offen stand. Er trat ein, wollte an irgendeiner Tür im
Erdgeschoß klopfen und nach Fräulein Nina fragen, dann
selbst hinaufgehen und sich nach dem Verbleib des Malers erkundigen. Dieses alles tat er um so rascher, als ihm gewesen
war, als habe, etwa vom zweiten Haus nach Überschreiten der
Brücke an, sich ein leichter Schritt und die Bewegung eines
Kleides wieder an seine Fersen geheftet.

# Georg Simmel
## Venedigs Doppelleben

Alle Menschen in Venedig gehen wie über die Bühne: in ihrer Geschäftigkeit, mit der nichts geschafft wird, oder mit ihrer leeren Träumerei tauchen sie fortwährend um eine Ecke herum auf und verschwinden sogleich hinter einer andern und haben dabei immer etwas wie Schauspieler, die rechts und links von der Szene nichts sind, das Spiel geht nur dort vor und ist ohne Ursache in der Realität des Vorher, ohne Wirkung in der Realität des Nachher. Mit der Einheit, durch die ein Kunstwerk jedes seiner Elemente seinem Gesamtsinn untertan macht, ergreift hier der Oberflächencharakter das Bild der Menschen. Wie sie gehen und stehen, kaufen und verkaufen, betrachten und reden – alles das erscheint uns, sobald uns das Sein dieser Stadt, das in der Ablösung des Scheins vom Sein besteht, einmal in seinem Bann hat, als etwas nur Zweidimensionales, wie aufgeklebt auf das Wirkliche und Definitive ihres Wesens. Aber, als habe sich dieses Wesen darunter verzehrt, ist alles Tun ein Davor, das kein Dahinter hat, eine Seite einer Gleichung, deren andere ausgelöscht ist. Selbst die Brücke verliert hier ihre verlebendigende Kraft. Sie leistet sonst das Unvergleichliche, die Spannung und die Versöhnung zwischen den Raumpunkten wie mit einem Schlage zu bewirken, zwischen ihnen sich bewegend, ihre Getrenntheit und ihre Verbundenheit als eines und dasselbe fühlbar zu machen. Diese Doppelfunktion aber, die der bloß malerischen Erscheinung der Brücke eine tiefer bedeutsame Lebendigkeit unterlegt, ist hier verblaßt, die Gassen *gleiten* wie absatzlos über die unzähligen Brücken hinweg, so hoch sich der Brükkenbogen spannt, er ist nur wie ein Aufatmen der Gasse, das ihren kontinuierlichen Gang nicht unterbricht. Und ganz ebenso gleiten die Jahreszeiten durch diese Stadt, ohne daß der Wandel vom Winter zum Frühling, vom Sommer zum Herbst ihr Bild merklich änderte. Sonst spüren wir doch an der blühenden und welkenden Vegetation eine Wurzel, die an den wechselnden Reaktionen auf den Wechsel der Zeiten ihre Lebendigkeit erweist. Venedig aber ist dem von innen her fremd, das Grün seiner spärlichen Gärten, das irgendwo in Stein oder in Luft zu wurzeln oder nicht zu wurzeln scheint, ist dem Wechsel wie entzogen. Als hätten alle Dinge alle Schönheit, die sie hergeben können, an ihre Oberfläche gesammelt und sich dann von ihr zurückgezogen, so daß sie nun wie erstarrt diese Schönheit hütet, die die Lebendigkeit und Entwicklung des wirklichen Seins nicht mehr mitmacht.

Es gibt wahrscheinlich keine Stadt, deren Leben sich so ganz und gar in einem Tempo vollzieht. Keinerlei Zugtiere oder Fahrzeuge reißen das verfolgende Auge in wechselnde Schnelligkeiten mit, die Gondeln haben durchaus das Tempo und den Rhythmus gehender Menschen. Und dies ist die eigentliche Ursache des ›traumhaften‹ Charakters von Venedig, den man von je empfunden hat.

[...]

Zweideutig ist der Charakter dieser Plätze, die mit ihrer Wagenlosigkeit, ihrer engen, symmetrischen Umschlossenheit den Anschein von Zimmern annehmen, zweideutig in den engen Gassen das unausweichliche Sich-Zusammendrängen und Sich-Berühren der Menschen, das den Schein einer Vertrautheit und ›Gemütlichkeit‹ diesem Leben gibt, dem jede Spur von Gemüt fehlt; zweideutig das Doppelleben der Stadt, einmal als der Zusammenhang der Gassen, das andere Mal als der Zusammenhang der Kanäle, so daß sie weder dem Lande noch dem Wasser angehört – sondern jedes erscheint als das proteische Gewand, hinter dem jedesmal das andere als der eigentliche Körper lockt; zweideutig sind die kleinen dunklen Kanäle, deren Wasser sich so unruhig regt und strömt – aber ohne daß eine Richtung erkennbar wäre, in der es fließt, das sich immerzu bewegt, aber sich nirgends hinbewegt. Daß unser Leben eigentlich nur ein Vordergrund ist, hinter dem als das einzig Sichere der Tod steht.

[…]

Venedig hat die zweideutige Schönheit des Abenteuers, das wurzellos im Leben schwimmt, wie eine losgerissene Blüte im Meere, und daß es die klassische Stadt der Aventure war und blieb, ist nur die Versinnlichung vom letzten Schicksal seines Gesamtbildes, unserer Seele keine Heimat, sondern nur ein Abenteuer sein zu dürfen.

ERNST BLOCH

## Venedigs italienische Nacht

Diese Stadt hat nicht ihresgleichen und sucht es nicht. Ein
steinernes Schiff fährt auf, ist hier und fern. Leicht und abge-
löst wie nirgends geht es sich auf dem Deck seiner kleinen
Brücken und Gassen. Reicht kein Wagenlärm vom Land hierher, so ist dadurch auch alles ein Gehsteig geworden, am Wasser und über es hin von Menschen und nur von ihnen belebt.
Mit der terra firma ist das Auto zurückgelassen, es gibt nichts
Neues dieser Art vom und am Rialto. Die Stille Venedigs ist
tiefer als die einer unbewohnten Landschaft; denn es ist keine,
die von Menschen selber abstrahiert. Sie entfernt sich vielmehr, wenigstens noch großenteils, vom dämonischen Geräusch der Motoren, auch der scheinbar weich rauschenden,
und ihres Jagdtriebs. Hier ist Ruhe davor mitten in Italien, einem der lärmtreibendsten Länder der Welt (fast nur Capri hat
den gleichen unbesorgten Gang auf den Straßen gerettet, dadurch eine doppelte Insel, sozusagen). Ruhe belebt Venedig
aber auch darin, daß es als einzige Stadt der Erde sein Bild un-
verfälscht und zusammenhängend durch die letzten hundertfünfzig Jahre erhalten hat. Immer von neuem staunt das Ohr,
traut das Auge seinen eigenen Worten nicht, sozusagen, sieht
es den Canale Grande oder die baumüberhängten Mauern im
Gewirr der kleinen Wasserstraßen hinab; so unglaubwür-
dig ist diese allem entfernte Welt, so unabnützbar durch Gewohnheit, so bleibend wunderlich und wunderhaft. Der einzige Laut, der der Gondel auf den Seitenkanälen entgegen-

kommt, ist die erhaltene Melodie der Warnungsrufe, womit die Ecken umsteuert werden. Doch auch auf dem Canale grande, bei einbrechender Dunkelheit, um die Zeit also, wo auf den Hauptstraßen aller anderen großen Städte der doppelte Verkehr lärmt, liegt die Wasserfläche kaum bewegt, zieht die unaufdringlichen Wasserbusse einsam in sich ein, schlägt ohne Zeugen ihren erhabenen Bogen, und die Gondeln gleiten, da die venezianischen Häuser bei Anbruch der Nacht durch Holzläden fast völlig verschlossen werden, außer durch Totenstille auch durch Totendunkel, durch eine città morta an den Dreckschlünden der Seitenkanäle, am majestätischen Styx. Die città morta als solche ist Schein (wie sonst oft, umgekehrt, der Lebenslärm mancher modernen Stadt Schein geworden ist): Venedig hat sich vielmehr im Wasser seiner Vergangenheit nochmals angesiedelt, nicht nur durch Fremdenindustrie wie überall, auch durch jene merkwürdige Autarkie, welche die Stadt schon während ihres langen Niedergangs bewahrt hatte. Vermutlich auch hat die schwarze Gondel mit dem stillen Taktschlag gotisch nie geheuer gewirkt, vermutlich war das Todessymbol des Wassers, als welches es in Träumen und den meisten Mythen wiederkehrt, auch in den Machtzeiten der Republik nie ganz unfühlbar. Früh jedenfalls wurde die Stadt, nachdem sie aus der Macht – von den Alpen bis zum Peloponnes und Zypern – ausgeschieden war, als eine bunte Abgeschiedene geehrt, früh auch die Nähe des venezianischen Karnevals zum Après nous le déluge, ja zur Totenmaske bemerkt, früh auch die Verwandtschaft Venedigs zur »Musik«, diesem anderen Buntlicht zwischen Tag und Dunkel. So zeigt der Schein der città morta allerdings Realität an; denn die Schönheit hat sich hier am Rand des Todes angesiedelt und trägt, mindestens seit zwei Jahrhunderten, seit dem besiegelten Untergang der venezianischen Größe, dessen Farbe. Sie eben ist im akustischen Mondschein der edlen, elfenbeinernen, marmornen Stadt; sie

ist das Licht, welches hier Traum macht und Tages- wie Ge-
schichtsereignisse an Ort und Stelle zum Nachbild verfließen
läßt. Der Fremde, der aus dem Lärm der Welt nach Venedig
reist, kommt in eine Art Fruchtwasser der Stille und gestillten
Erinnerungen (sogar dessen, was doch nie so war). Die
Grenzexistenz Venedigs, dem festen Land fern, ist der Ort
für jede »italienische Nacht«; vom Kitsch, wozu sie geworden ist, bis zum echten Todessymbol der bunten Lampe und
ihres Spiegelbilds im schwarzen Wasser. Nicht zum wenigsten gehört hierher auch die erotische Atmosphäre der Stadt
und das Erotikon selber, als das sie abgegriffen, unabgegrif-
fen erscheint: Venedig die Blume, die Frau, die Königin, die
Schaumentstiegene (und so leicht wieder Flüssige), die Szenerie der Liebespaare und romantischen Dichter. Noch hundert
Schritte vom Teatro Fenice ist die Operlust vernehmbar, welche dort stattfindet im Liebesduett, und nirgends findet sie
ungestörter ihre Umwelt, ihren Widerhall; so ruhig ist die
durch und durch bewohnte Stadt, so sehr läßt sie der Musik
Raum. Wasser schlägt an die Theatertreppen, an die Treppen
und Mauern der Häuser, alles Oben und Unten von Druck
und Last scheint verkehrt, leicht schwimmt die Stadt auf ihren
bedrohten alten Pfählen, mit Kopflast nach oben. Gerade ihr
Zentrum, der Dogenpalast, obwohl auf einer festen Insel und
nicht auf Pfählen stehend, akzentuiert diese Umkehrung, dies
schäumende und entstiegene Wesen: unten die leichte, durch-
brochene Loggia über Säulen, oben erst, als »Krönung«, die
schwere Mauer. So umkehrend trägt hier überall das Wasser,
trägt in allen Gassen das steinerne Fluchtschiff, Heimatschiff
Venedig, macht ihm den Ursprung und heute den Spiegel seiner Entlegenheit. Hier erfährt man, was Dialekt ohne Erde
ist, als weder blaß noch jenseitig; mit Recht starb der Tristanmusiker in der Ca' d'Oro.

　　Nicht immer ist es gut, mit sich als einem Fremden zu reisen. Das fälscht die gesehene Sache, der es gleichgültig ist, wo-

her ihr Betrachter kommt. In der Fremde ist niemand exotisch als der Fremde selbst: das gilt schon für Italien, nicht erst für den Orient. Aber kein Land Europas schafft auch in so kurzer Zeit, auf so nahem Raum die Veränderungs-, die Abbruchs-Therapie der Reise. Ohne möglichen Übergang beginnt in, hinter den Südalpen die veränderte Speise, der Ölbaum darin, der poröse Fruchtsaft des Weins, empfängt die andere Gebärde, das rotbraune Segel, die arabische Mauer, die sarazenische Altstadt Baris schon in einer Seitengasse Veronas. Uferloses Kontrastbedürfnis zum Norden hat hier oft nur den blanken Gegensatz zum Norden wahrhaben wollen, nämlich Antike oder Klassik allüberall; gerade dieses aber ist der falsche Kontrastwille zum Land, aus dem der zufällige Fremde kommt, ein Wille aus heimischer Vermissung, der nach reinem höchsten Beispiel Dürer oder Goethe heißt, und den Italien nicht zu erfüllen braucht. Das klassische Florenz ist nicht die Regel, sondern fast eine Ausnahme in Italien, und Venedig eben, so wenig es vor der toskanischen Reinheit und Proportion, vor der römischen Größe bestehen kann, hat auch das Kontrastbedürfnis von Anfang an auf das eigene Morgenländische in Italien und nicht nur auf das Nordisch-Entgegengesetzte gelenkt. Lehrreich allerdings, von hier aus die völlig verschiedene Nachreife zu sehen, welche das Bild Venedigs im europäischen, vor allem deutschen Bewußtsein gefunden hat. Während Florenz und Rom, auch so völlig unklassische Städte wie Verona, Genua weiterhin der Dürer-Goethe-Perspektive unterlagen und sie zu erfüllen schienen, ist Venedig kraft seines Wassers und seiner vordringlichen, fast buchstäblichen Orientbezüge der Ort geworden, wohin gerade die unklassischen, die ausschweifenden, die phantastischen Süchte des Nordens geflohen sind – lange vor der Romantik. Der Fremdenkitsch von heute plaudert davon nichts aus, doch das *eigene* Fremdendasein, die selber »schöne Fremde« Venedigs begann bereits im siebzehnten Jahrhundert mit dem Glanz des venezianischen Karnevals und der hintersinnlichen Lockung, die er auf das feudalbarocke Europa ausübte. Venedigs diesseitige Macht war gefallen, der letzte Versuch einer Klammer zwischen Griechenland und Italien zerbrach; doppeltes Mißgeschick: die Verlagerung des Handels nach Westen, das Vordringen der Türken im Osten ruinierten die griechisch-orientalische Basis; seit 1718, dem Frieden von Passarowitz, sah sich Venedig vollends auf seine italienischen und dalmatinischen Besitzungen beschränkt. Aber im selben Maß wie das Imperium einer Stadt sank, die überdies neben Paris und London die größte europäische war, wuchs im Fremdendasein und dem, was es an legitimer Nachreife immerhin erschließen konnte, der Märchenruhm um den Rialto. Die venezianischen Stoffe Shakespeares, die Liebe Jessicas wie Desdemonas, der Geiz Shylocks, die Intrigen Jagos, die Glorie und gefährliche Reinheit Othellos – alle diese Mächte gingen in der Wirklichkeit unter; als Geister aber stehen sie desto lebhafter in der seltsamen Atmosphäre. Der Markuslöwe ist, mit eingezogenen Krallen, gänzlich zum Fabeltier geworden, und die Tränke, zu der er am bunten Abend dieser Stadt geht, ist die letzte orientalisch gefüllte Phantasie auf europäischem Boden, Nicht-Boden. Weshalb gar Romantik, von Schillers Geisterseher bis zu der großen Fata Morgana in Byron und noch in Ruskin, hier einen Schauplatz fand, der selber schon, an Ort und Stelle, aus manipuliertem geographischem Traumstoff ist. Nicht nur die üblichen Gondellieder Mendelssohns, die Barcarole Offenbachs lassen so, mit beginnender Popularität, auf die Lagune fliehen: noch in Hauptmanns »Pippa« glänzen die Wasser dieses romantischen Venedig herein und freilich die Todeswasser »wohlig wie Flötenläufe gleitend«, die blinden Tränenwasser der Musik. Der Schluß der »Pippa« zieht so, mit diesen Worten, vom Riesengebirge zur Lagunenstadt zurück, dekorativ, doch in die einzige Stadt der Welt, die dieser Art Glashüttenmärchen und Transparenz zur Verfügung steht, am Rand ist. Was mit anderer Nachreife auch der »gegenwärtigen Utopie«, der gänzlich undekorativen und nichts Dekoratives meinenden, venezianische Allegorien sui generis zu bedenken gibt. Aber auch der Blick wäre notwendig, womit ein Kaufherr und Gast aus Singapur, im 14. Jahrhundert, diese Welt aufgenommen hat: um gegen das nur romantisch fortwirkende Nachbild eine Sperre zu haben. Zuweilen gar hilft ein respektlos-unheimlicher, ein surrealistisch durchmontierender Blick: wenn die Paläste als Wachsfiguren stehen oder die Fassade des Markusdoms als riesiges Orchestrion aus den Jahrmärkten der Kindheit, des vorigen Jahrhunderts. Welche Musik möchte ertönen, wenn die Kirchenfront zu spielen begänne? – sicher nicht die Musik aus der Zeit der Erbauer, gewiß auch nicht die Liebestod-Musik dessen, der hier gestorben ist, deren »unendlich verschwimmendes Wesen« heute noch die Todesschönheit Venedigs auffängt, bannt und erleuchtet. Nur bleibt das Orchestrion italienische Nacht, die hier die einheimischste ist, der Romantik dauernd verpflichtet. Doch mit ihr und dem Mondschein bei Tag und der byzantinischen Mosaiklampe zwischen Vorhängen und der blühenden Wachsmusik, auch ewigen – Wiederkehrmusik ihrer hängenden Gärten und Paläste, auf dem Wasser zu singen, geht es in eine neue Nachreife Venedigs, freilich immer noch in der Nähe eines nie so gewesenen Orients. Auf dem Seeweg dahin liegt diese sehr vergangene, unabgegoltene Stadt, ein so prächtiges Abendlicht, als je eines am Himmel stand; sie zeigt, daß nach wie vor keine Poesie ohne einen Schuß italienische Nacht brauchbar ist.

# Über den Fluß und in die Wälder

»Wieviel schulde ich Ihnen?« fragte er den Barmixer kurz.

Der Barmixer sagte es ihm und blickte ihn mit seinen weisen italienischen Augen an, die jetzt nicht vergnügt lächelten, obschon die Lachfältchen, wo sie von den Augenwinkeln ausstrahlten, scharf eingezeichnet waren. Hoffentlich ist nichts Ernsthaftes mit ihm los, dachte der Barmixer. Ich hoffe zu Gott oder irgendwem sonst, daß es weiter nichts Schlimmes ist.

»Auf Wiedersehen, Colonel«, sagte er.

»*Ciao*«, sagte der Colonel. »Jackson, wir gehen die lange Auffahrt runter und vom Eingang direkt nordwärts, dorthin, wo die kleinen Motorboote ankern; wissen Sie, die auf Hochglanz. Da ist der Träger mit unseren zwei Taschen. Man muß sie ihn tragen lassen; er hat eine Konzession dafür.«

»Jawohl, Sir«, sagte Jackson.

Die beiden gingen zur Tür hinaus und niemand schaute niemandem nach.

Beim *imbarcadero* gab der Colonel dem Mann, der die Taschen getragen hatte, ein Trinkgeld und blickte sich dann suchend nach einem ihm bekannten Bootsmann um. Er erkannte den Mann in dem Motorboot, das als erstes daran war, nicht, aber der Bootsmann sagte: »Guten Tag, Colonel. Ich bin der erste.«

»Wieviel kostet es bis zum *Gritti*?«

»Das wissen Sie so gut wie ich, Colonel. Wir handeln nicht. Wir haben einen festen Tarif.«

»Was ist der Tarif?«

»Dreitausendfünfhundert.«

»Mit dem *vaporetto* können wir für sechzig fahren.«

»Daran hindert Sie nichts«, sagte der Bootsführer, ein ältlicher Mann mit einem roten, aber uncholerischen Gesicht. »Man wird Sie nicht bis zum *Gritti* bringen, aber sie halten am *imbarcadero* hinter *Harry*, und Sie können telefonieren, daß jemand aus dem *Gritti* kommt und Ihre Taschen holt.«

Und was würde ich mir schon mit den verfluchten 3500 Lire kaufen? Schließlich ist dies ein guter alter Kerl.

»Wollen Sie, daß ich den Mann da mitschicke?« Er zeigte auf einen zerrütteten alten Mann, der am Kai Gelegenheitsarbeiten verrichtete und Bestellungen übermittelte, der immer mit der überflüssigen Hilfestellung am Ellbogen des aus- oder einsteigenden Fahrgastes bereitstand, der immer willig war zu helfen, wo keine Hilfe benötigt wurde, und einem seinen alten Filzhut hinhielt, wenn er sich nach dem überflüssigen Dienst verbeugte. »Er wird Sie zu dem *vaporetto* bringen. Es fährt eines in zwanzig Minuten.«

»Der Teufel soll es holen«, sagte der Colonel. »Fahren Sie uns zum *Gritti*.«

»*Con piacere*«, sagte der Bootsführer.

Der Colonel und Jackson ließen sich in das Motorboot, das wie ein Rennboot aussah, hinunter. Es war auf Hochglanz lackiert und liebevoll gepflegt und wurde von einer umgebauten winzigen Fiatmaschine angetrieben, die die ihr zugemessene Lebenszeit in dem Auto eines Landarztes abgedient hatte, und die dann auf einem der Autofriedhöfe erstanden worden war, einer der Begräbnisstätten jener mechanisierten Elefanten, die das einzige sind, was man mit Bestimmtheit in unserer Welt in der Nähe jeder bevölkerten Stadt finden kann. Der Motor war dann wieder instand gesetzt und umgebaut worden, um ein neues Leben auf den Kanälen Venedigs zu beginnen.

»Was macht denn der Motor?« fragte der Colonel. Er hörte Geräusche wie bei einem angeschossenen Panzerwagen oder T. D., nur daß es durch die viel geringere Energie Miniaturgeräusche waren.

»So – so«, sagte der Bootsführer. Er machte mit seiner freien Hand die entsprechende Bewegung.

»Sie sollten sich das kleinste Modell, das Universal herausbringt, anschaffen. Das ist der beste und leichteste Schiffsmotor, den ich kenne.«

»Ja«, sagte der Bootsführer. »Es gibt eine ganze Menge Dinge, die ich mir anschaffen sollte.«

»Vielleicht wird es ein gutes Jahr für Sie.«

»Das ist immer möglich. Es kommen massenhaft *pescecani* von Mailand herunter, um auf dem Lido zu spielen. Aber kein Mensch würde freiwillig zweimal hierdrin fahren. Dabei ist es als Boot ausgezeichnet. Es ist ein gutgebautes, gefälliges Boot. Nicht so schön wie eine Gondel natürlich. Aber was ihm fehlt, ist ein Motor.«

»Ich werde Ihnen vielleicht einen Jeepmotor besorgen können, einen, der ausrangiert ist und den Sie überholen können.«

»Reden Sie nicht von so was«, sagte der Bootsführer. »So was passiert doch nicht. Ich will gar nicht erst an so was denken.«

»Denken Sie nur ruhig daran«, sagte der Colonel. »Ich meine es wirklich.«

»Ist das Ihr Ernst?«

»Gewiß doch. Natürlich kann ich für nichts garantieren. Ich werde sehen, was sich machen läßt. Wie viele Kinder haben Sie?«

»Sechs. Zwei Jungen und vier Mädchen.«

»Teufel noch mal. Sie haben wohl nicht an das Regime geglaubt? Nur sechs.«

»Ich *hab* nicht an das Regime geglaubt.«

»Mir brauchen Sie das nicht vorzumachen«, sagte der Colonel. »Es wäre ganz natürlich gewesen, *wenn* Sie daran geglaubt hätten. Glauben Sie denn, daß ich das einem Mann vorwerfen würde, nachdem wir gesiegt haben?«

Sie hatten jetzt den langweiligen Teil des Kanals hinter sich, der von der Piazzale Roma bis zur Ca' Foscari geht, obgleich eigentlich kein Teil langweilig ist, dachte der Colonel.

Es brauchen ja nicht alles Paläste und Kirchen zu sein. Das da ist gewiß nicht langweilig. Er blickte nach rechts, steuerbord, dachte er. Ich bin auf dem Wasser. Es war ein niedriges, gefälliges Gebäude, und daneben war eine *trattoria.*

Ich sollte hier leben. Mit meiner Pension könnte ich es bewerkstelligen. Nicht im *Gritti Palace.* Ein Zimmer in einem Haus wie dem da, wo Flut und Ebbe und Boote kommen und gehen. Vormittags könnte ich lesen und vor dem Essen durch die Stadt schlendern und mir jeden Tag die Tintorettos in der Accademia und der Scuola San Rocco ansehen und in guten, billigen Lokalen hinterm Markt essen, oder vielleicht würde auch die Frau, die das Haus verwaltet, mir abends was kochen.

Ich glaube, es wird am richtigsten sein, mittags außerhalb zu essen und sich spazierengehenderweise Bewegung zu machen. Es ist eine gute Stadt zum Spazierengehen. Wahrscheinlich die beste, die es gibt. Ich bin niemals hier umhergegangen, ohne daß es mir Vergnügen gemacht hätte. Ich könnte sie wirklich gut kennenlernen, dachte er; dann gehörte sie mir noch mehr.

Es ist eine sonderbare, knifflige Stadt, und von irgendeinem Punkt nach irgendeinem anderen gegebenen Punkt zu gelangen, ist amüsanter als Kreuzworträtsel lösen. Eine der wenigen Sachen, die uns zur Ehre gereicht haben, ist, daß wir Venedig niemals beschossen haben, und ihnen zur Ehre, daß sie das zu respektieren wußten.

Herrgott, wie ich diese Stadt liebe! sagte er, und was bin ich, daß ich damals, als ich ein Knirps war und die Sprache nur ungenügend beherrschte, geholfen habe, sie zu verteidigen. Bis zu jenem klaren Wintertag, als ich nach hinten geschickt wurde, um mir die kleine Wunde verbinden zu lassen, hatte ich sie noch nicht einmal gesehen, und *da* sah ich sie aus dem Meer aufsteigen. Scheiße, dachte er, in jenem Winter da oben an dem Knotenpunkt haben wir uns sehr gut gehalten. Wenn ich diese Kämpfe nur noch einmal kämpfen könnte, dachte er. Mit dem Wissen, das ich jetzt habe, und den Waffen, die wir jetzt haben. Aber die würden die anderen auch haben, und das wesentliche Problem bleibt das gleiche, bis auf eines, wer die Luft beherrscht.

Und die ganze Zeit über verfolgte er die kleinen Verkehrsprobleme und beobachtete, wie der Bug des ramponierten, fabelhaft lackierten, mit schmalen, wunderbar polierten Messingbändern versehenen Bootes das braune Wasser durchschnitt.

Sie kamen unter der weißen Brücke und der unfertigen Holzbrücke durch. Dann ließen sie die rote Brücke rechts liegen und fuhren unter der ersten hochgeschwungenen weißen Brücke hindurch. Dann kam die schwarze Eisenbrücke aus geflochtenem Gitterwerk über dem Kanal, der in den Rio Nuovo mündete, und sie fuhren an den beiden Pfählen vorbei, die aneinandergekettet sind, sich aber nicht berühren – wie wir, dachte der Colonel. Er beobachtete, wie die Flut an ihnen zerrte, und er sah, wie die Ketten, seit er sie zum erstenmal gesehen hatte, das Holz abgescheuert hatten. Das sind wir, dachte er. Das ist unser Denkmal. Und wie viele Denkmäler haben wir nicht in den Kanälen dieser Stadt!

Dann fuhren sie immer noch langsam bis zu der großen Laterne, die rechts vom Eingang zum Canal Grande ist, wo die Maschine ihren rasselnden Todeskampf begann, der eine geringe Geschwindigkeitssteigerung hervorrief.

Jetzt kamen sie an der Accademia vorbei und fuhren unterhalb von ihr zwischen den Pfahlrammen in greifbarer Nähe an einem schwer beladenen schwarzen Dieselboot vorbei, voll mit Bauholz, zu Kloben zersägt, das in den feuchten Häusern der Seestadt als Brennholz verfeuert werden sollte.

»Das ist Buche, nicht wahr?« fragte der Colonel den Bootsführer.

»Buche und eine andere Holzart, die billiger ist, deren Name mir aber im Augenblick nicht einfällt.«

»Buche ist für ein Kaminfeuer, was Anthrazit für einen Ofen ist. Wo wird das Buchenholz geschlagen?«

»Ich bin nicht aus den Bergen. Aber ich glaube, es kommt von oberhalb von Bassano vom anderen Ufer der Grappa her. Ich war einmal an der Grappa, um mir anzusehen, wo mein Bruder begraben liegt. Es war ein Ausflug, den man von Bassano aus machte, und wir gingen auf den großen *ossario*. Aber wir sind über Feltre zurückgekommen. Als wir die Berge hinab ins Tal hinunterkamen, konnte ich sehen, daß auf der anderen Seite gute Wälder sind. Wir kamen die große Militärstraße herunter, auf der eine Menge Holz abgefahren wurde.«

»In welchem Jahr ist Ihr Bruder an der Grappa gefallen?«

»1918. Er war ein großer Patriot und hingerissen, als er d'Annunzio reden hörte, und meldete sich als Freiwilliger, bevor sein Jahrgang aufgerufen wurde. Wir kannten ihn eigentlich nicht sehr gut, weil er so jung starb.«

»Wie viele waren Sie zu Hause?«

»Wir waren sechs. Zwei haben wir jenseits vom Isonzo verloren, einen an der Bainsizza und einen auf dem Carso. Dann verloren wir den Bruder, von dem ich gerade erzählt habe, an der Grappa, und ich bin übriggeblieben.«

»Ich werde Ihnen den verdammten Jeep mit allem Zubehör besorgen«, sagte der Colonel. »Jetzt wollen wir aber nicht Trübsal blasen, sondern uns nach all den Häusern umsehen, in denen meine Freunde wohnen.«

Sie fuhren jetzt den Canal Grande hinauf, und man konnte
leicht sehen, wo man Freunde wohnen hatte.

»Das ist das Haus der Contessa Dandolo«, sagte der Colonel. Dann sagte er nicht, sondern dachte: Sie ist über achtzig,
und sie ist so vergnügt wie ein junges Mädchen und hat keine
Angst vorm Sterben. Sie färbt sich die Haare rot, und es sieht
sehr gut aus. Sie ist ein guter Kamerad und eine bewunderungs-
würdige Frau.

Ihr Palazzo sah reizend aus; er lag ein gutes Stück vom Kanal zurück, mit einem Garten davor und einem eigenen Anle-
geplatz, wo manch eine Gondel frohe, vergnügte, traurige
und enttäuschte Leute abgesetzt hatte. Aber die meisten waren vergnügt, weil sie zur Contessa Dandolo zu Besuch kamen.

Während sie sich gegen den kalten Wind, der von den Bergen kam, den Kanal hinaufkämpften, und die Häuser so klar
und scharf umrissen waren wie an einem Wintertag, der es ja
auch war, empfanden sie die alte Magie der Stadt und ihre
Schönheit. Für den Colonel jedoch kam die Tatsache hinzu,
daß er viele Leute kannte, die in den Palazzi wohnten, oder
wenn sie dort nicht mehr wohnten, wußte er doch, welchen
Zwecken die verschiedenen Häuser jetzt dienten.

Das ist das Haus von Alvaritos Mutter, dachte er, aber er
sagte es nicht.

Sie wohnt dort nicht oft und bleibt draußen in ihrem Landhaus bei Treviso, wo es Bäume gibt. Sie hat es satt, daß es in
Venedig keine Bäume gibt. Sie hat einen ungewöhnlichen
Mann verloren und ist jetzt nur noch an Tüchtigkeit und Erfolg interessiert.

Früher einmal hatte die Familie dieses Haus George Gordon Lord Byron geliehen, und niemand schläft jetzt in Byrons Bett noch in dem anderen Bett zwei Stockwerke tiefer,
wo er mit der Frau des Gondoliere zu schlafen pflegte. Man
betrachtet sie weder als Heiligtümer noch als Reliquien. Es

sind einfach Extrabetten, die später aus den verschiedensten
Gründen nicht benutzt wurden, oder vielleicht doch auch aus
Respekt für Lord Byron, der sehr beliebt hier war, trotz all
der Fehltritte, die er beging. Man muß schon ein ganz schön
harter Bursche sein, um in dieser Stadt beliebt zu sein, dachte
der Colonel. Sie haben sich niemals was aus Robert Browning
oder Mrs. Robert Browning gemacht noch aus ihrem Hund.
Sie waren keine Venezianer, und wenn er noch so schön darüber schrieb. Und was ist ein harter Bursche eigentlich, fragte
er sich. Man benutzt den Ausdruck so leichthin; man sollte
ihn definieren können. Es ist wohl ein Mann, der sein Spiel
plant und dann durchhält, oder einfach ein Mann, der im Spiel
durchhält. Ich denke dabei nicht ans Theaterspielen, dachte
er. So schön Theater auch sein kann.

[...]

Jetzt lag die Gondelüberfahrtstelle von Santa Maria del Giglio
vor ihnen, und dahinter war der hölzerne Anlegesteg des
*Gritti.*

»Das ist das Hotel, in dem wir wohnen, Jackson.«

Der Colonel wies auf den dreistöckigen, rosenfarbenen,
hübschen kleinen Palazzo, der an den Kanal grenzte. Es war
eine Dependance vom *Grand Hotel* gewesen, aber jetzt war es
ein selbständiges Hotel, und zwar ein sehr gutes. Wahrscheinlich war es das beste in einer Stadt erstklassiger Hotels, wenn
man Kriecherei und Getue und Lakaienwirtschaft nicht
mochte, und der Colonel liebte es.

»Sieht mir okay aus, Sir«, sagte Jackson.

»Es *ist* okay«, sagte der Colonel.

Das Motorboot landete mit einem Schwung an den Pfählen
des Stegs. Jede Bewegung, die es machte, dachte der Colonel,
ist ein Triumph der Tapferkeit der alternden Maschine. Wir
haben jetzt keine Kriegsrosse mehr wie den alten ›Traveller‹
oder Marbots ›Lysette‹, die persönlich bei Eylau mitkämpf-

ten. Wir haben die Tapferkeit ausgedienter, verbrauchter Pleuelstangen, die unter keiner Bedingung brechen, des Zylinderkopfes, der nicht reißt, obschon er alles Recht dazu hätte, und alles Sonstige.

»Wir sind an der Anlegestelle, Sir«, sagte Jackson.

»Wo zum Teufel sollten wir wohl sonst sein, Mann? Steigen Sie aus, während ich mit dem Sportsfreund hier abrechne.« Er wandte sich dem Bootsführer zu und sagte: »Es waren dreitausendfünfhundert, nicht wahr?«

»Jawohl, Colonel.«

»Ich werde an den ausrangierten Jeepmotor denken. Hier ist das Geld und kaufen Sie Ihrem Pferd etwas Hafer.«

Der Portier, der Jackson die Taschen abnahm, hörte dies und lachte.

»Kein Tierarzt wird ihm sein Pferd wieder gesund machen.«

»Es läuft noch«, sagte der Bootsführer.

»Aber es gewinnt keine Rennen«, sagte der Portier. »Wie geht es Ihnen, Colonel?«

»Könnte mir nicht besser gehen«, sagte der Colonel. »Wie geht es allen Ordensmitgliedern?«

»Es geht allen Mitgliedern gut.«

»Schön«, sagte der Colonel. »Ich werde hineingehen und den Großmeister begrüßen.«

»Er erwartet Sie, Colonel.«

»Wir wollen ihn nicht warten lassen, Jackson«, sagte der Colonel. »Sie können mit dem Herrn hier in die Vorhalle gehen, und sehen Sie zu, daß man meine Anmeldung ausfüllt. Sorgen Sie dafür, daß der Sergeant ein Zimmer bekommt«, sagte er zu dem Portier. »Wir bleiben nur eine Nacht hier.«

»Barone Alvarito war hier und hat nach Ihnen gefragt.«

»Ich treffe ihn nachher bei *Harry*.«

»Sehr wohl, Colonel.«

»Wo ist der Großmeister?«

»Ich werde ihn suchen gehen.«

»Sagen Sie ihm, daß ich in der Bar bin.«

Die Bar war direkt gegenüber vom Vestibül des *Gritti*, ob-schon Vestibül eigentlich nicht die richtige Bezeichnung war, um jene graziöse Eingangshalle zu beschreiben, dachte der Colonel. Hat denn Giotto nicht einen Kreis beschrieben? dachte er. Nein, das war in Mathematik.

Die Anekdote über jenen Maler, an die er sich erinnerte und die er am liebsten hatte, war folgende: »Das war leicht«, sag-te Giotto, als er einen vollkommenen Kreis beschrieb. »Wer, zum Teufel, hatte das nur erzählt und wo?«

»Guten Abend, Herr Staatsrat«, sagte er zu dem Barmixer, der kein vollzählendes Ordensmitglied war, den er aber nicht kränken wollte. »Was kann ich für Sie tun?«

»Trinken, *my Colonel*.«

Der Colonel sah aus den Fenstern und durch die Tür der Bar auf das Wasser des Canal Grande. Er konnte den großen schwarzen Pfahl, an dem die Gondeln festmachten, sehen und das spätnachmittägliche Winterlicht auf dem windgepeitsch-ten Wasser. Auf der anderen Seite des Kanals war das alte *Pa-lace*, und ein Holzkahn kam schwarz und breit den Kanal herauf; sein stumpfer Bug warf eine Welle auf, obschon der Wind von hinten kam.

»Geben Sie mir einen Martini, extra dry«, sagte der Colo-nel. »Einen doppelten.«

[...]

Als Colonel Cantwell aus der Tür des *Gritti Palace Hotel* trat, schritt er hinaus in das letzte Sonnenlicht dieses Tages. Auf der entgegengesetzten Seite des Platzes war noch Sonne, aber die Gondoliere suchten gegen den kalten Wind Zuflucht und lungerten lieber im Schutz des *Gritti* herum, anstatt das letz-te Überbleibsel von Sonnenwärme auf der windgepeitsch-ten Seite des Platzes auszukosten. Der Colonel wandte sich, nachdem er dies zur Kenntnis genommen hatte, nach rechts und ging den Platz entlang bis zu der gepflasterten Straße, die rechts abbog. Bevor er einbog, blieb er einen Augenblick stehen und blickte auf die Kirche Santa Maria del Giglio.

Was für ein wunderbarer, kompakter, in sich geschlossener und doch wie zum Flug bereiter Bau, dachte er. Ich hätte nie geglaubt, daß eine kleine Kirche wie ein Jagdflugzeug aussehen könnte. Muß mal feststellen, wann sie gebaut worden ist und wer sie gebaut hat. Verflucht noch mal, ich wünschte, ich könnte mein ganzes Leben lang in dieser Stadt umherschlendern. Mein ganzes Leben lang, dachte er. Was für ein Witz das ist. Zum Totlachen, zum Krepieren. Ein spastischer Spaß.

Los doch, mein Junge, sagte er zu sich. Kein Pferd, das ›Trübsal‹ heißt, hat je ein Rennen gewonnen.

Außerdem dachte er, als er im Vorübergehen in die Schaufenster der verschiedenen Geschäfte blickte – der *charcuterie* mit den Parmesankäsen und den Schinken aus San Daniele und den Würsten *alla cacciatora* und den Flaschen mit gutem schottischem Whisky und echtem Gordon Gin, dem Schmiedewarengeschäft, dem des Antiquitätenhändlers mit einigen guten Stücken und ein paar alten Landkarten und Drucken, einem zweitklassigen Restaurant, das kostspielig als erstklassiges aufgezogen war – und dann an die erste Brücke kam, die einen Seitenkanal kreuzte, mit Stufen, die erklettert werden mußten – ich fühl mich gar nicht so schlecht. Da ist nur das Sausen. Ich erinnere mich, als das anfing, und daß ich dachte: vielleicht sind's siebenjährige Heuschrecken in den Bäumen, und ich mochte den jungen Lowry nicht gern deswegen fragen, aber ich tat's. Und er antwortete: »Nein, General. Ich höre keine Grillen und keine siebenjährigen Heuschrecken. Die Nacht ist vollkommen still, bis auf die üblichen Geräusche.«

Dann, als er hinanstieg, fühlte er die stechenden Schmerzen, und als er auf der anderen Seite hinunterschritt, sah er zwei wunderschön aussehende Mädchen. Sie waren bezaubernd und hutlos, ärmlich, aber schick gekleidet, und sie redeten äußerst geschwind aufeinander ein, und der Wind blies in ihr Haar, als sie mit ihren langen, weitausschreitenden venezianischen Beinen hinanstiegen, und der Colonel sagte zu sich, ich hör lieber auf mit dem Schaufenstergaffen hier in dieser Straße. Nimm die nächste Brücke, und zwei Karrees danach biegst du scharf rechts ab und gehst immerzu geradeaus, bis du bei *Harry* drin bist.

Genau das tat er. Er hatte zwar die stechenden Schmerzen auf der Brücke, aber er ging mit seinem alten, gewohnten Schritt und sah nur flüchtig die Leute, an denen er vorbeikam. Was für eine Menge Sauerstoff in der Luft ist, dachte er, als er gegen den Wind anging und tief atmete.

Dann zog er die Tür von *Harry's Bar* auf und war drinnen, und er hatte es wieder einmal geschafft und war zu Hause.

[...]

Er liebte den Markt. Ein großer Teil davon war in mehreren Seitenstraßen zusammengedrängt und -gepreßt, und zwar so dicht, daß es schwierig war, nicht unbeabsichtigt jemanden anzurempeln, und jedesmal, wenn man stehenblieb, um etwas anzusehen oder zu kaufen oder zu bewundern, bildete man ein *îlot de résistance* in der anflutenden Morgenattacke der Käufer.

Dem Colonel machte es Vergnügen, die ausgebreiteten und hoch aufeinandergetürmten Käse und großen Würste zu betrachten. Er dachte, die Leute zu Hause denken, daß *mortadella* eine Wurst ist.

Dann sagte er zu der Frau in dem Stand: »Lassen Sie mich bitte etwas von der Wurst versuchen. Nur einen Happen.«

Sie schnitt eifrig und zärtlich ein dünnes, papierdünnes Scheibchen für ihn ab, und als der Colonel es kostete, schmeckte er den leicht rauchigen und schwarzpfeffrigen, unverkennbaren Geschmack vom Fleisch der Schweine, die Eicheln im Gebirge fressen.

»Ich nehme ein halbes Pfund.«

Der Proviant, den der Barone auf die Jagd mitzunehmen pflegte, war von spartanischer Frugalität, was der Colonel respektierte, weil er wußte, daß niemand auf der Jagd viel essen soll. Er fand aber, daß er das Essen um diese Wurst bereichern und sie mit dem Staker und dem Aufheber teilen könne. Vielleicht würde er auch Bobby, dem Apportierhund, eine Scheibe abgeben, der viele Male bis auf die Haut durchnäßt sein würde – immer noch begeistert, aber zitternd vor Kälte.

»Ist dies die beste Wurst, die Sie haben?« fragte er die Frau. »Haben Sie nicht etwas, was nicht zur Schau steht und für die besseren und ständigen Kunden reserviert ist?«

»Dies ist die beste Wurst. Es gibt viele andere Würste, das wissen Sie ja. Aber dies ist die beste.«

»Dann geben Sie mir noch ein Viertelpfund von einer Wurst, die sehr nahrhaft, aber nicht sehr stark gewürzt ist.«

»Die habe ich da«, sagte sie. »Sie ist ein bißchen frisch, aber genau das, was Sie wollen.«

Diese Wurst war für Bobby.

Aber in Italien, wo es das größte Verbrechen ist, als Narr zu gelten, und viele Leute hungern, sagt man nicht, daß man Wurst für einen Hund kauft. Man kann hingegen ruhig einem Hund vor einem Mann, der für seine Lebensnotdurft arbeitet und weiß, was ein Hund bei kaltem Wetter im Wasser aussteht, teure Wurst zu fressen geben. Aber wenn man sie kauft, gibt man den Zweck nicht an, außer man ist ein Narr oder ein Kriegs- oder Nachkriegsmillionär.

Der Colonel bezahlte für das eingewickelte Paket und durchwanderte den Markt und atmete den Geruch von geröstetem Kaffee ein und besah sich die Fettschicht an jedem

Tierrumpf in den Fleischständen genauso, als ob er sich an jenen holländischen Malern ergötzte, an deren Namen sich niemand erinnert, die alles, was man jagte oder was eßbar war, mit allen Einzelheiten gemalt haben.

Ein Markt kommt einem guten Museum wie dem Prado oder der Accademia, wie sie jetzt ist, am nächsten, dachte der Colonel.

Er ging durch eine Gasse und war auf dem Fischmarkt.

Auf dem Markt lagen die schweren graugrünen Hummer mit den magentaroten Obertönen, die bereits ihren Tod im siedenden Wasser ankündeten, auf dem glitschigen Steinboden ausgebreitet oder in Körben oder in Kisten, die mit Henkeln aus Tauen versehen waren. Sie sind alle durch Hinterlist zu Gefangenen gemacht worden, dachte der Colonel, und ihre Scheren sind geknebelt.

Dort lagen die kleinen Seezungen und ein paar Albacore und Bonitos. Die sehen wie Kugeln aus mit 'nem Schiffsheck daran, dachte der Colonel, irgendwie würdevoll im Tod und mit dem riesigen Auge der Hochseefische.

Es war nicht ihre Bestimmung, gefangen zu werden; wären sie nur nicht so gefräßig gewesen! Die arme Seezunge lebt in seichtem Wasser den Menschen zur Nahrung. Aber diese anderen, umherschweifenden Kugeln leben in großen Zügen im blauen Wasser und ziehen durch alle Ozeane und Meere.

Einen Nickel geb ich dir jetzt für deine Gedanken, dachte er. Wollen mal sehen, was es sonst gibt.

Da gab es viele Aale, die noch lebten, aber nicht mehr dreist auf ihr Aaltum vertrauten. Es gab schöne Garnelen, aus denen sich ein *scampi brochetto* machen ließ, aufgespießt und geröstet auf einem degenartigen Instrument, das man wie einen Brooklyner Eisspieß benutzen konnte. Es gab mittelgroße Krebse, grau und schillernd, die auch ihrerseits auf das siedende Wasser und ihre Unsterblichkeit warteten und deren ausgepulte Schalen bei Ebbe leicht auf dem Canal Grande hinausschwemmten.

Der bebende Krebs mit Fühlern, länger als der Schnurrbart von jenem alten japanischen Admiral, da ist er, um zu unserem Wohl zu sterben, dachte der Colonel. Ach, du christlicher Krebs, dachte er, Meister des Rückzugs, mit deinem wunderbaren Sicherheitsdienst in jenen zwei leichten Antennen, warum hat man dich nicht über Netze belehrt und über die Gefährlichkeit von Lichtern aufgeklärt?

Muß irgendwas versagt haben, dachte er.

Jetzt musterte er all die vielen kleinen Schalentiere, die scharfrandigen Venusmuscheln, die man nur roh essen sollte, wenn man mit seinen Typhusinjektionen nicht im Rückstand war, und all die kleinen Köstlichkeiten.

Er ging an diesen vorbei und blieb stehen, um einen Händler zu fragen, wo er seine Muscheln herbekäme. Sie kamen von einer guten Stelle, wo keine Abwässer waren, und der Colonel ließ sich sechs öffnen.

Er trank den Saft und schnitt das Fleisch heraus; er schnitt mit dem gebogenen Messer, das ihm der Mann gereicht hatte, ganz dicht an der Muschel entlang. Der Mann hatte ihm das Messer gereicht, weil er aus Erfahrung wußte, daß der Colonel dichter an der Muschel entlangschnitt, als man es ihm selbst beigebracht hatte.

Der Colonel bezahlte ihm den Hungerlohn, den sie kosteten, der viel mehr betragen mußte als der Hungerlohn, den die erhielten, die sie fingen, und er dachte: Jetzt muß ich mir noch die Fluß- und Kanalfische ansehen und dann ins Hotel zurückgehen.

## Daphne du Maurier

# Dreh dich nicht um

»Sieh jetzt nicht hin«, sagte John zu seiner Frau. »Ein paar Tische weiter sitzen zwei alte Jungfern, die mich hypnotisieren wollen.«

Laura verstand sofort und sah mit einem vollendet gespielten Gähnen zum Himmel auf, als spähte sie nach einem nicht vorhandenen Flugzeug.

»Genau hinter dir«, fügte er hinzu. »Du darfst dich nicht gleich umdrehen – das wäre zu auffällig.«

Laura griff auf den ältesten Trick der Welt zurück und ließ ihre Serviette fallen. Dann beugte sie sich unter den Tisch, um sie aufzuheben, und warf beim Aufrichten einen blitzschnellen Blick über ihre linke Schulter. Sie zog die Wangen zwischen die Zähne, erstes Anzeichen eines unterdrückten Lachkrampfs, und senkte den Kopf.

»Das sind doch keine alten Jungfern«, flüsterte sie. »Das sind Transvestiten-Zwillingsbrüder.«

Ihre Stimme brach bedenklich, der Ausbruch des Lachkrampfs stand unmittelbar bevor, und John füllte ihr Glas schnell mit Chianti nach.

»Tu so, als ob du dich verschluckt hast«, sagte er, »dann merken sie nichts. Übrigens, jetzt weiß ich, was sie sind – sie sind Verbrecher auf einer Weltreise und wechseln bei jeder Station das Geschlecht. Hier in Torcello sind sie Zwillingsschwestern. Und morgen in Venedig, oder vielleicht auch schon heute abend, schlendern sie als Zwillingsbrüder Arm in

Arm über den Markusplatz. Sie brauchen bloß Kleidung und Perücken zu wechseln.«

»Juwelendiebe oder Mörder?« fragte Laura.

»Oh, bestimmt Mörder. Ich frag' mich nur, was sie ausgerechnet von mir wollen.«

Sie wurden vom Kellner unterbrochen, der den Kaffee brachte und das Obst forträumte, so daß Laura Zeit hatte, sich wieder zu fassen.

»Ich kann gar nicht verstehen«, sagte sie, »daß sie uns nicht gleich aufgefallen sind, als wir ankamen. Sie sind doch gar nicht zu übersehen.«

»Diese Horde von Amerikanern hat uns von ihnen abgelenkt«, meinte John, »und der Bärtige mit dem Monokel, der wie ein Spion aussah. Ich habe die Zwillinge erst vorhin entdeckt, als alle gingen. Ach, du lieber Gott, die mit dem weißen Haar starrt mich schon wieder an.«

Laura nahm ihre Puderdose aus der Handtasche und hielt sie geöffnet vor ihr Gesicht, so daß sie im Spiegel die Zwillinge beobachten konnte.

»Ich glaube, die sehen gar nicht dich an, sondern mich«, sagte sie. »Was für ein Glück, daß ich meine Perlen beim Geschäftsführer im Hotel gelassen habe.« Sie schwieg und betupfte ihre Nasenflügel mit der Quaste. »Der Haken ist nur«, fuhr sie einen Augenblick später fort, »daß wir uns geirrt haben. Es sind weder Mörder noch Diebe. Es sind einfach zwei rührende alte, pensionierte Lehrerinnen auf Urlaub, die ihr Leben lang für eine Reise nach Venedig gespart haben. Und die Stadt, aus der sie kommen, heißt Walabanga oder so ähnlich und ist in Australien. Und sie heißen Tilly und Tiny.«

Zum erstenmal, seit sie von zu Hause weggefahren waren, hatte ihre Stimme wieder den alten, sprudelnden Unterton, den er so liebte, und die kummervolle Falte zwischen ihren Augenbrauen war verschwunden. Endlich, dachte er, endlich fängt sie an, darüber hinwegzukommen. Wenn es mir gelingt, diese Witzelei in Gang zu halten, wenn wir wieder die vertrauten Scherze treiben, uns Albernheiten über die Leute an den andern Tischen ausdenken und wieder wie früher durch Gemäldegalerien und Kirchen schlendern können, dann wird alles so sein wie zuvor, die Wunde wird heilen, sie wird vergessen.

»Weißt du«, sagte Laura, »das Essen war wirklich sehr gut. Es hat phantastisch geschmeckt.«

Gott sei Dank, dachte er, Gott sei Dank ... Dann beugte er sich vor und flüsterte ihr wie ein Verschwörer zu: »Eine von den beiden geht aufs Klo. Meinst du, er oder sie will die Perücke wechseln?«.

»Sag gar nichts mehr«, murmelte Laura. »Ich werde ihr nachgehen. Vielleicht hat sie dort einen Koffer versteckt und will sich umziehen.«

Sie summte leise vor sich hin, für ihren Mann ein Zeichen, daß sie innerlich entspannt war. Der böse Geist war für den Augenblick gebannt – nur, weil sie das vertraute, viel zu lang vergessene Urlaubsspiel durch puren Zufall wiederentdeckt hatten.

»Geht sie schon?« fragte Laura.

»Sie kommt gleich an unserm Tisch vorbei«, antwortete er.

Wenn man sie allein sah, war die Frau gar nicht so bemerkenswert. Groß, eckig, mit einem Pferdegesicht und kurzem Haarschnitt, den man, wie er sich zu erinnern glaubte, in der Jugend seiner Mutter Eton-Schnitt nannte, wie überhaupt die ganze Person den Stempel dieser Generation zu tragen schien. Sie war wahrscheinlich Mitte sechzig, dachte er: die männlich wirkende Hemdbluse mit Kragen und Krawatte, die sportliche Jacke, der wadenlange graue Tweedrock; graue Strümpfe und schwarze Schnürschuhe. Er kannte den Typ von Golfplätzen und Hundeausstellungen, und wenn man diesen Frauen auf Gesellschaften begegnete, waren sie schneller mit einem Feuerzeug bei der Hand als er mit Streichhölzern – er,

der ja *nur* ein Mann war. Die allgemeine Annahme, daß sie
stets mit einer weiblicheren, weicheren Gefährtin zusammen-
lebten, stimmte nicht immer. Häufig hatten sie einen Golf
spielenden Ehemann, den sie anhimmelten. Nein, das Ver-
blüffende an dieser besonderen Frau war, daß es sie zweimal
gab. Eineiige Zwillinge, wie aus derselben Form gegossen.
Der einzige Unterschied zwischen den beiden war, daß die
andere weißeres Haar hatte.

»Und falls sie nun anfängt, sich auszuziehen, wenn ich neben ihr im Waschraum stehe?« murmelte Laura.

»Hängt ganz davon ab, was zum Vorschein kommt«, antwortete John. »Wenn sie ein Hermaphrodit ist, dann gib Fer-
sengeld. Sie könnte ja irgendwo eine Spritze versteckt haben
und dich damit zu Boden strecken, noch ehe du an der Tür
bist.«

Laura zog wieder die Wangen zwischen die Zähne und begann am ganzen Körper zu beben. Dann gab sie sich einen
Ruck und stand auf. »Ich darf einfach nicht lachen«, sagte sie,
»und sieh mich bloß nicht an, wenn ich zurückkomme, schon
gar nicht, wenn wir zusammen rauskommen.« Sie nahm ihre
Handtasche und schlenderte ein wenig befangen ihrem Opfer
nach.

John goß sich den Rest Chianti ein und zündete eine Zigarette an. Die Sonne brannte auf den kleinen Garten des Restaurants nieder. Die Amerikaner und der Mann mit dem Monokel
waren fort, und auch die große Familie, die am andern Ende gesessen hatte. Es herrschte tiefe Stille. Die eine der Zwillingsschwestern hatte sich mit geschlossenen Augen in ihrem Stuhl
zurückgelehnt. Gott sei Dank, dachte er – Laura war auf das
alberne kleine Spiel eingegangen, und das bedeutete zumindest
momentane Entspannung. Diese Reise konnte ihr doch noch
die Erholung bringen, die sie brauchte, konnte doch noch, und
wenn auch nur vorübergehend, die dumpfe Verzweiflung aus-
löschen, in die sie seit dem Tod des Kindes gestürzt war.

»Sie wird drüber wegkommen«, hatte der Arzt gesagt. »Sie müssen ihr nur Zeit lassen. Und Sie haben doch den Jungen.«

»Ich weiß«, hatte John erwidert. »Aber das Mädchen war ihr ein und alles. Immer schon, von Anfang an, ich weiß nicht, warum. Wahrscheinlich war es der Altersunterschied. Ein Junge, der schon zur Schule geht, und ein robuster dazu, ist eine eigenständige Person. Aber ein kleines Mädchen von fünf Jahren nicht. Laura hat sie geradezu angebetet. Johnnie und ich waren nichts gegen die Kleine.«

»Geben Sie ihr Zeit«, hatte der Arzt wiederholt, »geben Sie ihr Zeit. Und außerdem – Sie sind beide noch jung. Sie werden noch mehr Kinder haben. Wieder eine Tochter.«

Leicht gesagt... Wie sollte ein Traum das Leben eines toten Kindes ersetzen? Er kannte Laura zu gut. Eine zweite Tochter würde ihre eigenen Charaktereigenschaften haben, ihre eigene Persönlichkeit, und vielleicht gerade deshalb Lauras Ablehnung herausfordern. Ein Eindringling in dem Körbchen, in dem Bettchen, das Christine gehört hatte. Rotbäckig, flachshaarig, Johnnies Ebenbild, nicht die zierliche, weißhäutige, dunkelhaarige Elfe, die sie für immer verlassen hatte.

Er blickte auf, über sein Weinglas hinweg, und sah, daß die Frau ihn wieder anstarrte. Das war kein beiläufiger, gedankenloser Blick von jemandem, der ein paar Tische weiter auf die Rückkehr der Begleiterin wartet. Es lag etwas Tieferes, Angespannteres darin. Die vorstehenden hellblauen Augen wirkten seltsam durchdringend, und er fühlte sich plötzlich unbehaglich. Zum Teufel mit der Frau! Na schön, dann starren Sie mich an, wenn Sie's nicht lassen können. Aber dieses Spielchen kann man auch zu zweit spielen. Er blies eine Rauchwolke in die Luft und lächelte sie an – beleidigend, wie er hoffte. Doch sie reagierte überhaupt nicht. Die blauen Augen hielten seinem Blick weiter stand, so daß er schließlich selbst den Kopf abwandte und seine Zigarette ausdrückte. Er sah sich nach dem Kellner um und verlangte die Rechnung. Während er zahlte, ungeschickt mit dem Wechselgeld hantierte und dabei ein paar Bemerkungen über das ausgezeichnete Essen fallenließ, gewann er seine Fassung wieder. Trotzdem spürte er ein sonderbares Prickeln auf der Kopfhaut, eine seltsame innere Unruhe. Dann wich das Gefühl des Unbehagens so plötzlich, wie es gekommen war, und als er einen vorsichtigem Blick zum andern Tisch hinüberwarf, sah er, daß sie ihre Augen wieder geschlossen hatte und schlief oder döste wie zuvor. Der Kellner war verschwunden. Alles war still.

Er sah auf die Uhr und dachte, daß sich Laura ja reichlich Zeit lasse. Zehn Minuten mindestens war sie schon weg. Wenigstens wieder ein Grund, um sie zu necken. Er begann sich auszudenken, was er sagen wollte. Daß sich die alte Jungfer bis auf die Unterwäsche ausgezogen und Laura aufgefordert habe, dasselbe zu tun. Und dann sei der Geschäftsführer hereingestürzt, habe voller Entsetzen geschrien, der Ruf seines Restaurants sei zerstört, und dunkle Drohungen über unerfreuliche Folgen ausgestoßen, wenn nicht... Die ganze Sache sei eine Falle gewesen, sei Erpressung. Er und Laura und die Zwillinge im Polizeiboot zurück nach Venedig zum Verhör. Eine Viertelstunde jetzt... Nun komm schon, komm schon...

Schritte knirschten im Kies. Die von Laura verfolgte Zwillingsschwester ging langsam an John vorbei – allein. Bei ihrem Tisch angekommen, blieb sie einen Augenblick so stehen, daß sich ihre große, eckige Figur zwischen John und ihre Schwester schob. Sie sagte etwas, was er nicht verstehen konnte. Aber was war das für ein Akzent – schottisch? Dann beugte sie sich vor, reichte ihrer sitzenden Schwester den Arm und ging mit ihr quer durch den Garten zum Ausgang. Die Frau, die John angestarrt hatte, stützte sich auf den Arm der Begleiterin, und jetzt sah man noch einen weiteren Unterschied zwischen ihr und der Schwester: Sie war nicht ganz so groß, und sie ging gebeugter – vielleicht hatte sie Arthritis. Sie verschwanden, und John erhob sich ungeduldig und wollte gerade ins Hotel gehen, als Laura erschien.

»Na, ich muß schon sagen, du hast dir ja Zeit gelassen«, begann er, hielt aber inne, als er ihr Gesicht sah.

»Was ist los, was ist passiert?« fragte er.

Er wußte sofort, daß etwas nicht stimmte. Sie machte fast den Eindruck, als ob sie einen Schock erlitten hätte. Taumelnd ging sie zu dem Tisch, den er gerade verlassen hatte, und setzte sich. Er zog einen Stuhl neben sie und nahm ihre Hand.

»Liebling, was ist los? Sag's mir – ist dir nicht gut?«

Sie schüttelte den Kopf, und dann sah sie ihn an. Die Betäubtheit, die er zuerst an ihr bemerkt hatte, war einem immer stärker werdenden Ausdruck der Zuversicht, ja beinahe der Verzückung gewichen.

»Es ist so wunderbar«, sagte sie langsam, »das Wunderbarste, was man sich vorstellen kann. Sie ist nämlich nicht tot, weißt du, sie ist noch bei uns. Darum haben sie uns so angestarrt, die beiden Schwestern. Sie konnten Christine sehen.«

O Gott, dachte er. Jetzt passiert genau das, wovor ich solche Angst hatte. Sie wird verrückt. Was soll ich tun? Wie verhalte ich mich jetzt?

»Laura, mein Liebes«, begann er und zwang sich zu einem Lächeln, »komm, laß uns gehen! Die Rechnung hab' ich bezahlt, und wir können uns jetzt die Kathedrale ansehen und dann ein bißchen umherbummeln, bis es Zeit ist, das Boot zurück nach Venedig zu nehmen.«

Sie hörte gar nicht zu, oder zumindest nahm sie seine Worte nicht auf.

»John, Liebling«, sagte sie, »ich muß dir noch erzählen, was geschehen ist. Ich bin ihr also nachgegangen, wie wir es geplant hatten. Als ich in den Waschraum kam, kämmte sie sich gerade. Ich ging aufs Klo, und danach hab' ich mir die Hände an dem einen Waschbecken gewaschen. Sie stand an dem Becken daneben. Plötzlich drehte sie sich zu mir um und

sagte mit einem starken schottischen Akzent: ›Sie brauchen
nicht mehr unglücklich zu sein. Meine Schwester hat Ihre
kleine Tochter gesehen. Sie saß zwischen Ihnen und Ihrem
Mann und hat gelacht.‹ Liebling, ich dachte, ich fall' in Ohnmacht. Ich hab's auch fast getan. Zum Glück stand ein Stuhl in
dem Waschraum. Ich setzte mich, und die Frau beugte sich
über mich und streichelte mein Haar. Dann sagte sie, daß der
Augenblick der Wahrheit und der Freude scharf sein kann wie
ein Schwert – so ähnlich hat sie sich ausgedrückt, die genauen
Worte weiß ich nicht mehr. Aber ich soll mich nicht fürchten,
sagte sie weiter, alles sei gut, und die Vision sei so stark gewesen, daß sie gleich gewußt hätten, sie müßten mir davon erzählen, und daß Christine das auch gewollt hat. O John, sieh
mich doch nicht so an. Ich schwöre, ich hab' es mir nicht ausgedacht, sie hat es wirklich gesagt, es ist die Wahrheit.«

Die verzweifelte Eindringlichkeit, mit der sie sprach, zerriß
ihm fast das Herz. Er mußte mitmachen, ihr zustimmen, alles
tun, um sie wenigstens einigermaßen zu beruhigen.

»Laura, mein Liebling, natürlich glaube ich dir«, sagte er.
»Nur ist es auch für mich eine Art Schock, und ich bin verstört, weil du verstört bist. . .«

»Aber ich bin doch gar nicht verstört«, unterbrach sie ihn.
»Ich bin glücklich, so glücklich, daß ich es gar nicht ausdrücken kann. Du weißt, wie es in all den letzten Wochen
war, zu Hause und überall auf dieser Reise, obwohl ich versucht habe, es vor dir zu verbergen. Jetzt ist mir die Last genommen, weil ich weiß, einfach weiß, daß die Frau recht hat.
O Gott, wie schrecklich von mir, ich habe ihren Namen vergessen – sie hat sich nämlich vorgestellt. Sie ist eine pensionierte Ärztin; die beiden stammen aus Edinburgh; und die
Schwester, die Christine gesehen hat, ist seit ein paar Jahren
blind. Sie hat sich zwar ihr ganzes Leben lang mit okkulten
Dingen beschäftigt und war immer sehr telepathisch veranlagt, aber erst seit sie blind ist, hat sie richtige Visionen, wie

ein Medium. Sie hatte schon die wunderbarsten Gesichte. Aber daß sie Christine gesehen hat, und so deutlich... Sogar das kleine blauweiße Kleid mit den Puffärmeln, das Christine an ihrem letzten Geburtstag anhatte, hat sie beschrieben. Und daß sie gesehen hat, wie glücklich Christine lachte... O Liebling, das macht mich so froh, ich glaub', ich muß jetzt weinen.«

Keine Hysterie. Keine wilden Ausbrüche. Sie nahm ein Papiertaschentuch aus ihrer Handtasche, putzte sich die Nase und lächelte ihn an. »Sieh doch, ich bin ganz ruhig, du brauchst dir keine Gedanken zu machen. Wir brauchen uns beide über nichts mehr Gedanken zu machen. Komm, gib mir eine Zigarette.«

Er nahm eine aus seinem Päckchen und gab ihr Feuer. Sie klang wieder ganz normal, ganz gefaßt. Sie zitterte nicht mehr. Und wenn dieser plötzliche Glaube sie glücklich machte, dann konnte er unmöglich daran rütteln. Aber... aber... trotzdem wünschte er, es wäre nicht passiert. Gedankenlesen und Telepathie waren nicht ganz geheuer. Die Wissenschaft konnte dieses Phänomen nicht erklären, niemand konnte es, aber genau das mußte jetzt eben im Spiel gewesen sein. Die eine der Schwestern, die ihn so unverwandt angesehen hatte, war also blind. Darum der starre Blick. Was schon an sich irgendwie unangenehm, ein wenig unheimlich war. O verdammt, dachte er, wenn wir doch bloß nicht zum Essen hierhergefahren wären. Es war der reine Zufall; sie hatten zwischen Torcello und einer Fahrt nach Padua wählen können und mußten sich ausgerechnet Torcello aussuchen.

»Du hast dich doch nicht noch einmal mit ihnen verabredet?« fragte er so beiläufig wie möglich.

»Nein, Liebling, warum?« antwortete Laura. »Es gibt ja nichts, was sie mir noch sagen könnten. Die Schwester hat ihre wunderbare Vision gehabt, und damit ist die Sache erledigt. Im übrigen reisen sie sowieso weiter. Komisch, wir haben ziemlich erraten, was sie machen. Sie sind tatsächlich auf einer Weltreise und fahren dann zurück nach Schottland. Nur hatte ich gedacht, sie seien aus Australien, nicht? Die beiden rührenden alten Damen... Sie sind wirklich alles andere als Juwelendiebe oder Mörder!«

Sie hatte sich wieder völlig erholt. Sie erhob sich und sah sich um. »Komm«, sagte sie. »Wenn wir schon mal in Torcello sind, dann müssen wir uns auch die Kathedrale ansehen.«

Sie gingen vom Restaurant über den offenen Platz, auf dem in Buden Kopftücher, Reiseandenken und Ansichtskarten verkauft wurden, zur Kathedrale Santa Maria Assunta. Aus einem der Fährschiffe hatte sich vor kurzem ein Strom von Touristen ergossen, von denen ebenfalls viele schon in der Kathedrale angelangt waren. Laura ließ sich jedoch von ihnen: nicht ablenken. Unverzagt verlangte sie von ihrem Mann den Kunstführer, und wie in früheren, glücklicheren Tagen schlenderte sie durch die Kirche, versunken in die Betrachtung von Mosaiken, Säulen, Tafelbildern. John dagegen, noch immer beunruhigt durch das eben Vorgefallene, konnte kein rechtes Interesse aufbringen. Er blieb dicht hinter ihr, immer gewärtig, die Zwillingsschwestern zu entdecken. Aber es war keine Spur von ihnen zu sehen. Vielleicht waren sie in die nahe gelegene Kirche Santa Fosca gegangen. Eine plötzliche Begegnung wäre ihm peinlich, ganz abgesehen von der Wirkung, die sie auf Laura haben würde. Zumindest konnte ihr der anonyme, scharrende, kulturbeflissene Touristenschwarm nichts anhaben, obgleich er seiner Meinung nach wirkliche Kunstbetrachtung unmöglich machte. Er konnte sich nicht konzentrieren; die kühle, klare Schönheit der Kathedrale ließ ihn unberührt. Und als Laura ihn am Ärmel zupfte und auf ein Mosaik wies, das die Jungfrau mit dem Kind zeigte, über einem Fries mit den Aposteln stehend, nickte er nur zustimmend, nahm aber nichts wahr: das schmale, traurige Gesicht der Madonna schien ihm unendlich entfernt. Einem plötzlichen Impuls folgend, drehte er sich um und starrte über die Köpfe der Touristen hinweg zum Portal, das mit Mosaiken geschmückt war – Darstellungen der Seligen und der Verdammten beim Jüngsten Gericht.

Und dort am Portal standen die Zwillingsschwestern. Die Blinde hielt noch immer den Arm ihrer Schwester, und ihre Augen waren starr auf ihn gerichtet. Es war, als hielte ihn etwas fest, er konnte sich nicht bewegen, und ein Gefühl von nahe bevorstehendem Unheil, von Verderben überkam ihn. Sein ganzes Wesen verfiel in tiefe Apathie, und er dachte: Das ist das Ende, es gibt kein Entrinnen, keine Zukunft. Dann wandten sich beide Schwestern ab und verließen die Kathedrale. Im gleichen Augenblick verschwand dieses Gefühl der Ausweglosigkeit, und Entrüstung, wachsender Zorn traten an seine Stelle. Was fiel diesen beiden alten Jungfern eigentlich ein, ihn mit ihren medialen Tricks zu belästigen? Das Ganze war Schwindel und außerdem ungesund; wahrscheinlich bestand das Leben der beiden darin, in der ganzen Welt herumzureisen und jedem, dem sie begegneten, einen Schrecken einzujagen. Wäre Gelegenheit dazu gewesen, hätten sie bestimmt Laura auch noch Geld aus der Tasche gezogen. Alles war ihnen zuzutrauen.

Er fühlte, wie Laura ihn wieder am Ärmel zog. »Ist sie nicht wunderschön? So glücklich, so heiter und gelassen.«

»Wer? Was?« fragte er.

»Die Madonna«, antwortete sie. »Etwas Magisches geht von ihr aus. Man spürt es sofort. Merkst du's nicht auch?«

»Mag sein. Ich weiß nicht. Es sind zu viele Leute hier.«

Sie sah erstaunt zu ihm auf. »Was hat denn das damit zu tun? Du bist komisch. Na schön, gehen wir. Ich wollte sowieso ein paar Ansichtskarten kaufen.« Sie spürte seine Interesselosigkeit, und so bahnte sie sich enttäuscht einen Weg durch die Menge, zum Eingang hin.

»Komm«, sagte er abrupt, als sie draußen waren, »du hast

noch genug Zeit für Ansichtskarten, machen wir einen Bummel.« Er verließ den Weg, der sie zurück zu den Buden und dem Touristengewühl gebracht hätte, und betrat einen schmalen Pfad, der über unbebautes Land zu einer Art Kanal führte. Das Wasser, klar und silbern, bildete einen angenehmen Gegensatz zu der glühenden Sonne über ihren Köpfen,

»Ich glaub' nicht, daß wir hier viel weiter kommen«, sagte Laura. »Es ist auch ein bißchen feucht, man kann sich nicht hinsetzen. Außerdem steht im Führer noch vieles andere, was wir uns ansehen müßten.«

»Ach, laß doch den Führer«, entgegnete er ungeduldig. Er ließ sich an der Uferböschung nieder, zog sie zu sich herunter und legte den Arm um sie.

»Für Besichtigungen ist jetzt nicht die richtige Tageszeit. Sieh mal, da drüben schwimmt eine Ratte.« Er warf einen Stein ins Wasser, und das Tier verschwand, nichts als Luftblasen zurücklassend.

»Hör auf damit«, sagte Laura. »Das ist grausam, armes Ding...« Sie legte die Hand auf sein Knie und fuhr dann plötzlich fort: »Glaubst du, daß Christine jetzt neben uns sitzt?«

Er antwortete nicht gleich. Was sollte er sagen? Würde das jetzt immer so weitergehen? »Vermutlich ja«, sagte er langsam, »wenn du meinst, daß es so ist.«

Wenn er sich an Christine zurückerinnerte, so wie sie vor ihrer schweren Gehirnhautentzündung gewesen war, so hätte das allerdings kaum zugetroffen. Sie wäre nämlich aufgeregt am Ufer entlanggelaufen, hätte ihre Schuhe von sich geworfen, im Wasser waten wollen und Laura in Angstzustände versetzt. »Süße, sei vorsichtig, komm zurück...«

»Die Frau sagt, sie hat so glücklich ausgesehen, wie sie so lächelnd neben uns saß«, sagte Laura. Wie von plötzlicher Unruhe ergriffen, stand sie auf und strich ihr Kleid glatt. »Komm, wir wollen zurückgehen«, sagte sie.

Er folgte ihr schweren Herzens. Er wußte, daß sie im Grunde weder Ansichtskarten kaufen noch die restlichen Sehenswürdigkeiten besichtigen wollte; sie wollte die beiden Frauen suchen, nicht einmal unbedingt, um mit ihnen zu sprechen, sondern nur, um ihnen nahe zu sein. Als sie zu dem Platz mit den Buden zurückkamen, hatten sich die Touristen bis auf ein paar Nachzügler verlaufen, und die Schwestern waren nicht unter ihnen. Sie mußten sich der Hauptgruppe angeschlossen haben, die mit dem Ausflugsschiff nach Torcello gekommen war und auch damit zurückfahren würde. Ein Stein fiel ihm vom Herzen.

»Sieh mal«, sagte er schnell, »da drüben an der zweiten Bude gibt es eine Masse Ansichtskarten und auffallend hübsche Kopftücher. Ich kauf' dir eins.«

»Liebling, ich hab' doch schon so viele!« protestierte sie. »Geh mit deinen Lire nicht so verschwenderisch um.«

»Das ist keine Verschwendung. Ich bin in Einkaufsstimmung. Wie wäre es mit einem Korb? Wir haben doch nie genug Körbe. Oder mit Spitzen? Ja, was würdest du zu Spitzen sagen?«

Lachend ließ sie sich zu der Bude ziehen. Und während er in den ausgebreiteten Waren wühlte und sich mit der lächelnden Verkäuferin in so grotesk schlechtem Italienisch unterhielt, daß sie noch mehr lächeln mußte, wußte er die ganze Zeit, daß er damit nur der Hauptgruppe der Touristen Gelegenheit geben wollte, das Schiff an der Anlegestelle zu erreichen. Dann würden die Zwillingsschwestern für immer aus ihrem Leben verschwinden.

»Ich habe noch nie so viel wertloses Zeug in einem so kleinen Korb gesehen«, sagte Laura zwanzig Minuten später, und ihr sprudelndes Lachen gab ihm die beruhigende Gewißheit, daß alles in Ordnung war, daß er sich keine Sorgen mehr zu machen brauchte, daß die Gefahr vorbei war. Das Motorboot, das sie von Venedig nach Torcello gebracht hatte, wartete an der Anlegestelle. Die Passagiere, die mit ihnen gekommen waren, die Amerikaner, der Mann mit dem Monokel, hatten sich schon eingefunden. Ursprünglich war ihm der Preis für Essen und Fahrt reichlich hoch erschienen. Jetzt war ihm nichts mehr zu teuer. Nur der Ausflug nach Torcello an sich war ein großer Fehler gewesen. Sie stiegen in die Barkasse, suchten sich einen Platz auf Deck, und das Boot tuckerte den Kanal entlang und in die Lagune. Das Kursschiff nach Murano hatte schon vorher abgelegt, während ihr Boot an San Francesco del Deserto vorbei direkt nach Venedig fuhr.

Er legte wieder den Arm um sie und drückte sie an sich, und diesmal schmiegte sie sich an ihn und lächelte zu ihm auf, den Kopf an seine Schulter gelehnt.

»Es war ein wunderschöner Tag«, sagte sie. »Ich werd' ihn nie vergessen, niemals. Weißt du, jetzt kann ich mich endlich an unserer Reise freuen.«

Am liebsten hätte er vor Erleichterung geschrien. Alles wird wieder gut, dachte er, soll sie glauben, was sie will, wenn es sie nur glücklich macht. Venedig stieg in seiner ganzen Schönheit vor ihnen auf, eine scharfe Silhouette vor dem glühenden Abendhimmel. Es gab noch so viel zu sehen, so vieles, was sie beide unternehmen und jetzt auch genießen konnten, nachdem die dunklen Schatten gewichen waren. Er begann, Pläne für den Abend zu machen, überlegte laut, wo sie essen wollten – nicht in dem Restaurant, wo sie sonst immer hingingen, sondern irgendwo anders.

»Ja, aber es muß billig sein«, wendete sie ein und ließ sich von seiner Stimmung mitreißen. »Wir haben heute schon so viel ausgegeben.«

Ihr Hotel am Canal Grande umfing sie mit wohliger Behaglichkeit. Der Portier lächelte, als er ihnen den Schlüssel gab. Das Zimmer schien vertraut; mit Lauras Fläschchen und Cremetöpfchen, die säuberlich auf der Frisierkommode geordnet waren, wirkte es fast wie ihr Schlafzimmer zu Hause.

Aber gleichzeitig herrschte darin eine beinah festliche Atmosphäre erregender Fremdheit, wie sie nur Hotelzimmer ausstrahlen, die man auf Ferienreisen bewohnt. Jetzt, für kurze Zeit, ist es unser Zimmer. Solange wir darin wohnen, lebt es. Aber wenn wir abgereist sind, existiert es nicht mehr, sinkt in Anonymität zurück. Im Bad drehte er beide Hähne auf, und das dampfende Wasser rauschte in die Badewanne. Jetzt, dachte er nach dem Bad, jetzt endlich ist der Augenblick gekommen. Er ging zurück ins Zimmer, und sie verstand und öffnete lächelnd ihre Arme. O wunderbare Entspannung nach all den Wochen der Enthaltsamkeit.

»Der Haken ist nur«, sagte sie später, während sie ihre Ohrringe vor dem Spiegel festmachte, »daß ich gar keinen großen Hunger habe. Wollen wir mal ganz langweilig sein und unten im Restaurant essen?«

»Großer Gott, auf keinen Fall!« rief er aus. »Mit all diesen tristen Ehepaaren an den andern Tischen? Ich bin am Verhungern. Außerdem ist mir nach Feiern zumute. Ich will mir einen Schwips antrinken.«

»Aber doch wohl hoffentlich nicht bei Lichterglanz und Musik?«

»Nein, nein ... mir schwebt eher eine kleine, dunkle, intime Lasterhöhle vor, wo man nur mit der Frau von jemand anders hingeht.«

»So«, meinte Laura naserümpfend. »Wir wissen ja, was das heißt. Du wirst irgendeine sechzehnjährige Bellezza entdecken und ihr den ganzen Abend schöne Augen machen, während ich mit deinem breiten Rücken vorliebnehmen muß.«

Lachend gingen sie hinaus in die warme, weiche Nacht, und alles um sie schien wie verzaubert. »Laß uns ein bißchen spazierengehen«, sagte er, »damit wir Appetit für unser gigantisches Abendessen bekommen.« Und kurze Zeit später fanden sie sich an der Mole wieder mit den Gondeln, die auf dem

Wasser tanzten, und dem sich spiegelnden Lichterglanz. Andere Paare schlenderten genau wie sie ziellos umher; die allgegenwärtigen Seeleute unterhielten sich laut und wild gestikulierend, und junge, dunkeläugige Mädchen klapperten auf hohen Absätzen vorbei.

»Spaziergänge in Venedig haben den einen Nachteil, daß man zwanghaft immer weiter geht«, sagte Laura. »Nur noch über die nächste Brücke, sagt man sich – und dann lockt wieder eine andere. Ich bin ganz sicher, daß es hier unten keine Restaurants gibt; wir sind ja schon fast an dem großen Park, in dem immer die Biennale stattfindet. Gehen wir lieber zurück. Ich erinnere mich an ein Restaurant in der Nähe von San Zaccaria; wenn man von der Kirche aus durch eine enge Gasse geht, dann kommt man hin.«

»Paß mal auf«, sagte John, »wenn wir jetzt in Richtung des Arsenals gehen und da hinten über die Brücke und dann links, dann kommen wir auf der andern Seite der Kirche heraus. Wir haben den Weg neulich mal an einem Vormittag gemacht.«

»Ja, aber da war es hell. Wir können uns verirren, die Beleuchtung ist nicht besonders gut.«

»Komm, sei nicht so ängstlich. Ich habe einen guten Orientierungssinn.«

Sie gingen die Fondamenta dell'Arsenale entlang, überquerten die kleine Brücke kurz vor dem Arsenal und kamen dann an der Kirche San Martino vorbei. Vor ihnen lagen jetzt zwei Kanäle, der eine führte nach rechts, der andere nach links, und beide waren sie von einer schmalen Straße gesäumt. John zögerte. Welchen Kanal waren sie das erste Mal entlanggegangen?

»Siehst du«, protestierte Laura, »wir werden uns verirren, genau wie ich gesagt habe.«

»Unsinn«, antwortete John energisch. »Es ist der linke, ich erinnere mich an die kleine Brücke.«

Der Kanal war schmal, die Häuser auf beiden Seiten schie-

nen sich über ihn zu neigen. An jenem Vormittag, als sich die
Sonne im Wasser spiegelte, Bettzeug auf den Simsen der offenen Fenster lag und auf einem Balkon ein Kanarienvogel in
seinem Bauer sang, hatte die Szene Wärme und Geborgenheit
ausgestrahlt. Jetzt in der Dunkelheit aber, schlecht beleuchtet, die Fenster mit Läden verschlossen, das Wasser dumpfig,
wirkte die Gegend völlig verändert, ärmlich, verfallen, und
die langen schmalen Boote, an glitschigen Stufen zu Keller-
eingängen vertäut, sahen wie Särge aus.

»An diese Brücke kann ich mich bestimmt nicht erinnern«,
sagte Laura, als sie die Brücke betraten, und blieb, an das Geländer gelehnt, stehen. »Und dieser Durchgang drüben auf
der andern Seite gefällt mir gar nicht.«

»Auf halbem Wege ist eine Laterne«, beruhigte sie John.
»Ich weiß genau, wo wir sind, in der Nähe vom griechischen
Viertel.«

Sie überquerten die Brücke und wollten gerade den Durchgang betreten, als sie den Schrei hörten. Er kam eindeutig
aus einem der Häuser auf der gegenüberliegenden Seite, aber
es war unmöglich festzustellen, aus welchem. Mit ihren geschlossenen Fensterläden sahen sie alle tot aus. Laura und
John wandten sich um und starrten in die Richtung, aus der
der Schrei gekommen war.

»Was war das?« flüsterte Laura beklommen.

»Irgendein Betrunkener«, erwiderte John kurz. »Komm
weiter.«

Es hatte eigentlich weniger wie der Schrei eines Betrunkenen geklungen, eher wie der eines Menschen, der erwürgt
wird, dessen Stimme unter dem nicht nachlassenden Druck
einer Hand erstirbt.

»Wir sollten die Polizei holen«, sagte Laura.

»Um Himmels willen«, sagte John. Was bildete sie sich ein?
Dachte sie, sie sei am Piccadilly Circus?

»Na schön, ich geh', mir ist das zu unheimlich«, antwortete

sie und verschwand eilig in dem schmalen, gewundenen Durchgang. John zögerte noch und sah plötzlich, wie eine kleine Gestalt vorsichtig aus einem Kellereingang jenseits des Kanals kroch und in ein Boot hinabsprang. Es war ein Kind, ein kleines Mädchen, nicht älter als fünf oder sechs; sie trug einen kurzen Mantel über dem winzigen Rock, und ihr Kopf war mit einer spitzen Kapuze bedeckt. Vier Boote waren Tau an Tau an den Kellerstufen festgemacht, und sie sprang überraschend geschickt und so hastig vom einen zum anderen, als ob sie auf der Flucht wäre. Einmal rutschte sie aus, und er hielt den Atem an, denn wenn sie das Gleichgewicht verlor, würde sie ins Wasser fallen; doch sie fing sich wieder und sprang in das letzte Boot. Sie bückte sich und zerrte heftig an dem Seil, so daß sich das Boot quer über den Kanal legte und mit seiner Spitze fast die gegenüberliegende Seite und dort einen andern Kellereingang berührte, nicht mehr als zehn Meter von der Stelle entfernt, an der John stand und sie beobachtete. Dann setzte das Kind über den Bootsrand, landete auf den Kellerstufen und verschwand in dem Haus, während das Boot hinter ihr wieder in die Mitte des Kanals zurückschwenkte. Der ganze Vorgang konnte nicht mehr als vier Minuten gedauert haben. John sah noch immer gebannt auf den Kanal, als er schnelle Schritte hörte. Laura kam zurück. Aber sie hatte von der Episode nichts mehr sehen können, und er war unsäglich dankbar dafür. Der Anblick eines Kindes, eines kleinen Mädchens in wahrscheinlich großer Gefahr, die Angst, daß diese Szene in irgendeiner Weise mit dem Schrei zusammenhing, hätte eine schreckliche Wirkung auf ihre angegriffenen Nerven haben können.

»Was machst du denn?« fragte sie. »Ich trau' mich nicht weiter ohne dich. Der Durchgang gabelt sich weiter oben.«

»Entschuldige«, sagte er, »ich komm' schon.«

Er nahm ihren Arm, und sie gingen rasch weiter – John mit einer Sicherheit, die nur gespielt war.

»Hast du noch mehr Schreie gehört?« fragte sie.

»Nein«, antwortete er, »nein, nichts. Ich hab' dir ja gesagt, es war ein Betrunkener.«

Der Durchgang führte zu einem verlassenen Campo hinter einer Kirche, die er nicht kannte, und er führte Laura quer über den Platz, eine andere Straße entlang und wieder über eine Brücke.

»Wart mal«, sagte er, »ich glaube, wir biegen hier nach rechts ab. Dann kommen wir ins griechische Viertel; die San-Giorgio-Kirche ist irgendwo da drüben.«

Sie antwortete nicht. Sie verlor allmählich das Vertrauen. Es war wie in einem Labyrinth. Vielleicht würden sie immer und immer wieder im Kreis herumgehen und sich schließlich bei der Brücke wiederfinden, wo sie den Schrei gehört hatten. Verbissen führte er sie weiter, und dann stieß er höchst überrascht und erleichtert auf eine erleuchtete Straße und Menschen, einen Kirchturm, und die Umgebung sah plötzlich wieder vertraut aus.

»Siehst du, ich hab's dir doch gesagt«, rief er aus, »das ist San Zaccaria, wir sind ganz richtig hingekommen. Dein Restaurant kann jetzt auch nicht mehr weit sein.« Und außerdem gab es auch anderswo Restaurants, in denen man essen konnte. Wenigstens war hier fröhlicher Lichterglanz, Bewegung, Kanäle, an denen Leute entlangschlenderten, Touristenatmosphäre. Wie ein Signal leuchtete das Wort »Restaurant« in blauen Lettern in einer Seitenstraße auf.

»Ist es das?« fragte er.

»Keine Ahnung«, antwortete sie. »Es kommt ja auch nicht drauf an. Laß uns auf alle Fälle da essen.«

Ein plötzlicher warmer Luftstrom, Stimmengewirr, ein Geruch von Pasta und Wein, Kellner, sich drängende Gäste, Gelächter. »Für zwei? Bitte hier entlang.« Ein kleiner Tisch in drangvoller Enge; eine riesige Speisekarte, unleserlich mit lila Tinte geschrieben; ein lauernder Kellner, der offensichtlich die Bestellung sofort erwartete.

»Zwei große Camparis mit Soda«, sagte John. »Erst dann werden wir uns etwas aussuchen.«

Er wollte sich nicht drängen lassen. Er gab Laura die Speisekarte und blickte um sich. Überwiegend Italiener, das bedeutete gutes Essen. Dann sah er sie. Auf der andern Seite des Restaurants. Die Zwillingsschwestern. Sie mußten unmittelbar nach ihm und Laura gekommen sein, denn sie waren gerade erst dabei, ihre Mäntel auszuziehen und sich hinzusetzen, während ein anderer Kellner wartend bei ihrem Tisch stand. John durchfuhr plötzlich der unsinnige Gedanke, daß das kein Zufall sein konnte. Die Schwestern hatten sie auf der Straße gesehen und waren ihnen ins Restaurant gefolgt. Warum, zum Teufel, sollten sie sich gerade diesen einen Fleck in ganz Venedig ausgesucht haben, wenn nicht… wenn nicht Laura selbst in Torcello ein weiteres Treffen vorgeschlagen oder die eine Schwester ihrerseits eine solche Begegnung angeregt hatte? Ein kleines Restaurant in der Nähe von San Zaccaria, wir gehen manchmal zum Abendessen dorthin. Laura war es gewesen, die vor dem Spaziergang San Zaccaria erwähnt hatte…

Noch war sie mit der Speisekarte beschäftigt, noch hatte sie die Schwestern nicht gesehen, aber jeden Augenblick würde sie ihre Wahl getroffen haben, würde den Kopf heben und hinübersehen. Wenn doch nur die Getränke kämen. Wenn der Kellner doch nur endlich die Getränke brächte, das würde Laura ablenken.

»Weißt du, woran ich eben gedacht habe?« sagte er schnell. »Wir sollten morgen wirklich zur Garage gehen, das Auto holen und endlich die Fahrt nach Padua machen. Wir könnten dort Mittag essen, dann die Kathedrale, das Grab des heiligen Antonius und die Fresken von Giotto besichtigen und bei der Rückfahrt die Villen im Brentatal ansehen, die im Führer erwähnt sind.«

Aber es nützte nichts. Sie blickte auf, durch das Restaurant – und stieß einen leisen Ruf der Überraschung aus. Die Überraschung war echt. Er konnte schwören, daß sie echt war.

»Sieh doch«, sagte sie, »wie merkwürdig! Wirklich verblüffend!«

»Was?« fragte er scharf.

»Na, die beiden. Da sind sie. Meine wundervollen Zwillingsschwestern. Und sie haben uns gesehen. Sie schauen zu uns herüber.« Sie winkte erfreut, strahlend. Die Schwester, mit der sie in Torcello gesprochen hatte, verbeugte sich und lächelte. Falsche Alte, dachte er. Ich weiß, daß sie uns nachgegangen sind.

»O Liebling, ich muß sie begrüßen«, sagte sie impulsiv. »Ich muß ihnen sagen, wie glücklich ich den ganzen Tag war, nur, weil ich ihnen begegnet bin.«

»Um Himmels willen«, sagte er. »Sieh, hier kommen die Getränke. Und wir haben noch nicht bestellt. Du wirst doch warten können, bis wir gegessen haben?«

»Es dauert nicht lange«, erwiderte sie, »und außerdem will ich nur Scampi und sonst nichts. Ich hab' dir doch gesagt, ich hab' keinen Hunger.«

Sie stand auf und ging an dem Kellner, der die Getränke brachte, vorbei durch das Restaurant. Es war, als begrüßte sie liebe, uralte Freunde. Er sah, wie sie sich über den Tisch beugte, beiden die Hand schüttelte, einen freien Stuhl heranzog und sich redend und lächelnd setzte. Die Schwestern schienen davon nicht überrascht zu sein, zumindest die eine nicht, die sie schon kannte; sie nickte und antwortete ihr, während die Blinde passiv dabei saß.

Na schön, dachte John wütend, jetzt werd' ich mich wirklich betrinken, und er schüttete seinen Campari hinunter. Dann bestellte er sofort einen zweiten, während er gleichzeitig auf etwas völlig Unleserliches auf der Speisekarte zeigte und dem Kellner zu verstehen gab, daß er das zu essen wün-

sche. Lauras Scampi fielen ihm ein, und er bestellte sie ebenfalls. »Und eine Flasche Soave, eisgekühlt«, fügte er hinzu.

Der Abend war ohnehin verdorben. Was er als glückliche,
intime kleine Feier geplant hatte, würde nun durch spiritisti-
sche Visionen beschwert; die arme kleine Christine würde an
ihrem Tisch sitzen, was völlig idiotisch war, denn in ihrem ir-
dischen Leben wäre sie schon seit Stunden im Bett. Der bittere Campari paßte gut zu dem Gefühl von Selbstmitleid, das
ihn plötzlich befallen hatte, und die ganze Zeit beobachtete er
die drei an ihrem Tisch. Laura hörte offenbar zu, während die
aktivere Schwester redete und die Blinde schweigend da saß,
ihre schrecklichen blicklosen Augen starr auf ihn gerichtet.

Das ist nicht echt, dachte er, sie ist gar nicht blind. Es sind
zwei Betrügerinnen, vielleicht wirklich Transvestiten, wie wir
es uns in Torcello ausdachten, und sie haben es auf Laura abgesehen.

Hastig trank er seinen zweiten Campari. Die beiden Gläser
auf nüchternen Magen wirkten sofort. Er sah alles leicht ver-
schwommen. Und Laura saß immer noch an dem Tisch. Sie
schien nur ab und zu eine Frage zu stellen, während die eine
Schwester den Hauptteil der Konversation bestritt. Der Kellner erschien mit den Scampi, und ein Kollege brachte Johns
Essen, eine undefinierbare Masse, die mit einer weißgrauen
Sauce übergossen war.

»Die Signora kommt nicht?« fragte der erste Kellner. John
schüttelte finster den Kopf und deutete mit nicht ganz sicherer Hand zu dem andern Tisch.

»Richten Sie der Signora aus«, sagte er sehr langsam, »daß
ihre Scampi kalt werden.«

Er starrte das Gericht an, das man ihm vorgesetzt hatte,
und stach vorsichtig mit der Gabel hinein. Die fahle Sauce
floß auseinander und enthüllte zwei riesige runde Scheiben,
offenbar gekochtes Schweinefleisch, bedeckt mit Knoblauch.
Er nahm eine Gabelvoll in den Mund und kaute. Ja, es war

Schweinefleisch, dampfend und fett, dem die würzige Sauce einen merkwürdig süßlichen Geschmack gegeben hatte. Er legte die Gabel hin, schob den Teller von sich und bemerkte im selben Moment, daß Laura zurückgekommen war und sich neben ihn setzte. Sie sagte nichts, was nur gut war, dachte er, denn ihm war viel zu übel zum Antworten. Diese Übelkeit war nicht nur dem Campari zuzuschreiben, sondern war seine Reaktion auf den ganzen alptraumhaften Tag. Sie aß ihre Scampi und schwieg noch immer. Sie schien nicht zu merken, daß er nicht aß. Der Kellner, der um ihn scharwenzelte, sah, daß Johns Wahl ein Mißgriff gewesen war, und entfernte diskret den Teller. »Bringen Sie mir einen grünen Salat«, murmelte John, und selbst das schien Laura nicht zu überraschen. Sie hielt ihm auch nicht vor, daß er zuviel getrunken habe, was sie normalerweise getan hätte. Nachdem sie ihre Scampi gegessen hatte, begann sie an ihrem Wein zu nippen, während John, der den Wein abgelehnt hatte, wie ein krankes Kaninchen an seinem Salat knabberte. Das Weinglas in der Hand, brach sie schließlich ihr Schweigen.

»Liebling«, sagte sie, »ich weiß, du wirst es mir nicht glauben, und es ist ja auch ein bißchen zum Fürchten, aber in Torcello sind die beiden Schwestern nach dem Essen zur Kathedrale gegangen, genau wie wir, nur daß wir sie in der Menschenmenge nicht gesehen haben, und die Blinde hatte wieder eine Vision. Sie sagt, Christine hat ihr bedeutet, daß wir in Gefahr sind, wenn wir in Venedig bleiben. Christine will, daß wir so bald wie möglich abreisen.«

Aha, dachte er, die meinen doch weiß Gott, sie können bestimmen, was wir zu tun und zu lassen haben. Von jetzt ab wird das also unser Problem sein. Essen wir? Stehen wir auf? Gehen wir ins Bett? Wir müssen die Zwillinge fragen. Sie werden uns Anweisungen geben.

»Na?« sagte sie. »Warum sagst du nichts?«

»Weil ich es tatsächlich nicht glaube«, antwortete er. »Ehr-

lich gesagt scheinen mir deine beiden alten Schwestern zwei
Irre zu sein, wenn nicht Schlimmeres. Sie sind doch offensichtlich schwer gestört. Tut mir leid, wenn es dich verletzt,
aber in dir haben sie wirklich eine Dumme gefunden.«

»Du bist ungerecht«, sagte Laura. »Sie sind ehrlich, das
weiß ich. Ich weiß es einfach. Sie meinen das, was sie sagen,
vollkommen aufrichtig.«

»Gut. Zugegeben, sie sind aufrichtig. Aber deswegen können sie trotzdem einen Knacks haben. Wirklich, Liebling, du
redest zehn Minuten lang mit der alten Dame im Klo, sie erzählt dir, daß ihre Schwester Christine an unserm Tisch sitzen
sieht. Jeder, der telepathisch veranlagt ist, kann dein Unbe-
wußtes im Handumdrehen lesen, und vor lauter Freude über
ihren Erfolg stürzt sie sich gleich in die nächste Ekstase und
will uns jetzt aus Venedig verscheuchen. Tut mir leid, aber
zum Henker mit ihnen.«

Die Wände drehten sich nicht mehr. Die Wut hatte ihn
nüchtern gemacht. Wenn es für Laura nicht so peinlich gewesen wäre, wäre er aufgestanden, zum Tisch der beiden Alten
gegangen und hätte ihnen die Meinung gesagt.

»Ich wußte, daß du so reagieren würdest«, erwiderte Laura
unglücklich. »Ich habe es ihnen auch gleich gesagt. Sie meinten aber, ich solle mir keine Sorgen machen. Vorausgesetzt,
daß wir morgen abreisen, kann nichts passieren.«

»Um Gottes willen«, sagte John und schenkte sich nun
doch ein Glas Wein ein.

»Im Grunde haben wir ja das Schönste von Venedig schon
gesehen«, fuhr Laura fort. »Mir macht es nichts aus, weiterzu-
fahren. Und wenn wir doch blieben, dann würde ich mich, so
dumm das jetzt klingt, innerlich unruhig fühlen und müßte
immerzu an meine kleine Christine denken, wie unglücklich
sie ist und wie sie uns zu sagen versucht, daß wir abreisen sollen.«

»Gut«, sagte John unheilvoll ruhig. »Damit ist der Fall klar.

Wir reisen ab. Ich schlage vor, wir gehen sofort ins Hotel und sagen Bescheid, daß wir morgen früh abreisen. Bist du satt?«

»Du brauchst dich doch nicht so zu ärgern«, sagte Laura seufzend. »Warum gehst du nicht mit mir zu ihrem Tisch und läßt dich mit ihnen bekannt machen? Dann könnten sie mit dir selbst über die Vision sprechen. Vielleicht nimmst du es dann ernst. Zumal du derjenige bist, um den es geht. Christine macht sich nämlich viel mehr Sorgen um dich als um mich. Und das Merkwürdigste ist, daß die blinde Schwester sagt, du seist übersinnlich, ohne es zu wissen. Du stehst irgendwie in Kontakt mit dem Unbekannten, und ich nicht.«

»Jetzt reicht es«, erwiderte John. »Ich bin übersinnlich, ja? Wunderbar. Meine übersinnliche Intuition sagt mir jetzt, daß es höchste Zeit ist, aufzubrechen. Ob wir in Venedig bleiben oder nicht, können wir entscheiden, wenn wir wieder im Hotel sind.«

Er gab dem Kellner ein Zeichen, die Rechnung zu bringen, und während sie darauf warteten, sprachen sie kein Wort miteinander. Laura fummelte unglücklich und nervös an ihrer Handtasche, während John unauffällig zum Tisch der Zwillingsschwestern hinüberblickte und sah, wie die beiden gerade ihre mit Spaghetti gehäuften Teller auf eine wenig übersinnliche Art in Angriff nahmen. Nachdem er bezahlt hatte, schob John seinen Stuhl zurück.

»So. Gehen wir?« fragte er.

»Erst verabschiede ich mich von ihnen«, sagte Laura mit einem eigensinnigen Zug um den Mund, der ihn erschreckend an ihr armes totes Kind erinnerte.

»Wie du willst«, erwiderte er und verließ vor ihr das Restaurant, ohne sich umzusehen.

Die weiche Feuchtigkeit der Luft, die vorher beim Spazierengehen so angenehm gewesen war, hatte sich in Regen verwandelt. Die herumschlendernden Touristen waren verschwunden. Ein paar Leute mit aufgespannten Regenschirmen eilten vorbei. Das ist es, dachte er, was die Einwohner hier gewöhnlich sehen. So sieht das Leben hier wirklich aus. Leere Straßen am Abend und die dumpfe Reglosigkeit eines stehenden Kanals unter den geschlossenen Fensterläden der Häuser. Alles andere ist nur Fassade, auf Wirkung angelegt, ein Glitzern in der Sonne.

Laura erschien schließlich, und schweigend machten sie sich auf den Weg. Als sie am Markusplatz ankamen, regnete es in Strömen, und sie gingen unter den schützenden Arkaden weiter, zusammen mit ein paar wenigen Nachzüglern. Die Orchester hatten Feierabend gemacht. Die Tische waren leer. Die Stühle standen umgedreht da.

Die Fachleute haben recht, dachte er. Venedig versinkt allmählich. Die ganze Stadt stirbt langsam ab. Eines Tages werden die Touristen mit dem Schiff hierherkommen, um ins Wasser hinunterzublicken. Tief, tief unter sich werden sie Pfeiler und Säulen und Marmor sehen, eine Unterwelt aus Stein, die Schlick und Morast den Blicken nur sekundenlang preisgibt. Ihre Absätze klapperten laut über das Pflaster, und aus den Dachrinnen gurgelte das Wasser. Ein schöner Abschluß eines Abends, der mit so viel Hoffnung und Unbefangenheit begonnen hatte.

W. G. SEBALD

All'estero

Als ich nach einer scharfen Rasur beim Bahnhofsbarbier auf den Vorplatz der Ferrovia Santa Lucia hinaustrat, hing die Feuchtigkeit des Herbstmorgens noch dicht zwischen den Häusern und über dem Großen Kanal. Schwer beladen, bis zur Bordkante im Wasser, zogen die Kähne vorbei. Rauschend tauchten sie aus dem Nebel auf, durchpflügten die aspikgrüne Flut und verschwanden wieder in den weißen Schwaden der Luft. Aufrecht und reglos standen die Steuermänner im Heck. Die Hand am Ruder, schauten sie unverwandt voraus, jeder einzelne von ihnen ein Sinnbild der Wahrheitsbereitschaft, dachte ich mir und ging dann, geraume Zeit noch bewegt von der Bedeutung, die ich den Schiffsleuten beigemessen hatte, von der Fondamenta über den weiten Platz zurück, den Rio Terrà Lista di Spagna hinauf und überquerte den Canale di Cannaregio. Wer hineingeht in das Innere dieser Stadt, weiß nie, was er als nächstes sieht oder von wem er im nächsten Augenblick gesehen wird. Kaum tritt einer auf, hat er die Bühne durch einen anderen Ausgang schon wieder verlassen. Diese kurzen Expositionen sind von einer geradezu theatralischen Obszönität und haben zugleich etwas von einer Verschwörung an sich, in die man ungefragt und unwillentlich einbezogen wird. Geht man in einer sonst leeren Gasse hinter jemandem her, so bedarf es nur einer geringfügigen Beschleunigung der Schritte, um demjenigen, den man verfolgt, die Angst in den Nacken zu setzen. Umgekehrt

wird man leicht selbst zum Verfolgten. Verwirrung und eisi-
ger Schrecken wechseln einander ab. Es war darum mit einem
gewissen Gefühl der Befreiung, daß ich, nachdem ich eine
Stunde lang fast unter den hohen Häusern des Ghettos her-
umgegangen war, bei San Marcuola wieder den Großen Kanal
erblickte. Eilig wie ein Einheimischer auf dem Weg ins Geschäft bestieg ich ein Vaporetto. Der Nebel hatte sich inzwischen gelichtet. Unweit von mir, in einer der rückwärtigen
Bänke, saß, bald hätte man sagen können lag, ein Mensch in
einem abgewetzten grünen Loden, den ich sogleich als Ludwig II. von Bayern erkannte. Er war zwar um einiges älter
und hagerer geworden und unterhielt sich seltsamerweise mit
einer zwergenhaften Dame in dem stark nasalierten Englisch
der gehobenen Klassen, aber sonst stimmte alles zu seiner
Person, die kränkliche Blässe des Angesichts, die weit offenen
Kinderaugen, das wellige Haupthaar, die fauligen Zähne. Il
re Lodovico, kein Zweifel. Wahrscheinlich, dachte ich mir,
durch das Wasser hierhergekommen, in die *città inquinata
Venezia merda*. Ich sah ihn, nachdem wir ausgestiegen waren,
die Riva degli Schiavoni hinunterwandern in seinem wehen-
den Wetterfleck und immer kleiner werden, nicht nur wegen
der zunehmenden Entfernung, sondern auch, weil er sich in
seinem unausgesetzten Reden immer tiefer zu seiner wahrhaft
winzigen Begleiterin hinabbeugte. Nachgefolgt bin ich den
beiden nicht, sondern ich setzte mich in eine der Bars an der
Riva, trank meinen Morgenkaffee, studierte den *Gazzettino*,
machte mir einige Notizen zu einem Traktat über König Ludwig in Venedig und blätterte in Grillparzers *Tagebuch auf der
Reise nach Italien* aus dem Jahr 1819. Ich hatte es in Wien
noch gekauft, weil es mir unterwegs nicht selten so geht wie
dem Grillparzer. Wie er finde ich an nichts Gefallen, bin von
allen Sehenswürdigkeiten maßlos enttäuscht und wäre, wie
ich oft meine, viel besser bei meinen Landkarten und Fahrplä-
nen zu Hause geblieben. Grillparzer zollt selbst dem Dogen-

palast nur eine sehr bedingte Hochachtung. Trotz aller Zierlichkeit der Kunst in seinen Arkaden und Zinnen habe, so
schreibt er, der Dogenpalast einen unförmlichen Körper und
erinnere ihn an ein Krokodil. Wie er auf diesen Vergleich
kommt, weiß er nicht. Geheimnisvoll, unerschütterlich und
hart müsse sein, was hier beschlossen wird, meint er und
nennt den Palast ein steinernes Rätsel. Die Natur dieses Rät-
sels ist anscheinend das Grauen, denn solang er in Venedig ist,
kommt Grillparzer von dem Gefühl des Unheimlichen nicht
mehr los. Fortwährend denkt er, der Rechtskundige, an den
Palast, in dem die Gerichtsbehörden ihren Wohnsitz aufgeschlagen haben und in dessen innerster Höhle, wie er sich
ausdrückt, das unsichtbare Prinzip brütet. Die Verblichenen,
Verfolger und Verfolgten, die Mörder und die Gemordeten
steigen vor ihm auf mit verhüllten Häuptern. Fieberschauer
überfallen den armen, hypersensiblen Beamten.

Einer dieser Verfolgten, die mit der venezianischen Ge-
richtsbarkeit übers Kreuz kamen, war Giacomo Casanova.
Die erstmals 1788 in Prag gedruckte Schrift *Histoire de ma
fuite des prisons de la République de Venise qu'on appelle Les
Plombs écrite à Dux en Bohème l'année 1787* gibt einen guten
Einblick in den Erfindungsreichtum der damaligen Strafju-
stiz. Beispielsweise beschreibt Casanova einen Erdrosselungs-
apparat. Man setzt das Opfer mit dem Rücken zur Wand, an
der ein hufeisenförmiger Bügel befestigt ist, in welchen der
Kopf so hineingeschoben wird, daß der Bügel die Hälfte des
Halses umfaßt. Ein seidenes Band wird um den Hals gelegt
und zu einer Haspel geführt, die von einem Knecht langsam
gedreht und so lang gehalten wird, bis die letzten Zuckungen
des Verurteilten erstorben sind. Dieser Apparat befindet sich
in dem Gefängnis unter den Bleidächern des Dogenpalastes.
Casanova steht in seinem dreißigsten Jahr, als er dorthin gebracht wird. Am Morgen des 26. Juli 1755 tritt der Messergrande in sein Zimmer. Casanova wird aufgefordert, ohne

Verzug sich zu erheben, alles, was er an Geschriebenem von
sich selbst und anderen hat, auszuhändigen, sich anzuklei-
den und dem Messergrande zu folgen. Das Wort Tribunal,
schreibt er, lähmte mich vollkommen und ließ mir nur die
körperliche Freiheit, die für den Gehorsam nötig ist. Mechanisch macht er noch Toilette, legt sein bestes Hemd und den
eben erst fertig gewordenen neuen Rock an, als solle es auf
eine Hochzeit gehen. Wenig später befindet er sich auf dem
sechs Klafter langen, zwei Klafter breiten Dachboden des
Palastes. Das Gefängnis selbst, in das er gebracht wird, mißt
vier Meter auf vier Meter. Es ist so niedrig, daß er nicht darin
stehen kann, und enthält nicht ein einziges Möbelstück. In die
Wand ist, Tisch und Bett zugleich, eine einen Fuß breite
Planke eingelassen, auf der er seinen schönen Seidenmantel,
den so schlecht eingeweihten neuen Rock und den mit einer
spanischen Spitze und einer weißen Reiherfeder geschmückten Hut ablegt. Es herrscht eine furchterregende Hitze.
Durch den Gitterverschlag sieht Casanova auf dem Dachboden Ratten so groß wie Hasen herumlaufen. Er tritt an die
Brüstung des Fensters, durch das er auf ein Stück Himmel
hinausschauen kann. In dieser Stellung verharrt er bewegungslos volle acht Stunden. Nie, sagt er, habe er in seinem
Leben einen bittereren Geschmack im Munde gehabt. Die
Schwermut will ihn nicht mehr auslassen. Die Hundstage
kommen. Der Schweiß läuft in Strömen an ihm herunter.
Zwei Wochen lang hat er keinen Stuhlgang. Als der versteinte
Kot kommt, glaubt er, vor Schmerzen sterben zu müssen. Casanova denkt nach über die Grenzen der menschlichen Vernunft. Er stellt fest, daß es zwar selten vorkomme, daß ein
Mensch verrückt wird, daß aber doch die meiste Zeit nicht
viel dazu fehlt. Es bedarf nur einer geringfügigen Verschie-
bung, und nichts mehr ist, was es war. Den klaren Verstand
vergleicht Casanova in seinen Überlegungen mit einem Glas,
das nicht zerbricht, wenn es nicht zerbrochen wird. Wie leicht

ist es aber zerstört. Mit einer verkehrten Bewegung nur. Darum faßt er den Entschluß, sich zu sammeln und seine Lage nach Möglichkeit begreifen zu lernen. Soviel ist bald einsichtig: Die Gefangenen in diesem Gefängnis sind nur ehrenwerte Leute, die man jedoch aus Gründen, die nur den Exzellenzen bekannt sind und die den in Haft Genommenen nicht eröffnet werden, von der Gesellschaft trennen muß. Wenn das Tribunal gegen einen Verbrecher einschreitet, ist es bereits überzeugt, daß er einer ist. Schließlich werden die Regeln, nach denen das Tribunal verfährt, von Senatoren aufrechterhalten, die man unter den Fähigsten und Tugendhaftesten wählt. Casanova begreift, daß er sich damit wird abfinden müssen, daß das Rechtssystem der Republik und nicht sein eigenes Rechtsempfinden jetzt der richtige Maßstab ist. Rachephantasien, die er zu Beginn seiner Haft unterhielt – wie er das Volk aufrührt und allen voran die Regierung und die Aristokratie niedermacht –, verbieten sich wie von selbst. Bald ist er bereit, das ihm angetane Unrecht zu vergeben, wofern man ihn nur endlich freiläßt. Auch findet er heraus, daß man sich bis zu einem gewissen Grad mit der Macht in ein Einvernehmen setzen kann. Auf eigene Rechnung kann er sich Gebrauchsgegenstände, einige Bücher und Nahrungsmittel in seine Zelle bringen lassen. Anfang November ist das große Erdbeben von Lissabon, das bis nach Holland hinauf Flutwellen erzeugt. Casanova sieht einen der schwersten Dachbalken vor seinem Karzerfenster sich drehen und dann in die alte Lage zurückkehren. Er gibt daraufhin jede Hoffnung auf die Freilassung aus der Haft auf, von der er nicht wissen kann, ob sie nicht auf Lebenszeit angesetzt ist. Sein ganzes Denken richtet sich jetzt auf die Vorbereitung des Ausbruchs aus dem Gefängnis, die ihn, einen ernsten Rückschlag eingerechnet, ein ganzes Jahr lang in Anspruch nehmen wird. Da er nun jeden Tag eine Zeitlang auf dem Dachboden, wo allerhand Gerümpel herumliegt, hin und her spazieren darf, gelingt es ihm, sich einiges für sein Vorhaben Dienliche zu beschaffen. Dabei stößt er auch auf einen Stapel alter Hefte, mit Aufzeichnungen von Strafprozessen aus dem letzten Jahrhundert. Sie enthalten Anschuldigungen gegen Beichtväter, die von der Bußverordnung ungebührlichen Gebrauch gemacht haben, beschreiben bis ins einzelne die Gepflogenheiten von Schulmeistern, die der Päderastie überführt wurden, und sind voll der eigenartigsten, sozusagen zur Labung der Rechtsgelehrsamkeit abgeschilderten Transgressionen. Besonders häufig, so ersieht Casanova aus den alten Blättern, sind Fragen betreffend die Verführung von Jungfrauen in den Waisenhäusern der Stadt, zu welchen auch dasjenige gehörte, dessen Insassinnen tagtäglich in der Kirche zur Heimsuchung Mariae unweit der Bleikammern an der Riva degli Schiavoni ihre Stimmen erhoben zu dem die drei Kardinaltugenden darstellenden Deckengemälde, an das Tiepolo unmittelbar nach der Inhaftierung Casanovas die letzte Hand gelegt hatte. Zweifellos war die Rechtsprechung damals, wie später nicht anders, zum Großteil mit der Regulierung des Liebestriebs befaßt, und bei nicht wenigen der unter den Bleidächern langsam verdämmernden Arrestanten dürfte es sich um jene Unstillbaren gehandelt haben, deren Sehnsucht sie einmal ums andere auf denselben Punkt hintreibt.

Im Herbst des zweiten Jahres seiner Gefangenschaft sind Casanovas Vorbereitungen so weit vonstatten gekommen, daß der Ausbruch ins Auge gefaßt werden kann. Die Zeit ist günstig, da die Inquisitoren in diesen Wochen auf die Terra firma hinüberfahren und Lorenzo, der Aufseher, sich während der Abwesenheit seiner Vorgesetzten in aller Regel betrinkt. Zur Festsetzung des genauen Tags und der genauen Stunde befragt Casanova den *Orlando Furioso* des Messer Lodovico Ariost nach einem den *sortes virgilianae* vergleichbaren System. Er schreibt zuerst die ihn bewegende Frage auf, formt aus den aus ihren Worten sich ergebenden Zahlen eine umgekehrte Pyramide und kommt dann, in dreimaliger Operation, durch das Abziehen der Zahl 9 von jedem Ziffernpaar auf die erste Zeile der siebten Strophe des neunten Gesangs im *Orlando Furioso*, welche lautet: *Tra il fin d'ottobre e il capo di novembre.* Die auf den Stundenschlag akkurate Angabe ist für Casanova der entscheidende Fingerzeig, denn in der Ungeheuerlichkeit solcher Koinzidenz glaubt er ein Gesetz am Werk, das auch dem klarsten Denken nicht zugänglich ist und dem er sich deshalb unterordnet. Mich hat dieser Versuch Casanovas, mit einem anscheinend willkürlichen Wort- und Zahlenspiel das Unbekannte auszuloten, meinerseits veranlaßt, in meinem eigenen Kalender zurückzublättern, wobei ich zu meiner Verwunderung, ja zu meinem Schrecken feststellte, daß der Tag im achtziger Jahr, an dem ich, die Notizen Grillparzers lesend, in der Bar an der Riva degli Schiavoni zwischen dem Danieli und der Santa Maria della Visitazione, unweit also vom Dogenpalast gesessen bin, der letzte Tag des Monats Oktober gewesen ist, ein Jahrestag somit jenes Tages, bzw. jener Nacht, an dem, bzw. in der, Casanova mit dem Spruch *E quindi uscimmo a rimirar le stelle* auf den Lippen den bleiernen Panzer des Krokodils durchbrochen hat. Ich selber bin an jenem Abend des 31. Oktober in der Bar an der Riva, in die ich nach dem Nachtessen noch einmal zurückgekehrt war, mit einem Venezianer namens Malachio ins Gespräch gekommen, der in Cambridge Astrophysik studiert hatte und der alles, wie sich bald herausstellte, aus der größten Entfernung sah, nicht nur die Sterne. Gegen Mitternacht fuhren wir in seinem Boot, das draußen an der Mole lag, den Drachenschweif des Großen Kanals hinauf, an der Ferrovia und am Tronchetto vorbei, hinaus auf das offene Wasser, von wo aus man auf die jenseits meilenweit sich erstreckende Lichterfront der Raffinerien von Mestre hinübersieht. Malachio stellte den Motor ab. Das Boot hob und senkte sich mit den Wellen, und es verging, wie mir schien, eine lange Zeit. Vor uns lag der verglimmende Glanz unserer Welt, an dem wir, wie an einer Himmelsstadt, uns nicht sattschauen können. Das Wunder des aus dem Kohlenstoff entstandenen Lebens, hörte ich Malachio sagen, geht in Flammen auf. Der Motor sprang wieder an, das Boot hob sich mit dem Bug aus dem Wasser, und in einem weiten Bogen fuhren wir in den Canale della Giudecca hinein. Wortlos deutete mein Führer hinüber zu dem Inceneritore Comunale auf der der Giudecca westwärts vorgelagerten namenlosen Insel. Ein totenstilles Betongehäuse unter einer weißen Rauchfahne. Auf meine Frage, ob denn hier auch mitten in der Nacht noch gefeuert würde, antwortete Malachio: *Sì, di continuo. Brucia continuamente.* Fortwährend wird hier verbrannt. Die Stuckysche Mehlmühle schob sich ins Bild, eine aus Millionen von Ziegeln erbaute Anlage aus dem letzten Jahrhundert, die mit ihren blinden Fenstern von der Giudecca hinüberstarrt auf die Stazione Marittima. So ungeheuer groß ist dieses Gebäude, daß der Palast der Dogen gewiß ein paarmal in es hineingehen würde und daß man sich fragt, ob es denn tatsächlich nur Korn gewesen ist, was hier gemahlen wurde. Eben als wir an der in der Finsternis aufragenden Fassade vorbeifuhren, trat der Mond hinter den Wolken hervor, und in seinem Schein leuchtete das unter dem linken Giebel angebrachte, goldene Mosaik auf, das eine Schnitterin mit einem Ährenbündel vorstellt, eine in dieser Stein- und Wasserlandschaft äußerst befremdliche Gestalt. Malachio sagte, er habe in letzter Zeit viel nachgedacht über die Auferstehung und er frage sich nach der Bedeutung des Satzes, demzufolge unsere Gebeine und Leiber von den Engeln dereinst übertragen werden in das Gesichtsfeld Ezechiels. Antworten habe er keine gefunden, aber es genügten ihm eigentlich auch schon die Fragen. Die Mehlmühle verschwamm in der Dunkelheit, und vor uns tauchte der Turm von San Giorgio und die Kuppel der Santa Maria della Salute auf. Malachio steuerte das Boot zu meinem Hotel zurück. Es war nun nichts mehr zu sagen. Das Boot legte an. Wir gaben einander die Hand. Schon stand ich am Ufer. Die Wellen klatschten an die mit zottigem Moos bewachsenen Steine. Das Boot machte eine Kehre im Wasser. Malachio winkte noch einmal und rief: *Ci vediamo a Gerusalemme.* Und aus größerer Entfernung bereits wiederholte er lauter noch einmal: Nächstes Jahr in Jerusalem! Ich überquerte den Vorplatz vor dem Hotel. Nichts rührte sich mehr. Es lag alles in seinen Betten. Sogar der Nachtportier hatte seinen Posten verlassen und ruhte, wie aufgebahrt, in einer Art offener Kammer hinter seiner Loge auf einem engen, seltsam hochbeinigen Lager. Im Fernseher zitterte leise das Testbild. Einzig die Maschinen haben begriffen, daß man nicht mehr schlafen darf, dachte ich mir, als ich hinaufstieg zu meinem Zimmer, wo auch mich die Müdigkeit bald übermannte.

Es ist in dieser Stadt ein anderes Aufwachen, als man es sonst gewohnt ist. Still bricht nämlich der Tag an, durchdrungen nur von einzelnen Rufen, vom Hinauflassen eines blechernen Rolladens, vom Flügelklatschen der Tauben. Wie oft, dachte ich mir, bin ich nicht schon so in einem Hotelzimmer gelegen, in Wien, in Frankfurt oder in Brüssel, und habe, die Hände unterm Kopf verschränkt, nicht wie hier auf die Stille, sondern mit wachem Entsetzen auf die Brandung des Verkehrs gehorcht, die zuvor schon stundenlang über mich hinweggegangen war. Das also ist, habe ich mir dann immer wieder gedacht, der neue Ozean. Unaufhörlich, in großen Schüben über die gesamte Breite der Städte kommen die Wellen daher, werden lauter und lauter, richten sich weiter und weiter auf, überschlagen sich in einer Art von Phrenesie auf der Höhe des Lärmpegels und laufen als Brecher aus über den Asphalt und die Steine, während von den Stauwehren an den Ampeln bereits neue Wogen hereinrauschen. Ich bin im Verlauf der Jahre zu dem Schluß gelangt, daß aus diesem Getöse jetzt das Leben entsteht, das nach uns kommt und das uns langsam zugrunde richten wird, so wie wir das langsam zugrunde richten, was da war lange vor uns. Ganz und gar unwirklich, als müßte sie gleich zerrissen werden, dünkte mich darum die Stille über der Stadt Venedig an diesem frühen Morgen des Allerheiligentags, an dem die weiße Luft durch die halboffenen Fenster meines Zimmers hereindrang und alles verhängte, so daß ich wie mitten in einem Nebelmeer lag. Auch die Ortschaft W., in der ich die ersten neun Jahre meines Lebens verbrachte, ist an Allerheiligen und am Allerseelentag immer in den dichtesten Nebel gehüllt gewesen. Und die Bewohner haben ausnahmslos ihre schwarzen Kleider angelegt und sind zu den Gräbern hinausgegangen, die sie tags zuvor hergerichtet hatten, indem sie die Sommerbepflanzung entfernten, das Unkraut ausrupften, die Wege rechten und Ruß unter die Erde mischten. Nichts ist mir in der Kindheit sinnvoller erschienen als diese beiden Tage der Erinnerung an die Leiden der heiligen Märtyrer und der armen Seelen, an denen die dunklen Gestalten der Dorfbewohner seltsam gebeugt im Nebel herumgingen, als seien ihnen ihre Wohnungen aufgekündigt worden. Insbesondere aber berührte mich alljährlich das Verspeisen der Seelenwecken, die der Mayrbeck einzig für diese Gedenktage machte, und zwar nicht mehr und nicht weniger als einen einzigen für jeden Mann, jede Frau und ein jedes Kind. Aus Weißbrotteig waren diese Seelenwecken gebacken und so klein, daß man sie leicht in einer geschlossenen Hand verbergen konnte. Jeweils vier davon kamen auf eine Reihe. Sie waren mit Mehl bestäubt, und ich erinnere mich, daß mir einmal der Mehlstaub, der an meinen Fingern zurückgeblieben war, nachdem ich einen solchen Seelenwecken aufgegessen hatte, vorgekommen ist wie eine Offenbarung und daß ich am Abend desselben Tags lang noch mit einem Holzlöffel in der im Schlafzimmer der Großeltern stehenden Mehlkiste grub, um das dort, wie ich meinte, verborgene Geheimnis zu ergründen.

Mit gelegentlichen Aufzeichnungen, vor allem aber mit meinem teils immer weitere, teils immer engere Kreise ziehenden Nachdenken beschäftigt und bisweilen auch umfangen von einer vollkommenen Leere, habe ich an diesem ersten November des Jahres 1980 mein Zimmer nicht ein einziges Mal verlassen; es schien mir damals, als könne man sich tatsächlich ohne weiteres durch Nachdenken und Sinnieren allein ums Leben bringen, denn obschon ich die Fenster geschlossen hatte und der Raum ein wenig geheizt war, wurden meine Glieder aufgrund meiner Bewegungslosigkeit doch immer kälter und starrer, so daß ich mir, als der Hauskellner, den ich gerufen hatte, schließlich mit dem Rotwein und den Butterbroten hereintrat, schon vorkam wie ein Bestatteter oder doch zumindest wie ein Aufgebahrter, der für die ihm gebrachte Libation wohl wortlos noch dankbar ist, sie aber nicht mehr zu sich zu nehmen vermag. Ich malte mir aus, wie es wäre, wenn ich über die graue Lagune auf die Friedhofsinsel, nach Murano oder weiter noch bis nach San Erasmo oder auf die Isola San Francesco del Deserto in den Sümpfen der heiligen Katharina hinüberfahren würde. Darüber fiel ich in einen leichten Schlaf, sah den Nebel sich heben, die grüne Lagune ausgebreitet im Mailicht und die grünen Inseln wie Krauthäupter auftauchen aus der ruhigen Weite des Wassers. Ich sah die Krankenhausinsel La Grazia mit einem runden panoptischen Bau, aus dessen Fenstern winkend, als befänden sie sich auf einem großen, davonfahrenden Schiff, Tausende von Irren herausschauten. Der heilige Franz lag in einem schwankenden Schilfbeet mit dem Gesicht nach unten im Wasser, und über die Sümpfe schritt die heilige Katharina, ein kleines Modell des Rads, auf dem man sie gebrochen hatte, in der Hand. Es war an einem Stäbchen befestigt und drehte sich surrend im Wind. Violettfarben zog die Dämmerung über der Lagune herauf, und als ich erwachte, lag ich im Finstern. Ich fragte mich, was Malachio mit den Worten *Ci vediamo a Ge-*

*rusalemme* gemeint hatte, versuchte, vergebens, mich an sein Gesicht oder an seine Augen zu erinnern, erwog, ob ich nicht wieder die Bar an der Riva aufsuchen solle, aber je mehr ich es bei mir erwog, desto weniger konnte ich mich von der Stelle rühren. Die zweite Nacht in Venedig verging, und es vergingen der Allerseelentag und eine dritte Nacht, aus der ich am Montagmorgen erst in einem eigenartigen Zustand der Gewichtslosigkeit wieder zu mir kam. Ein heißes Bad, die Butterbrote und der Rotwein von gestern und die Zeitung, die ich mir heraufbringen ließ, setzten mich so weit wieder instand, daß ich meine Tasche packen und mich wieder auf den Weg machen konnte.

Das Stehbuffet in der Ferrovia war von einem wahrhaft höllischen Lärm umbrandet. Als eine Art feste Insel ragte es heraus aus der wie ein Ährenfeld im Wind schwankenden Menge der Menschen, die teils zu den Eingängen herein-, teils aus ihnen hinaus-, teils um das Buffet herum- und teils zu den ein Stück weit entfernt auf erhobenem Posten sitzenden Kassiererinnen hinüberwogte. Aus Leibeskräften mußte man zunächst, wenn man wie ich eines Billetts ermangelte, sein Begehren zu einer der thronenden Frauen hinaufschreien, die nur mit einer Art Schürze bekleidet, mit lockigem Haar und halbgesenktem Blick in völliger Ungerührtheit über den Häuptern der Bittsteller schwebten und willkürlich, wie mir schien, irgendeinen der von den einander durchdringenden und sich überschlagenden Stimmen vorgebrachten Wünsche herausgriffen, indem sie ihn laut und mit einer allen Zweifel vernichtenden Sicherheit noch einmal über das Getöse hinweg wiederholten, ehe sie den Preis des Verlangten, ganz als handle es sich um einen unumstößlichen Schiedsspruch, hinausriefen in den Raum und, ein wenig sich herabneigend, huldvoll und verächtlich zugleich einem das Zettelchen und das Wechselgeld aushändigten. Einmal im Besitz des inzwischen schon lebenswichtig einem erscheinenden Billetts

mußte man sich aus der Menge hervor- und in die Mitte der
Cafeteria hinüberkämpfen, wo die männlichen Angestellten
dieses ungeheuren Gastronomiebetriebs hinter einem kreis-
förmigen Buffet mit Todesverachtung geradezu dem andrän-
genden Volk gegenüberstanden und ihre Arbeit mit einer Gelassenheit erledigten, die vor dem Hintergrund der allgemeinen Panik die Wirkung eines zerdehnten Zeitablaufs hervor-
brachte. In ihren frischgestärkten, weißen Leinenjacken glich
diese kaum sich rührende Kellnerschaft nicht anders als die
ihr verwandten Schwestern, Mütter und Töchter hinter den
Registrierkassen einer eigenartigen Versammlung höherer Wesen, die hier nach einem dunklen System über ein von ende-
mischer Gier korrumpiertes Geschlecht Gerichtstag hielten,
ein Eindruck, der noch dadurch verstärkt wurde, daß den
weißgekleideten, würdevollen Männern, die im Inneren des
Kreises offensichtlich auf einer angehobenen Plattform sich
befanden, das Buffet nur etwa bis zur Hüfte reichte, den Au-
ßenstehenden hingegen bis unter die Schultern, wo nicht gar
bis ans Kinn. Mit solcher Heftigkeit wurden die Gläser, die
Untertassen und Aschenbecher auf der marmornen Oberfläche des Buffets von der ansonsten so verhaltenen Bedienung
abgesetzt, daß man meinte, sie hätte es darauf angelegt, alles
bis an den Rand des Zerspringens zu bringen. Mein Cappuccino wurde serviert, und einen Augenblick lang war
mir zumut, als hätte ich mit dieser Auszeichnung den bisher
bedeutendsten Sieg meines Lebens errungen. Aufatmend
schaute ich in die Runde und erkannte sogleich meinen Irr-
tum, denn diese nahm sich, wie mir jetzt aufging, aus wie ein
weiter Kreis abgeschnittener Köpfe. Hätte sie einer der steif-
leinenen Ober mit einer ausholenden Armbewegung von der
glatten Fläche des Marmors gewischt und wären sie alle, diese
abgeschnittenen Köpfe, mein eigener nicht ausgenommen, in
einen Schindergraben gefallen, es hätte mich nicht gewundert,
ja es wäre mir, bei brechendem Licht noch, als gerechtfertigt

erschienen, waren diese Köpfe doch ganz eindeutig einzig und allein darauf aus, zu guter Letzt, wie man wohl sagen konnte, etwas in sich hineinzuleeren oder hineinzuschieben. Von derlei unguten Beobachtungen und, wie ich mir sagen mußte, abstrusen Ideen angegriffen, war mir mit einemmal, als sei ich im Kreis dieser ihre Morgenkollation einnehmenden, ganz mit sich selber beschäftigten Gespenster unversehens jemandem in den Blick gekommen, und tatsächlich fand ich zwei Augenpaare auf mich gerichtet. Diejenigen, denen sie angehörten, lehnten an der Theke mir gegenüber. Der eine hielt das Kinn in die rechte, der andere in die linke Handfläche gestützt. Wie ein Wolkenschatten über ein Feld, so legte sich über mich die Befürchtung, daß mir die beiden jungen Männer, die, wie ich mir nicht nur einbildete, zu mir herüberschauten, seit meiner Ankunft in Venedig mehrfach schon über den Weg gelaufen und daß sie auch in der Bar an der Riva, in der ich Malachio getroffen hatte, unter den Gästen gewesen waren. Der Zeiger der Uhr rückte vor gegen halb elf. Ich trank meinen Cappuccino vollends aus, begab mich, indem ich hie und da über die Schulter blickte, auf den Bahnsteig hinaus und bestieg, wie ich es vorgehabt hatte, den Mailänder Zug, um nach Verona hinüberzufahren.

# Nachwort

*Diese Gondel vergleich ich der sanft einschaukelnden Wiege,*
*Und das Kästchen darauf scheint ein geräumiger Sarg.*
*Recht so! Zwischen der Wieg' und dem Sarg wir schwanken und schweben*
*Auf dem großen Canal sorglos durch's Leben dahin.*

(Johann Wolfgang Goethe: Venezianische Epigramme)

## Hinreise

Auch nach Venedig führen viele Wege. Der Reisende aus dem Norden wird in der Regel die klassische Route über den Brenner und das Etschtal hinunter wählen oder, falls er die Berge mag, bei Brixen oder Bozen nach Osten abbiegen und durchs Herz der Dolomiten bis ins Veneto vordringen. Übergänge sind natürlich auch weiter im Westen möglich, wo immer diverse Pässe oder Tunnels einen Durchschlupf gewähren, zum Beispiel über das Tessin in die Lombardei oder von Savoyen oder auch den französischen Seealpen her ins Piemont. Befindet sich der Reisende bereits im Süden, bietet sich die schöne Route an der Küste an: über San Remo die Riviera entlang bis Genua und dann nordöstlich durch die Apenninen und die Emilia in die Poebene. Falls der Reisende aus Richtung Osten kommt, kann er durch Österreich oder Slowenien ins Friaul und weiter nach Venedig gelangen.

All diese Routen freilich führen auf dem Landweg nach Venedig und zeigen die ›Perle der Adria‹ gar nicht von ihrer strahlenden Seite, im Gegenteil: Egal ob man mit der Eisenbahn oder, auf paralleler Trasse, mit dem Automobil in die Lagunenstadt einfährt, empfangen wird man von fabrikmäßiger Hässlichkeit; es grüßen Schlote und Schrott. Die schönste Art, nach Venedig zu reisen, ist der Weg übers Meer. Der östliche Zugang von Kärnten oder Istrien her weist schon in die richtige Richtung. Denn am besten begibt man sich nach Triest oder Rijeka, geht an Bord eines Schiffes und lässt sich im ruhigen Rhythmus angenehmer Gemächlichkeit über die Adria schaukeln. Selbst der auf Geschwindigkeit eingeschworene und also auf dem Flughafen ›Marco Polo‹ gelandete Gast kann wenigstens ansatzweise in den Genuss einer solchen Überfahrt kommen, sofern er auf Zubringerbus oder Taxitransfer verzichtet und sich statt dessen auf einem Linienboot der heilsamen Entschleunigung hingibt. Denn die einzig angemessene Art und Weise, in Venedig anzukommen, ist der langsame Weg über das Wasser. Da erst entfaltet sich der Zauber der Lagune in seiner einzigartigen Pracht, da erst erstrahlt San Marco im unverwechselbaren Licht. Das haben die Reisenden schon in früheren Jahrhunderten gewusst.

## Das Venedig der Reisenden

Im 18. Jahrhundert gehörte es für den europäischen Adel und das Großbürgertum zum Pflichtprogramm standesgemäßer Erziehung, eine Bildungsreise nach Italien zu unternehmen und die klassischen Stätten der antiken Kunst und Kultur kennen zu lernen. Im Zeitalter der Aufklärung ging es bei diesen ›Kavaliersreisen‹ vor allem darum, die verschiedensten Gebiete der Bildung, der Kultur und des Wissens möglichst umfassend und persönlich in Augenschein zu nehmen. Dieses Streben nach einer unmittelbaren, exakten Kenntnis des Lan-

des und seiner (Kultur-)Geschichte verdankt sich einem ausgeprägten »enzyklopädischen Interesse« (Meier 1986. S. 490),
das auf das Bildungsideal der Aufklärung mit den Prinzipien
der Nützlichkeit und der Empirie zurückgeht.

Auch die Italienreise des wohlhabenden Frankfurter Juristen JOHANN CASPAR GOETHE – Vater eines ungleich berühm-
teren Sohnes – steht in der Tradition der aufklärerischen
Bildungsreisen. Inspiriert von zeitgenössischen Reiseführern
(aus denen er in seinem Bericht ungeniert abschreibt) und den
üblichen Routen der gelehrten Reisenden folgend, ist auch
Goethe senior bemüht, bei seinem ›Giro‹ das Pflichtprogramm konsequent zu absolvieren und die gesammelten Eindrücke zu eigenem Nutzen und Gewinn gewissenhaft festzuhalten. Die den Bericht leitenden, für einen leichten Plauder-
ton sorgenden Anreden an einen fiktiven Adressaten (»Euer
Hochwohlgeboren«) dienen in erster Linie der Selbstverge-
wisserung und Vergegenwärtigung der notierten Erlebnisse.

Goethe wählt die Route über Wien, Laibach und Görz und
erreicht termingerecht Venedig, so dass er sich ins Karnevals-
getümmel stürzen kann. Um das »Wunder« der Stadt im
Wortsinn horizonterweiternd betrachten zu können, besteigt
er den Turm von San Marco, von wo aus sich ein umfassendes
Panorama der Stadt und der Inseln ergibt. Zum venezian-
schen Pflichtprogramm gehören weiter der Besuch einer
Oper (von Metastasio) und der Komödie (im Theater San Luca, wo Goldoni Triumphe feierte), der Gaukler auf dem Markusplatz, der diversen Kirchen (samt Gemälden der großen
Meister, mit denen er aber nicht allzu viel anzufangen weiß)
und natürlich des Arsenals mit dem legendären Bucintoro,
den er genau beschreibt. Man denke daran, dass zum Zeitpunkt von Goethes Reise die Seerepublik an der Adria noch
in voller Blüte stand und demnach auch der Doge traditions-
gemäß am Himmelfahrtstag in einem symbolischen Festakt
mit dem Meer vermählt wurde. Bis dahin blieb Johann Caspar

Zeit, das übrige Programm zu absolvieren und insbesondere Rom, Neapel und Florenz zu besichtigen.

Rechtzeitig zum prunkvollen Fest im Juni ist er zurück (diesmal über das Meer von Chioggia in die Inselrepublik einfahrend), denn er will das »berühmte Schauspiel« keinesfalls versäumen. Neben überschwänglichem Lob der Schönheit schlägt der Aufklärer in Goethe immer wieder auch kritische Töne an, etwa die Rialtobrücke betreffend oder – nach gängigem Klischee – Bettelei, Lug und Trug und Schmutz. Versöhnlich aber und die eigenen Schreiberqualitäten mit dem Bescheidenheitstopos herunterspielend, nimmt er Abschied von »dem wundervollen Venedig«. Über Mailand und Genua, von dort per Schiff nach Marseille und dann über Paris und Straßburg kehrt der Reisende in die Mainmetropole zurück. Wie wir aus der *Italienischen Reise* des Sohnes erfahren, hatte der Vater ein schönes Souvenir im Gepäck: das Modell einer Gondel.

Während der ›Giro‹ Johann Caspar Goethes in der Tradition der aufklärerischen, rationalen Bildungsreise steht, kann die Kavalierstour von JOHANN WOLFGANG GOETHE ein halbes Jahrhundert später als sentimental-empfindsame Reise nach dem von Laurence Sterne (*Eine empfindsame Reise durch Frankreich und Italien,* 1768) initiierten Muster betrachtet werden. In der Reise des berühmten Sohnes geht es nicht mehr primär um die Ansammlung von enzyklopädischem Wissen, sondern um die Bildung der eigenen Persönlichkeit. Private Reisemotivationen und individuelle Interessen ersetzen das einstmals vom Sozialprestige diktierte, von langer Hand geplante Pflichtprogramm. Im Falle Johann Wolfgang Goethes kann sogar von einer spontanen Flucht nach Italien gesprochen werden. Der Dichter war froh, über den Brenner geradezu fliegen zu können (weil der Kutscher die Pferde vorwärts peitschte), denn die drängenden Weimarer Pflichten und das unhaltbar gewordene Verhältnis zu Frau von Stein trieben ihn fort. Die Reise verdankt sich demnach persönlichen Motiven, aus denen heraus in und von Italien die Überwindung einer Lebenskrise erhofft wird.

Goethe hat zwar die klassische Brenner-Route genommen, für das letzte Stück der Reise aber den Wasserweg: Der aus den Alpen kommende Fluss Brenta bietet nämlich, vorbei an prächtigen Sommersitzen venezianischer Patrizier (auch heute noch beliebtes Ausflugsziel), eine schöne Möglichkeit, in die Lagune einzufahren, für die der Dichter mit dem Begriff der »Biberrepublik« eine kaum zu übertreffende Metapher gefunden hat.

Der Dichter logiert im Hotel ›Königin von England‹ (später ›Victoria‹), in dem sich viele Berühmtheiten gleichsam die Klinke in die Hand gaben. Vom Hotel aus besichtigt Goethe den Markusplatz, den Canal Grande und die Rialtobrücke, nicht ohne an die Schilderungen seines Vaters zu denken. Allein wandert er durchs »Labyrinth der Stadt« und steigt schließlich in eine Gondel, in der er sich ein wenig als Mitherrscher der Adria fühlen darf, doch nicht ganz ohne bitteren Beigeschmack: Aus den Sümpfen steigende »böse Dünste« vermitteln eine Ahnung vom kommenden Niedergang der Republik. Wie der Vater, so besteigt auch der Sohn den Markusturm, zweimal sogar, um die Stadt bei Ebbe und Flut von oben erleben zu können. Wie der Vater nimmt auch der Sohn Anstoß am Unrat auf den Straßen, gern vor fremden Türen kehrend. Erneut auf den Spuren des Vaters und Tausender anderer Reisender besucht Goethe Oper und Komödie. Beim zweiten Komödienbesuch (nicht in unserem Textauszug enthalten), nach einem Ausflug nach Chioggia, sieht er im Theater San Luca – welch ein Zufall – ausgerechnet Goldonis Lustspiel *Streitereien in Chioggia*. Weitere Erkundungen gelten dem Arsenal und der »Prachtgaleere« des Bucintoro. Bei einer Gondelfahrt zur Giudecca genießt er den Gesang der Schiffer, am Lido geht er seinen meeresbiologischen Interessen nach, die Exkursion auf die Insel Pellestrina gilt geographischen und baulichen Fragen (den deichartigen ›murazzi‹ zum Schutz der Lagune). Die Venedig-Visite Goethes steht demnach noch stärker im Zeichen der Studienreisen nach bildungsbürgerlicher Tradition.

Die Stadt, in der das Bildungserlebnis der klassischen Antike sich deckt mit der persönlichen Erfahrung der Sinnlichkeit, in der die private Lebenskrise überwunden und der Weg zum reifen Künstlertum entdeckt wird, diese Stadt ist für Goethe bekanntlich nicht Venedig, sondern Rom. Venedig war folglich nur Durchgangsstation, ein angenehmes Zwischenspiel mit der Beobachtung des Lebens in der Lagune, zur Einstimmung und Vorbereitung auf die Erfahrung von *Amor* und *Roma*. Deshalb hat Goethe Venedig auch gerne wieder verlassen.

JOHANN GOTTFRIED HERDER ist im Sommer 1788, kaum zwei Monate nach Goethes Rückkehr, seinerseits von Weimar nach Italien aufgebrochen. Auch ihn plagten private (Tod des vier Monate alten Sohnes) und berufliche Sorgen (Zwist mit dem Herzog), denen vorübergehend auszuweichen ihm offenbar geraten schien. Seit Goethe, von dem Herder zahlreiche Briefe aus Italien erhielt, galt die Italienreise weniger einer Fahrt durch das gesamte Land mit allen seinen Sehenswürdigkeiten, sondern konzentrierte sich auf den Rom-Aufenthalt. Herder allerdings stand der von Goethe beschworenen römischen Sinnlichkeit eher distanziert gegenüber, auch bevorzugte er Neapel vor Rom, und die ganze Reise wurde für ihn nicht zu einem persönlichen Schlüsselerlebnis oder zu einer künstlerischen Neugeburt. Nicht nur Venedig, im Grunde der ganze Italienaufenthalt war für Herder nur Durchgangsstadium. So brachte die Reise ihn zu der Erkenntnis, dass er als vernunftgeleiteter Nordländer im sinnlichen ›Arkadien‹ nicht heimisch werden kann. Obwohl ihn zuhause beruflicher Ärger erwartete, schrieb er am 21. Februar 1789 von Rom an seine Frau Caroline: »Ich sehne mich aus Italien, u.

wollte, dass ich schon an der Deutschen Grenze wäre« (*Italienische Reise.* S. 350). Die beiden Briefe, die Herder aus Venedig an seine Frau und die Kinder schrieb, sind somit auch von der Sehnsucht diktiert, endlich über die Alpen zurück in den Norden zu gelangen.

Herder trifft ebenfalls mit dem Schiff in Venedig ein, für das er – analog zu Goethes Biberrepublik – eine eigene metaphorische Umschreibung findet: Ein »Seeungeheuer«, eine »Seespinne« nennt er die »Nymphe der Lagunen«. Besonders anrührend ist der an die Kinder gerichtete Brief mit der stilisierten Schlichtheit. Die Gondel, deren Form einem Frauenpantoffel gleiche, bezeichnet er als kleines, schwarzes Haus (Umschreibung eines Sarges?), in dem man »wie in einer Wiege« schwimme. Ein Jahr nach diesem Brief Herders, also 1790, entstanden Goethes *Venezianische Epigramme,* in denen die Gondel metaphorisch als Wiege und Sarg auf dem Kanal des Lebens geschildert wird (vgl. das Motto über diesem Nachwort). Auffallend sind die Parallelen in den Metaphern beider Autoren. Wie immer deren Assoziationen entstanden sein mögen, Herder jedenfalls war froh, bald über die Berge zu reisen, das heißt über Innsbruck zurück ins heimische Weimar.

Auch die Italienreise von JOHANN GOTTFRIED SEUME wurde zumindest teilweise durch eine private Krise ausgelöst. Zwar gibt er selbst an, bei der Edition von Klopstocks Oden zu viel gesessen zu sein und daher Bewegung zu brauchen, aber in Wahrheit dürfte seine gescheiterte Verlobung mit Wilhelmine Röder als Grund für den Aufbruch mitspielen. Wie auch immer, Seume geht zu Fuß, nicht etwa um Rom und die klassischen Bildungsstätten zu sehen, sondern er geht schlicht auf Schusters Rappen nach Syrakus, um dorthin zu gehen, sich einiges anzusehen (etwa Venedig und den Vesuv) und wieder nach Hause zu marschieren. Der »Tornistermann« Seume interessiert sich unterwegs für die Menschen, deren

Lebensweise samt Sorgen und Nöten, aber kaum für Kultur-
denkmäler. Die Fußwanderung des armen Seume kann beinahe als Protest gelten gegen die (meist auf den Komfort
der Kutsche vertrauende) Studienreise wohlsituierter Herren.
Freilich findet sich auch bei Seume das verbreitete zeitgenössische Bild vom gefährlichen Italien mit seinen Räuberbanden
und Meuchelmördern. Allerdings fängt Seume dieses Klischee dadurch etwas auf, dass er ironisch von der Gefahr
spricht, vielleicht »ein Bißchen totgeschlagen« zu werden.

Zum Zeitpunkt seiner Fußwanderung ist Venedig bereits in
österreichischem Besitz (Seume spricht folglich von der »ehemaligen Beherrscherin des Adria«), weshalb er hofft, dass die
Polizei – ähnlich wie es das Allgemeine Landrecht für Preu-
ßen regelt – nunmehr für »Ordnung und Sicherheit« sorgen
werde (zu diesen Kategorien vgl. Wolfgang Frühwald: *»Ruhe
und Ordnung«. Literatursprache – Sprache der politischen
Werbung.* München 1976). Zwar hat Seume mit dem Militär
schlechte Erfahrungen gemacht (an einen fiktiven Briefpart-
ner sich wendend, spielt er einmal auf seine Deportation nach
Amerika an), aber er gelangt heil an den Zufluchtsorten des
Gesindels wie an den Garnisonen der Kaiserlichen vorbei auf
klassischen Boden, in das Friaul und nach Venedig. Wäre das
Hotel ›Queen of England‹, in dem, wie wir wissen, Goethe
abgestiegen war, nicht belegt gewesen, hätte sich auch Seume
dort einquartiert. Allerdings steht ihm die Unterkunft im bil-
ligeren ›Goldnen Stern‹ besser an. Auch in Venedig gilt sein
Blick nämlich in erster Linie der Lebensweise des Volkes und
den sozialen Verhältnissen.

Das kulturelle Pflichtprogramm absolviert Seume im Sau-
seschritt (zwanzig Kirchen in ein paar Stunden) und verweist
ansonst auf einschlägige Bücher oder Reiseberichte. Schon
der Palast der Republik wirkt »sehr öde« auf ihn, das Traurigste in Venedig aber seien »Armut und Bettelei«; überall
stößt er auf Elend, insbesondere auf der Giudecca. Ähnlich

wie Johann Caspar Goethe hat sich auch Seume, noch nicht von seinem Liebesleid genesen, gegen den Ansturm der Straßendirnen – »ganz hübsche Sünderinnen« – mannhaft zu wehren. Statt dessen hält er sich an die Statuen der klassizistischen Bildhauerei, insbesondere an Antonio Canovas Hebe, die marmorne Inkarnation der Jugendschönheit (heute in der National-Galerie in Berlin). Am Markusplatz konstatiert er die Abwesenheit der berühmten Pferde (1204 als Kriegsbeute aus Konstantinopel geholt, 1798 an Frankreich abgeliefert; erst 1816 an Venedig zurückgegangen), des Macht-Symbols der vor kurzem noch stolzen Seerepublik. Mit den Pferden ist auch der Bräutigam des Adriatischen Meeres verschwunden; Seume fällt auf, dass sich daher für den Bucintoro kaum noch ein Reisender interessiert. So rät er den Österreichern schonenden Umgang mit der einst mächtigen Republik, und Venedig selbst empfiehlt er das nötige Maß an Resignation. Dann reist er weiter, denn er kann es nicht erwarten, den Absatz des Stiefels zu erreichen und dem Ätna in den Schlund zu schauen.

Seume hat auf seiner Italienreise nicht nur das eigene Liebestrauma bewältigt, sondern auch seine berufliche Orientierung fixiert: Er entschließt sich, nicht Anwalt und nicht Soldat zu werden, sondern Schriftsteller, und zwar ein politisch engagierter (wie vor ihm Georg Forster und nach ihm Heinrich Heine), mit Einsatz auf der Seite des Volkes, für die Armen und zur Überwindung sozialer Ungleichheit. Was für Seume zählt, ist nicht die Erneuerung der Antike, sondern die Veränderung der Gegenwart.

Franz Grillparzer gehört ebenfalls zu den Italienreisenden, deren Aufbruch gen Süden auf einen privaten Schicksalsschlag zurückgeht, in seinem Fall auf den Tod der Mutter. In seiner Selbstbiographie allerdings beschönigt er die Tatsache, dass sich die Mutter in ihrem religiösen Fanatismus erhängt hat. Um den Schock zu überwinden, kommt ihm die Möglichkeit, den Grafen Deym zu begleiten, sehr gelegen. Von Wien aus wählen sie naturgemäß die Route Richtung Triest. Dort schiffen sie sich auf einem kleinen Küstenschiff ein (»Trabaccolo«) und kreuzen im Kampf mit ungünstigen Windverhältnissen hinüber nach Venedig. Zwar reist der Dichter von der schönsten Seite in die »wundervolle Stadt« ein, aber das nützt ihm nicht viel angesichts seiner infolge der Seekrankheit umgestülpten Eingeweide. Grillparzer residiert nicht in dem Hotel, das dazumal Goethe Vater und Sohn bewohnt hatten, sondern im ›Grand Hotel Europa‹ (heute Palazzo Giustiniani), einer ebenfalls exquisiten Adresse, war es doch später das venezianische Domizil von Größen wie Théophile Gautier, Rainer Maria Rilke, Mark Twain und Richard Wagner – der just jenes Zimmer bezog, in dem vorher Giuseppe Verdi residiert hatte.

Über diplomatische Beziehungen wäre es Grillparzer möglich gewesen, jenen illustren Gast Venedigs zu besuchen, der schon damals beinahe den Status einer touristischen Attraktion genoss, nämlich den Dichter Lord Byron, dessen skandalöse Liaison mit der Bäckersfrau Margarita Cogni noch in aller Munde war. Doch der österreichische Dichterkollege verzichtet nicht allzu wehmütig auf die Bekanntschaft mit dem englischen Lord, zumal er den überraschend dicklichen Herrn schon mit dem Opernglas inspiziert hatte. Grillparzers oberstes Ziel ist es, rechtzeitig zu den Osterfeierlichkeiten in Rom zu sein. Dennoch sind hier weder Neidgefühl noch Rivalität im Spiel. Denn was Byron nicht wissen konnte: Grillparzer hatte den im April 1818 erschienenen vierten Gesang von *Childe Harold* sogleich nach der Veröffentlichung erworben und die ersten elf Strophen voller Bewunderung ins Deutsche übersetzt. Wer mag sich eine Begegnung der beiden Dichter imaginieren?

Erwecken die autobiographischen Notate Grillparzers den Eindruck, als sei Venedig nahezu spurlos an ihm vorübergegangen, so erfahren wir in seinem Reisetagebuch zum Glück weitere Einzelheiten über den Aufenthalt in der Lagunenstadt, angefangen von den Leiden der Überfahrt bis zu den Freuden der Weiterreise. Venedig scheint für Grillparzer ein Wechselbad der Gefühle gewesen zu sein: Er bewundert begeistert; oft aber ist er unleidlich, befremdet, ja abgestoßen; nicht selten krittelt er herum, sogar an Werken großer Meister wie Tintoretto. Für die unangenehmen Empfindungen sorgen Morast, Unrat und Gestank. Euphorie aber löst der Markusplatz aus, mit dem – kurioserweise an ein Krokodil erinnernden – Dogenpalast und seinen wunderlichen, in der Tat zerbrechlich wirkenden Säulen, mit der Seufzerbrücke und mit dem (seit Seumes Reise wieder aufgestellten) Siegeszeichen der Pferde.

Den überwältigenden Eindruck fasst Grillparzer in einem Satz zusammen, für den ihm das lokale Fremdenverkehrsbüro eigentlich ewig dankbar sein müsste: »Wer nicht sein Herz stärker klopfen fühlt, wenn er auf dem Markusplatze steht, der lasse sich begraben, denn er ist tot, unwiederbringlich tot.« Und als sei dies nicht genug, beteuert der Dichter: »Noch einmal: Wer am Markusplatz sein Herz nicht schlagen fühlt, hat keines.« Im Inneren des Palastes faszinieren Grillparzer, in dessen Halluzinationen Zeugen der Vergangenheit vor ihm aufsteigen, die Erinnerungen an den Untergang der Seerepublik, die Gemälde von Veronese und Tizian, aber auch die schwarze Decke anstelle des Porträts des verräterischen Dogen Marino Falieri. Wie die beiden Goethes steigt auch Grillparzer auf den Turm von San Marco und genießt das herrliche Panorama. Wes das Herz voll ist, des geht der Mund über, will sagen: er beginnt in Metaphern zu reden – so auch Grillparzer, der auf dem Turm sein Bild für Venedig findet: Wie ein Bienenstock voller Bienen und Zellen erscheint ihm die wimmelnde Stadt, aber »der Honig ist ausgenommen«. Wenn »die Meeresbraut mit all ihrem Schmucke« nostalgisch an volle Kammern, an Wohlstand und

Reichtum erinnert, derweil der Bräutigam schläft, dann ist die einstige Größe ins Reich der Fabel entrückt, dann ist Venedig zum Märchen geworden.

Grillparzer deutet hier auf eine Entwicklung, die für das künftige Venedig-Bild wesentlich wird. Das wirkliche Venedig tritt immer mehr zurück zugunsten eines märchenhaften, fiktiven Venedig, das von Reiseerlebnissen ausgehend oder mit purer Phantasie immer wieder neu erfunden und als Bühnenkulisse ausgeschmückt werden kann, bis es als Mythos unsterblich geworden ist. Vorerst aber gehört Venedig immer noch den Venezianern.

## Das Venedig der Venezianer

Die berühmtesten Dichter Venedigs bilden ein Dreigestirn: Goldoni, Gozzi und Casanova. Man mag darüber streiten, wer von ihnen als der bedeutendste zu gelten hat. In Deutschland erfreut sich, seit der begeisterten Aufnahme durch Goethe, Schiller und die Romantiker, Carlo Gozzi einer gewissen Hochschätzung. Giacomo Casanova ist als Abenteurer und Galan weltweit so sehr zur Kultfigur klischiert worden, dass seine kulturhistorische Bedeutung in den Hintergrund gedrängt ist. In Italien jedenfalls herrscht – durch Kanonbildung dokumentiert – weitgehend Einigkeit darüber, dass als wichtigster venezianischer Autor nur einer in Frage kommt, nämlich *der* Dichter Venedigs: CARLO GOLDONI.

Der in Venedig im Kirchspiel San Toma zwischen der Nombolibrücke und der Donna-Onesta-Brücke in der Ca' Centani geborene Carlo Goldoni verbrachte seine Kindheit infolge der Reisen der Eltern an verschiedenen Orten und kehrte erst 1722 in die Vaterstadt zurück. In seiner Lebensbeschreibung schildert er diese Rückkehr und die ersten Eindrücke von der Stadt, die er naturgemäß zunächst wie jeder

Fremde betrachtet. Bedingt durch die viel später geschriebene Rückschau mischt sich in die Schilderung der Stolz des Venezianers auf die mit keiner anderen vergleichbare, einzigartige Stadt, die man nur *sehen,* nicht in Landkarten oder Büchern studieren könne. Die Rückkehr in die Vaterstadt erfolgt wie selbstverständlich auf dem Wasserweg und damit von der Prachtseite der dazumal vor Reichtum strotzenden Republik. Auch Goldoni findet für sich eine Venedig-Metapher: Ein »ewiger Jahrmarkt« sei diese Stadt, als habe er zum Zeitpunkt der Niederschrift (1784–87) nicht geahnt, dass diese Ewigkeit nur noch ein gutes Jahrzehnt anhalten würde. Auch die Rückkehr in die Vaterstadt vom November 1734 erscheint in Goldonis Schilderung des herrlichen, nächtlichen Venedig als Bekenntnis zu Frohsinn und Scherz, wie denn der Autor sein ganzes Leben als Komödie verstehen wollte.

Da sich Goldoni in der Autobiographie auf seine Theaterlaufbahn konzentriert und private wie unangenehme Angelegenheiten (etwa den Streit mit Gozzi) weitgehend ausspart, stellt er Venedigs Theater in den Mittelpunkt. Er berichtet vom Theater San Crisostomo, das ursprünglich beste Opernhaus, in dem Metastasio den Durchbruch feierte (wie von Johann Caspar Goethe bezeugt), sowie von den Lustspielhäusern, in denen er selbst Triumphe feiern sollte. Was in seiner Formulierung vom »Modedichter« Venedigs nahezu negativ klingt, meint nichts anderes als die Tatsache, dass Goldonis Reform des italienischen Theaters neue Maßstäbe setzen sollte.

In der Autobiographie wird minutiös über die zahllosen Reisen, die Schauspielertruppen, die Theaterproben und die Aufführungen berichtet, dass sich manchmal auch Monotonie einstellt. Freilich hat Goldoni recht, wenn er auf die geernteten »reifen, schönen Früchte« seines langjährigen Strebens verweist: nämlich den Ruhm, den er sich gegen Gozzi und Chiari schließlich erwarb. Denn es besteht kein Zweifel: Goldonis aufklärerische Reform der Commedia dell'arte und sein realistischer Blick für den Alltag das venezianischen Volkes haben sich gegen das überholte Theaterkonzept und die Märchenkomödien Gozzis literaturgeschichtlich durchgesetzt. Daran konnte auch die Tatsache nichts ändern, dass Goldoni in der Hochphase des Theaterkrieges 1762 Venedig verließ und nach Paris ging, weil der Prophet in der Heimat (noch) nichts gegolten hat.

Auch CARLO GOZZI hat die Geschichte seines Lebens niedergeschrieben. Im Kontrast zur vornehmen Zurückhaltung Goldonis hat Gozzi in der Autobiographie seine Worte nicht auf die Goldwaage gelegt und den Rivalen (sowie Pietro Chiari als Dritten im Bunde gleich mit) drastisch abgekanzelt. Goldoni erscheint da als Plagiator »von schauerlicher Fruchtbarkeit« und als »Dämon der Unkultur«, dessen unglaubliche, meist durch Vertragszwang forcierte Produktion (rund 250 Auftragsstücke) Gozzi als eine »Art dramatischer Kaninchenzucht« verspottet (*Unnütze Erinnerungen.* S. 95, 114). Sich selbst nach Goldonis Abreise nach Paris als Triumphator des Theaterstreits wähnend, meint er über den Rivalen, dieser sei »rechtzeitig als Totengräber« des italienischen Theaters nach Paris gegangen (ebenda. S. 106). Doch Gozzi sollte nicht nur den Niedergang seines eigenen Ruhms miterleben müssen, sondern auch den Verfall der Stadt, in der er »die Finsternis dieser Welt« erblickt hat.

Gozzi entstammt einer alteingesessenen venezianischen Familie, deren Schicksal nichts besser symbolisiert als der in einer engen Gasse nahe des Campo Santa Maria Mater Domini gelegene Palazzo Gozzi. Wegen der Geldsorgen der verarmenden Familie musste sich Carlo Gozzi als Offizier in Dalmatien verdingen. Als er mit seinem Kameraden per Schiff in die Heimatstadt zurückkehrt, erwartet beide »das traurige Gespenst der Not«. Der Palast glänzt mit einer wundervollen Fassade, innen jedoch herrschen Verwahrlosung, Verfall und

Zerstörung. Der desolate Eindruck wird noch verstärkt dadurch, dass zu den Porträts der Ahnengalerie, einstiger Größe gemäß, auch zwei von Tintoretto und Tizian stammende Gemälde gehören. Der junge Gozzi versucht, die Familie vor dem Ruin zu retten und kämpft mit seinem Dichtertalent gegen die Schulden (und dann noch gegen Goldoni) an, mit mehr oder weniger dauerhaftem Erfolg. Als er am Ende seiner Niederschrift, auf den Fünfzigsten zugehend (damals ein hohes Alter), das Ende seiner Kämpfe »um die Festung des Parnaß« erklärt, kommt ihm eine Ahnung, dass nicht nur das Ende seiner glorreichen Familie und seiner ruhmreichen Laufbahn naht, sondern wohl auch der Niedergang des adriatischen Löwen. Mit dem Wind aus dem Norden weht auch der Atem der Revolution ins Land in der Lagune. Mit Humor und Selbstironie richtet sich Gozzi auf diese Veränderungen ein und ruft dem Leser ein Lebewohl zu, nicht ohne vorher die Fata Morgana der Freiheit vor dem inneren Auge zu sehen. Es wird aber nicht die Freiheit im Zuge der französischen Revolution sein, die Gozzi in seiner Vision am 18. März 1797 erhofft. Denn nur wenige Wochen später zieht Napoleon ein und macht der Seerepublik Venedig ein Ende.

Der Venezianer GIACOMO CASANOVA hatte seine Liebe und seine Not mit der Geburtsstadt. Wie Gozzi, aber im Gegensatz zu Goldoni, dessen Todesdatum ihm den Untergang Venedigs ersparte, hat auch Casanova das Ende der Republik noch miterlebt, wenngleich aus der Ferne. Casanovas Memoiren muss man eigentlich in ihrer ganzen Fülle selber lesen, weil sich die Vielzahl der Episoden und Details kaum nacherzählen lässt. Daher begnügen wir uns mit einigen Appetithäppchen, etwa wie der leichtfertige Galan zu seinem Gönner respektive ins Gefängnis kam, und unterschlagen auch nicht das obligatorische pikante Canapé.

Casanova hat sich eine Zeit lang als Violinist am Theater San Samuele durchgeschlagen. So spielte er 1746 bei den drei

Tage währenden Hochzeitsfeierlichkeiten einer vornehmen
Familie. Auf dem Heimweg nach dem standesgemäßen Ball
lernte er den Senator Bragadin kennen und kurierte ihn mit
Glück und Hokuspokus von einem Schlaganfall, weshalb er
von dem hohen Herrn aus Dankbarkeit sozusagen adoptiert
wurde. Damit kam der Abenteurer in den Genuss allerhöchs-
ter Protektion, der Weg zum sozialen Aufstieg war geebnet.
Auf dem Gipfel des Erfolges erlebte er auch die berühmt-be-
rüchtigte Episode mit den Nonnen von Murano und dem
französischen Gesandten als voyeuristischem Rivalen. Philo-
logen mit detektivischer Neugier haben versucht, die Initialen
der beiden Nonnen zu enträtseln. Doch lassen wir Casanova
bei seinen Turteleien und Turnereien mit den Damen lieber
allein und geben den Platz vor dem Schlüsselloch frei. Nicht
zu vergessen ist, dass Casanovas eher verbale denn physische
Akrobatik (vom Menuett mit Maske abgesehen) den por-
nographischen Klassiker *Thérèse philosophe* (1748) des – ihm
persönlich bekannten – Marquis d'Argens zu übertrumpfen
versucht. Die realen Schauplätze der Handlung sind daher
»nur Ausgangspunkte, von denen die Einbildungskraft ablegt
wie die Boote, die von den Fondamente Nuove nach Murano
aufbrechen« (Müller 1998. S. 88). Die Nonnenklöster auf dieser Insel sind im Zuge des napoleonischen Sieges zerstört
worden und wie Venedigs Ruhm untergegangen. Nur die
einst zum Kloster gehörende Kirche Santa Maria degli Angeli
hat überdauert.

Auf dem Höhepunkt seiner Fortüne bei den Frauen (oder
mit dem Federkiel) ist Casanovas Glückssträhne gerissen.
1755 wurde er wegen Scharlatanerie, Gotteslästerung und
Unzucht angeklagt und zu fünf Jahren Haft verurteilt. Ebenso legendär wie seine galanten Abenteuer ist die Geschichte
seiner Flucht aus den Bleikammern, was nicht zuletzt daran
liegt, dass Casanova es geschickt versteht, Spannungsbögen
aufzubauen, dabei Fakten und Fiktion zu vermischen und

sein Leben erzählerisch so zu inszenieren, dass es wie ein Abenteuerroman erscheint.

Ausgerechnet das epochale Erdbeben von Lissabon 1755 weist Casanova den Weg in die Freiheit. Ist der Durchschlupf erst gefunden, bedarf es noch eines geeigneten Termins. Diesen ermittelt er mit Hilfe einer raffinierten Zahlenarithmetik (nachzulesen auch in dem Text von W. G. Sebald), indem er den *Rasenden Roland* von Ariost befragt und so auf die letzte Oktobernacht verwiesen wird. An Allerheiligen also klettert er mit seinem Gefährten gegen Mitternacht über die Dächer von Venedig und durch diverse Löcher hindurch, bis er schließlich hinab- und hinausgelangt, eine Gondel besteigt und glücklich ist, die schönste Postkartenansicht hinter sich lassen zu können. Es folgten fünfzehn Jahre mit Kreuz- und Querfahrten durch ganz Europa. Erst 1774 konnte er nach einer Begnadigung in die Vaterstadt zurückkehren (Arthur Schnitzler wird davon erzählen). Doch Venedig und Casanova sollte kein Friede miteinander gelingen: 1783 musste der renitente Sohn nach einem neuerlichen Skandal der Vaterstadt endgültig den Rücken kehren. Er verbrachte den Rest seines Lebens auf Schloss Dux in Böhmen, wo er die Geschichte seiner Flucht ebenso niederschrieb wie seine Memoiren. Den Fall Venedigs erlebte er somit aus dem Exil; ziemlich genau ein Jahr danach hat sich auch Casanova von der Bühne verabschiedet. Als Legende hat er überlebt, wie sein Venedig als Mythos.

## Zwischenspiel:
### Venedig im Gedicht I

Der Untergang der Seerepublik mit der Absetzung des letzten Dogen, ominöserweise – und allein deshalb zu Mythisierungen einladend – auf den Tag genau eintausendeinhundert Jahre nach der Wahl des ersten Dogen, ist in der italienischen Literatur vielfach geschildert worden. Das erste dieser Werke ist der von Rousseau *(Julie oder Die neue Heloïse)* und Goethe *(Die Leiden des jungen Werthers)* beeinflusste Briefroman *Letzte Briefe des Jacopo Ortis* (1802) von Ugo Foscolo. Er schildert die historische Entwicklung bis zur Übergabe von Venetien, Istrien und Dalmatien an die Donaumonarchie. Doch löste der Untergang Venedigs in ganz Europa ein literarisches Echo aus, das bis auf den heutigen Tag nicht verhallt ist.

Der englische Romantiker WILLIAM WORDSWORTH darf als der erste Dichter gelten, der den Fall der Seerepublik als lyrisches Sujet gewählt hat. Das Sonett *Auf die Zerstörung der Republik Venedig* (1802), entstanden also im gleichen Jahr wie Foscolos Briefroman, schildert die Diskrepanz zwischen der prunkvollen Vergangenheit und der glanzlosen Gegenwart und stellt die Trauer um den Verlust in den Mittelpunkt. Angesichts der Vergänglichkeit allen Lebens lässt Wordsworth das Sonett mit dem Gedanken an die Omnipräsenz des Todes ausklingen. Er eröffnet damit einen lyrischen Reigen, in dem die Serenissima nicht nur als Braut der Adria, sondern auch als Partnerin des Todes tanzen wird.

Die Dichterlegende GEORGE GORDON LORD BYRON, eine europäische Kultfigur, ist wie Casanova untrennbar mit Venedig verbunden. Im vierten Gesang seines Versepos' *Childe Harolds Pilgerfahrt* (den, wie erwähnt, Grillparzer übersetzt hat) lässt Byron den melancholischen Titelhelden den Untergang der einst mächtigen Republik beklagen. Was bei Wordsworth in die strenge Form eines einzigen Sonetts komprimiert war, entfaltet Byron zum umfassenden Panorama der Vergänglichkeit von Schönheit, Ruhm und Macht. Die »Herrscherin der See« erscheint prachtvoll nur im rückwärts gewandten Blick; in der Gegenwart präsentiert sie sich dem Pilger als sterbende, verfallende, zerbröckelnde, versinkende

und im Schlamm ersaufende Stadt. Doch »Venedigs Fall«
macht Stadt und Republik dem Helden erst recht liebens-
wert.

Während er es betrauert und besingt (nachdem die Gesänge
der Gondoliere verstummt sind), geschieht aber zugleich,
leicht zu überlesen oder als Selbstverständlichkeit hinzunehmen, etwas im Grunde Wunderbares, das nur der Literatur
möglich ist. Grillparzer hat es in seinem Bericht über Venedig,
wo er ein Gespräch mit Byron ja nur knapp verpasst hat,
schon angedeutet: In der literarischen Beschwörung von ver-
gangener Größe und gegenwärtiger Desolatheit wird Venedig
verwandelt, nämlich in ein »Märchen« (Grillparzer) oder in
eine »Feenstadt« (Byron), also in eine literarische Topographie. Konsequent spricht Byrons Held von einem sich auftu-
enden »Bildnis« Venedigs, und dieses ist literarisch vermittelt,
durch die Schilderungen von Shakespeare, Otway, Radcliffe
und Schiller. Das real-historische Venedig ist bereits bei Byron vermischt mit literarischen Reminiszenzen, und durch
sein Versepos wird die Literarisierung, damit die Überhö-
hung der Serenissima noch verstärkt. Ähnlich gilt dies auch
für Byrons *Ode an Venedig*.

Der Wanderer aus dem Norden, in Kenntnis der wechsel-
vollen Geschichte der Republik Venedig, scheint mehr und
intensiver um das Land in der Lagune zu trauern als die Venezianer selbst. In der Klage über die Witwe Adria liegt aber
unterschwellig auch eine gewisse Lust am Untergang und am
Verfall. Der Verlust einstiger Größe und das Bewusstsein der
Vergänglichkeit aller Schönheit bieten nämlich zugleich Anlass, den eigenen Weltschmerz zu kultivieren. Damit hat Lord
Byron »das Motivrepertoire der europäischen Venedig-Dich-
tung« für künftige Epochen bereitgestellt (Reichel 1991. S. 20)
und mit seiner illustren Vita außerdem den passenden Stoff
für die Legendenbildung um seine Person geliefert.

Ein weiterer Dichter, dessen Werk wie Person zur Literari-

sierung des Venedig-Sujets entscheidend beigetragen hat, ist
AUGUST GRAF VON PLATEN. Sein lyrischer Zyklus *Sonette aus
Venedig* knüpft unmittelbar an Byron an, indem er die untergegangene Republik beschwört und sie zugleich als Stimmungsbild für Weltschmerz und Todessehnsucht umformt.
Die ›grandezza‹ der Serenissima ist nur eine Seite der Medail-
le, ihre Kehrseite ist kultivierte ›morbidezza‹. Platen geht von
der Schilderung der Landschaftseindrücke und des Stadtbil-
des aus; er beschreibt im ersten seiner Venedig-Sonette (Nr.
XVIII) die Ansicht beim Eintreffen vom Meer und schildert
das »Wagnis der Ankunft« (Treichel 1993. S. 68). Auch Platen
selbst hatte die Lagunenstadt mit dem Dampfboot erreicht
und, wie er in seinem Tagebuch festhielt, die erste Ansicht der
Piazzetta mit Seufzerbrücke, Dogenpalast und Markusplatz
»imposant genug« gefunden (vgl. August von Platen: *Memo-
randum meines Lebens. Eine Auswahl aus den Tagebüchern.*
Frankfurt am Main und Leipzig 1966. S. 143 ff.).

Zunächst scheint er sich im Labyrinth der Brücken und
Gassen zu verirren, erst die Besteigung des Markusturms ver-
hilft zur Einnordung und verschafft somit Überblick (Nr.
XIX). Danach sind die anfängliche Ängstlichkeit und Des-
orientierung überwunden, jetzt wird das venezianische Lebensgefühl als Genuss erlebt (Nr. XX). Mit dem Blick in die
Vergangenheit stellen sich die Bilder des Verfalls und der Öde
ein. Die Trauer um die untergegangene Republik ist gekop-
pelt an die »Schwermut« der eigenen Seele. Platen bringt es
deutlich zum Ausdruck, dass dieses äußere und innere Venedig, die verfallende Ex-Republik – Opfer des »korsikan'schen
Überwinders«, also Napoleons – und der persönliche Weltschmerz, sich wechselseitig bedingen. Mit Platens Sonetten
erreicht die von den englischen Romantikern forcierte, dann
auch von Grillparzer festgestellte Tendenz zur literarischen
Inszenierung Venedigs einen ersten Höhepunkt, oder mit Platens eigenen Worten (Nr. XXII): »Venedig liegt nur noch im

Land der Träume«. Venedig ist in Literatur verwandelt worden. Es kann jetzt immer wieder neu erfunden werden.


## Die Erfindung Venedigs

Im 18. Jahrhundert gab es im deutschen Sprachraum bereits
standardisierte Italienbilder, nämlich zum einen das positiv
stilisierte Bild von Italien als Land der klassischen Antike und
damit Heimat der Kunst (auch manifest in der Antinomie
vom kalten Norden und dem warmen Süden, wie sie die Reisenden von Goethe bis Seume thematisieren), zum anderen
den vorwiegend negativen oder mindestens ambivalenten
Bildkomplex des verbrecherisch-satanischen, des sinnlich-sün-
digen, des karnevalesk-chaotischen und des manieristischen
Südens (vgl. Oesterle 1996, Hausmann 1996, Moneta 2000,
Lange/Schnitzler 2000). Neben Rom und Neapel ist vor allem
Venedig diejenige Stadt, die nach diesen stereotypen Vorstel-
lungen stilisiert wird.

Venedig vereint Chaos und Karneval ebenso wie alte Götter und Dämonen (Satan), wie Sünde, Sinnlichkeit und hem-
mungslose, ja grausame Leidenschaft. Es handelt sich hier um
eine in der Literatur zum Stereotyp vom sündigen Süden entwickelte Vorstellung, die seit der elisabethanischen Zeit und
dann im Schauerroman, aber auch in der französischen Literatur des 18. Jahrhunderts, ja sogar in der Literatur des Mittelalters und schon bei Ovid und Vergil vorgeformt ist (siehe
Pabst 1955). Für das Bild vom dämonischen, satanischen Venedig war der Roman *Der verliebte Teufel* (1772) von Jacques
Cazotte die Initialzündung, in deren Folge immer wieder die
Lagunenstadt als Hort des Bösen herhalten musste. Neben
der Vorstellung von Venedig als Ort hemmungsloser Leidenschaft (siehe Shakespeares Dramen *Der Kaufmann von Venedig* und *Othello*) gibt es seit dem 17. Jahrhundert den Vorstel-

lungskomplex vom untergehenden beziehungsweise geretteten Venedig (Thomas Otways Drama *Venedigs Rettung*). Aus englischer Sicht stand Venedig im Ruf eines Sündenpfuhls und wurde etymologisch entsprechend mit dem Venusberg assoziiert. Geradezu isoliert von diesen stereotypen Venedig-Bildern steht das realistische Venedig der Komödien Carlo Goldonis. Ansonsten hat sich, spätestens mit Byrons legendärem Ruf, die Vorstellung von Venedig als Ort der Vergänglichkeit, als Phantasiegebilde der Todessehnsucht und Symbol des gloriosen Untergangs gefestigt.

Solche Tradierung von Stereotypen (Imagines) und deren Ausformung zu literarischen Konstanten führten dazu, dass ›Venedig‹ zur puren Topographie, zur Bühnenkulisse und in einen symbolischen Ort verwandelt wird, der keinerlei realistische Referenz mehr aufweist. Einfacher gesagt: ›Venedig‹ ist Vision, Traum, Märchen, Feenreich, kurzum: Erfindung.

FRIEDRICH SCHILLER ist im Gegensatz zu den bisher behandelten Autoren nie in Venedig gewesen und dennoch, oder gerade deshalb, einer der ersten Autoren, die sich ihr eigenes literarisches Venedig erfinden. Als Byron in Bezug auf sein Venedig-Bild auf Schiller verwies, dann meinte er damit sicherlich dessen Fragment gebliebenen Roman *Der Geisterseher*, der als früheste epische Venedig-Phantasie der deutschen Literatur gelten darf. Schiller hat sich in den teufelsbündlerischen Aspekten seines Romans prompt von Cazotte inspirieren lassen, und vor allen Dingen benutzte er, mangels eigener Kenntnis der Lokalitäten, als Hauptquelle die *Staatsgeschichte der Republik Venedig* (3 Teile. Leipzig und Riga 1769–77) von Johann Friedrich Le Bret. Neben Erbfolgeproblemen im Herzogtum Württemberg, die uns hier nicht weiter berühren, behandelte Schiller das Thema der Geheimbündlerei im 18. Jahrhundert (die Fachliteratur dazu war ihm wohlbekannt), insbesondere – in der Figur des Armeniers – das Schicksal des Scharlatans Giuseppe Balsamo, genannt

Cagliostro, den Elise von der Recke in einem Schiller ebenfalls bekannten Buch als Hochstapler entlarvt hatte.

Der Roman setzt ein mit dem Karneval in Venedig, dieser »wollüstigen Stadt«. Schon zu Beginn sind damit zwei der literarischen Venedig-Konstanten ins Spiel gebracht. Als wir dann in rascher Folge mit seltsamen Prophezeiungen, rätselhaften Koinzidenzen und einer brutal durchgreifenden Inquisition konfrontiert werden, stellt sich der vom Text gezielt erzeugte Argwohn ein, dass wir uns auf gefährlichem, wenn nicht schauerlich-dämonischem Gelände befinden könnten. Mit diesem labyrinthisch-geheimen, freilich »majestätische[n]« Venedig kontrastiert die Lustpartie auf der Brenta, durch eine »malerische Landschaft«, gesäumt von den prachtvollen Gärten und Villen der venezianischen Patrizierfamilien (Brentafahrten für Touristen ermöglicht heute ein ›burchiello‹ von Venedig nach Padua). Doch auch in diese ländliche Idylle brechen phantastische Ereignisse ein (Episode mit dem Schlüssel); und wie die Helden sich vom Armenier »Licht« wünschen, so beschleunigt sich die Lektüre in der Hoffnung auf Aufklärung. Schiller bediente, auch aus kommerziellen Interessen – bis er zuletzt schlicht die Lust am Weiterschreiben verlor (Fortsetzungen des Fragments versuchten Ernst Friedrich Follenius mit *Der Geisterseher* 1796, zuletzt Kai Meyer 1995 mit *Die Geisterseher*) – die Erwartungen eines auf Schauerliteratur spekulierenden Publikums. Das ist Schillers erfundenes Venedig: eine rätselvolle Kulisse für politische Komplotte und Intrigen, ein Labyrinth der Laster und der Verbrechen.

Für ERNST THEODOR AMADEUS HOFFMANN ist Italien Zeit seines Lebens das Land der Sehnsucht geblieben, in das zu reisen ihm nie vergönnt sein sollte. Gerade deshalb hat er sich einfach sein eigenes Phantasie-Italien erfunden (siehe Moraldo 2002), darunter auch sein Venedig, nämlich in der Erzählung *Doge und Dogaresse.* Interessanterweise benutzte er unter anderem die gleiche Quelle wie Schiller, nämlich das damals als historisches Standardwerk geltende Werk von Le Bret. Dass Hoffmanns Novelle im wörtlichen Sinn ein ›erlesenes‹ Venedig entwirft, belegt nicht nur die Quellenlage, sondern hängt auch mit der Erzählstruktur zusammen. Wie also konstruiert Hoffmann seine Erfindung Venedigs?

Zunächst steht die Erzählung innerhalb des Zyklus *Die Serapions-Brüder*, wird also von den geselligen Gesprächen dieses Freundeskreises umrahmt. Des weiteren geht die Erzählung auf ein authentisches Gemälde des Chodowiecki-Schülers Karl Wilhelm Kolbe zurück (dieses nun hat Hoffmann selbst wirklich gesehen), von dem sie nicht nur den Titel entleiht, sondern dessen ins Bild gebannte Szene sie aus- und weiterfabuliert. Die Novelle ist somit die (interpretierende) Nacherzählung eines Gemäldes (vgl. Klier 2002). Doch kommen weitere, den Grad der Fiktivität beziehungsweise die Vermitteltheit des Textes steigernde Elemente hinzu. Zu den beiden Malerfreunden tritt ein Fremder, mit dem sie zunächst kennerhaft den Rätselspruch aus Carlo Gozzis *Turandot* zitieren (aber nicht nach Schillers Bearbeitung, sondern nach dem Original) und damit eine weitere Verweis-Ebene auf das literarische Venedig einfügen. Schließlich ist es dann jener Fremde, der die Binnengeschichte (die den weitaus umfangreichsten Teil bildet) über die Ereignisse in Venedig erzählt und somit das Gemälde ausdeutet. Niedergeschrieben hat die gesamte Erzählung freilich Ottmar, der dem Freundeskreis aus seinem Manuskript vorliest.

Dies sind genügend Indizien dafür, dass Hoffmann hier ganz bewusst mit tradiertem Material operiert, um sein fiktives Venedig als inszenierte Topographie kenntlich werden zu lassen. In den Rahmengesprächen nach Ottmars Vortrag wird zudem auf die Quelle Le Bret verwiesen sowie auf eine Reihe pittoresker Venedig-Ansichten, die während der Niederschrift überall in Ottmars Zimmer verstreut gewesen seien, um seine Erzählung »so individuell lokal« erscheinen zu lassen (*Die Serapions-Brüder*. S. 400). Dieser fiktionsironische Kommentar verdeutlicht zum Abschluss noch einmal, dass die Lektüre uns in ein erfundenes Venedig entführt hat. Da spielt es dann auch keine Rolle, dass Hoffmann zahlreiche Ungenauigkeiten unterlaufen sind und mit der Geographie sehr großzügig umgegangen wird (so verlegt er das Kloster San Giorgio Maggiore von der gleichnamigen Insel einfach auf die Giudecca).

Auch in Hoffmanns Erzählung geht es wie bei Schiller um Geisterseherei, Prophezeiungen und Fragen der Heilkunst. Die alte Margaretha erscheint zunächst in typischer Manier der Schauerliteratur als Hexe und Quacksalberin. In Wahrheit ist sie eine in die Heilkräfte der Natur eingeweihte, der Schulmedizin überlegene weise Frau (vgl. Auhuber 1986) mit dem zweiten Gesicht (ein Motiv, das auch Daphne du Maurier wieder benutzen wird). Sie hält die Handlungsfäden zusammen, kann aber die Katastrophe nicht verhindern. Hoffmann schildert ein von Intrigen und Verbrechen bestimmtes Venedig, in dem die Menschen unabhängig vom sozialen Stand sich selbst und der Natur entfremdet sind. Die Verschwörung des Dogen Marino Falieri und deren Entdeckung schildert Hoffmann nach den historischen Quellen, aber auf eine Weise, dass das erzählte Geschehen am Ende in das Gemälde hinein mündet und weiter ausgemalt wird, über das dort Dargestellte hinaus. Das Bild verknüpft sich demnach »mit der Vergangenheit oder auch wohl mit der Zukunft«.

Damit verfügt auch die Kunst über das zweite Gesicht. Wie »in einem fernen dunklen Spiegel« kann sie »künftige Ereignisse« erschauen. Aus diesem Grund erscheinen »die Türme und Paläste des prächtigen Venedig« in fast wörtlicher Wiederholung zweimal, nämlich zu Beginn bei der kurzen Beschreibung des Kolbe-Bildes und später erneut, wenn Antonio, Annunziata und der alte Falieri in der Gondel die im Bild festgehaltene Szene erleben. Was aber beim ersten Betrachten des Gemäldes nicht ins Auge fällt, zeigt sich, wenn man das Ende der Geschichte kennt, an dem die jungen Liebenden von der rachedurstigen Witwe des enthaupteten Falieri, also von der eifersüchtigen Adria selbst, in die Tiefe gerissen werden.

Auf den zweiten Blick, nach erfolgter Initiation durch die Erzählung, erkennen die beiden Malerfreunde die »tiefere Bedeutung des anmutigen Bildes«, nämlich dass im Hintergrund des Gemäldes, aus dem fernen Meer, schon »die feindliche Macht Tod und Verderben« anzudrohen scheint. Und sogar dreimal darf Antonio in die Zukunft blicken: Schon bei seinem ersten Auftreten starrt er, zur Bildsäule versteinert, in das Meer und imaginiert, wie er in den Fluten umkommen wird. Der Sturm mit der Finsternis und dem wie ein Ungeheuer aufschäumenden Meer, aus dem Antonio den Dogen rettet, wiederholt sich am Ende in der Düsternis des brausenden Sturms mit den wie Riesenarme aus dem Meer aufschießenden Wellen, die die Barke samt den drei Insassen verschlingen und deren Angstschreie verschlucken.

Auf die Erzählung beziehungsweise auf das nunmehr in tieferer Einsicht betrachtete Bild reagieren die Maler mit »Wehmut« und »süßen Schauern«. Damit situiert sich die Novelle in der Tradition einer die Lust am Untergang ansprechenden Schauerliteratur, grenzt sich aber sogleich davon ab, indem sie mit der Zerstörung jeglicher Harmonie oder Heilsgewissheit weit über die Konventionen der Unterhaltungsliteratur hinausgeht. Die feindlich drohende Macht bleibt nicht auf das Meer (als eifersüchtige Braut des Dogen) beschränkt, sondern im Grunde sind es die Elemente selbst, die den Menschen an den Verlust der Einheit mit der Natur erinnern. Venedig – das im Verlauf der Erzählung immer mehr an Schönheit verliert (Auhuber 1986. S. 174) – ist bei Hoffmann zum imaginären Terrain geworden, zu einem Phantasie-Ort innerhalb der romantischen Mythologie, auch wenn die einst utopischen Hoffnungen auf kosmologische Geborgenheit schon aufgegeben sind: Skepsis statt Erlösung.

Hoffmann verabschiedet den romantischen Mythos einer neuen Harmonie mit der Natur, zugleich aber beschwört er eine, die Vergangenheit und Zukunft umgreifende Wahrnehmung in der Kunst, die den kosmologischen Verlust wenigstens zu erinnern und ins Bild zu bannen vermag. Die Erzählung *Doge und Dogaresse* ist ein höchst artistisches Lehrstück über die geheimnisvolle Wirkung von Erfindungen.

EDGAR ALLAN POE war ein Bewunderer von Hoffmanns Erzählkunst, die er auf dem Umweg über Charles Baudelaire kennen gelernt hat. Poes Erzählung *Die Verabredung,* eher ein Nebenwerk, wird nicht selten (etwa Reichel 1991. S. 60) als erste literarische Imagination eines ›Todes in Venedig‹ gewürdigt. Dabei dürften diese Meriten eher Hoffmanns *Doge und Dogaresse* zukommen, zumal die beträchtlichen Ähnlichkeiten zwischen den beiden Erzählungen kaum zu übersehen sind.

Auch bei Poe geht es um die Liebe eines »sehr jungen Mannes« (des namenlosen Fremden, eines flüchtigen Bekannten des Ich-Erzählers) zu einer wunderschönen, als »Aphrodite« angebeteten jungen Frau, die mit einem greisenhaften intriganten Marchese (namens Mentoni) verheiratet ist und nicht mit ihrem Geliebten zusammenkommen kann. Die innere Übereinstimmung der Liebenden ist so intensiv, dass es beiden gelingt, zur selben Stunde einen gemeinsamen Liebestod zu arrangieren. Doch hat Poe gegenüber Hoffmann zahlreiche eigene Wendungen in die Geschichte eingebaut. Zum einen sind es die Liebenden selbst, die freiwillig in den Tod gehen. Eine weitere, subtile Idee Poes liegt darin, den jungen Mann deutlich mit Byronschen Zügen auszustatten: ein exzentrischer Engländer mit spleenigen Gewohnheiten in exquisit-exotischem Ambiente (in der Wohnung fehlen nur die legendären buntscheckigen Affen und Papageien Byrons), der sich »ein Gehäuse aus Träumen« erbaut hat und die dekadenten Ästheten des Fin de siècle vorwegnimmt.

Das hier präsentierte Venedig ist erneut ein artifizielles Gebilde – der Erzähler spricht vom »eignen Venedig« des todessüchtigen Fremden. Und es ist noch ein anderes Venedig, erfunden in Kenntnis der deutschen Romantiker, zusätzlich angereichert durch die Vermischung von Werk und Vita der europäischen Kultfigur Byron, eine Stadt dämmriger Visionen und morbider Meditationen: Poes Topographie des Todes.

HONORÉ DE BALZAC hat E. T. A. Hoffmanns Werke gekannt und geschätzt. Das herausragende Beispiel seiner produktiven Auseinandersetzung mit Hoffmanns romantischer Ästhetik ist die Erzählung *Das unbekannte Meisterwerk*. Aber man vermeint auch in der Venedig-Novelle *Massimilla Doni* einige Spuren des deutschen Romantikers, womöglich auch Poes, zu entdecken. Nachweise im Einzelnen sind vielleicht gar nicht nötig oder möglich, denn je weiter die Erfindung Venedigs in der Phantasie der Dichter voranschreitet, desto häufiger und unentwirrbarer kreuzen sich die literarischen Spuren.

Balzac schrieb die Novelle ab 1837 nach seiner zweiten Italienreise, bei der er auch Venedig besuchte, in Paris nieder. Auch Balzac, der im Gegensatz zu Schiller, Hoffmann und Poe sich in Sachen venezianischen Lokalkolorits auf den eigenen Augenschein verlassen konnte, erzählt eine Dreiecksgeschichte: hier der junge Edelmann Emilio Memmi (23) mit dem Adelstitel Fürst von Varese, da die schöne Massimilla Doni (20), Gattin eines wieder einmal mehr als doppelt so alten Mannes, des Herzogs Cataneo (47 nach Lebensjahren, 118 »auf den Gefilden des Lasters«; Balzac: *Das Chagrinleder*. S. 405). Das Dreieck erweitert sich allerdings, als die am Teatro Fenice engagierte Sängerin Clarina Tinti auf den Plan tritt. Der junge, unschuldig schwärmende Emilio hat nämlich Massimilla in seinen Projektionen derart überhöht, dass er unfähig ist – Folge seiner vom Erzähler mehrfach diskret angedeuteten »edlen Krankheit« –, den Akt der Liebe mit dem Engelswesen konkret zu vollziehen. Ähnlich wie in Goethes Roman *Die Wahlverwandtschaften* (1809) – dem Balzac wohl seine Reverenz erweist – haben sich Massimilla und Emilio gefunden »wie zwei Substanzen gleicher Art«, aber die chemische »Verschmelzung« will nicht recht gelingen. Erst als Massimilla in einer den Zweck heiligenden Maskerade mit der Tinti Rolle (und Bett) vertauscht, wird Emilio von seiner platonischen Fixierung auf Massimilla kuriert. Nach dem Tod des alten Gockels von Herzog Cataneo werden Massimilla und Emilio heiraten und nach Paris ziehen.

Die besondere Leistung Balzacs liegt darin, dass es ihm gelingt, die familiäre Situation der Figuren und die Ohnmacht des verarmten Fürsten Emilio vor dem Hintergrund von Venedigs Verfallsgeschichte zu illustrieren. Emilio trägt zwar den höchsten Adelstitel des Landes, lebt aber von einer kläglichen Leibrente, die ihm die österreichische Regierung gnädig für die Abtretung eines Landhauses an der Brenta gewährt hatte. Die Herzogin dagegen kann sich mit dem Geliebten in einen »Feenpalast« zurückziehen, erbaut von Palladio und geschmückt mit Gemälden der Leonardo, Tizian und Tintoretto, und verfügt über eine eigene Gondel samt Lakai in Livree. Emilios Gondoliere rudert ihn aus reiner Familientreue tapfer über die Lagune. Wie Emilio klagt, ist es ein »Hohn des Schicksals«, einen der schönsten Paläste zu besitzen, ohne über das Interieur verfügen zu können. Selbst mit dem täglichen Brot, den Zigarren oder der Tasse Kaffee im Caffè Florian (in dem Balzac selbst gerne saß, später auch Mark Twain, Thomas Mann und Hemingway) hat er seine liebe Not. Da die Gegenwart wie ein »Palazzo ohne Seele, als eine Seele ohne Einwirkung auf den Körper« erscheint (und somit Emilios eigenes psychosomatisches Befinden spiegelt), beweint er »sein altes Venedig«.

Ähnlich träumt sein bester Freund mit dem ebenfalls großen Namen, Marco Vendramin, von vergangenen Jahrhunderten und betäubt sich so lange mit Opium, bis er im rausch-
haften Tod sich für immer mit der geliebten Kurtisane, der
Republik des dreizehnten Jahrhunderts, schlafen legen wird.
Wie elend es um Venedig steht, erhellt auch daraus, dass ein
»großer englischer Dichter« gekommen sei und sich »wie ein
Rabe auf einem Leichnam« niedergelassen habe, um ihm seine Klagelieder »zuzukrächzen«. Balzacs Ironie gilt natürlich
Byron, von dem übrigens Ippolito Nievo in seinem Roman
*Pisana* (siehe unten) schreibt, er habe Venedig zu seinem Vaterland gewählt, weil Dichter »wie Schwalben« seien, »die
ja auch ihr Nest gern unter Ruinen bauen« (*Pisana*. S. 728).
Doch zurück zu Balzac: Sein Seitenhieb auf Byron verweist
im Sinne einer Illusionsdurchbrechung auch darauf, dass Venedig längst als literarisierte Topographie gesehen werden
muss: »Armes Venedig!«

CHARLES DICKENS hat zwar selbst Italien bereist und darüber geschrieben, aber es ist nur konsequent, wenn er das Ve-
nedig-Kapitel seines Berichts einen »Traum« nennt, denn die
Grenzen zwischen Reisebericht und rein fiktiver Venedig-Vi-
sion sind längst fließend geworden. So ist der Venedig-Besuch
von Dickens durchweg als Traumsequenz komponiert. Irgendwo zwischen Padua, Modena und Ferrara verwischen
sich die zahlreichen italienischen Impressionen zu einem wirren Bilderfilm, und der Reisende glaubt, vom Rütteln der Kutsche in ein kontemplatives Hinbrüten versetzt, im Traum auf-
zuwachen, und beginnt jetzt erst den eigentlichen Traum,
nämlich eine Überfahrt durch die Lagune und die an einem
Friedhof vorbeiführende Einfahrt in eine seltsame Geister-
stadt.

Dickens gelingt das Kunststück, die Sehenswürdigkeiten
der Stadt und der Inseln zu beschreiben, ohne Namen zu nennen oder die Orte genau anzugeben. So schildert er den Mar-

kusplatz, den dazugehörigen Dom und Turm sowie den Dogenpalast samt Säulen und Löwen. Erst als die Konturen der
Königin der Adria in dem Traum unverkennbar sind, finden
sich ab und an die dazugehörigen Namen der Lokalitäten. All
die Herrlichkeiten wirken nicht nur als geträumte Attraktio-
nen »unwirklich, feierlich, phantastisch, unbegreiflich in jeder
Hinsicht«, sondern auch deshalb, weil es sich ja um vergangene »Macht und Herrlichkeit« handelt. Dickens träumt von
der Seufzerbrücke, einem Besuch der Bleikammern, dem Arsenal samt verschwundenem, nur als Miniaturmodell erhalte-
nem Bucintoro, von den Gärten im Meer und dem »verschwenderischen Zauber« inmitten von Moder und Fäulnis
einer Stadt, die – wieder eine Metapher – als »auf dem Meer
treibendes Wrack« imaginiert wird.

Da sich in der Traumvision Orte und Zeiten verwischen,
überrascht es nicht, dass dem Träumer auch die Gestalt eines
alten Dogen erscheint, dann Shylock und Desdemona und
zuletzt Shakespeares Geist. In dieser kunstvoll komponierten Phantasmagorie, angesiedelt im Niemandsland zwischen
Wirklichkeit und Traum, stellt sich Dickens schließlich vor,
wie die Riesenschlange des Wassers dereinst die ganze Stadt
verschlingen und unter sich begraben wird, so dass die Menschen nach subaquatischen Zeugnissen derjenigen suchen
werden müssen, die einmal die »Königin der Meere« genannt
worden ist. Und die Frage bleibt, ob es die wirkliche Stadt Venedig wohl noch geben mag über den wunderbaren Lagunen-
traum hinaus. Dickens' Vision von Venedig ist ein wahres
Kleinod unter den venezianischen Träumereien der literarischen Reisenden.

Neben Byron und Platen ist es vor allem RICHARD WAG-
NER, der die aus Venedigs Einmaligkeit abgeleitete Topographie des Todes mit neuen Konturen versehen hat. Ist der
Nimbus Venedigs zunächst unmittelbar an seine Geschichte
im Zeichen von Aufstieg, Glorie und Verfall geknüpft, so

nährt er sich zunehmend auch aus den literarischen Imagina-
tionen und aus den Legenden, die sich um berühmte Reisende
oder Bewohner ranken. Richard Wagners Werk wie seine Le-
bens- beziehungsweise Todesumstände prädestinieren ihn geradezu dazu, in den Mythos Venedig einzugehen.

In seiner Autobiographie berichtet Wagner, wie er im August 1858 zum ersten Mal, in Begleitung Karl Ritters, in Venedig eintraf. Die beiden kamen über den Eisenbahndamm, der
zwar damals kaum schon so industriell verunstaltet gewesen
sein dürfte, aber dennoch waren die ersten Eindrücke nach
der fröhlich-hutlosen Ankunft erschreckend bis unangenehm: Schuld ist die Fahrt in der schwarzen Gondel, bei der
sich Wagner wie auf einem an »zerschellten Ruinen« vorbei-
führenden »Leichenkondukte in Pestzeiten« fühlt. Er nimmt
Quartier im Hotel Giustiniani und richtet sich vom Teppich
bis zur Tapete dominant rote Zimmer ein, dass man glauben
möchte, er hätte sein Domizil am liebsten nach den Interieurs
von Neuschwanstein ausstaffieren lassen mögen. Nachdem
er sich so eingerichtet hat, kann ihn die »unvergleichliche
Schönheit Venedigs« bald versöhnen. Ganz auf die regelmäßi-
ge Arbeit konzentriert, nutzt er auch seine Promenaden und
Gondelfahrten zur kontemplativen Ruhe und lässt sich nicht
von lästigen Trittbrettfahrern und Schmeichlern ablenken:
So lebt er sieben Monate lang in freiwilliger Isolation in der
»prachtvollen Ruine dieser wundervollen Stadt«, sich wenige
Genüsse gönnend, zu denen der Besuch jener Goldoni-Ko-
mödie gehört, die auch Goethe entzückt hat, und häufige
Gondelfahrten zum Lido, die später Thomas Mann faszinieren werden. Kurzum: In dem »Lagunen-Idyll« herrscht von
den Klagegesängen der Gondolieri bis zu den über den Markusplatz hallenden Wagner-Ouvertüren genau jene melancholische Atmosphäre, die den Künstler beim Komponieren
inspiriert: Tristan ist in Venedig angekommen.

Richard Wagner reiste später noch viermal nach Venedig.

Das Schicksal wollte es bekanntlich, dass seine Reise vom September 1882 die letzte sein sollte. Weil Venedig ihn offenbar nicht mehr los lassen wollte, ist er im Februar 1883 im Palazzo Vendramin gestorben. Seither gehört auch Richard Wagner zu den unsterblichen Ikonen der Totenstadt.

IPPOLITO NIEVO gestaltet in seinem historischen Roman *Pisana oder die Bekenntnisse eines Achtzigjährigen* (1867) den Untergang der Markusrepublik und deren daraus entstandenen Nimbus als Todessymbol im Brennpunkt der geschichtlichen Veränderungen des 19. Jahrhunderts, mit dem Ende des Feudalstaates, dem Einmarsch Napoleons, den Bestrebungen um nationale Einheit inmitten der Restaurationszeit. Der Abschnitt über die Abdankung des letzten Dogen (Lodovico Manin) bildet das Zentrum des Romans.

Der aus einer alten Patrizierfamile stammende Ich-Erzähler, Carlino Altovito, haust wie Gozzi in einem Palast, in dem »Staub und Spinnweben« und »das graue Elend« herrschen. Der Sturm der Revolution fegt über Italien und bedroht die Patrizierherrlichkeit Venedigs. Carlinos Vater will mit den üblichen Bestechungsgeldern dem Sohn einen Posten als Doge verschaffen. Soweit jedoch kommt es infolge der sich überstürzenden Ereignisse nicht mehr; Carlino wird Sekretär der neuen Regierung und hofft auf einen demokratischen Wandel (ebenfalls wie Gozzi im Herbst seines Lebens). Allerdings erweist sich das Regierungsprovisorium als »eine Art Leichenobrigkeit, eine Totengräbergenossenschaft für die sterbende Republik«. Schon lange hatte die einstige Königin der Meere wie ein »balsamierter Leichnam« Gegenwart nur vorgetäuscht.

Mit dem Einzug des Korsengenerals ist das Ende der Republik besiegelt: »wie ein verfaulter Leib« fällt sie auseinander, und der Korse verstreut ihre Asche in alle vier Winde. Eine Totenfeier findet nicht statt, Tränen werden nicht vergossen. Obwohl Nievo das historische Venedig in den Blick rücken will, dominiert auch bei ihm die traditionelle Untergangsmetaphorik. Das Symbol Venedig hat das reale Venedig längst verdrängt, der Mythos ist an die Stelle der Historie getreten. Als Mythos aber ist »die sterbende Gottheit Venedig« gerettet für die Ewigkeit.

Im gleichen Jahr, in dem Nievos Roman erschien, unternahm MARK TWAIN eine Kreuzfahrt rund ums Mittelmeer, die ihn auch nach Venedig führte. Zwar ist Venedig inmitten verfallender Pracht »zum Bettler« geworden, aber »von aller Welt vergessen« ist es mit Sicherheit nicht. Wahrscheinlich bezieht sich dies auf die Neue Welt, also Twains amerikanisches Massen-Lesepublikum, das kaum einmal über den Teich vor der eigenen Haustür blickt. Die Ansichten von Verfall und Armut will Mark Twain ausblenden und sich lieber ein »Bild« von Venedig machen, es sich vorstellen im »Zauber der alten Romantik«. Sein Blick gilt also dem erfundenen Venedig, und er selbst pinselt es weiter aus.

Wie die Goethes, Grillparzer und Wagner residiert Mark Twain im ›Grand Hotel Europa‹, das er mit einem »Leichenwagen«, sprich per Gondel, erreicht. Ob er Goethes Metapher von Wiege und Sarg kannte, die möglicherweise »einer trivialen Sorglosigkeit das Wort geredet« hat? (Requadt 1962. S. 47) Bei Twain ist die Sorglosigkeit sicherlich nicht trivial, weil in hohem Maße stilisiert. Und die Insignien des Morbiden gehören für Mark Twain zum Venedig »der Dichtung und Romantik«. Der Amerikaner legt sich mit dem eher jaulenden denn singenden Gondoliere an (wobei seine Drohungen wohl geflunkert sind), besichtigt Seufzerbrücke, Markuskirche und Dogenpalast, in dem er – wie Grillparzer – das schwarze Rechteck bestaunt, das dem verschwörerischen Dogen Marino Falieri das Konterfei in der Honoratiorengalerie verweigert.

Auffallend ist, dass ausgerechnet Mark Twain auf das von den nostalgischen Beschwörungen der ruhmreichen Vergangenheit leicht übertünchte Faktum hinweist, dass die Republik Züge eines diktatorischen Spitzelstaates aufwies. Doch der schreckliche Löwenrachen, der an Verrat und Denunziation gemahnt, und nicht einmal die Gefängniszellen können das Bild trüben, denn all dies rangiert längst unter der Rubrik Touristenattraktion. Venedig, das Mark Twain wie in Trance zwischen vergangenen Jahrhunderten und der Gegenwart erlebt, das er weiter ausfabuliert und mit einem zwischen Schönheit und dem Charme der Schäbigkeit changierenden Inventar ausstattet – dieses Venedig »trauert«. Dieses Venedig aus dem Zauberreich der Poesie findet Mark Twain »vollkommen«.

## Zwischenspiel:
### Venedig im Gedicht II

Schon August von Platen hat, wohl im Anschluss an Goethes *Venezianische Epigramme,* ein Epigramm mit dem Titel *Venedig* gedichtet, das Mark Twains Eindruck von der Lagunenstadt vorwegnimmt: »Plump und zu bunt ist Rom, und Neapel ein Haufe von Häusern; / Aber Venedig erscheint eine vollendete Stadt« (*Sämtliche Werke.* Hg. von Karl Goedecke. Stuttgart und Berlin [ohne Jahr]. Band 2. S. 220). Die Wegbereiter des lyrischen Venedig-Bildes sind, wie gezeigt, Wordsworth, Goethe, Byron und Platen gewesen. An ihren Venedig-Dichtungen und dem darin ausgeprägten Bildinventar des noblen Verfalls konnten künftig Großpoeten wie Minderdichter nicht mehr vorbeigehen (Textbeispiele bei Neis 1978 und Reichel 1991).

CONRAD FERDINAND MEYER hat 1871 eine Reise unternommen, die ihn nach Venedig führte. Man könnte daher erwarten, dass sich in seinem Gedicht *Auf dem Canal grande* die Erlebnisse dieses Aufenthaltes niederschlagen. Doch geht

es tatsächlich weniger um das Niederschreiben von Erleb-
nissen, sondern Meyer verdichtet das Geschehen auf einen
einzigen Moment, einen »venezianischen Lebensaugenblick«
(Koopmann 1985), der zu einem symbolischen Bild überhöht
wird. Die strengen vierhebigen Trochäen gelten einem anonymen Blick, von einem nicht fixierbaren Ort aus, auf den
von berühmten Palästen gesäumten und ebenso berühmten
Brücken überspannten Canal Grande, dessen Ende bei der
Seufzerbrücke von Dogenpalast und Markusdom gekrönt
wird.

Der anonyme Beobachter dieser in abendliches Dunkel ge-
tauchten, aber von einem Streifen Sonnenlicht durchglühten
Szene sieht und hört die Blicke, das Getuschel und die Gebärden von Liebenden in einer unbestimmten Zeit, die auch die
Casanovas sein könnte. Das barocke Vanitas-Denken klingt
hier an, stärker noch das traditionell mit Venedig verbundene
Wechselspiel von Schönheit und Vergänglichkeit. Auch das
Liebesspiel ist von diesen Polen bestimmt. An dieser Stelle,
mit der in der vierten Strophe ausgesprochenen Einsicht, wird
die Momentaufnahme allegorisch überhöht. Die Gondelfahrt
verbildlicht den Lauf des menschlichen Lebens, der von der
Wiege zur Bahre führt, wie in Goethes achtem *Venezianischem Epigramm.* Die aufglühenden Leidenschaften erweisen
sich, wie das Leben, als vergänglich, dem Reich der Schatten anheim gegeben. Meyer scheint hier außerdem an August
von Platens Epigramm *Doppelte Bestimmung* anzuschließen:
»Liebendem Paar wohl dient zum Versteck die venetische
Gondel, / Doch beim Leichengepräng' dient sie zur Bahre
dem Sarg« (zitiert nach Reichel 1991. S. 38). In C. F. Meyers
Gedicht lautet die ohne Bedauern und ohne Angst vor Ver-
führbarkeit ausgesprochene Erkenntnis: Nicht Venedig geht
unter, sondern die Menschen.

RAINER MARIA RILKE hat sich mehrfach in Venedig aufgehalten und sich intensiv mit Geschichte und Gegenwart der

Lagunenstadt beschäftigt (vgl. Requadt 1962). In einer Tage-
buchnotiz (April 1898) hält er fest, dass sich Venedig im
Gegensatz zu Florenz leichter erschließe, weil die Paläste sich
»so vertrauensselig und beredt« präsentieren: »Deshalb geht
der Flüchtigste beschenkt von ihnen, reicher wenigstens um
dieses unvergleichliche goldene Lächeln der festlichen Fron-
ten, das zu jeder Stunde des Tages in irgend einer Nuance
wach bleibt und nachts der etwas zu süßen Melancholie
weicht, welche in den venezianischen Erinnerungen jedes
hastigsten Italienfahrers Raum gewann«. Rilke kritisiert
das rasche touristische ›Abhaken‹ Venedigs, das eine echte
Durchdringung ausschließt. In seinen frühen Venedig-Gedichten (1897) hält er die nächtliche Stimmung, die Stille in
der Stadt fest. Das lyrische Ich identifiziert sich mit einem toten Kaiser und gibt ein impressionistisches Stimmungsbild:
Die Fahrt mit der Gondel gleicht einem »Trauerzug vorbei an
den stummen Zeugen einstiger Pracht« (Reichel 1991. S. 125).
Die Zeit der Feste liegt in weiter Ferne, in der Gegenwart leidet das Volk an Armut und Krankheit, wovor der Tourist die
Augen verschließt.

In dem gut zehn Jahre später entstandenen Sonett *Spätherbst in Venedig* wird zunächst das Bild einer vom Verfall
geprägten, den Fremden (und dessen Unverständnis) wie ein
»Köder« anlockenden Stadt gezeichnet. Die Tage vergehen,
Blumen verwelken, den Marionetten fehlt das Leben zum
Spiel. Doch ab der Mitte des zweiten Quartetts entsteht in einem einzigen, langen, dynamischen Satz voller Zeilensprünge
Anlass zur Hoffnung auf ein erneuertes starkes Venedig,
wenn eine mächtige Flotte aufersteht und für ein künftiges,
glänzendes Schicksal sorgt. Das ist das aktive, wirkliche Venedig, das Rilke hinter dem touristisch verbrämten entdeckt hat.

In seinem *Malte*-Buch (1910) lässt er den Helden über die
hastigen Venedig-Touristen und Fremden lästern, die sich, »ohne die Existenz Venedigs im geringsten zu bewältigen, der

lohnenden Ohnmacht der Gondeln« und der eigenen verträumten Trance überlassen: »Das weiche, opiatische Venedig ihrer Vorurteile und Bedürfnisse verschwindet mit diesen
somnolenten Ausländern, und eines Morgens ist das andere
da, das wirkliche, wache, bis zum Zerspringen spröde, durchaus nicht erträumte: das mitten im Nichts auf versenkten
Wäldern gewollte, erzwungene und endlich so durch und
durch vorhandene Venedig« (*Die Aufzeichnungen des Malte
Laurids Brigge.* München 1998. S. 179). Diese latente Energie
Venedigs steigt in dem Venedig-Sonett aus den subaquatischen Wäldern auf und formiert sich zu neuer Flottenstärke,
wenn Venedigs herbstliche Seele erwacht und der somnolenten Dekadenz ein Ende bereitet. Man darf vermuten, dass Rilke den Roman *Das Feuer* (1900) von Gabriele d'Annunzio
(die Wege beider kreuzten sich nicht selten in Venedig und
Duino) gekannt hat, in dem es heißt: »Die gegenseitige Leidenschaft Venezias und des Herbstes, die beide zum höchsten
Gipfel ihrer sinnlich wahrnehmbaren Schönheit steigert, hat
ihre Ursache in einer tiefgehenden innerlichen Verwandtschaft: Venedigs Seele, die Seele, mit der die alten Künstler die
schöne Stadt bekleideten, ist herbstlich« (zitiert nach Reichel
1991. S. 134). Dieses aktive, wirkliche Venedig heißt auch für
Rilke Venezia. Das bedarf einer kurzen Erklärung.

Rilke hat über den Namen der Stadt so feinfühlig nachgedacht wie kein anderer, so dass er für das im Namen versteckte Schicksal der Serenissima eine nuancenreiche Namentrias
entdeckte: »Venise: dieser wunderbare verblichene Name,
durch den ein Sprung zu gehen scheint und der sich nur wie
durch ein Wunder noch hält – dem heutigen Dasein jenes Reiches ebenso seltsam entsprechend, wie einst Venezia dem
starken Staate entsprach, seiner Aktion, seiner Pracht: den
Galeeren, den Gläsern, den Spitzen und den verschwenderischen Bildern von alledem. Während ›Venedig‹ umständlich
und pedantisch schien und nur gültig für die kurze unselige

Zeit österreichischer Herrschaft, ein Aktenname, von Büro-
kraten boshaft auf unzählige Konvoluts geschrieben, trist und
tinten, so liest sich das: Venedig« (Brief an Clara Rilke vom
10. November 1907). Im Zusammenspiel fügen sich die drei
Namen Venedig–Venezia–Venise zu einer unvergänglichen
Einheit: dem Mythos.

## Mythos Venedig

Zwar hat sich Rainer Maria Rilke um die Entdeckung des
wirklichen Venedig bemüht, aber auch er hat mit seinen Briefen, Prosabüchern und Gedichten, wenngleich wohl unfrei-
willig, zur Mythisierung beigetragen. In seiner Sammlung
*Geschichten vom lieben Gott* (1900) findet sich das Märchen
*Eine Szene aus dem Ghetto von Venedig,* das sich der schon in
den frühen Venedig-Gedichten angesprochenen Armut und
dem Volk zuwendet. Das touristische Venedig und die pom-
pösen Paläste werden hier als das »wirkliche« Venedig bezeichnet. Dies jedoch ist vollkommen ironisch zu verstehen –
wie die Bildungsprahlerei von Erzähler und Vermieter – und
als Entlarvung des romanzenhaften Venedig-Trugbildes.

Diese Welt wird in der Erzählung ausgeblendet zugunsten
eines – freilich auch märchenhaft – überhöhten Ghettos, in
dem die Nähe zu Gott in ein räumlich sinnfälliges Bild gebracht ist: Die Wohnungen der Juden sind gleichsam in den
Himmel hineingebaut. In einer Variation der biblischen Geburt Christi kommt es am Ende, bezeichnenderweise an einem »Herbstmorgen«, zur Geburt eines Kindes, nach der
zum ersten Mal der Blick frei wird über die Häuserzeilen der
Stadt hinaus auf das Meer. Gott, der in den russischen Geschichten dieser Sammlung noch als das sprichwörtliche Väterchen mit dem Bart erscheint, ist jetzt in den Dingen verschwunden: Er ist das Meer, das sich am Horizont mit dem
Himmel vereinigt.

MAURICE BARRÈS knüpft mit seinem Essay *Der Tod von Venedig* (1903) an die mit den Namen Byron und Platen verbundene dekadent-ästhetizistische Sicht der Lagunenstadt an und treibt die ›Wonnen‹ der Wollust am Untergang so sehr auf die Spitze, dass die ›morbidezza veneziana‹ wahre Triumphe feiert. Bei diesem Autor erscheint Venedig als »Narkotikum und Lebenselixier« (Reichel 1991. S. 137), das dem in die sieche Stadt seiner Projektionen verliebten Narziss höchste Weihen verleiht, indem er die orgiastische Simulation seiner Todessehnsucht zelebriert.

Im Grunde analysiert Barrès dieses Lebensgefühl, zugleich aber verherrlicht er es auch. Wenn er die »Macht dieser Stadt über Träumer« betont, so steigert er sich im gleichen Atemzug selbst in die Venedig eigene »melancholische Wollust« und feiert ähnlich wie Platen die »Verzweiflung einer Schönheit, die dem Tode entgegengeht«. Venedig, und zwar das zum Mythos geformte Venedig, lebe seit einem Jahrhundert »nur mehr für ein Dutzend Träumer«, aber zu diesem exklusiven Zirkel zählt er natürlich selbst. Auch er komponiert fieberig mit an der »ewige[n] Oper« vom schleichenden Untergang, nimmt teil an dem »nebelhaften Roman des Todes«. Vergeblich mit Chinin versorgt, spürt der Hohepriester des Verfalls, wie die Stadt ihr »schlummerndes Gift« verströmt und »Millionen Bakterien« keimen lässt.

Bei Barrès spielt keine Trauer um das versinkende Venedig mehr mit wie im 19. Jahrhundert. Jetzt wird der Mythos Venedig neu arrangiert in einem Traumdelirium ewig hinausgezögerter Lust am Augenblick, wobei das Sterben stets nur imaginiert, das heißt simuliert wird. Für den sensiblen Ästheten ist der Tod *von* Venedig gleichsam das – noch – gefahrlose Vorspiel. Was folgen wird, ist der Tod *in* Venedig.

THOMAS MANNs berühmte Erzählung *Der Tod in Venedig* greift sämtliche Traditionen des Venedig-Kultes auf, lässt dazu antike Götter wieder auferstehen und führt seinen tragischen Helden in einen höchst artistisch komponierten Untergang, dass die Erzählung selbst zu einem Herzstück des Mythos Venedig geworden ist.

Der dem Tod geweihte Held, Gustav von Aschenbach, trägt (schon im Namen) deutlich Züge des homophilen Dichters August von Platen. Thomas Mann nahm außerdem den zentralen Gedanken aus Platens Gedicht *Tristan* auf, das mit den sprichwörtlichen Zeilen beginnt: »Wer die Schönheit angeschaut mit Augen, / Ist dem Tode schon anheimgegeben«. Thomas Mann hat auf diesen Zusammenhang in seinem Aufsatz *Über die Ehe* (1926) hingewiesen, in welchem er erläutert, weshalb »die Homoerotik erotischer Ästhetizismus zu nennen« ist (*Gesammelte Werke.* Band X. Frankfurt am Main 1974. S. 197). Vorbild für die Hauptfigur ist aber auch (in Vornamen und äußerer Erscheinung) der Komponist Gustav Mahler, von dessen Tod Thomas Mann während seines Aufenthaltes auf dem Lido erfuhr. Luchino Visconti hat in seiner (den Venedig-Mythos weiter popularisierenden) Verfilmung der Novelle diesem Zusammenhang Rechnung getragen, indem er den Film mit Mahlermusik unterlegte, um Aschenbachs Empfindungen auszudrücken. Daneben spielen auch Richard Wagners Kunstauffassung und seine venezianischen Erlebnisse eine Rolle für die Novelle (vgl. Thomas Manns Essay *Über die Kunst Richard Wagners).* Alle Anlehnungen und Bezüge (etwa auf Goethes späte Liebe) können hier gar nicht im einzelnen nachgezeichnet werden.

Nicht unerwähnt jedoch können die Gegenspieler Aschenbachs bleiben. Dazu lässt Thomas Mann in Venedig die alten Götter wieder auferstehen (siehe Pabst 1955, Jens 1957). Es ist vor allem Hermes, in der antiken Mythologie ein frühreifer Knabe, Gott der Diebe und Wegbegleiter, der die Verstorbenen in den Hades führt. Viermal begegnet Aschenbach diesem Todesboten, dem zuweilen auch Züge des Teufels und des wilden Gottes Dionysos beigemischt sind. Zunächst ist er der fremde Wanderer, der Aschenbach zu der fatalen Reise verleitet, dann unterwegs auf dem Schiff der Pseudo-Jüngling, und in Venedig der rohe Gondoliere und später der Bänkelsänger. Der schöne Knabe Tadzio steht für die (homo)erotische Anziehung und die Faszination der Schönheit, für apollinische Ausgeglichenheit und Erfüllung, im Kontrast zur dionysischen Wildheit. Doch an der Polarität des Apollinischen und des Dionysischen wird der tragische Held Aschenbach ebenso zugrunde gehen wie an seiner Selbstverliebtheit, an seiner Unentschiedenheit zwischen dem Wunsch nach erotischer Trieberfüllung und dem selbstverordneten Verzicht. Doch so synkretistisch diese mythologischen Verknüpfungen erscheinen mögen (vgl. Böschenstein 1993), sie bleiben stets an das konkrete zeitgenössische Venedig gebunden.

Über der Lagune weht tatsächlich der Cholera-Hauch des Todes. Was bei Barrès noch als Stimulans einer morbiden Selbstinszenierung erscheint, gerät bei Thomas Mann zur tödlichen Bedrohung. Die leitmotivisch wiederkehrenden Gerüche von Fäulnis und Moder, die Fieberhitze und Dünste über den Kanälen, der penetrante Gestank der Desinfektionsmittel sind kaum zu übersehende Indizien für den physischen (wie psychischen) Verfall des Protagonisten. Die Umarmung durch die Fassadenschönheit der profitgierigen Touristenfalle ist in Wahrheit der Willkommensgruß seitens der Unterwelt.

Da in zeitgenössischer Sicht Schönheit und Adel eine Einheit bilden, reist Gustav von Aschenbach selbstverständlich erster Klasse und steigt im mondänen ›Hôtel des Bains‹ auf dem Lido ab (wie die Manns selbst). Vom Todesboten und von Byrons melancholischen Gesängen (vgl. den 2. und 18. Gesang) auf die Stadt seiner Träume begleitet, fährt Aschenbach standesgemäß von der Prachtseite in die Serenissima ein, denn auf dem Bahnhof anzukommen hieße »einen Palast durch eine Hintertür betreten«. Dass er in Wahrheit sozusa-

gen durch den Hintereingang in den Palast des Todes geleitet
wird, ahnt Aschenbach zu dem Zeitpunkt noch nicht, auch
wenn er beim Besteigen der Gondel einen leichten Schauder
empfindet, weil diese ihn an eine Bahre auf dem Kanal des Lebens erinnert – im Anschluss an Goethes achtes *Venezianisches Epigramm* und Richard Wagners Eindruck, an einem
Leichenzug in Zeiten der Cholera teilzunehmen. Dass der li-
zenzlose Gondoliere Züge Charons trägt, fällt Aschenbach
nicht auf, zumal ihm der obligate Obolus erspart bleibt. Für
ihn führt die Fahrt durch die Lagune zum Lido und nicht
über den Fluss des Vergessens.

Meisterhaft gestaltet Thomas Mann im dritten Kapitel der
Novelle das ständige Schwanken seines Protagonisten, der
dauernd den Kanal hinauf und wieder hinunter fährt, mal aus-
packt und wieder einpackt, mal abreisen und doch lieber bleiben will, bis hin zur Komödie mit dem Koffer nach Como, in
der sich dieses in subtiler Ironie gedehnte retardierende
Moment in prustende Heiterkeit auflöst. Wir ahnen freilich
längst, dass die Rückkehr zum Lido den endgültigen Umschwung in die Tragödie bedeutet: Aschenbach gleitet dem
Tod in die Arme.

Im Gegensatz zum Klassiker Goethe erlebt der Neoklassi-
ker Aschenbach in Italien keine künstlerische Wiedergeburt,
vielmehr geht er rettungslos zugrunde, und dies nicht einmal
in Schönheit (Thomas Manns Lakonie lässt den Helden, nie-
dergestreckt von der Cholera, anonym im Hotelzimmer sterben). Dennoch ist er, durch die Kunst Thomas Manns, unsterblich und Teil des Mythos Venedig geworden.

ARTHUR SCHNITZLER hat sich in dem Drama *Die Schwestern oder Casanova in Spa* sowie in der Novelle *Casanovas
Heimfahrt* mit dem legendären Venezianer befasst, der wie
Byron oder Wagner als literarisierte Figur zum Mythos Venedig gehört. Der Lebemann und Schriftsteller Casanova ist in
einer langen Kette literarischer Filiationen zum Inbegriff des

vitalen Lebenskünstlers und Verführers geworden (vor allem um die Jahrhundertwende, in Texten von Jakob Wassermann, Hermann Hesse, Stefan Zweig und Hugo von Hofmannsthal). Schnitzler dagegen schildert einen alten, abgetakelten Casanova, der durch eine Gesellschaft geistert, die wie er selbst sich längst überlebt hat. Zwar geht Schnitzler mit den biographischen Daten etwas frei um (Casanova war dreiundfünfzig, als sein Bericht über die Flucht erschien, nicht aber zum Zeitpunkt seiner Rückkehr nach Venedig, die 1774 erfolgte), aber die meisten Details zu den Umtrieben des fossilen Galans (von den verführten Nonnen bis zum geretteten Gönner) stimmen mit den überlieferten Fakten beziehungsweise den von Casanova selbst in die Welt gesetzten Flunkereien überein.

Entscheidend aber ist, dass Schnitzlers literarische Phantasie eine Kunstfigur entwirft, auch zur Kritik der krisenhaft empfundenen eigenen Zeit vor dem Ersten Weltkrieg. So kehrt der kaum noch von seinem Ruhm zehrende Casanova fast anonym, nicht im Trommelwirbel in die Vaterstadt zurück, die sich selbst so verwahrlost präsentiert wie der angestaubte Casanova, der sich als Spitzel an die Reaktion verkauft. Aus dem Provokateur und Adelsgegner von einst ist ein Opportunist geworden. Wenn er am Schluss der Novelle in dem »elenden Gasthof« mit Blick auf fensterlose Mauern in den dumpfen, traumlosen »Heimatschlaf« verabschiedet wird, so ist das wohl zu lesen als endgültige Einkerkerung in der Kammer seiner moralischen Verkommenheit. Der Lebemann ist heimgekehrt, aber aus der Zukunft einer erneuerten Gesellschaft bleibt er ausgeschlossen. Nur ein letztes Abenteuer steht ihm noch bevor: der Tod. Arthur Schnitzler destruiert mit dieser entlarvenden Novelle eine Legende, kann aber nicht verhindern, dass er Venedig und Casanova damit ein weiteres literarisches Denkmal setzt.

HUGO VON HOFMANNSTHAL hat sich, von Rilke abgesehen,

wie kaum ein anderer Autor über eine lange Kette von Werken hinweg mit Venedig und dem literarisch vermittelten Venedig-Bild auseinandergesetzt. Wie Schnitzler hat er mehrfach den historischen Casanova zum Ausgangspunkt dramatischer Gestaltung genommen und den Aspekt des Abenteurers ins Zentrum gerückt (*Der Abenteurer und die Sängerin, Cristinas Heimreise*). In Gedichten wie in Dramen (*Der Tod des Tizian*) hat er versucht, die ihm genuinen Möglichkeiten der »Poetisierung Venedigs« (Requadt 1962. S. 217) zu entwickeln und zu verfeinern.

Mehrfach ist er in südliche Länder gereist, offenbar magisch angezogen von den Sehnsuchtsregionen, die den Nordländern seit dem 18. Jahrhundert als das gelobte Land erschienen, in dem Hofmannsthal väterlicherseits (lombardische Linie) familiäre Wurzeln hatte. Der Dichter ist sich natürlich bewusst, dass es sich bei diesem Süden um ein literarisch-ästhetisches Konstrukt handelt, was aber der Anziehungskraft keinen Abbruch tut, im Gegenteil. In einem Brief schreibt Hofmannsthal selbst: »Auch mich zieht das Licht der südlichen Welt mit einer Kraft zu sich, die geheimnisvoll stärker wird mit den Jahren« (*Hugo von Hofmannsthal – Rudolf Borchardt. Briefwechsel.* Frankfurt am Main 1954. S. 192). Auch das Licht von San Marco hat Hofmannsthal magisch angezogen. Zeugnis davon gibt der Essay *Erinnerung schöner Tage* (1908), in dem das Wechselspiel zwischen Licht und Finsternis den Markusplatz beherrscht, und vor allem das Romanfragment *Andreas oder Die Vereinigten* (1907–27), in dem sich eine der kunstvollsten Venedig-Phantasien überhaupt findet.

Der junge Andreas von Ferschengelder unternimmt von Wien aus die traditionelle Kavalierstour nach Italien. Über den Bauernhof der Familie Finazzer in Kärnten gelangt er nach Venedig. Die ganze Reise soll für den noch schüchternen jungen Mann zur Initiation werden und Venedig zum Ort

der Selbstfindung in der Vereinigung von Körper und Geist.
Gleich bei der Ankunft in der Lagunenstadt erlebt er die Aus-
gesetztheit in der Fremde. Selbst dem niederen Adel angehö-
rend, landet er bei einer gräflichen, patrizischen Familie, deren verfallendes hohes Haus in einer sehr engen Gasse liegt
und statt Glasfenster nur Bretter hat. Durch einen engen, voller Wäsche hängenden Hof und über ausgetretene Stufen geht
es hinauf zu seiner künftigen Behausung. Zwar turnt auf dem
Kochplatz die Hauskatze herum, aber immerhin liegt gegenüber das Theater San Samuele (in dem einst Casanovas Vater
als Schauspieler auftrat und der Sohn als Violinist engagiert
war). Andreas wird in die Gastfamilie mit den etwas seltsamen Sitten eingeführt, und es stellt sich heraus, dass sie zur
Aufbesserung ihrer Finanzen die jüngste Tochter als Haupt-
preis einer Lotterie aussetzt; freilich sei der zweite Preis »auch
sehr anständig«.

   Venedig scheint für den erotisch unerfahrenen Andreas ein
gefährliches Pflaster zu werden. Höchst symbolisch ist sein
strauchelnder Tritt in einen, wie es sich österreichisch schön
euphemistisch umschreiben lässt, »Paradeisapfel«. Der »in die
äußerste Künstlichkeit der venezianischen Dekadenz« (Sebald 1994. S. 64) versetzte Jüngling verliert den Begleiter Zorzi bald aus den Augen und droht sich in dem labyrinthischen
Gelände – das ist das geheimnisvolle Terrain der Sexualität –
zu verirren. Die rätselhafte Begegnung in der Kirche, ganz
von stummen Blicken und hallenden Schritten bestimmt,
weist auf die erotische Initiation des jungen Mannes voraus.
Die geheimnisvolle Fremde, die dem Anfangskapitel des Romans den Titel gebende »wunderbare Freundin«, ist nämlich
jenes faszinierende Doppelwesen Maria/Mariquita, das im
Fortgang des Romans ständig zwischen Heiliger und Hure
changieren und den Jüngling vollkommen in seinen Bann ziehen wird. Die Initialen dieser Gestalt erinnern an Casanovas
unkeusche Nonne (M. M.), aber auch an die teuflischen, me-

dusenhaften Frauen bei Matthew Lewis (*Der Mönch*) oder
Prosper Mérimée (*Der Teufel ist eine Frau*).

Andreas' erste Reaktion bei der noch anonymen Begegnung ist die Flucht (zurück in die Kirche) – ein typisches Beispiel für die Angst der dekadenten Ästheten vor den Frauen.
Nur Augenblicke später beschleicht Andreas das Gefühl, »ein
leichter Schritt und die Bewegung eines Kleides« hätten sich
wieder »an seine Fersen geheftet«. Dies ist das Venedig der
Stille, wo das leiseste Geräusch die Gassen durchdringt und
sich der geringste Hauch aus dem Irgendwo mitteilt: die ideale Topographie des Verfolgungswahns. Man weiß nicht, welches Geheimnis hinter der nächsten Ecke wartet oder welche
Gefahr einen von hinten noch einholt. Der Leser ist geneigt,
für Andreas ein ähnliches Schicksal wie das Aschenbachs zu
befürchten. Da wir aber wissen, dass für den jungen Kavalier
auf der großen Tour die Identitätsfindung und die Einwei-
hung in die Geheimnisse der Liebe (die Vereinigung im doppelten Sinne) vorgesehen sind, so dürfen wir davon ausgehen,
dass Andreas nicht dem Tod anheimgegeben, sondern in den
Armen der Liebe landen wird. Allerdings bleibt offen, ob das
große Los in der Lotterie der Erotik auf eine homophil-
narzißtische Verdoppelung oder auf eine heterosexuelle Vereinigung hinauslaufen wird. Wahrscheinlich ist der Roman
auch deshalb Fragment geblieben, weil Hofmannsthal selber
schwankend blieb in der Frage, ob er den Gattungskonven-
tionen des Bildungsromans folgen sollte oder dem Weg ins
verbotene Glück. Das *Andreas*-Romanprojekt stellt aus all
diesen Gründen ein »venezianisches Kryptogramm« (Sebald
1994) dar, das in der Literatur seinesgleichen sucht, weil es
den Geheimnissen von Kunst und Leben so nahe kommt wie
möglich und diese doch nicht preisgibt.

Ein Doppelleben für Venedig als Stadt macht GEORG SIM-
MEL ausfindig. Er betont in seinem Venedig-Essay die seltsame Gespaltenheit Venedigs wie seiner Bewohner, die ständig

zwischen Oberfläche und wahrem Sein, zwischen Fassade und Innerem wechselten wie Schauspieler ihre Rollen. Dass sie außerhalb ihrer Rolle nichts seien, ist allerdings eine ungerechte moralische Verurteilung der Venezianer. Aber im Rahmen einer Metapher zur Einsicht in die hypnotische Wirkung, die diese Bühnenkulisse auf Generationen von Künstlern ausgeübt hat, ist der Blick auf das bühnenhaft-theatralische Venedig durchaus von Erkenntniswert. Auch Hofmannsthal hat ja Andreas' Begegnungen mit der doppelten Dame nicht selten als Pantomime oder Liebesballett inszeniert. Simmel vermutet die Ursache für den theatralischen Doppelcharakter Venedigs in dem ständigen Wechsel zwischen dem Land und dem Wasser, in einer Ablösung des äußeren Scheins vom tatsächlichen Sein.

Wie Rilke versucht Simmel, hinter der Oberflächenschönheit den Ausdruck des »wirklichen Seins« der Stadt zu entdecken. Ihren »›traumhaften‹ Charakter«, der so manchen Reisenden in Trance versetzt hat, sieht er in der jahreszeitlosen Gleichförmigkeit (auch ihm fällt das fehlende Grün auf) und in dem langsamen, gleichmäßigen Rhythmus des Fußgängers und der Gondeln begründet. Die Stadt aber entzieht sich dem Eindringling. Deshalb hat für Simmel die Lagunenstadt »die zweideutige Schönheit des Abenteuers«, das der Seele keine »Heimat« zu bieten vermag. So bleibt Simmels Venedig-Visite bestimmt von der Sichtweise eines fremden Gasts. Venedigs Doppelwesen führt den Fremdling zu der Erkenntnis, dass »unser Leben eigentlich nur ein Vordergrund ist, hinter dem als das einzig Sichere der Tod steht«.

Ernst Bloch, der an Simmels Kolloquien in Berlin teilgenommen hat, versucht geradezu auf den Spuren des Lehrers die »Grenzexistenz« und den »Schein« Venedigs zu ergründen und hinter die touristisch-triviale Fassade aus »Kitsch« zu blicken. Auch er hebt Stille und Fußgängerfreundlichkeit Venedigs hervor und betont, dass die Adriametropole sich seit hundertfünfzig Jahren ihr Bild erhalten hat. Venedig ist »das Erotikon selber«, wie wir am eindrucksvollsten bei Thomas Mann und Hofmannsthal gesehen haben. Bloch erkennt die Nähe von Karneval und Totenmaske, von Sinnlichkeit und Vergänglichkeit. Natürlich weiß er, dass Generationen von Künstlern sich ihr eigenes Venedig phantasiert haben, die Illusion einer »città morta«, gelegen am »majestätischen Styx«. Damit landet der Philosoph mitten in der sich um Stadt und Staat in der Lagune rankenden Mythenbildung. Genau da aber will Bloch in seinem Essay auch hin.

Er lässt die Todessymbolik der romantischen Träumer Revue passieren, die ihre »phantastischen Süchte des Nordens« zur Flucht in den Süden getrieben haben, wo ein Hauch von Orient und Märchenruhm durch die Kanäle und Gassen weht: Von Shakespeare über Schiller, Byron und Wagner (den »Tristanmusiker«) den Bogen bis zu Ruskin und Hauptmann schlagend, erklärt Bloch, dass der Schauplatz all ihrer Projektionen selber schon »aus manipuliertem geographischem Traumstoff ist«. Das tut dem Charme der Chimäre Venedig keinen Abbruch. Der Markuslöwe ist – schon Grillparzer hatte dies vorausgesehen – zum »Fabeltier« geworden.

Und mögen die legendären Gestalten Venedigs untergegangen sein, so Bloch über die geradezu hypnotische Wirkung von Fiktionen, »als Geister aber stehen sie desto lebhafter in der seltsamen Atmosphäre«, nicht zuletzt deshalb, weil »keine Poesie ohne einen Schuß italienische Nacht brauchbar ist«. In gewisser Weise widerspricht Bloch hier der Auffassung Simmels. Denn Blochs Ansicht vom Weiterleben der Fiktionen, zum Beispiel in der Phantasie der sie gastfreundlich aufnehmenden Leser (auf die auch die vorliegende Venedig-Sammlung hofft), läuft im Grunde darauf hinaus, dass die fremden Gäste wie die Venezianer und die Wahlvenezianer aus der Wirklichkeit zusammen mit all ihren erfundenen Gestalten am Ende doch eine Heimstatt finden, in der sie nie untergehen werden – im Mythos Venedig nämlich, weil ein Mythos ja gar nicht sterben kann.

Mit ERNEST HEMINGWAY verbindet man in der Regel kaum narzisstische Todessehnsucht, sondern vielmehr männliches Heldentum, Abenteuerlust und allenfalls todesmutige Kampfbereitschaft, die auch das eigene Scheitern nicht fürchtet. In Hemingways Verhältnis zu Venedig dominiert denn auch eine vitale, lebensbejahende Einstellung, die Venedig ebenso als großes Fest des Lebens, des Genusses und der Liebe begreift wie Paris (vgl. Hemingway: *Paris – ein Fest fürs Leben*. Reinbek 1965). Aufgrund der Nähe zwischen den Romanen und dem Autor, dessen Lebensspuren immer wieder nach Venedig weisen, bildete sich die Legende von ›Papa‹ Hemingway, der zwischen dem Gritti und Harry's Bar als lebende Venedig-Reklame verkehrte.

In dem Roman *Über den Fluß und in die Wälder*, in dem Hemingway eigene Erlebnisse aus dem Ersten Weltkrieg verarbeitet, geht es nach der Verwundung des Helden auf der Oberfläche um Genesung und neuen Lebensgenuss. Wenn man die Signale des Textes aber nicht überliest, dann ahnt man bald, dass der Colonel in Venedig alle Wege wohl ein letztes Mal geht. Er ist einer aus der langen Galerie literarischer Helden, die in Venedig einem schleichenden Tod entgegensehen. Hemingway lässt auch in diesem Roman trotz allem gelegentlichen Gefühlskitsch immer wieder (in den Dialogen, im Erzählerbericht wie in den inneren Monologen des Colonels) jene Lakonie und verknappende Prägnanz des Stils aufblitzen, die ihn berühmt gemacht haben. Folglich kommt er auch ganz ohne mythologischen Subtext aus. Zwar strotzt auch sein Gondoliere vor Selbstbewusstsein, aber er ist keine heimtückische Charonsfigur wie bei Thomas Mann, sondern einfach »ein guter alter Kerl«. Natürlich ist Venedig »eine sonderbare, knifflige Stadt«, durch die ohne Orientierungsverlust zu streifen »amüsanter als Kreuzworträtsel lösen« ist. Mit derlei kühlem Understatement lassen sich »die alte Magie der Stadt und ihre Schönheit« also auch beschreiben.

Auf der Fahrt durch den Canal Grande gedenkt der Colonel berühmter Venezianer und Gäste, die ähnlich wie er am liebsten für immer in der Lagunenstadt gelebt hätten (d'Annunzio, Browning und vor allem der Frauenheld Byron, der trotz seiner Bettgeschichten beliebt war). Bei Colonel Cantwell verbirgt sich hinter dem Wunsch, sein »ganzes Leben lang in dieser Stadt umher[zu]schlendern«, die illusionäre Hoffnung auf das pure Überleben. Vorerst bleibt ihm noch das Pendeln zwischen ›Harry's Bar‹ (dort ist er »zu Hause«) und dem ›Gritti Palace‹. Mit den Nobeladressen bewahrheitet sich im übrigen wieder einmal das wie auf Venedig gemünzt scheinende Sprichwort vom vornehmen Zugrundegehen der Welt (wer es ausprobieren will: Eine Übernachtung im Doppelzimmer kostet in dieser exquisitesten aller Adressen € 800 und mehr).

»Da ist nur das Sausen« – dazu kommen die »stechenden Schmerzen« beim Treppensteigen auf Brücken. Noch einmal geht der alte Kämpe auf die Entenjagd (auf Torcello), auf dem geliebten Markt versorgt er sich vorher mit Delikatessen für Herrn und Hund. Wieder ist Hemingways Symbolik ganz unaufdringlich: Auf dem Fischmarkt fallen die toten Meerestiere und Fische ins Auge, zum Beispiel, wie die Bonitos (der Angler Hemingway weiß, wovon sein Colonel hier spricht) sich auch im Tod »würdevoll« zeigen. Nach einem würdevollen Abgang sehnt sich auch der Colonel. Er schlürft ein halbes Dutzend Austern aus (nicht »Muscheln«, wie die Übersetzung meint) – wohl der Inbegriff kulinarischer Hochgenüsse –, als koste er ein letztes Mal das Leben in vollen Zügen. Nichts anderes tut er in der heimatlichen ›Harry's Bar‹. Am Ende stirbt der allen Sinnesgenüssen, dem Leben und der Liebe huldigende Held *seinen* Tod in Venedig. Und Hemingway selbst hat zuletzt auch ein Loch gefunden, um aus der Welt zu schlüpfen.

Der Roman schildert also die letzten drei Lebenstage des Helden, der am Schluss an einem Herzinfarkt stirbt, auf dem Rücksitz eines »überlebensgroßen« Luxusautomobils (*Über den Fluß und in die Wälder.* S. 199). Der Titel spielt auf die letzten Worte eines amerikanischen Generals an, der sich über den Fluss bringen ließ, um im Schatten der Wälder zu ruhen. Diese Anekdote erzählt Colonel Cantwell seinem Fahrer Jackson, bevor er selbst in den Wäldern jenseits des Flusses (der wohl Lethe heißt) die letzte Ruhe findet. Für ihn gibt es keine Auferstehung aus den Wäldern wie in Rilkes Vision. Unsterblich aber ist Cantwell wie sein Erfinder Hemingway dennoch geworden: als Medaillon im Mythos Venedig.

DAPHNE DU MAURIERS Erzählung *Dreh dich nicht um* ist in der eleganten Filmversion von Nicolas Roeg, die überdies in der deutschen Fassung den ungleich schöneren Titel trägt (*Wenn die Gondeln Trauer tragen),* vermutlich bekannter und vor allem dadurch Teil des populären Venedig-Bildes geworden. Dabei hat die britische Autorin nichts Neues zum Mythos Venedig hinzuerfunden. Weder prägte sie eigene Metaphern für die Lagunenstadt, noch wich sie von den tradierten literarischen Konstanten ab. Die Erzählung vermischt Elemente der Schauerliteratur (Gothic Novel; schon Ann Radcliffe hat in *Udolphos Geheimnisse* das rätselhafte Venedig beschworen) und des Kriminalromans und kombiniert sehr geschickt die touristischen und literarischen Ansichten dieser Bühnenkulisse.

Denn die Stadt mit ihrer labyrinthischen Anlage, mit der Stille und dem Dunkel enger Gassen und Kanäle, mit den Kirchen und Palästen und den vielen Inseln im Wechsel von Nebel und Licht und mit all ihrem hypnotischen Zauber »bietet sich als Schauplatz für Kriminalromane geradezu an« (Maurer 1999. S. 108). Das haben mittlerweile auch andere Autoren erkannt, so dass von einer wahren venezianischen Krimiflut gesprochen werden kann, in der drittklassiger Kitsch neben ho-

her Kunst schwimmt und die echten italienischen Autorenna-
men nicht von den italisierenden Pseudonymen von Germa-
nen und Amerikanern zu unterscheiden sind (vgl. die bibliographischen Hinweise).

Zur Differenzierung seien hier ein paar Bewertungen ein-
geschoben: Vorzügliche Venedig-Romane, die zugleich Kriminalromane sind (und umgekehrt), stammen aus der Feder
von Patricia Highsmith, Michael Dibdin, Jean-François Vilar,
Peter Rosei sowie dem Duo Fruttero und Lucentini. Die
Bestseller am Fließband produzierende Amerikanerin Donna
Leon bietet solides Häkelhandwerk (viel besser ist Magdalen
Nabb, deren Bücher aber in Florenz spielen), die anderen auf
der Welle mitschwimmenden und den Restprofit abschöpfen-
den Pseudovenezianer kann man getrost vergessen. Damit
zurück zu Daphne du Maurier.

Das Ehepaar Laura und John hält sich nach dem Tod der
fünfjährigen Tochter Christina (privates Unglück als Reise-
grund verweist auf einen traditionellen Anlass der Italienreisen) zur Ablenkung in Venedig auf. Bei einem Ausflug nach
Torcello stoßen die beiden auf schottische Zwillingsschwestern, deren eine blind ist und die Gabe des zweiten Gesichts
besitzt. Dieses traditionelle Motiv und weitere Anlehnungen
lassen vermuten, dass du Maurier ihren E. T. A. Hoffmann,
womöglich *Doge und Dogaresse,* gelesen hat. Der Ausflug
nach Torcello scheint misslungen, eine »Ratte« schwimmt in
Ufernähe, und bei John stellt sich »ein Gefühl von nahe bevorstehendem Unheil« ein. Er besitzt selber, allerdings ohne
es zu wissen, die Gabe, in die Zukunft blicken zu können. Zurück in Venedig, unternehmen Laura und John abends einen
Spaziergang und verirren sich prompt. Die Stadt nimmt allmählich abweisende bis unheimliche Züge an. Die Gegend
wirkt zusehends öde und verfallen, alles scheint leer und nur
Fassade, die Häuser mit den verriegelten Fenstern sehen »tot«
aus – und die Boote »wie Särge«. Auch dies ist, wie wir mitt-

lerweile wissen, eine Metapher aus der Requisitenkammer der Bühne Venedig.

Da ertönt ein Schrei, und ein offenbar in höchster Gefahr befindliches Kind mit kurzem Mantel und spitzer Kapuze taucht auf und verschwindet. (Es soll Leute geben, die bei der Filmversion die zentrale Szene der Frontalansicht des Zwergenwesens mit der Kapuze nie gesehen haben, weil sie vor Schrecken die Augen verschlossen). Als John und Laura in der Nähe von San Zaccaria (die Filmszenen wurden allerdings in der ältesten Kirche Venedigs gedreht, in San Nicolò dei Mendicoli) endlich aus dem Labyrinth herausfinden und in der erleuchteten »Touristenatmosphäre« aufatmen, taucht ausgerechnet das Zwillingspaar wieder auf und lässt neues Unheil ahnen.

Auf dem verlassenen Markusplatz steht das Paar dann allein im strömenden Regen. Es folgt du Mauriers Verneigung vor Byron und der literarischen Tradition, der sie ihre Anregungen verdankt; mit John gesprochen: »Die Fachleute haben recht, dachte er. Venedig versinkt allmählich. Die ganze Stadt stirbt langsam ab. Eines Tages werden die Touristen mit dem Schiff hierherkommen, um ins Wasser hinunterzublicken. Tief, tief unter sich werden sie Pfeiler und Säulen und Marmor sehen, eine Unterwelt aus Stein, die Schlick und Morast den Blicken nur sekundenlang preisgeben.« Bisher hat sich die amphibische Stadt erfolgreich gehen derlei Prophezeiungen gewehrt.

Wie viele Reisende vor ihnen, versuchen auch Laura und John vergeblich, den Alptraum zu verlassen und abzureisen, bevor sie darin umkommen. Mehr soll aber an dieser Stelle dem Glücklichen, der das Abenteuer der gesamten Lektüre dieser Erzählung noch vor sich hat, nicht verraten werden; nur soviel: Das Unheil nimmt seinen Lauf, denn Venedig entkommt man nicht.

W. G. SEBALD und seine Vision von Venedig bilden in der

vorliegenden Sammlung den Abschluss einer literarischen Reihe, die genau 250 Jahre Literatur- und Kulturgeschichte erfasst. Mit Sebald, dem ausgezeichneten Kenner der von Leid und Zerstörung gekennzeichneten Geschichte, der einer zur Vergänglichkeit bestimmten und zur Vergesslichkeit neigenden Menschenwelt die Schönheit und die Last der Erinnerungskunst entgegenhält, mit diesem Autor und seinem Prosatext *All'estero* (Im Ausland, In der Fremde) schließt sich der Kreis auf literarisch höchstem Niveau.

Sebalds Ich-Erzähler, der sehr eng mit dem Autor verwandt, aber nicht mit ihm identisch ist, reist nach seinem Venedig-Aufenthalt dorthin weiter, wo seinerzeit Dickens aus dem venezianischen Traum erwacht ist: nach Verona. Er ist also noch einmal davongekommen. Angefangen hat alles an der Ferrovia Santa Lucia, wo er sich unters scharf gewetzte Messer des Bahnhofsbarbiers begab. Sebalds Reisender, der wie die berühmten Vorgänger einen Ortswechsel vornimmt, um über »eine besonders ungute Zeit hinwegzukommen« (*Schwindel. Gefühle.* S. 41), reist von Wien aus in die Lagunenstadt und wählt, per Eisenbahn eintreffend, offenbar bewusst den trostlosen Zugangsweg. Der Gondoliere scheint ihm »ein Sinnbild der Wahrheitsbereitschaft«, womit auf eine Suchbewegung verwiesen wird, die für Sebalds Erzählen zentral ist. Seine Erinnerungen und archivarischen Expeditionen gelten der Wahrheit, die sich meist tief hinter der Oberfläche der Dinge verbirgt. Es ist kein Zufall, dass sich der Erzähler zuerst ins Ghetto begibt. Das ist jener Ort, von dem Sebalds Nachforschungen über den Leidensweg der Juden in seinen späteren Büchern (*Die Ausgewanderten, Austerlitz*) ausgehen werden.

Die besondere Eigenheit der Lagunenstadt wird darin gesehen, dass der Weg des Fußgängers vom ständigen, raschen Wechsel der nur augenblicksweise möglichen Wahrnehmung geprägt wird. Sebald führt den Gedanken Georg Simmels, allerdings ohne die moralische Aburteilung der Venezianer, weiter: Diese »kurzen Expositionen« erscheinen dem Erzähler »von einer geradezu theatralischen Obszönität«, weil man dabei nolens volens in eine »Verschwörung« einbezogen wird, an der Einheimische und Fremde gleichermaßen beteiligt sind, weil sie auf der Anonymität in der Masse beruht. So entstehen Verwirrung und Schrecken von existenziellem Ausmaß, jenseits der trivialen Lust am wohligen Schauer, die ja immer nur eine simulierte bleibt. Bei ›Schwindelgefühlen‹ lebensbedrohender Art, angesichts rätselhafter Koinzidenzen, bedarf es nur geringfügiger Verrückungen, bis der Verstand die Orientierung verliert und in das für Venedig typische halluzinatorische Schweben hinübergleitet.

So meint der Erzähler, im Vaporetto weiter hinten König Ludwig II. sitzen zu sehen, in Begleitung einer zwergwüchsigen Dame britischer Herkunft (wir ergänzen: die aus einer Trauer tragenden Gondel zugestiegen sein könnte). Der Erzähler liest im Reisetagebuch Grillparzers, und es geht ihm ähnlich wie dem unleidlichen Dichter, der in Venedig an Erscheinungen, Idiosynkrasien und dem Gefühl des Unheimlichen litt. Zu Sebalds ›venezianischem Kryptogramm‹ voller unterschwelliger, offenbar mit Notwendigkeit im Ich-Erzähler zusammenlaufender Koinzidenzen (vgl. Atze 1997) gehört insbesondere der Bezug auf Giacomo Casanova und seine Flucht aus den Bleikammern. Die identifikatorische Beziehung zu Casanova deutet auf eine den Erzähler bedrohende Einkerkerung im Labyrinth Venedigs. Die Koinzidenz nimmt wahrhaft erschreckende Ausmaße an, als der Erzähler entdeckt, dass er sich ausgerechnet am Jahrestag von Casanovas Flucht am Platze befindet.

Gegen Mitternacht unternimmt er zusammen mit Malachio eine Bootsfahrt fast um das ganze Venedig herum. Die beiden lassen sich in eine lange meditative Ruhe hineinschaukeln: »Vor uns lag der verglimmende Glanz unserer Welt, an dem

wir, wie an einer Himmelsstadt, uns nicht sattschauen kön-
nen«. Bevor sie am »Inceneritore Comunale« vorbeifahren,
erklärt Malachio, dass das Wunder des Lebens nicht etwa im
Wasser untergehen, sondern »in Flammen« aufgehen werde.
Dieser Gedanke der Zerstörung durch das Feuer wird später
Sebalds Buch *Die Ringe des Saturn* beherrschen. Eine weitere
seltsame Korrespondenz, in Gestalt eines Orakelspruchs oder
Echos aus dem Ghetto, ergibt sich bei der Verabschiedung der
beiden, als Malachio dem Erzähler zuruft: »Nächstes Jahr in
Jerusalem!«

Auch die Abreise des Erzählers – nach drei von Traumdeli-
rien über arme Seelen, Heilige, Märtyrer und Narrenschiffe in
den Sümpfen der Lagune beherrschten Nächten im Hotel –
hat etwas Gespenstisches an sich. Die Szene im Bahnhofsbuf-
fet, wo der Erwerb eines Cappuccinos nach Durchlaufen der
ganzen Maschinerie wie das Davonkommen vor einem gna-
denlosen Gericht erscheint, könnte der Welt Kafkas entstam-
men. Wieder meint der Erzähler verfolgt zu werden und
macht sich schließlich davon nach Verona. Aber Kafka und
die beiden jungen Männer werden ihm auf der Spur bleiben, weit über Venedig hinaus. Vielleicht wird die Lagunenstadt noch stehen, wenn nach dem großen Feuer der Zerstörung kein Mensch mehr da sein wird, der in ihr untergehen
kann.

Wer sich auf das verwirrende Vexierspiel Sebalds einlässt,
gerät unwillkürlich in den Sog dieser dem schwebenden
Rhythmus Venedigs angeglichenen, makellos schönen und ma-
gischen Prosa, deren Zauber er sich kaum entziehen kann. Er
wird sich darin verlieren und herumirren wie in einem riesigen, endlos verzweigten Sprachlabyrinth, dessen Bauplan da
und dort mal aufscheint, aber sich sogleich wieder verflüch-
tigt.

Der letzte Abschnitt von Sebalds Buch trägt die Über-
schrift »Il ritorno in patria«. Der Weg führt also zurück von

der Fremde in die Heimat. Wer aber weiß, wo diese liegt? Vielleicht in jenem unentdeckten Land, von dem kein Wanderer je wiederkehrt.

## Rückreise

Der Reisende wird für den Rückweg vielleicht eine Route durchs Gebirge oder über das Meer wählen, bei der er seinen eigenen Weg von der Hinreise nicht kreuzen muss. Beliebt bei den klassischen Reisen war der Rückweg über die Schweiz oder gar durch Frankreich und über Paris. Wer es eilig hat, kann über den Brenner nordwärts ›fliegen‹ oder vom Flughafen mit dem passenden Namen Marco Polo aus. Es soll aber auch immer wieder vorkommen, dass sich Reisende im Labyrinth der Lagune verirren, nicht mehr herausfinden wollen und verschollen gehen, weil sie ihr Land endlich entdeckt haben.

# Autoren und Quellen

Mit * versehene Überschriften
stammen vom Herausgeber der vorliegenden Ausgabe

## Honoré de Balzac (1799–1850)

Der aus einer bäuerlichen Familie stammende, in Tours geborene Autor studierte Rechtswissenschaften in Paris, brach aber das Studium ab und wurde Schriftsteller. Sein Hauptwerk ist der monumentale, über neunzig Romane und Novellen umfassende, unvollendet gebliebene Zyklus »Die Menschliche Komödie«, in dem er die französische Gesellschaft des 19. Jahrhunderts in allen Schichten porträtiert. Balzac unternahm zwei Italienreisen; die zweite führte ihn auch nach Venedig und inspirierte ihn zu der 1837 entstandenen Novelle »Massimilla Doni«. In Venedig spielen überdies seine Erzählungen »Gambara« und »Facino Cane«, die allerdings schon vor der Venedig-Reise entstanden sind. Balzac starb in Paris.

*Text:* Massimilla Doni (1839), Auszug.

*Quelle:* Honoré de Balzac: Das Chagrinleder und andere Werke (= Die Menschliche Komödie XI). München: btb 1998.

## Maurice Barrès (1862–1923)

Der in Charmes-sur-Moselle geborene lothringische Autor bürgerlicher Herkunft erlebte den Deutsch-Französischen Krieg 1870/71 als Trauma und entwickelte in der Folgezeit antirepublikanische, nationalistisch gefärbte Ansichten, für die er sich auch politisch engagierte. Zu seinen literarischen Hauptwerken gehören die einen narzisstischen Ichkult proklamierende Romantrilogie »Le culte du moi«, die teilweise in Venedig spielt, sowie die völkisch-nationale Trilogie »Le roman de l'énergie nationale«. Barrès, der mit seinem Venedig-Essay das Bild vom lustvoll-morbiden Ort des Untergangs entscheidend mitprägte, starb in Neuilly-sur-Seine.

*Text:* Der Tod von Venedig (1903), Auszug.

*Quelle:* Jochen Reichel (Herausgeber): Der Tod von Venedig. Berlin: Henssel 1991.

### Ernst Bloch (1885–1977)

Der in Ludwigshafen geborene Autor gehört zu den bedeutendsten deutschen Philosophen des 20. Jahrhunderts. Er studierte in München und Würzburg und nahm anschließend an Georg Simmels Privatkolloquium in Berlin teil. Neben seinem Hauptwerk »Das Prinzip Hoffnung«, in dem er seine Philosophie einer die Vergangenheit und die Zukunft umgreifenden Utopie entwickelte, hat er das gegen den Nationalsozialismus gerichtete Buch »Erbschaft dieser Zeit« verfasst sowie eine Reihe von der Literatur gewidmeten Essays und »Geographica«, zu denen auch die hier abgedruckte Betrachtung über Venedig gehört. Bloch lebte und lehrte mehrfach im Exil (u. a. Schweiz und USA) sowie an verschiedenen deutschen Universitäten, darunter Berlin, Heidelberg, Leipzig und Tübingen. Bloch starb hochbetagt in Tübingen.

*Text:* Venedigs italienische Nacht (1934).

*Quelle:* Ernst Bloch: Gesamtausgabe, Band 9: Literarische Aufsätze. © Suhrkamp Verlag Frankfurt 1985.

## George Gordon Lord Byron (1788–1824)

Der in London geborene Byron kann als Kultfigur der europäischen Romantik gelten. Ab 1805 studierte er in Cambridge und verfasste erste Dichtungen. Nach dem Studium trat er ins Oberhaus ein, doch die politische Laufbahn scheiterte. Stattdessen unternahm Byron ausgedehnte Reisen durch Europa. Von Skandalen umwittert, verließ er 1816 England für immer und lebte, mit Unterbrechungen, in Venedig. Dort entstand auch der vierte Gesang von »Childe Harold«, in dem Begegnungen mit den literarischen Größen Italiens imaginiert werden. 1824 zog Byron begeistert in die griechischen Freiheitskämpfe, was ihm jedoch zum Verhängnis wurde. Bei einer Überfahrt im offenen Boot zog er sich ein schweres Fieber zu, an dessen Folgen er in Missolunghi starb. Byrons historische Tragödie »Marino Falieri« behandelt das Schicksal des legendären Dogen von Venedig, seine Verssatire »Beppo« hat ebenfalls Venedig zum Schauplatz. Daneben hat der Dichter in seinen Briefen und Tagebüchern immer wieder Venedig gefeiert.
*Texte:* Childe Harolds Pilgerfahrt (1809–17), Auszug. / Ode an Venedig (1818), Auszug.
*Quelle:* George Gordon Lord Byron: Sämtliche Werke. Herausgegeben von Siegfried Schmitz. Band 1 und 2. München: Winkler 1977. © Patmos Verlag GmbH & Co KG / Artemis & Winkler Verlag. Düsseldorf und Zürich.

## Giacomo Girolamo Casanova de Seingalt (1725–1798)

Der illustre Lebemann und kulturhistorisch bedeutende Autor wurde als Sohn eines Schauspieler-Ehepaares in Venedig geboren. 1755 wurde er zu fünfjähriger Haft verurteilt, aber im Folgejahr gelang ihm die Flucht aus den berüchtigten

Bleikammern. So erlangte er zwar die Freiheit, war aber zu einem ruhelosen Nomadenleben kreuz und quer durch Europa verurteilt. 1774 wurde er begnadigt und kehrte in seine Heimatstadt zurück, wo er sich als Geheimagent der Staatsinquisitoren verdingte. Nach einem erneuten Skandal infolge eines von ihm anonym veröffentlichten Schlüsselromans musste er 1783 Venedig für immer verlassen. Casanovas literarisches Hauptwerk sind seine Memoiren, die weit mehr als nur Schlüssellochgeschichten erzählen, sondern eine Kultur- und Sittengeschichte des 18. Jahrhunderts darstellen. In den letzten Lebensjahren arbeitete er als Bibliothekar auf Schloss Dux in Böhmen, wo er auch starb.

*Texte:* *Abenteuer in Venedig (1789), Auszug aus den Memoiren »Geschichte meines Lebens«. / *Flucht aus den Bleikammern (1787), Auszug.

*Quellen:* Giacomo Casanova: Geschichte meines Lebens. Herausgegeben von Ernst Loos. Band 4. © Propyläen. Berlin 1965. / Giacomo Casanova: Meine Flucht aus den Bleikammern von Venedig. © Langewiesche-Brandt. Ebenhausen bei München 1989.

### *Charles Dickens (1812–1870)*

Der im südenglischen Landport geborene Autor lebte ab dem zehnten Lebensjahr in London. Nachdem sein Vater im Schuldgefängnis gelandet war, sorgte er für den Unterhalt der Familie. In verschiedenen Jobs lernte er das soziale Elend kennen. 1832 begann er seine Tätigkeit als Reporter, im Folgejahr erschien seine erste literarische Veröffentlichung. Mit seinen Weihnachtserzählungen und Romanen wie »Die Pickwickier«, »Oliver Twist«, »David Copperfield« und »Große Erwartungen« ging er in die Literaturgeschichte ein. Über seine eher enttäuschende Amerikareise 1842 berichtete er in

»Amerikanische Notizen«; viel angenehmer verlief 1844–45
die Italienreise, über die er in der »Italienischen Reise« berichtete. Zeitweilig lebte Dickens sogar in Italien. Literarischen Niederschlag fanden diese Erfahrungen auch in dem
Roman »Little Dorritt«, wo die Dorrits eine Reise nach Venedig und Rom unternehmen. Von 1857 bis zu seinem Tod hielt
der mittlerweile weltberühmte Dickens zahlreiche öffentliche
Lesungen in England. Dickens starb an einem Schlaganfall, er
wurde in der Westminster-Abtei beigesetzt. Mit seinen Prosa-
werken hat er ganze Generationen von Autoren beeinflusst,
von Franz Kafka bis zu John Irving.

*Text:* Ein italienischer Traum (1844/45).

*Quelle:* Charles Dickens: Italienische Reise. Aus dem Englischen von Noa Kiepenheuer und Friedrich Minckwitz. ©
Gustav Kiepenheuer Verlag GmbH, Leipzig 1968.


### Daphne du Maurier (1907–1989)

Die in London als zweite Tochter des Schauspielers Sir Gerald
du Maurier und als Enkelin des Schriftstellers und Karikaturis-
ten George du Maurier geborene Autorin wurde auf eine Privatschule in Paris geschickt und begann 1925 ihre schriftstelle-
rische Karriere mit spannenden Kurzgeschichten. Ihre erfolgreichen Werke in der Tradition des Schauerromans (›Gothic
Novel‹) sind oft in Cornwall, wo sie später lebte, angesiedelt.
Zu ihren bekanntesten Büchern gehören der von Alfred Hitch-
cock verfilmte Roman »Rebecca« und die Venedig-Novelle
»Dreh dich nicht um«, deren Verfilmung durch Nicolas Roeg
fast bekannter ist und deren deutscher Titel »Wenn die Gondeln Trauer tragen« den Venedig-Mythos in ein schönes Bild
bringt. Daphne du Maurier starb in Cornwall.

*Text:* Dreh dich nicht um (1971), Auszug.

*Quelle:* Daphne du Maurier: Wenn die Gondeln Trauer tragen.

© Rechte an der deutschen Übersetzung beim Scherz Verlag, Bern, München, Wien. Abdruck mit freundlicher Genehmigung der Agence Hoffman, München.

## Johann Caspar Goethe (1710–1782)

Der in Frankfurt am Main geborene Sohn eines Damenschneiders und einer Gastwirtswitwe studierte Jura in Gießen und Leipzig. Nach der Promotion 1738 hielt er sich am Reichstag in Regensburg und am Reichshofrat in Wien auf. Von dort aus brach er am 30. Dezember 1739 zu seiner Italienreise auf, im Sommer 1741 kehrte er nach Aufenthalten in Paris und Straßburg nach Frankfurt am Main zurück. 1742 zum Wirklichen Kaiserlichen Rat ernannt, heiratete er 1748 die Tochter des Frankfurter Schultheißen, Catharina Elisabeth Textor. 1749 wurde ihr Sohn Johann Wolfgang geboren. 1771 führten Vater und Sohn gemeinsam eine Anwaltspraxis in Frankfurt am Main. Gegen 1762 begann Goethe senior mit der Niederschrift seines Reiseberichts über Italien. Er starb in Frankfurt am Main.

*Text:* Viaggio per l'Italia (1740), Auszug.
*Quelle:* Johann Caspar Goethe: Reise durch Italien im Jahre 1740 © 1986 Deutscher Taschenbuch Verlag, München.

## Johann Wolfgang von Goethe (1749–1832)

Der in Frankfurt geborene Sohn des Juristen Johann Caspar Goethe besuchte 1755 die öffentliche Schule, erhielt aber ab 1756 Privatunterricht und studierte auf Wunsch des Vaters 1765–68 Jura in Leipzig. In dieser Zeit entstanden erste literarische Werke. 1770/71 studierte er in Straßburg, einem Zentrum der Sturm-und-Drang-Bewegung. 1775 erfolgte die

Übersiedelung nach Weimar und dort die Eingliederung in den Staatsdienst. Parallel dazu entwickelte sich Goethe zum Großschriftsteller des Jahrhunderts, ja der deutschen Literaturgeschichte überhaupt. Neben seinem lyrischen Werk (darunter die »Römischen Elegien«, der »West-Östliche Divan« und die »Venezianischen Epigramme«) verfasste er bedeutende Prosa, darunter die Autobiographie »Aus meinem Leben. Dichtung und Wahrheit«, die Novellensammlung »Unterhaltungen deutscher Ausgewanderten« und die Romane »Die Leiden des jungen Werthers«, »Wilhelm Meister« und »Die Wahlverwandtschaften«. Von epochaler Bedeutung ist auch sein dramatisches Werk. Genannt seien hier nur »Götz von Berlichingen«, »Egmont«, »Iphigenie auf Tauris« und sein opus maximum »Faust«. Der Dichter, Zeichner und Naturwissenschaftler Goethe unternahm zahlreiche Reisen, unter anderem in die Schweiz und nach Italien (1786–88, 1790). Johann Wolfgang von Goethe, der einem ganzen Zeitalter den Namen verlieh, starb in Weimar.

*Text:* Venedig (1786), Auszug.

*Quelle:* Johann Wolfgang von Goethe: Italienische Reise. Mit einem Nachwort, einer Zeittafel zu Goethe, Anmerkungen und bibliographischen Hinweisen von Peter Sprengel. München: Goldmann 1993.

## *Carlo Goldoni (1707–1793)*

Der in Venedig geborene Arztsohn entwickelte schon früh eine Leidenschaft für das Theater, studierte Jura, wollte dann zeitweilig Kapuziner werden und konnte sich lange nicht zwischen der Bühne, der Kanzlei oder dem Kloster entscheiden. Erst 1734 beschloss er, mit einer Theatertruppe durch die Lande zu ziehen. 1748 erhielt er einen Vertrag mit dem Theater San' Angelo in Venedig, später arbeitete er für das Theater

San Luca. Goldoni wurde mit rund 250 Stücken zu dem großen Reformator des italienischen Theaters und Überwinder der Commedia dell'arte. Zu den wichtigsten, meist in Venedig und Umgebung angesiedelten Stücken Goldonis zählen »Der Diener zweier Herren«, »Streitereien in Chioggia«, »Der Lügner« und »Die Herbergswirtin«. Sein größter Konkurrent war der Traditionalist Carlo Gozzi, der sich mit seinen Märchenkomödien jeglicher Modernisierung widersetzte. Die erbitterte Rivalität führte 1762 dazu, dass Goldoni Venedig verließ und als Theaterdirektor nach Paris ging, wo er auch gestorben ist. Literaturgeschichtlich ist der Aufklärer Goldoni zu dem Dichter geworden, der Venedig und die Venezianer nicht nach den Regeln der Vergangenheit märchenhaft verklärt, sondern realistisch in ihrer Alltagswelt schildert und damit universales Theater der Zukunft schuf.

*Text:* *Rückkehr in die Vaterstadt (1787).

*Quelle:* Carlo Goldoni: Mein Theater, mein Leben. Berlin: Henschelverlag 1954.

## Carlo Gozzi (1720–1806)

Der in Venedig aus einer vornehmen, aber verarmenden Familie geborene Autor verdingte sich ab 1736 wegen der finanziellen Notlage seiner Familie als Offizier und ging nach Dalmatien. Nach seiner Rückkehr in die Heimatstadt 1739 setzte er sein Studium fort. Der politisch wie literarisch konservativ eingestellte Gozzi wurde zum Intimfeind Goldonis. Beide erlebten mit ihren Stücken Triumphe und Niederlagen. Zu den bekanntesten und erfolgreichsten Märchenkomödien oder Fabeln (»fiabe«) Gozzis gehören »Turandot«, »Die Schlangenfrau« und »Die Liebe zu den drei Pomeranzen«. Gozzi, der aus dem Streit mit Goldoni zunächst als Sieger hervorzugehen schien, geriet zunehmend in Vergessenheit. Wie er selbst den Verfall Venedigs miterleben musste, so war auch sein eigenes Leben von der Spanne zwischen Ruhm und Niedergang geprägt. Von den historischen und literarischen Entwicklungen überholt, starb der Dichter einer vergangenen Epoche einsam in seiner Heimatstadt.

*Text:* *Das Gespenst der Not (1797).

*Quelle:* Carlo Gozzi: Nichtsnutzige Erinnerungen. Wien 1928.

## Franz Grillparzer (1791–1872)

Der in Wien geborene Advokatensohn studierte Rechts- und Staatswissenschaften und trat 1813 in den Staatsdienst ein. Vom Finanzminister Graf Stadion gefördert, wurde er zum Burgtheaterdichter ernannt. Nachdem seine Mutter 1819 in religiösem Wahn Selbstmord begangen hatte, unternahm Grillparzer eine Italienreise, die ihn auch nach Venedig führte. Auch später unternahm er zahlreiche Reisen, unter anderem nach Paris, London, Konstantinopel und Athen. Mit seinen Stücken wurde er zum wichtigsten österreichischen Dramatiker des 19. Jahrhunderts, indem er an die Humanitätsideale der deutschen Klassik anschloss, aber auch Spätromantik und Biedermeier in sich vereinigte. Zu seinen bedeutenden Werken zählen neben der Novelle »Der arme Spielmann« die Dramen »Weh dem, der lügt«, »Die Ahnfrau«, »Des Meeres und der Liebe Wellen«, »Ein Bruderzwist in Habsburg«, »Die Jüdin von Toledo« und »Der Traum ein Leben«. 1856 wurde Grillparzer der Titel eines Hofrats verliehen, 1861 wurde er Mitglied des Herrenhauses. Er starb in seiner Geburtsstadt.

*Text:* *Auf der Durchreise (1819).

*Quelle:* Franz Grillparzer: Sämtliche Werke. 4. Band. München 1965.

## Ernest Hemingway (1899–1961)

Der in Oak Park, Illinois, als Sohn eines Landarztes geborene
Autor begann seine Laufbahn als Reporter und Kriegskorre-
spondent. 1918 meldete er sich als Sanitätsfreiwilliger an die
italienische Front. Diese Erfahrungen verarbeitete er in dem
Roman »Über den Fluß und in die Wälder«. In den zwanziger
Jahren lebte er überwiegend in Paris im Kreis der ›lost
generation‹, einer Gruppe amerikanischer Künstler im europäischen Exil. Später hatte er Wohnsitze in Florida und auf
Kuba. In seinen Erzählungen (»Nick Adams Stories«, »Der
alte Mann und das Meer«) und Romanen (»Wem die Stunde
schlägt«, »Fiesta«, »In einem andern Land« und »Die grünen
Hügel Afrikas«) verherrlichte er ein abenteuerliches Leben,
schilderte aber auch das Scheitern seiner männlichen Helden.
1954 erhielt Hemingway, der sich selbst gerne »Papa« nannte,
den Nobelpreis für Literatur. Zuletzt lebte er in Ketchum, Ida-
ho. Als er das Altern und die nachlassende Kreativität nicht
mehr ertragen konnte, erschoss er sich mit einer Schrotflinte.
*Text:* Über den Fluß und in die Wälder (1950), Auszug.
*Quelle:* Ernest Hemingway: Über den Fluß und in die Wälder.
Übersetzung ins Deutsche von Annemarie Horschitz-Horst.
Copyright © 1951,1977 by Rowohlt Verlag GmbH, Reinbek
bei Hamburg.

## Johann Gottfried Herder (1744–1803)

Der im ostpreußischen Mohrungen geborene Autor entstammte einer pietistischen Kantorsfamilie und studierte
Theologie in Königsberg, wo er auch Vorlesungen von Kant
hörte. Nach zahlreichen Reisen (Kopenhagen, Paris, Amsterdam) und ersten Veröffentlichungen kam er 1770 nach Straß-

burg. Dort begann seine Freundschaft mit Goethe. 1771 zog Herder nach Bückeburg, 1776 wurde er auf Vermittlung Goethes in Weimar zum Generalsuperintendenten ernannt. Nur wenige Wochen nach Goethes Rückkehr ist Herder 1788 zu seiner Italienreise aufgebrochen, die in diesem Falle jedoch nicht zur künstlerischen Bereicherung wurde, sondern zu der illusionslosen Erkenntnis führte, dass ihm der sinnliche Süden verschlossen blieb. Zu Herders Hauptwerken gehören seine Studien zur Volkspoesie und »Über den Ursprung der Sprache« sowie die »Ideen zu einer Philosophie der Geschichte der Menschheit«. Herder starb in Weimar, zwar in den Adelsstand erhoben, zuletzt aber einsam und verbittert.

*Text:* *Briefe aus Venedig (1789).

*Quelle:* Johann Gottfried Herder: Italienische Reise. Briefe und Tagebuchaufzeichnungen 1788–1789. München 1988.

### Ernst Theodor Amadeus Hoffmann (1776–1822)

Der in Königsberg als Sohn eines Advokaten geborene Autor studierte Jura in Königsberg, machte aber nicht nur als Jurist (zuletzt Kammergerichtsrat in Berlin), sondern auch als Maler, Musiker und Schriftsteller Karriere. Wie nur wenige deutsche Autoren seiner Zeit hat der Romantiker Hoffmann, der seinen dritten Vornamen aus Verehrung für Mozart zu Amadeus änderte, literarischen Weltruhm erlangt. Neben seinen Erzählungen – darunter so berühmte wie »Der Sandmann«, »Der goldene Topf«, »Kreisleriana« und »Prinzessin Brambilla« – sind es die beiden Romane »Die Elixiere des Teufels« und »Lebens-Ansichten des Katers Murr«, die Hoffmanns Beitrag zur Weltliteratur darstellen. Das lange Zeit tradierte Bild vom »Gespenster-Hoffmann« ist ein Klischee, denn der Autor legt es nicht auf vordergründigen Grusel an, sondern er durchleuchtet, im Sinne der ›schwarzen Romantik‹, die dunklen Seiten der menschlichen Seele und die Abgründe des Lebens. Hoffmann starb in Berlin.

*Text:* Doge und Dogaresse (1819).

*Quelle:* E. T. A. Hoffmann: Die Serapions-Brüder. München 1963.

## Hugo von Hofmannsthal (1874–1929)

In Wien als Sohn eines Bankdirektors und einer Richterstochter geboren, begann er schon in der Gymnasialzeit mit dem Schreiben und hatte bald Kontakte zu den führenden Vertretern der Wiener Moderne (Bahr, Beer-Hofmann, Schnitzler). 1892 reiste er über die Schweiz nach Südfrankreich, worüber er in »Südfranzösische Eindrücke« berichtete. 1895 unternahm er eine Reise nach Venedig, 1897 brach er zu einer Fahrradtour nach Italien auf. In den Folgejahren zahlreiche weitere Reisen, unter anderem nach Paris, Berlin, Kopenhagen und Griechenland. 1901 übersiedelte er nach Rodaun. Neben Essayistik (»Ein Brief des Lord Chandos«), Lyrik und Drama-tik (»Jedermann«, »Elektra«, »Der Schwierige«) schuf Hofmannsthal auch Libretti für Opern von Richard Strauss (»Der Rosenkavalier«, »Arabella«) sowie zahlreiche Erzählungen (»Reitergeschichte«, »Die Frau ohne Schatten«) und das große Romanfragment »Andreas oder Die Vereinigten« (entstanden 1907–27). Mit diesen Werken gehört er zu den wichtigsten Vertretern der literarischen Moderne. Venedig bildet ebenfalls den Schauplatz in den Dramen »Der Tod des Tizian« und »Das gerettete Venedig« sowie in den beiden, auf Episoden in den Memoiren Casanovas gestützten Stücken »Der Abenteurer und die Sängerin« und »Cristinas Heimreise«. Hofmannsthal starb in Rodaun an den Folgen eines Schlaganfalles.

*Text:* Die wunderbare Freundin (1907–27), Auszug aus dem Romanfragment »Andreas oder Die Vereinigten«.

*Quelle:* Hugo von Hofmannsthal: Erzählungen. Frankfurt am
Main 1979.

### Thomas Mann (1875–1955)

Der in Lübeck als Sohn eines Kaufmanns und Konsuls geborene Autor besuchte standesgemäß eine Privatschule. Er gab
eine Schülerzeitschrift heraus und wirkte an einer von seinem
Bruder Heinrich redigierten Zeitschrift mit. Nach dem Tod
des Vaters zog die Mutter mit den Kindern 1892 nach München. Ab 1895 folgten zahlreiche Reisen nach Italien, die ihn
mehrfach auch nach Venedig führten. 1897 begann er in Rom
mit der Niederschrift seines ersten großen Romans »Budden-
brooks«; 1898 erschien als erste Buchveröffentlichung »Der
kleine Herr Friedemann«. Thomas Manns Ruhm, der ihm
1929 den Nobelpreis für Literatur eintrug, gründet sich auf
Erzählungen wie »Tonio Kröger«, »Mario und der Zauberer«, »Der Tod in Venedig« und die Romane »Der Zauber-
berg«, »Lotte in Weimar«, »Bekenntnisse des Hochstaplers
Felix Krull«, »Joseph und seine Brüder« und »Doktor Faus-
tus«. Die Familie Mann lebte von 1933 an im Exil, unter anderem in der Schweiz und in den USA. 1952 kehrte Thomas
Mann nach Europa zurück und übersiedelte in die Schweiz.
Er starb in Kilchberg bei Zürich.
*Text:* Der Tod in Venedig (1912), Auszug.
*Quelle:* Thomas Mann: Gesammelte Werke in dreizehn Bän-
den. Band VIII. Erzählungen. © S. Fischer Verlag GmbH,
Frankfurt am Main, 1960, 1974.

### Conrad Ferdinand Meyer (1825–1898)

Der einer wohlhabenden, protestantischen Zürcher Patrizierfamilie entstammende und entsprechend streng erzogene

Autor begann nach dem Abitur 1844 das Studium der Rechte, gab dieses aber bald auf. Nach dem Tod des Vaters 1840 verschärfte sich das konfliktreiche Verhältnis zur religiösschwärmerischen Mutter. Erst nach einer schweren Nervenkrise 1852/53 widmete sich Meyer dem Schreiben, zunächst aus selbsttherapeutischen Gründen. Eine Erbschaft und den Selbstmord der Mutter 1856 erlebte Meyer als Befreiung aus materieller und seelischer Not. In der Folgezeit unternahm er zahlreiche Reisen, die ihn nach Paris, München, durch die Schweiz und nach Italien führten. 1871 reiste er mit seiner Schwester nach Venedig. Ab den siebziger und vor allem achtziger Jahren erschienen der Roman »Jürg Jenatsch« und seine Novellen, mit denen er neben Jeremias Gotthelf und Gottfried Keller den literarischen Realismus in der Schweiz vertrat. Zum Kanon gehören heute seine Gedichte sowie die Novellen »Der Schuß von der Kanzel«, »Das Amulett«, »Der Heilige«, »Gustav Adolfs Page« und »Angela Borgia«. Meyers letzte Lebensjahre waren erneut von Depressionen, Nervenzusammenbrüchen und einem langen Dahindämmern geprägt, bis er in seinem Haus in Kilchberg bei Zürich starb.
*Text:* Auf dem Canal grande (1889).
*Quelle:* Conrad Ferdinand Meyer: Sämtliche Werke. Bern 1963.


## Ippolito Nievo (1831–1861)

Der in Padua in wohlsituierter Familie – die Mutter entstammte einem alten venezianischen Geschlecht – geborene Autor studierte Jura in Mantua, Pavia und Padua, wo er 1855 mit der Promotion abschloss. 1860 folgte der ursprünglich republikanisch, dann monarchistisch gesinnte Schriftsteller dem Freiheitshelden Giuseppe Garibaldi bei dessen Feldzug nach Sizilien. Auf der Rückfahrt im März 1861 wurde Nievo Opfer eines Schiffbruches: Irgendwo zwischen Palermo und

Neapel ertrank er im Meer und blieb verschollen. In seinem Hauptwerk, dem stark von Manzoni beeinflussten Entwicklungsroman »Pisana oder Die Bekenntnisse eines Achtzigjährigen«, der zu den wichtigsten Romanen der italienischen Romantik und des Risorgimento gehört, schildert Nievo den Typus des Patrioten, der sich für Freiheit und Gerechtigkeit einsetzt. Paul Heyse hat den Roman für das deutsche Lesepublikum entdeckt.

*Text:* *Die sterbende Gottheit (1867), Auszug.

*Quelle:* Ippolito Nievo: Pisana oder Die Bekenntnisse eines Achtzigjährigen. Ü: Charlotte Birnbaum. © Suhrkamp Verlag Frankfurt 1956.


## *August Graf von Platen Hallermünde (1796–1835)*

Der als Sohn des markgräflichen Oberforstmeisters in Ansbach geborene Autor trat 1806 in München in das Cadettenkorps ein, 1810 ins Erziehungsinstitut für Königliche Edelpagen. 1814 meldete sich Platen zur Armee, 1818 ließ er sich vom aktiven Dienst beurlauben. Zur Vorbereitung auf den diplomatischen Dienst absolvierte er 1818/19 ein Studium der Rechts- und Staatswissenschaften, dem ab 1819 in Erlangen ein Studium naturwissenschaftlicher und philologischer Fächer folgte. Dieses fast siebenjährige Studium unterbrach er durch mehrere Reisen, darunter 1824 nach Venedig. Ab 1821 erschienen seine »Ghaselen«; es folgten Dramen, darunter das auf Karl Immermann und Heinrich Heine gemünzte Lustspiel »Der romantische Ödipus«, und 1825 seine berühmten »Sonette aus Venedig«. 1826 ging Platen in freiwilliger Verbannung nach Italien, wo er ein unstetes Wanderleben führte. Er starb in Syrakus (Sizilien), wo er auch begraben ist.

*Text:* Sonette aus Venedig (1825).

*Quelle:* August von Platens sämtliche Werke in 12 Bänden. Band 3. Leipzig 1910.

*Edgar Allan Poe (1809–1849)*

Der als zweiter Sohn eines Schauspielerehepaars in Boston geborene Autor ist in ärmlichen Verhältnissen aufgewachsen. Ein Jahr nach seiner Geburt ging der Vater verschollen, 1811 starb die Mutter. Der Waisenknabe wurde von dem reichen Kaufmann John Allan als Pflegekind aufgenommen. 1815 übersiedelten die Adoptiveltern nach England, 1820 kehrten sie nach Richmond zurück. 1826 begann Poe ein Studium in Charlottesville, Virginia, das er jedoch bald wegen Spielschulden abbrach. 1827 kam es zum Bruch mit dem Pflegevater, Poe verließ Richmond und trat in die Armee ein. Es erschienen erste, aber erfolglose Lyrikbände. 1830 wurde Poe in die Militärakademie Westpoint aufgenommen, wegen schlechter Führung im Jahr darauf prompt wieder entlassen. Ab 1833 ging es aufwärts: Poe gewann mit seiner Novelle »Manuskriptfund in einer Flasche« einen Literaturpreis. Bis zum endgültigen Durchbruch dauerte es aber fast noch ein Jahrzehnt. Dann hatte sich Poe mit Gedichten (»Der Rabe«), Schauernovellen und Kurzgeschichten einen Platz im Pantheon der Weltliteratur gesichert. Zu seinen wichtigsten Werken gehören die Erzählungen »Der Bericht des Arthur Gordon Pym aus Nantucket«, »Der Untergang des Hauses Usher«, »Der Goldkäfer«, »Die Maske des Roten Todes«, »Der Doppelmord in der Rue Morgue«, »Die Grube und das Pendel« und »William Wilson« sowie der literaturtheoretische Essay »Das poetische Prinzip«. Poe starb in Baltimore, vermutlich an einer Gehirnentzündung.

*Text:* Die Verabredung (1834), Auszug. Originaltitel: The Visionary.

*Quelle:* Edgar Allan Poe: Ausgewählte Werke, Band 1: Der Teufel im Glockenturm, Ü: Barbara Cramer-Nauhaus und Erika Gröger. © Insel Verlag Frankfurt 1993.

## Rainer Maria Rilke (1875–1926)

Der in Prag geborene Autor studierte Philosophie, Kunst und Literatur in Prag, München und Berlin. 1899 entstand sein erfolgreiches Prosabuch »Die Weise von Liebe und Tod des Cornets Christoph Rilke«. Von 1902–08 erschienen zahlreiche Gedichtbände sowie die Prosasammlung »Geschichten vom lieben Gott« (1904). Die Erfahrung des modernen Großstadtlebens verarbeitete er in den »Aufzeichnungen des Malte Laurids Brigge« (1910). Rilke unternahm zahlreiche Studien- und Vortragsreisen, darunter viele nach Venedig, während deren kunst- und kulturgeschichtliche Betrachtungen entstanden. Nach oftmaligen Wohnortwechseln ließ er sich 1921 in dem Schlösschen Muzot bei Sierre im Rhônetal nieder. Auf Schloß Duino entstanden die »Duineser Elegien« (1923), auf Schloß Muzot die »Sonette an Orpheus« (1923). Rilke starb nach vielen Sanatoriumsaufenthalten in Val-Mont bei Montreux an Leukämie.

*Texte:* Venedig (1897). / Spätherbst in Venedig (1908). / Eine Szene aus dem Ghetto von Venedig (1900).

*Quellen:* Rainer Maria Rilke: Spätherbst in Venedig. Die schönsten Gedichte. München: Goldmann 2001. / Rainer Maria Rilke: Geschichten vom lieben Gott. Mit einem Nachwort, einer Zeittafel zu Rilke, Anmerkungen und bibliographischen Hinweisen von Franz Loquai. München: Goldmann 1997.

## Friedrich Schiller (1759–1805)

Der als Sohn eines Wundarztes und einer Gastwirtstochter in Marbach am Neckar geborene Autor absolvierte die Karlsschule auf der Solitude und studierte anfänglich Rechtswissenschaft, später Medizin. Schon in der Schulzeit entstanden

erste literarische Arbeiten. Nach der Promotion 1780 arbeitete er als Regimentsarzt in Stuttgart, widmete sich aber weiter
der Dichtung. 1782 wurde die Uraufführung der »Räuber«
am Mannheimer Nationaltheater zu einem triumphalen Erfolg. Schiller hat Prosa, Lyrik und ästhetische Schriften verfasst, ist aber vor allem als Dramatiker hervorgetreten und –
zusammen mit Goethe – zum großen Klassiker der deutschen
Literatur geworden. Zu seinen wichtigsten Stücken zählen
»Die Verschwörung des Fiesco zu Genua«, »Kabale und Liebe«, »Don Carlos«, »Wallenstein«, »Maria Stuart«, »Die
Jungfrau von Orleans« und »Wilhelm Tell«. 1791 kam Schillers Lungenkrankheit zum Ausbruch, die in der Folgezeit
chronisch und letztlich tödlich wurde: Der Dichter starb in
Weimar an den Folgen einer Lungenentzündung.
*Text:* Der Geisterseher (1789), Auszug.
*Quelle:* Friedrich Schiller: Der Geisterseher und andere Erzäh-
lungen. Frankfurt am Main 1976.

## Arthur Schnitzler (1862–1931)

Der in Wien geborene Arztsohn studierte selbst Medizin,
wurde ein bedeutender Arzt und Psychologe, mit seinen Dramen und Erzählungen aber auch einer der wichtigsten Vertreter der literarischen Moderne. Neben berühmten, zum Teil
skandalumwitterten Dramen wie »Liebelei«, »Reigen« und
»Das weite Land« sind es vor allem Erzählungen wie »Leut-
nant Gustl«, »Fräulein Else«, »Frau Beate und ihr Sohn«,
»Frau Berta Garlan« und »Traumnovelle«, in denen sich die
moderne Ästhetik und die tiefe Menschenkenntnis des Arztes
(man hat ihn als »Doppelgänger« Sigmund Freuds bezeichnet) und Dichters Schnitzler zeigen. Im Zentrum seines
Werks steht das Verhältnis der Geschlechter, wobei er für die
Befreiung der Frau aus den Rollenzwängen der Gesellschaft

eintrat. Daneben befasste er sich immer wieder mit den elementaren Fragen der menschlichen Existenz: Liebe und Tod. Schnitzler unternahm zahlreiche Reisen, darunter im Mai 1912, sozusagen auf der Flucht vor den Feierlichkeiten zu seinem 50. Geburtstag, eine Schiffsreise von Triest nach Venedig. Die Stadt und Casanova stehen auch im Zentrum seines Dramas »Die Schwestern oder Casanova in Spa«. Schnitzler starb an den Folgen einer Gehirnblutung in Wien, wo er auch begraben wurde.

*Text:* Casanovas Heimfahrt (1918), Auszug.

*Quelle:* Arthur Schnitzler: Flucht in die Finsternis. Erzählungen. Frankfurt am Main 1989.


## W. G. Sebald (1944–2001)

Der in Wertach im Allgäu geborene Autor studierte Literaturwissenschaft in Freiburg und in der französischen Schweiz. Seit 1966 lebte er, mit kurzen Unterbrechungen als Lehrer in St. Gallen und München, zunächst als Lektor im englischen Manchester, dann als Dozent für Literaturwissenschaft an der University of East Anglia in Norwich, wo er 1988 Ordinarius wurde. Neben seinem umfangreichen wissenschaftlichen Werk (unter anderem über Andersch und Döblin) schrieb Sebald zahlreiche Essays, vor allem zur schweizerischen und österreichischen Literatur, die den fließenden Übergang zu seinem belletristischen Werk darstellen. Neben Gedichten (»Nach der Natur«) ist Sebald, der für seine Werke zahlreiche Preise erhielt, vor allem durch folgende Prosabücher international bekannt geworden: »Schwindel. Gefühle«, »Die Ausgewanderten«, »Die Ringe des Saturn« und »Austerlitz«. Auf dem Höhepunkt seines Schaffens – in den USA wurde er als Kandidat für den Literaturnobelpreis genannt – kam Sebald bei einem Verkehrsunfall in der Nähe von Norwich ums Leben.

*Text:* All'estero (1990), Auszug.
*Quelle:* W. G. Sebald. Schwindel. Gefühle. © Eichborn AG.
Frankfurt am Main 1990.


## Johann Gottfried Seume (1763–1810)

Der als Bauernsohn im sächsischen Poserna geborene Autor
begann ab 1780 ein Studium der Theologie in Leipzig, flüch-
tete aber schon im Folgejahr und wurde auf dem Weg nach
Paris von hessischen Werbern aufgegriffen, die ihn als Soldat
verkauften, damit er für England gegen die aufständischen
Amerikaner kämpfen sollte. Nach dem Rücktransport aus
Amerika desertierte Seume, wurde jedoch von preußischen
Werbern gefangen. Es folgten weitere Inhaftierungen und
Fluchtversuche, erst 1787 wurde er begnadigt und freigelas-
sen, so dass er das Studium wieder aufnehmen konnte. 1792
schloss er in Leipzig das Studium mit der Habilitation ab. In
der Folgezeit unternahm er zahlreiche Reisen, unter anderem
in russischen Diensten, was ihm während der polnischen Revolution Kriegsgefangenschaft einbrachte. 1797 wurde er auf
eigenen Wunsch aus russischen Diensten entlassen und arbeitete als Korrektor für den Verleger Göschen bei der Edition
von Klopstocks Werken. Nach eigener Aussage war es zur
Erholung von Klopstocks Versen, dass er seinen legendären
»Spaziergang nach Syrakus« unternahm. Berühmt wurden
auch sein Bericht über eine Skandinavienreise »Mein Sommer
1805« und die Autobiographie »Mein Leben«. Seume starb,
zuletzt verarmt, weil ohne russische Offizierspension, bei einem Kuraufenthalt im böhmischen Teplitz.

*Text:* *Promenade nach Venedig (1802), Auszug.
*Quelle:* Johann Gottfried Seume: Spaziergang nach Syrakus im
Jahre 1802. München 1985.

## Georg Simmel (1858–1918)

Der Sohn eines jüdischen Kaufmanns wurde in Berlin geboren, wo er auch die meiste Zeit seines Lebens verbrachte. Er studierte Soziologie und Philosophie (Promotion 1881, Habilitation 1885) und war in den neunziger Jahren bereits eine Autorität, obwohl nur Privatdozent beziehungsweise unbesoldeter Professor. Erst 1914 verließ er Berlin, als er endlich einen Ruf erhielt: nach Straßburg. Simmel ist Mitbegründer der Deutschen Gesellschaft für Soziologie. Zu seinen Hauptwerken gehören der programmatische Band »Soziologie« (1908) sowie kunstphilosophische Essays und Monographien mit weit reichender thematischer Bandbreite. Simmel starb in Straßburg.

*Text:* *Venedigs Doppelleben (1922).

*Quelle:* Georg Simmel: Zur Philosophie der Kunst. Philosophische und kunstphilosophische Aufsätze. Potsdam 1922.

## Mark Twain (eigentlich Samuel Longhorne Clemens, 1835–1910)

Geboren in Florida/Missouri, wurde er 1865 mit seiner humoristischen Kurzgeschichte »Der Springfrosch aus dem Bezirk Calaveras« schlagartig eine nationale Berühmtheit. Nach Besuchen in Europa und Hawaii als Reporter unternahm er 1867 an Bord des Dampfers Quaker City eine Reise in die Mittelmeerländer, über die er in dem Buch »Die Arglosen im Ausland« (1869) berichtete, das ihn zum bestbezahlten Schriftsteller seiner Zeit machte. Sein von der Tradition mündlichen Erzählens geprägtes Werk (»Huckleberry Finns Abenteuer«, 1884; »Tom Sawyers Abenteuer«, 1876; »Leben auf dem Mississippi«, 1883) feiert die Vitalität der Pioniere und die zivilisatorischen Errungenschaften, neigt aber zugleich zu einem Rückzug in die Natur im Sinne Rousseaus. 1871 ließ er sich in Hartford/Connecticut nieder: In der Folgezeit hielt er sich immer wieder in Europa auf. Er starb in Redding/Connecticut.

*Text:* *Venedig trauert (1869). Auszug aus: Die Arglosen im Ausland, aus dem Amerikanischen von Ana Maria Brock.

*Quelle:* Mark Twain: Ausgewählte Werke in zwölf Bänden. Band zwei. © Aufbau-Verlag Berlin 1961.

## *Richard Wagner (1813–1883)*

Der Sohn eines Polizeiaktuars studierte in seiner Geburtsstadt Leipzig Musik, wurde 1833 Chordirektor in Würzburg, 1834 Musikdirektor in Magdeburg, 1836 in Königsberg. Wegen Schulden floh er 1839 nach Frankreich, wo er bis 1842 in ärmsten Verhältnissen lebte. Nach einem unsteten Leben (mit politischer Verfolgung und Theaterskandalen) an verschiedenen Orten (unter anderem auch Aufenthalt in Venedig) wurde er 1864 von König Ludwig II. nach Bayern berufen. Wagner kann als Universalkünstler (Lyriker, Essayist, Kunsttheoretiker und vor allem Komponist) auf der Suche nach dem Ideal des Gesamtkunstwerks gelten. Zu seinen wichtigsten Opern gehören »Der fliegende Holländer«, »Tannhäuser« und »Lohengrin«. 1872 siedelte Wagner nach Bayreuth über. Dort wurde 1876 das Festspielhaus mit »Der Ring des Nibelungen« eingeweiht. Nach Jahren mit erfolgreichen Aufführungen trat Wagner 1882 eine Erholungsreise nach Venedig an, wo er im Palazzo Vendramin einem Herzschlag erlag.

*Text:* *Tristan in Venedig (1865–80).

*Quelle:* Richard Wagner: Mein Leben 1813–1868. München und Leipzig 1963.

## William Wordsworth (1770–1850)

Der in Cumberland geborene Dichter, durch den frühen Tod der Eltern schon als Knabe Vollwaise geworden, studierte 1787–91 in Cambridge. Danach unternahm er Bildungsreisen auf den Kontinent, die ihn auch nach Venedig führten. 1793 kehrte er nach England zurück. 1795 begann die Freundschaft mit dem Dichter Coleridge, mit dem zusammen er die »Lyrical Ballads« veröffentlichte, die beide als Begründer der englischen Romantik ausweisen. 1798/99 unternahm Wordsworth eine Reise nach Deutschland, nach der Rückkehr lebte er im englischen ›Lake District‹, ab 1813 in Rydal Mount bei Ambleside. Dort ist der bedeutende Lyriker – Meister der Ode und des Sonetts, ›Poet Laureate‹ seit 1843 – gestorben. Beigesetzt wurde er in Westminster Abbey.

*Text:* Auf die Zerstörung der Republik Venedig (1802).

*Quelle:* William Wordsworth: Gedichte. Samuel Taylor Coleridge: Der alte Seemann und Kublai Khan. Heidelberg: Lambert Schneider 1959.

# Bibliographische Hinweise

*Allgemeine Literatur und Anthologien*

Altgeld, Wolfgang: Das politische Italienbild der Deutschen zwischen Aufklärung und europäischer Revolution von 1848. Tübingen 1984

Auch ich in Arkadien. Kunstreisen nach Italien 1600–1900. Sonderausstellung des Schiller-Nationalmuseums Marbach/Neckar. Katalog Nummer 16. Bearbeitet von Dorothea Kuhn. Stuttgart 1966

Ausenda, Marco, und Gianni Guadalupi (Herausgeber): Venezia. Mailand 1998

Ausseur, Christine (Herausgeberin): Guide littéraire de Venise. Paris 1994

Battafarano, Italo Michele (Herausgeber): Italienische Reise – Reisen nach Italien. Gardolo di Trento 1988

Derselbe und Hildegard Eilert: Von Linden und roter Sonne. Deutsche Italien-Literatur im 20. Jahrhundert. Frankfurt am Main u. a. 2000

Battilana, Marilla (Herausgeberin): Scrittori inglesi e Venezia. English writers and Venice. Venedig 1981

Brenner, Peter J.: Der Reisebericht in der deutschen Literatur. Ein Forschungsüberblick als Vorstudie zu einer Gattungsgeschichte. Tübingen 1990

Derselbe (Herausgeber): Der Reisebericht. Die Entwicklung einer Gattung in der deutschen Literatur. Frankfurt am Main 1989

Cacciapaglia, Giacomo (Herausgeber): Scrittori di lingua tedesca e Venezia. Deutschsprachige Schriftsteller und Venedig. Venedig 1985

Caliaro, Ilvano: Veneto. Trentino-Alto Adige. Brescia 1988

Cole, Toby (Herausgeber): Venice. A portable reader. Westport 1979

Coltro, Dino: Leggende e racconti popolari del Veneto. Rom 1987

Concina, Ennio: Die Kirchen in Venedig. München 1996

Della Corte, Carlo (Herausgeber): Cronache dell'arcipelago. La fantascienza tra genere e ›mainstream‹ dalla Laguna al cosmo. Venedig 1996

Di Stefano, Giovanni: Venezia. Itinerari poetici. Venedig 1992

Droste, Thorsten: Venedig. Kunst-Reiseführer. Köln 2000

Elwert, Theodor W.: Studi di letteratura veneziana. Venedig und Rom 1958

Forssmann, Erik: Venedig in der Kunst und im Kunsturteil des 19. Jahrhunderts. Stockholm 1971

Gretter, Susanne (Herausgeberin): Europa erlesen. Venedig. Klagenfurt 1997

Grun, Bernhard (Herausgeber): Einladung nach Venedig. München und Wien 1967

Grundy, Milton: Venice. An anthology guide. London 1998

Harth, Helene, und Titus Heydenreich (Herausgeber): Zibaldone 27: Schwerpunkt Venedig. Hamburg 1999

Hausmann, Frank-Rutger (Herausgeber): »Italien in Germanien«. Deutsche Italienrezeption von 1750–1850. Tübingen 1996

Heitmann, Klaus, und Teodoro Scamardi (Herausgeber): Deutsches Italienbild und italienisches Deutschlandbild im 18. Jahrhundert. Tübingen 1993

Heller, Kurt: Venedig. Recht, Kultur und Leben in der Republik 697–1797. Wien 1999

Hoffmann-Maxis, Angelika: Paradoxie der Fiktion. Literarische Venedig-›Bilder‹ 1797–1984. Eine Problemgeschichte. Habilitationsschrift Universität Mainz 1990

Hüttinger, Eduard: Immagini e interpretazioni della Venezia dell' 800. In: paragone 271 (1972) S. 26–50

Kircher, Bertram (Herausgeber): Ein Tag im alten Venedig. München 1989

Koeniguer, André: Le thème de Venise dans la littérature allemande. Étude comparative d'une mode littéraire. Phil. Diss. Paris 1976

Lange, Wolfgang, und Norbert Schnitzler: Deutsche Italomanie in Kunst, Wissenschaft und Politik. München 2000

Lebe, Reinhard (Herausgeber): Kleine Geschichten aus Venedig. Stuttgart 1991

Littlewood, Ian: Venice. A literary companion. London 1991

Lorck, Carl Emil von (Herausgeber): Venedig. Briefe, Berichte und Bilder aus vier Jahrhunderten. Dresden 1938

Manger, Klaus (Herausgeber): Italienbeziehungen des klassischen Weimar. Tübingen 1997

Mangini, Nicola: Il teatro veneto moderno. 1870–1970. Rom 1992

Maurer, Doris, und Arnold E. Maurer: Venedig. Der literarische Reiseführer. Mit zahlreichen Fotografien. Frankfurt am Main 1993

Dieselben (Herausgeber): Venedig. Ein Reisebuch. Vierte Auflage. Frankfurt am Main 1992

Meregalli, Franco: Venice in romantic literature. In: Arcadia 18 (1983) S. 225–239

Moneta, Elisabetta Mazza: Deutsche und Italiener. Der Einfluß von Stereotypen auf interkulturelle Kommunikation. Frankfurt am Main u. a. 2000

Morché, Pascal (Herausgeber): Venedig im Gedicht. Frankfurt am Main 1986

Motyka, Gereon: Venedig im Spiegel viktorianischer Reiseliteratur. Eine Quellensammlung. Frankfurt am Main u. a. 1990

Neis, Edgar: Städte und Landschaften im deutschen Gedicht. Hollfeld 1978. Besonders S. 123–128

Oesterle, Günter (Herausgeber): Italien in Aneignung und Widerspruch. Tübingen 1996

Oswald, Stefan: Italienbilder. Beiträge zur Wandlung der deutschen Italienauffassung 1770–1840. Heidelberg 1985

Pabst, Walter: Satan und die alten Götter in Venedig. Entwicklung einer literarischen Konstante. In: Euphorion 49 (1955) S. 335–359

Derselbe: Venus und die mißverstandene Dido. Literarische Ursprünge des Sibyllen- und des Venusberges. Hamburg 1955

Pellegrini, Carlo (Herausgeber): Venezia nelle letterature moderne. Atti del Primo Congresso dell'Associazione Internazionale di Letteratura Comparata (Venezia, 25.-30.9.1955). Venedig und Rom 1961

Peter, Peter: Merian Classic: Venedig. München 2001

Petri, Rolf (Herausgeber): Venedig. Ein politisches Reisebuch. Hamburg 1986

Pfotenhauer, Helmut: Kunstliteratur als Italienerfahrung. Tübingen 1991

Pozza, Neri: Le storie veneziane. Mailand 1977

Reichel, Jochen (Herausgeber): Der Tod von Venedig. Ein Lesebuch zur literarischen Geschichte einer Stadt. Berlin 1991

Requadt, Paul: Die Bildersprache der deutschen Italiendichtung von Goethe bis Benn. Bern und München 1962

Rösch, Gerhard: Venedig. Geschichte einer Seerepublik. Stuttgart 2000

Salvatore, Gaston: Venedig. Das Insider-Lexikon. München 1995

Scandellari, Armando: Leggende di Venezia. Venedig 1984

Schauerte, Marie-Elisabeth (Herausgeberin): Venezia tra passato e futuro. Bielefeld 1989

Schenk, Christiane: Venedig im Spiegel der Décadence-Literatur des Fin de siècle. Frankfurt am Main u. a. 1987

Schudt, Ludwig: Italienreisen im 17. und 18. Jahrhundert. Wien und München 1959

Seuffert, Thea von: Venedig im Erlebnis deutscher Dichter. Stuttgart 1937

Tassini, Giuseppe, und Lino Moretti (Herausgeber): Curiosità veneziane. Venedig 1988

Treffer, Günter, und Karlheinz Oertel (Herausgeber): Venedig poetisch. Wien 1988

Venezia e la Germania. Mailand 1986

Vollenweider, Alice (Herausgeberin): Italia! Frankfurt am Main 1997

Waiblinger, Franz Peter (Herausgeber): Reise-Textbuch Venedig. München 1988

Zago, Beppino: Storie venete. Mailand 1977

Zorzi, Alvise: Canal Grande. Mailand 1992

Derselbe: Österreichs Venedig. Düsseldorf 1990

Zorzi, Marino: La Libreria di San Marco. Mailand 1987

## Zu den einzelnen Autoren

### Honoré de Balzac

Gumbrecht, Hans Ulrich u. a. (Herausgeber): Honoré de Balzac. München 1980

Maurois, André: Balzac. München 1976

Ménard, M.: Balzac et le comique dans la »Comédie humaine«. Paris 1983

Paris, J.: Balzac. Paris 1986

Pierrot, Roger: Honoré de Balzac. Paris 1994

Schmölders, Claudia (Herausgeberin): Über Balzac. Zürich 1977

Trost, S.: Die Persönlichkeit im Umschwung der politischen Macht nach Balzacs »Comédie humaine«. Bern 1969

Vachey, D., und Henri Mitterand: Balzac. La »Comédie humaine«. Paris 1984

## Maurice Barrès

Curtius, Ernst Robert: Barrès und die geistigen Grundlagen des französischen Nationalismus. Bonn 1921
Davanture, M.: La jeunesse de Barrès. Lille 1975
Frandon, I.-M.: Barrès précurseur. Paris 1983

## Ernst Bloch

Markun, Silvia: Ernst Bloch. Reinbek bei Hamburg 1985
Wiegmann, Hermann: Ernst Blochs ästhetische Kriterien und ihre interpretative Funktion in seinen literarischen Aufsätzen. Bonn 1976
Witschel, G.: Ernst Bloch. Literatur und Sprache: Theorie und Leistung. Bonn 1978
Zudeick, Peter: Der Hintern des Teufels. Ernst Bloch, Leben und Werk. Bühl-Moos 1985

## George Gordon Lord Byron

Ball, P. M.: »Childe Harold's Pilgrimage«, Cantos III and IV, and the »Vision of Judgement«. Oxford 1968
Escarpit, Robert: Byron and Venice. In: Pellegrini 1961
Hoffmeister, Gerhart: Byron und der europäische Byronismus. Darmstadt 1983
Maurois, André: Lord Byron. Don Juan oder das Leben Byrons. München 1979
Moll, O. E.: Der Stil von Byrons »Childe Harold's Pilgrimage«. Berlin 1911

Müller, Hartmut: Lord Byron in Selbstzeugnissen und Bilddokumenten. Reinbek bei Hamburg 1981
Vicario, M.: The implications of form in »Childe Harold's Pilgrimage«. In: Keats-Shelley-Journal 33 (1984) S. 102–129


## Giacomo Casanova

Flem, Lydia: Casanova-Biographie oder Die Einübung ins
Glück. Frankfurt am Main 1998
Gervasio, Roberto: Giacomo Casanova. Verführer und Welt-
mann. München 1977
Gugitz, Gustav: Giacomo Casanova und sein Lebensroman.
Historische Studien zu seinen Memoiren. Wien u. a. 1921
Marcea, F.: Casanova. Sein Leben, seine Abenteuer. Frankfurt
am Main und Berlin 1987
Müller, Lothar: Casanovas Venedig. Ein Reiselesebuch. Berlin
1998
Childs, J. Rives: Casanova. A new perspective. New York 1988
Derselbe: Giacomo Casanova de Seingalt. Mit Selbstzeugnissen
und Bilddokumenten. Reinbek bei Hamburg 1980
Sollers, Philippe: Casanova. Münster 2000
Zweig, Stefan: Casanova. München 1928


## Charles Dickens

Ackroyd, Peter R.: Dickens. Life and Times. London 1990
Goetsch, Paul: Dickens. Zürich 1986
Herrmann, Werner: Nachwort. In: Charles Dickens: Italieni-
sche Reise. Hamburg 1968. S. 321–333
Irving, John: Charles Dickens – der König des Romans. In:
Derselbe: Rettungsversuch für Peggy Sneed. Zürich 1995. S.
170–208

Maack, Annegret: Charles Dickens. Epoche, Werk, Wirkung. München 1991
Schmidt, Johann N.: Charles Dickens. Mit Selbstzeugnissen und Bilddokumenten. Reinbek bei Hamburg 1996


## Daphne du Maurier

Bakerman, J. S.: And then they were nine... More women of mystery. Bowling Green 1985. Besonders S. 12–29
Maurer, Doris: Venedig im Kriminalroman. In: Harth/Heydenreich 1999. S. 107–118


## Johann Caspar Goethe

Beutler, Ernst: Am Großen Hirschgraben. Goethes Vater, Schwester und Mutter. Zürich und München 1981. Besonders S. 11–185
Bojanowski, Paul von: Johann Caspar Goethe in Venedig. In: Weimarer Festgrüße zum 28. August 1899. Weimar 1899. S. 1–54
Glaser, Rudolf: Goethes Vater. Sein Leben nach Tagebüchern und Zeitberichten. Leipzig 1929
Meier, Albert: Nachwort. In: Johann Caspar Goethe: Reise durch Italien im Jahre 1740. München 1986. S. 487–499
Weißel, Otto: Drei italienische Reisen (Großvater, Vater und Sohn). In: Chronik des Wiener Goethe-Vereins 33 (1922) S. 41–48

## Johann Wolfgang von Goethe

Barner, Wilfried: Altertum, Überlieferung, Natur. Über Klassizität und autobiographische Konstruktion in Goethes »Italienischer Reise«. In: Goethe-Jahrbuch 105 (1988) S. 64–92

Battafarano, Italo Michele (Herausgeber): Die im Chaos blühenden Zitronen. Identität und Alterität in Goethes »Italienischer Reise«. Bern u. a. 1999. Besonders S. 71–100

Eissler, K. R.: Goethe. Eine psychoanalytische Studie. 1775 bis 1786. 2 Bände. Basel und Frankfurt am Main 1983–85

Hahn, Karl Heinz (Herausgeber): Goethe in Italien. Erfahrung und Wirkung. In: Goethe-Jahrbuch 105 (1988) S. 11–233

Hoffmeister, Gerhart (Herausgeber): Goethe in Italy, 1786 bis 1986. Amsterdam 1988

Miller, Norbert: Der Wanderer. Goethe in Italien. München und Wien 2002

Sprengel, Peter: Nachwort. In: Johann Wolfgang von Goethe. Italienische Reise. München 1993. S. 518–552

Tauber, Christine: Der lange Schatten aus Weimar – Goethe und Burckhardts Italienbild. In: Oesterle 1996. S. 62–92, besonders S. 70–73

Wehle, Winfried: Die Wahrheit im Einzelnen. Ein neugeschriebenes Kapitel der »Italienischen Reise« – Goethe, Foscolo und die ›jungen Leute‹ von 1806. In: Hausmann 1996. S. 252–274

[Requadt 1962. S. 15–95]


## Carlo Goldoni

Alberti, Carmelo: La scena veneziana nell'età di Goldoni. Rom 1990

Fido, Franco: Da Venezia all'Europa. Prospettive sull'ultimo Goldoni. Rom 1984. Besonders S. 117–157, 202–204

Hösle, Johannes: Carlo Goldoni. Sein Leben, sein Werk, seine Zeit. München 1993

Holme, Timothy: A servant of many masters. The life and times of Carlo Goldoni. London 1976

La Venise de Goldoni. Aix en Provence 1998

Pokorny, Jaroslav: Goldoni und das venezianische Theater. Berlin 1968

Ringger, Kurt: »Il Coadiutore e la Pupilla«: autobiografia e opera buffa nei »Mémoires« di Carlo Goldoni. In: Studi Goldoniani 6 (1982) S. 185–192

Scheible, Hartmut: Carlo Goldoni. Mit Selbstzeugnissen und Bilddokumenten. Reinbek bei Hamburg 1993

Theile, Wolfgang: ›La buona commedia‹. Goldonis Reformpoetik als Ausdruck von Geschichtlichkeit. In: Romanische Forschungen 98 (1986) Heft 1/2. S. 96–119

## Carlo Gozzi

Bauer, Roger, und Jürgen Wertheimer (Herausgeber): Das Ende des Stegreifspiels. Die Geburt des Nationaltheaters. München 1983

Emery, T. A.: Autobiographer as critic: The structure and utility of Gozzi's »Useless memoirs«. In: Italian Quarterly 24 (1983) S. 35–49

Feldmann, Helmut: Die »Fiabe« Carlo Gozzis. Die Entstehung einer Gattung und ihre Transposition in das System der deutschen Romantik. Köln und Wien 1971

Luciani, G.: Carlo Gozzi, l'homme et l'œuvre (1720–1806). 2 Bände. Paris 1977

Roda, V.: Unità e pluralità nelle »Memorie inutili« di Carlo Gozzi. In: Studi e problemi di critica testuale. Band 23 (1981) S. 131–155

## Franz Grillparzer

Bachmaier, Helmut: Franz Grillparzer. Salzburg 1980
Geißler, Rolf: Ein Dichter der letzten Dinge. Grillparzer heute.
Wien 1987
Müller, Joachim: Franz Grillparzer. Stuttgart 1963
Politzer, Heinz: Franz Grillparzer oder Das abgründige Bie-
dermeier. Wien u. a. 1972. Besonders S. 100–124


## Ernest Hemingway

Boreth, Craig: Mit Hemingway essen, trinken und reisen. Re-
zepte, Drinks und Stories. Triesen/Liechtenstein 2002
Cipriani, Arrigo: Harry's Bar. München 1997
Hotchner, A. E.: Hemingway und seine Welt. München 1990
Kistemaker, Piet: Wilde gastronomische Abenteuer. Ernest He-
mingways kulinarische Biographie. Reinbek bei Hamburg
1999
Lynn, Kenneth S.: Hemingway. Eine Biographie. Reinbek bei
Hamburg 1989
MacElhone, Harry: Harry's ABC of mixing cocktails with new
material by Andrew MacElhone. London 1993
Rodenberg, Hans-Peter: Ernest Hemingway. Reinbek bei
Hamburg 1999
Thomsen, Charles E.: Liebe und Tod in Hemingways »Across
the river and into the trees«. In: Die neueren Sprachen, NF
20 (1971) S. 665–674
Tintner, A. R.: The significance of D'Annunzio in »Across the
river and into the trees«. In: Hemingway Review 5 (1985) S.
9–13

## Johann Gottfried Herder

Bayer, Josef: Herder in Weimar und seine italienische Reise. In: Derselbe: Literarisches Skizzenbuch. Gesammelte Aufsätze. Prag 1905. S. 151–182

Haym, Rudolf: Herder. 2 Bände. Mit einer Einleitung von Wolfgang Harich. Berlin 1954

Löhr, Hermut: Traum und Totengruft. Bemerkungen zur Italienwahrnehmung Johann Gottfried Herders zwischen Rom und Neapel. In: Oesterle 1996. S. 40–61

Meier, Albert, und Heide Hollmer: Nachwort. In: Johann Gottfried Herder: Italienische Reise. München 1988. S. 623 bis 645


## Ernst Theodor Amadeus Hoffmann

Auhuber, Friedhelm: In einem fernen dunklen Spiegel. E. T. A. Hoffmanns Poetisierung der Medizin. Opladen 1986. Besonders S. 170–178

Berkowski, Naum Jakowlewitsch: Die Romantik in Deutschland. Leipzig 1979. Besonders S. 633 ff.

Feldt, Michael: Ästhetik und Artistik am Ende der Kunstperiode. Textanalytische, kunstphilosophische und zivilisationsgeschichtliche Untersuchungen zur Prosa von Goethe, E. T. A. Hoffmann, Heine und Büchner. Heidelberg 1982

Götting, Ronald: E. T. A. Hoffmann und Italien. Frankfurt am Main 1992

Klier, Melanie: Kunstsehen. Literarische Konstruktion und Reflexion von Gemälden in E. T. A. Hoffmanns »Serapions-Brüdern« mit Blick auf die Prosa Georg Heyms. Frankfurt am Main u. a. 2002

Kremer, Detlef: E. T. A. Hoffmann. Erzählungen und Romane. Klassiker-Lektüren. Band 1. Berlin 1999

Moraldo, Sandro (Herausgeber): Das Land der Sehnsucht. E. T. A. Hoffmann und Italien. Heidelberg 2002

Schumacher, Hans: Der Italiener als Doppelgänger des Deutschen. Zu E. T. A. Hoffmanns Italien-Mythos. In: Germania-Romania: Studien zur Begegnung der deutschen und romanischen Kultur. Herausgegeben von Hans Schumacher und Giulia Cantarutti. Frankfurt am Main u. a. 1990. S. 169–206

Steinecke, Hartmut: E. T. A. Hoffmann. Stuttgart 1997

Werner, Hans-Georg: Hoffmanns Phantasie-Italien. In: Hoffmann-Jahrbuch 1 (1992/93) S. 133–142

## Hugo von Hofmannsthal

Curtius, Ernst Robert: Hofmannsthal und die Romanität. In: Derselbe: Kritische Essays zur europäischen Literatur. Bern 1950. S. 164–171

Exner, Richard: Erinnerung – welch ein merkwürdiges Wort: Gedanken zur autobiographischen Prosadichtung Hugo von Hofmannsthals. In: Modern Austrian Literature 7 (1974) S. 152–171

Mayer, Mathias: Hugo von Hofmannsthal. Stuttgart 1993

Sebald, W. G.: Venezianisches Kryptogramm. Hofmannsthals »Andreas«. In: Derselbe: Die Beschreibung des Unglücks. Zur österreichischen Literatur von Stifter bis Handke. Frankfurt am Main 1994. S. 61–77, 190–193

Volke, Werner: Unterwegs mit Hofmannsthal. Berlin – Griechenland – Venedig. Aus Harry Graf Kesslers Tagebüchern und aus Briefen Kesslers an Hofmannsthal. In: Hofmannsthal-Blätter 35/36 (1988) S. 50–104

Derselbe: Hugo von Hofmannsthal. Mit Selbstzeugnissen und Bilddokumenten. 16. Auflage. Reinbek 1997

[Requadt 1962. S. 215–239]

## Thomas Mann

Bahr, Erhard: Erläuterungen und Dokumente: Thomas Mann »Der Tod in Venedig«. Stuttgart 1991

Böschenstein, Bernhard: Exzentrische Polarität. Zum »Tod in Venedig«. In: Volkmar Hansen (Herausgeber): Interpretationen. Thomas Mann. Romane und Erzählungen. Stuttgart 1993. S. 89–120

Jens, Walter: Der Gott der Diebe und sein Dichter. Thomas Mann und die Welt der Antike. In: Derselbe: Statt einer Literaturgeschichte. Pfullingen 1957. S. 87–107

Petriconi, Hellmuth: »La Mort de Venise« und »Der Tod in Venedig«. In: Romanisches Jahrbuch 6 (1953/54) S. 133–151

Pütz, Peter: Der Ausbruch der Negativität. Das Ethos im »Tod in Venedig«. In: Thomas-Mann-Jahrbuch 1 (1988) S. 1–11

Reed, Terence: Thomas Mann: »Der Tod in Venedig«. Text, Materialien, Kommentar mit den bisher unveröffentlichten Arbeitsnotizen Thomas Manns. München und Wien 1983

Sandberg, Hans-Joachim: Der fremde Gott und die Cholera. In: Thomas Mann und seine Quellen. Herausgegeben von Eckhard Heftrich und Helmut Koopmann. Frankfurt am Main 1991. S. 66–110

Vordtriede, Werner: Richard Wagners »Tod in Venedig«. In: Euphorion 52 (1958) S. 378–396

## Conrad Ferdinand Meyer

Fehr, Karl: Conrad Ferdinand Meyer. Zweite, durchgesehene und ergänzte Auflage. Stuttgart 1980

Hippe, Robert: Conrad Ferdinand Meyer: »Auf dem Canal grande«. In: Derselbe: Interpretationen zu 62 ausgewählten motivgleichen Gedichten. Hollfeld 1982. S. 75–80

Koopmann, Helmut: Venezianischer Lebensaugenblick. In: Frankfurter Anthologie. Gedichte und Interpretationen. Herausgegeben von Marcel Reich-Ranicki. Band 9. Frankfurt am Main 1985. S. 99–102

Pelster, Theodor: Conrad Ferdinand Meyer. Stuttgart 1998. Besonders S. 83–85

Staiger, Emil: Das Spätboot. Zu Conrad Ferdinand Meyers Lyrik. In: Derselbe: Die Kunst der Interpretation. Studien zur deutschen Literaturgeschichte. Zürich 1955. S. 239–273

Zäch, Alfred: Conrad Ferdinand Meyer. Dichtkunst als Befreiung aus Lebenshemmnissen. Frauenfeld 1973

[Requadt 1962. S. 146–172]


## Ippolito Nievo

Cappello, C.: Invito alla letteratura di Ippolito Nievo. Mailand 1988

DiBenedetto, A.: Caratteristiche formali del Nievo nelle »Confessioni«. In: Giornale Storico della Letteratura Italiana 149 (1972) S. 522–537

Gorra Cecconi, Marcella: Nievo e Venezia. Venedig 1982

Monastra, R. M. (Herausgeber): Per leggere Nievo. Rom 1987

Sanguinetti, Giuliana: The uses of myth in Ippolito Nievo. Ravenna 1981

Scollo, R.: Decadenza e farsa nelle »Confessioni d'un italiano«. In: L'arte dell'interpretare: Studi critici offerti a G. Getto. Cuneo 1984. S. 617–629

## August von Platen

Bumm, P.: August Graf von Platen. Eine Biographie. Paderborn 1990

Link, Jürgen: Artistische Form und ästhetischer Sinn in Platens Lyrik. München 1971

Derselbe: Heines Antipode: Der Lyriker Platen in neuer Sicht. München 1983

Mann, Thomas: August von Platen. In: Derselbe: Essays. Band 1: Ausgewählte Schriften zur Literatur. Begegnungen mit Dichtern und Dichtung. Herausgegeben von Michael Mann. Frankfurt am Main 1977. S. 113–124

Och, Gunnar, und Hartmut Bobzin (Herausgeber): August Graf von Platen. Leben, Werk, Wirkung. Paderborn 1998

Schulz, Theodor: Platens Venedig-Erlebnis. Nachdruck der Ausgabe Berlin 1940. Nendeln 1969

Seyppel, Joachim: Adel des Geistes: Thomas Mann und August von Platen. In: Deutsche Vierteljahrsschrift für Literaturwissenschaft und Geistesgeschichte 33 (1959) S. 565–573

Treichel, Hans-Ulrich: Das Wagnis der Ankunft. In: Frankfurter Anthologie. Herausgegeben von Marcel Reich-Ranicki. Band 16. Frankfurt am Main 1993. S. 67–70

Winkler, Eugen Gottlob: Platen. In: Walter Jens (Herausgeber): E. G. Winkler. Frankfurt am Main 1960. S. 74–94

Yates, William E.: Art and the artist: Platen and Heine. In: Derselbe: Tradition in the German Sonnet. Bern 1981. S. 63–65

[Requadt 1962. S. 89–94]

## Edgar Allan Poe

Günter, B.: Das Groteske und seine Gestaltung in den Erzählungen Edgar Allan Poes. Phil. Diss. Freiburg 1974

Hammond, J. R.: An Edgar Allan Poe Companion. London 1981

Krumme, Peter: Augenblicke. Erzählungen Edgar Allan Poes. Stuttgart 1978

Link, Franz H.: Edgar Allan Poe. Ein Dichter zwischen Romantik und Moderne. Frankfurt am Main und Bonn 1968

Zumbach, Frank T.: Edgar Allan Poe. Eine Biographie. München 1986


## Rainer Maria Rilke

Blume, Bernhard: Rilkes Gedicht »Spätherbst in Venedig«. In: Derselbe: Existenz und Dichtung. Essays und Aufsätze. Frankfurt am Main 1980. S. 95–111

Freedman, Ralph: Rainer Maria Rilke. Teil 1: Der junge Dichter. 1875–1906. Frankfurt am Main 2001. / Teil 2: Der Meister. 1906–1926. Frankfurt am Main 2002

Gräff, Thomas: Rilkes Gedicht »Spätherbst in Venedig«. In: Derselbe: Gedichte der Jahrhundertwende (1890–1910). Interpretationen. München und Wien 1991. S. 110–115

Holthusen, Hans-Egon: Rainer Maria Rilke. Mit Selbstzeugnissen und Bilddokumenten. Hamburg 1996

Leppmann, Wolfgang: Rilke. Sein Leben, seine Welt, sein Werk. Revidierte Neuausgabe. Bern und München 1995

Nalewski, Horst (Herausgeber): Rainer Maria Rilke. Leben, Werk und Zeit in Texten und Bildern. Frankfurt am Main 1995

Rilke-Gesellschaft (Herausgeber): Rilke und Venedig. Rilke in Schweden. Sigmaringen 1990

Schwarz, Egon: Rilkes Gedicht »Spätherbst in Venedig«. In:
Wirkendes Wort 16 (1966) S. 273–275
[Requadt 1962. S. 188–214, 239–246]

*Friedrich Schiller*

Beaujean, Marion: Zweimal Prinzenerziehung: »Don Carlos«
und »Geisterseher«. In: Poetica 10 (1978) S. 217–235
Bußmann, W.: Schillers »Geisterseher« und seine Fortsetzer.
Ein Beitrag zur Struktur des Geheimbundromans. Phil. Diss.
Göttingen 1961
Deinet, Klaus: Friedrich Schiller: »Der Geisterseher«. Mün-
chen 1991
Koopmann, Helmut: Friedrich Schiller. 2 Bände. Stuttgart 1966
Derselbe (Herausgeber): Schiller-Handbuch. Stuttgart 1998
Martini, Fritz: Erzählte Szene, stummes Spiel. Zum Siebenten
Brief des Barons von F... in Schillers »Geisterseher«. In:
Untersuchungen zur Literatur als Geschichte. Festschrift für
Benno von Wiese. Herausgegeben von J. Günther u. a. Berlin
1973. S. 36–60
Oellers, Norbert: Schiller. Stuttgart 1993
Staiger, Emil: Friedrich Schiller. Zürich 1967

*Arthur Schnitzler*

Farese, Giuseppe: Arthur Schnitzler. Ein Leben in Wien
1862–1931. München 1999
Gleisenstein, Angelika: Die Casanova-Werke Arthur Schnitzlers. In: Hartmut Scheible (Herausgeber): Arthur Schnitzler
in neuer Sicht. München 1981. S. 117–141
Lüthi, Hans Jürg: Der Taugenichts. Versuche über Gestaltun-
gen und Umgestaltungen einer poetischen Figur in der deut-

schen Literatur des 19. und 20. Jahrhunderts. Tübingen und Basel 1993. Besonders S. 47–74

Perlmann, Michaela L.: Der Traum in der literarischen Moderne. Untersuchungen zum Werk Arthur Schnitzlers. Stuttgart 1987. Besonders S. 156–164

Wagner, Renate: Arthur Schnitzler. Eine Biographie. Wien u. a. 1981

Weinzierl, Ulrich: Arthur Schnitzler. Lieben, Träumen, Sterben. Frankfurt am Main 1994


### W. G. Sebald

Atze, Marcel: Koinzidenz und Intertextualität. Der Einsatz von Prätexten in W. G. Sebalds Erzählung »All'estero«. In: Loquai 1997. S. 151–175

Kreuzer, Helmut: Reisen nach Riva. W. G. Sebalds »Schwindel. Gefühle«. In: »Was in den alten Büchern steht …« Neue Interpretationen von der Aufklärung zur Moderne. Festschrift für Reinhold Grimm. Herausgegeben von Karl-Heinz Schoeps und Christopher J. Wickham. Frankfurt am Main u. a. 1991. S. 179–183

Loquai, Franz (Herausgeber): Far from Home: W. G. Sebald. Bamberg 1995

Derselbe (Herausgeber): W. G. Sebald. Eggingen 1997

Weber, Markus R.: Phantomschmerz Heimweh. Denkfiguren der Erinnerung im literarischen Werk W. G. Sebalds. In: Neue Generation – neues Erzählen. Deutsche Prosa-Literatur der achtziger Jahre. Herausgegeben von Walter Delabar u. a. Opladen 1993. S. 57–67

Williams, Arthur: W. G. Sebald: A holistic approach to borders, texts and perspectives. In: Derselbe u. a. (Herausgeber): German-language literature today: international and popular? Oxford u. a. 2000. S. 99–118

Derselbe: »Das korsakowsche Syndrom«: Remembrance and responsibility in W. G. Sebald. In: Helmut Schmitz (Herausgeber): An end to Vergangenheitsbewältigung? Representations of National Socialism in post-'89 literature. Aldershot 2000. S. 65–83


## Johann Gottfried Seume

Cases, Cesare: Rhapsodie über den Tornistermann. In: Battafarano 1988. S. 141–151

Drews, Jörg (Herausgeber): Johann Gottfried Seume. Ein politischer Schriftsteller der Spätaufklärung. Ausstellungskatalog. Bielefeld 1989

Erler, Gotthard: Nachwort. In: Johann Gottfried Seume: Spaziergang nach Syrakus im Jahre 1802. Berlin 1989. S. 479–497

Meier, Albert: Nachwort. In: Johann Gottfried Seume: Spaziergang nach Syrakus. Zweite, überarbeitete Auflage. München 1991. S. 299–312

Pikulik, Lothar: Johann Gottfried Seume. In: Benno von Wiese (Herausgeber): Deutsche Dichter des 18. Jahrhunderts. Ihr Leben und Werk. Berlin 1977. S. 972–994

Steinecke, Hartmut: Spaziergang mit Seume. Delius' Erzählung »Der Spaziergang von Rostock nach Syrakus«. In: Derselbe und Manfred Durzak (Herausgeber): F. C. Delius. Studien über sein literarisches Werk. Tübingen 1997. S. 207 bis 217

Wimmer, Gertrud: Johann Gottfried Seumes Spaziergang nach Syrakus im Jahre 1802. Untersuchung zu Erzähltechnik, Sprachkunst und literarischer Form. Phil. Diss. Wien 1970

## Georg Simmel

Böhringer, Johannes, und K. Gründer (Herausgeber): Ästhetik und Soziologie um die Jahrhundertwende. Frankfurt am Main 1976

Dahme, Hans-Jürgen, u. a. (Herausgeber): Georg Simmel und die Moderne. Frankfurt am Main 1984

Frisby, David: Georg Simmel. Chichester 1984

Gassen, Kurt, und M. Landmann (Herausgeber): Buch des Dankes an Georg Simmel. Berlin 1958

Jung, Werner: Georg Simmel zur Einführung. Hamburg 1990

## Mark Twain

Ayck, Thomas: Mark Twain. Mit Selbstzeugnissen und Bilddokumenten. Reinbek 1974

Breinig, Helmbrecht: Mark Twain. Eine Einführung. München 1985

Bridgman, Richard: Travelling in Mark Twain. Berkeley 1987

Fiedler, Leslie: An American Abroad. In: Partisan Review 33 (1966) S. 77–91

Ganzel, Dewey: Mark Twain Abroad. Chicago und London 1968

Gerber, John Christian: Mark Twain. Boston 1988

Kaplan, Justin: Mr. Clemens and Mark Twain. New York 1966

Lauber, John: The Making of Mark Twain. New York 1985

Meltzer, Milton: Mark Twain. A writer's life. New York 1985

Miller, Robert K.: Mark Twain. New York 1983

Paine, Albert B.: Mark Twain. A biography. 3 Bände. New York und London 1980

## Richard Wagner

Harbusch, Ute: Rheingold aus La Spezia – Richard Wagner und Italien. In: Oesterle 1996. S. 116–136

Koppen, Erwin: Dekadenter Wagnerismus. Berlin u. a. 1973

Mann, Thomas: Essays. Band 3: Musik und Philosophie. Herausgegeben von Hermann Kurzke. Frankfurt am Main 1978. Besonders S. 59–145

Vordtriede, Werner: Richard Wagners Tod in Venedig. In: Euphorion 52 (1958) S. 378–396

## William Wordsworth

Davis, H.: William Wordsworth. A biography. London und New York 1980

Gardiner, Alan: The poetry of William Wordsworth. Harmondsworth 1990

Gill, Stephen: William Wordsworth: A life. Oxford 1989

Johnson, Lee M.: Wordsworth and the sonnet. Kopenhagen 1973

Moorman, Mary: William Wordsworth. A biography. 2 Bände. Oxford und New York 1957–1965

Noyes, R.: William Wordsworth. New York 1971

Williams, J.: Wordsworth: Romantic poetry and revolution politics. Manchester 1989

Wurmbach, Hubert: Das mystische Element in der Dichtung und Theorie von William Wordsworth. Heidelberg 1975

## Venedig in literarischen Texten

Vorbemerkung: Bei deutschen Übersetzungen werden die jeweiligen Originalausgaben nicht angeführt. Reiseberichte sind in der Regel nicht berücksichtigt.

Andersch, Alfred: Die Rote. Roman. Neue Fassung. Zürich 1974

Barbaro, Paolo: Lunario veneziano. Turin 1990. / La città ritrovata. Venedig 1997

Barylli, Gabriel: Butterbrot. Roman. München [ohne Jahr]

Begley, Louis: Mistlers Abschied. Roman. Frankfurt am Main 1998

Bellini, Umberto: Venezianisches Labyrinth. Bergisch Gladbach 1999. / Ciao Casanova. Bergisch Gladbach 1999. / Der Engel von San Marco. Bergisch Gladbach 2001. / Arrivederci Venezia. Bergisch Gladbach 2002

Bernoni, Domenico Giuseppe: Fiabe e novelle popolari veneziane. Venedig 1873. / Le Strighe. Leggende popolari veneziane. Venedig 1874. / Tradizioni popolari veneziane. 2 Bände. Venedig 1875. / Fiabe popolari veneziane. Venedig 1893

Böckler, Michael: Verdi hören und sterben. Ein Roman aus Venedig und dem Veneto. München 2001

Boito, Camillo: Senso. Hamburg 1987

Bolz, Herbert (Herausgeber): Märchen aus dem alten Venedig. Zürich 2002

Brodkey, Harold: Profane Freundschaft. Reinbek 1994. / Venedig. Reinbek 1997

Brodsky, Joseph: Ufer der Verlorenen. München und Wien 1991

Browning, Robert: Pippa geht vorüber. Leipzig 1903

Buzzati, Dino: Italienische Reise. Literarischer Führer durch das heutige Italien. Berlin 1985

Calimani, Riccardo: Una di Maggio. Roman. Venedig 1975. / Die Kaufleute von Venedig. Düsseldorf 1988

Čapek, Karel: Was mir in Italien gefiel und nicht gefiel. Berlin-Schöneberg [ohne Jahr]

Carpentier, Alejo: Barockkonzert. Novelle. Frankfurt am Main 1976

Caudwell, Sarah: Adonis tot in Venedig! Köln 1996

Cazotte, Jacques: Der verliebte Teufel. Stuttgart 1983

Ceronetti, Guido: Albergo Italia. Meine italienische Reise. München und Wien 1993

Coover, Robert: Pinocchio in Venedig. Roman. Reinbek bei Hamburg 1994

Danella, Utta: Die Reise nach Venedig. Roman. München 1959

D'Annunzio, Gabriele: Feuer. Roman. München 1988

Dessaix, Robert: Briefe aus der Nacht. Frankfurt am Main 1997

Dibdin, Michael: Tödliche Lagune. München 1995

Edschmid, Kasimir: Feine Leute oder die Großen dieser Erde. Roman. Wien 1931

Flora, Paul: Die welke Pracht. Zürich 1999

Foscolo, Ugo: Letzte Briefe des Jacopo Ortis. München 1989

Fouqué, Friedrich de la Motte: Eine Geschichte vom Galgenmännlein. In: Derselbe: Romantische Erzählungen. München 1977. S. 5–33

Fruttero, Carlo, und Franco Lucentini: Der Liebhaber ohne festen Wohnsitz. Roman. München und Zürich 1988

Funke, Cornelia: Herr der Diebe. Roman. Hamburg 2000

Gaudy, Franz von: Venezianische Novellen. In: Derselbe: Sämtliche Werke. Herausgegeben von Arthur Mueller. Bände XIII-XV. Berlin 1844

Girardi, Robert: Vaporetto 13. Roman. München 1998

Golding, Michael: Das Licht der Lagune. München 1997

Green, Julien: Meine Städte. Ein Reisetagebuch. 1920–1984. München 1986

Gruber, Sabine: Aushäusige. Roman. Klagenfurt 1996

Guggenheim, Peggy: Ich habe alles gelebt. Bekenntnisse einer Sammlerin aus Leidenschaft. Bern und München 1980

Habe, Hans: Palazzo. Roman. Olten und Freiburg im Breisgau 1975

Hauptmann, Gerhart: Italienische Reise 1897. Tagebuchaufzeichnungen. Herausgegeben von Martin Machatzke. Berlin 1976. / Und Pippa tanzt! Ein Glashüttenmärchen. Berlin 1906. / Der Venezianer [Romanfragment]. In: Sämtliche Werke. Centenar-Ausgabe. Band 10: Nachgelassene Werke. Frankfurt am Main und Berlin 1970

Henricks, Paul: Venedig für immer. Reinbek bei Hamburg 1998

Herling, Gustav: Das venezianische Porträt. München u. a. 1996

Hesse, Hermann: Italien. Schilderungen, Tagebücher, Gedichte, Aufsätze, Buchbesprechungen und Erzählungen. Herausgegeben von Volker Michels. Frankfurt am Main 1983

Hettche, Thomas: Ludwig muß sterben. Roman. Frankfurt am Main 1989. / Vaporetto (Linie 52). In: Andrea Köhler und Rainer Moritz (Herausgeber): Maulhelden und Königskinder. Zur Debatte über die deutsche Gegenwartsliteratur, Leipzig 1998. S. 196–203. / Animationen. Essay. Köln 1999

Heyse, Paul: Andrea Delfin. In: Derselbe: Neue Novellen. Band 4. Berlin 1862

Highsmith, Patricia: Venedig kann sehr kalt sein. Zürich 1983

Holme, Timothy: Satan und das Dolce Vita. Köln 1993. / Venezianisches Begräbnis. Köln 1998

Howells, William Dean: Leben in Venedig. Herausgegeben von Wolfgang Barthel. Berlin 1987

James, Henry: Die Flügel der Taube. Roman. Frankfurt am Main und Berlin 1985. / Asperns Nachlaß. In: Derselbe: Meisternovellen. Zürich 1953

Jörgensen, Dieter: Der Rechenmeister. Berlin 1999

Jong, Erica: Serenissima. Eine Liebe in Venedig. Düsseldorf 1988

Koeppen, Wolfgang: Ich bin gern in Venedig warum. Frankfurt am Main 1994

Kühne, Gustav Ferdinand: Sospiri. Blätter aus Venedig. Braunschweig 1841

Laube, Heinrich: Venedig. In: Derselbe: Reisenovellen. Leipzig 1834

Lenz, Renate: Die Heimkehr des Bären. Eine fantastische Reise durch Venedig. Offenbach 2000

Leon, Donna: Acqua alta. Zürich 1997. / Endstation Venedig. Zürich 1995. / Venezianisches Finale. Zürich 1993. / Nobiltà. Zürich 1999. / Sanft entschlafen. Zürich 1998. / Venezianische Scharade. Zürich 1996. / Vendetta. Zürich 1997 / In Sachen Signora Brunetti. Zürich 2000. / Eine Amerikanerin in Venedig. Geschichten aus dem Alltag. Zürich 2000. / Feine Freunde. Zürich 2001

McEwan, Ian: Der Trost von Fremden. Zürich 1985

Martens, Georg von: Reise nach Venedig. Stettin und Ulm 1824

McCarthy, Mary: Venedig. München und Zürich 1968

Menasse, Robert: Selige Zeiten, brüchige Welt. Roman. Salzburg und Wien 1991

Mendoza, Eduardo: Die unerhörte Insel. Frankfurt am Main 1996

Meyer, E. Y.: Venezianisches Zwischenspiel. Zürich 1997

Moravia, Alberto: Wozu brauche ich den Karneval? In: Derselbe: Die Frau im schwarzen Cape. Erzählungen. München 1986. S. 278–286

Mosebach, Martin: Die schöne Gewohnheit zu leben. Berlin 1997

Mueller, Roland: Der Goldschmied. München 1998

Nalin, Giuseppe: Almanacco dei poveri. 3 Bände. Venedig 1851–53

Napoli, Donna Jo: Flucht nach Venedig. Roman. München und Wien 2001

Nodier, Charles: Jean Sbogar. 2 Bände. Paris 1818

Ongaro, Alberto: Das Spiel mit dem Tod. Roman. München und Zürich 1988

Ortheil, Hanns-Josef: Im Licht der Lagune. München 1999

Otway, Thomas: Venedigs Rettung. London 1874

Prada, Juan Manuel de: Trügerisches Licht der Nacht. Roman. Stuttgart 1999

Pressler, Mirjam: Shylocks Tochter. Roman. München 2001

Radcliffe, Ann: Udolphos Geheimnisse. 4 Bände. Riga 1795

Raumer, Friedrich von: Die Herbstreise nach Venedig. Berlin 1816

Régnier, Henri de: In Venedig leben. München 1988

Rosei, Peter: Fliegende Pfeile. Aus den Reiseaufzeichnungen. Stuttgart 1993. / Wer war Edgar Allan? Reinbek 1979

Riotta, Gianni: Ombra. Un capriccio veneziano. Mailand 1997

Rosendorfer, Herbert: Venedig. Eine Einladung. Köln 1993

Ross, Werner: Venezianische Promenade. Berlin 1996

Ruskin, John: Die Steine von Venedig. In: Derselbe: Ausgewählte Werke. Band 8–10. Leipzig 1903–06

Sartre, Jean-Paul: Albemarle oder Der letzte Tourist. Fragmente. Reinbek 1994

Shakespeare, William: Der Kaufmann von Venedig. Komödie. Stuttgart 1975. / Othello. Tragödie. Stuttgart 1976

Sklepowich, Edward: Die dunklen Wasser von Venedig. Bern u. a. 1997. / Die schwarze Brücke von Venedig. München 1999. / In Venedig weint man nicht. München 1999. / Mord im Palazzo. München 2000. / Tod in Serenissima. München 2001. / Venedig sehen und sterben. München 2002

Spark, Muriel: Hoheitsrechte. Zürich 1988

Suarès, André: Die Fahrten des Condottiere. Eine italienische Reise. Leipzig 1914

Susmann, Edgar S.: Schande. Stuttgart 1997

Taine, Hippolyte: Reise in Italien. Köln 1967

Thoma, Ludwig: Käsebiers Italienreise. In: Derselbe: Gesammelte Werke. Band 5: Erzählungen III. München 1956

Tomizza, Fulvio: Die venezianische Erbin. München und Wien 1991

Trüb, Christine: Mit Venedig beginnen. Erzählung. Eggingen 2002

Valeri, Diego: Venedig-Brevier. Mailand 1966

Velikic, Dragan: Der Zeichner des Meridian. Roman. Klagenfurt 1994

Vilar, Jean-François: Palazzo Colonna. Roman. Freiburg 1991

Werfel, Franz: Verdi. Roman der Oper. Berlin u. a. 1924

Wharton, Edith: Italien. Schellenberg/Liechtenstein 1998

Winkler, Eugen Gottlob: Legenden einer Reise. Pfullingen 1958

Zschokke, Heinrich: Aballino, der große Bandit. In: Gesammelte Schriften. Erste Abteilung: Novellen und Dichtungen. Aarau 1858

## Venedig im Internet

www.turismovenezia.it
www. venicenetwork.com
www.govenice.org
www.veniceworld.com
www.venicehotel.com
www.venedig.com
www.virtualcity.de/lafenice
www.comune.venezia.it

# WILLIAM SHAKESPEARE

7698

7692

7697

7699

## GOLDMANN

# LAND DES LICHTS

7736

Das Provence-Lesebuch versammelt literarische
Annäherungen von begeisterten Bewunderern dieser faszi-
nierenden Kulturlandschaft zwischen Rhonetal und
Seealpen ebenso wie klassische Texte der Poeten des
Südens - von Maupassant bis zu Rilke, von Petrarca bis zu
Zola, von Daudet bis zu Tucholsky.

**GOLDMANN**

# GOLDMANN

*Das Gesamtverzeichnis aller lieferbaren Titel erhalten Sie
im Buchhandel oder direkt beim Verlag.
Nähere Informationen über unser Programm erhalten Sie auch im Internet unter:*
**www.goldmann-verlag.de**

★

Taschenbuch-Bestseller zu Taschenbuchpreisen
– Monat für Monat interessante und fesselnde Titel –

★

Literatur deutschsprachiger und internationaler Autoren

★

Unterhaltung, Kriminalromane, Thriller
und Historische Romane

★

Aktuelle Sachbücher, Ratgeber, Handbücher und
Nachschlagewerke

★

Bücher zu Politik, Gesellschaft, Naturwissenschaft und Umwelt

★

Das Neueste aus den Bereichen
Esoterik, Persönliches Wachstum und Ganzheitliches Heilen

★

Klassiker mit Anmerkungen, Anthologien und Lesebücher

★

Kalender und Popbiographien

★

**Die ganze Welt des Taschenbuchs**

★

Goldmann Verlag • Neumarkter Str. 18 • 81673 München

---

Bitte senden Sie mir das neue kostenlose Gesamtverzeichnis

Name: _____

Straße: _____

PLZ / Ort: _____